从英荷战争、第一次和第二次世界大战到冷战及冷战后时代

两种指挥哲学的较量

海战指挥

COMMAND AT SEA

16世纪以来的海军指挥控制

NAVAL COMMAND AND CONTROL SINCE THE SIXTEENTH CENTURY

[美] 迈克尔·A. 帕尔默 著
(Michael A. Palmer)

刘宏伟 译

风帆时代 到 蒸汽时代

500余年海战指挥方式的演变

新华出版社

图书在版编目（CIP）数据

海战指挥：16世纪以来的海军指挥控制 /（美）迈克尔 · A. 帕尔默著；刘宏伟译. — 北京：新华出版社，2022.5

书名原文：Command at Sea

ISBN 978-7-5166-6272-4

Ⅰ. ①海… Ⅱ. ①迈… ②刘… Ⅲ. ①海军－指挥控制－研究－世界－16世纪 Ⅳ. ①E823

中国版本图书馆CIP数据核字（2022）第077225号

著作权合同登记号：01-2021-4403

海战指挥：16世纪以来的海军指挥控制

作　　者：［美］迈克尔 · A. 帕尔默　　**译　　者：**刘宏伟

出 版 人：匡乐成
责任编辑：樊文睿　　**特约策划：**巴别塔文化
责任校对：刘保利　　**特约编辑：**何梦姣
封面设计：张庆锋

出版发行：新华出版社
地　　址：北京市石景山区京原路8号　　**邮　　编：**100040
网　　址：http://www.xinhuapub.com
经　　销：新华书店、新华出版社天猫旗舰店、京东旗舰店及各大网店
购书热线：010－63077122　　**中国新闻书店购书热线：**010－63072012

照　　排：胡凤翼
印　　刷：天津鸿景印刷有限公司

成品尺寸：145mm×210mm　32开
印　　张：15.75　　**字　　数：**350千字
版　　次：2022年8月第一版　　**印　　次：**2024年10月第二次印刷
书　　号：ISBN 978-7-5166-6272-4
定　　价：88.00元

致　小威廉·N.“比尔”·斯蒂尔

我准备确立一个座右铭——

至少也应该是我的口号：抵近，获胜。

霍雷肖·纳尔逊勋爵　致　乔治·罗斯爵士

1805 年 9 月 17 日

推荐序
两种指挥哲学的较量

关于海军名将、装备和战术的著作汗牛充栋，而海战指挥的专著却寥寥无几。美国东卡罗莱纳州立大学历史学教授迈克尔·帕尔默的《海战指挥》堪称这个领域的杰作。帕尔默研究了从风帆时代到蒸汽时代再到原子时代近五个世纪海战指挥方式的演变，他认为在海战领域始终存在集中与分散两种指挥哲学的竞争，尽管大多数指挥官天然倾向于集中指挥，尽管旗语、灯光信号系统和无线电的应用总是有强化集中指挥的倾向，但海战实践表明，充分发挥下级主动性的分散指挥更具优势，这正是纳尔逊在特拉法尔加海战、东乡平八郎在对马海战、哈尔西在太平洋海战中的制胜之道。

从17世纪50年代的第一次英荷战争开始，单纵队战术逐渐成为风帆时代海战的主要战术，如何指挥绵延数英里的舰队实施机动和战斗，一直是困扰海战指挥的难题。为了解决这个难题，海军先驱们提出了两种解决方案：一是预先制定下发《战斗指令》，规定在特定情况下应当采取的行动；二是发展旗语和信号手册，用来实时传递指挥官的命令。起初，后者只是作为前者补充。18世纪中叶，出现了数字信号旗和包括标准作战指令的信号手册。舰队指挥官在后甲板上，通过旗语集中指挥战斗逐渐成为海战的主要指挥方式。

在近百年的大规模海战实践中，海军指挥官普遍认识到旗语和信号手册的局限性。一些海军将领认为旗语只能用来指挥舰队机动，不适合用于指挥战斗，过分依赖旗语指挥会抑制下级的主动性。1748 年奥地利王位继承战争结束时，英国海军出现了两种截然不同的指挥理念：一派主张实施分散指挥，充分发挥下级主动性；另一派主张依靠旗语和信号手册实施集中指挥。

在七年战争的基伯龙湾海战中，英国海军指挥官爱德华·霍克运用分散指挥方式取得了胜利。霍克不是一位战术改革家，他没有创作过精心编排和绘制的信号手册；但他是指挥方式上的改革家，他坚信英国海军的近战优势，愿意与下级分享自己的战术构想，并将这两者结合起来赢得战斗。然而，七年战争之后，海战史出现了一个重大的不解之谜：常胜的大英帝国海军向其夙敌和手下败将法国海军寻求指导。英国海军军官放弃了行之有效、即兴发挥的指挥风格，转而追捧法国海军开创的高度集中控制的信号系统。在随后的 30 年间，英国海军军官如饥似渴地阅读法国的战术手册和信号薄，却完全无视这样一个事实，即不管英国海军有什么缺点，在与法国海军的对阵中，它一直占据着优势。这在很大程度上是因为大多数英国海军的文官和武将都深受启蒙运动的影响，法国人认为“科学的”方法对他们有一种天然的吸引力。

1781 年 9 月，美国独立战争期间，英国海军在切萨皮克湾海战中，因过分依赖旗语指挥丧失战机，被法国海军切断海上补给线，导致康华里所部在约克城被歼，彻底改变了美国独立战争的结局。这次海战充分暴露出过分依赖旗语实施集中指挥的弱点，它不仅在于旗语可能被不良天气或战场硝烟遮蔽，更为严重的缺陷在于，在这样的集中指挥体系中，分舰队指挥官和舰长习惯等待上级命令，在战斗中丧失主动性。

1797年，英国海军准将霍雷肖·纳尔逊参加了与西班牙舰队在圣维森特角的海战，在这次战斗中，他亲身体验到依靠旗语和信号手册指挥的局限性，并深刻认识到舰队司令不能像指挥乐队那样指挥战斗。他意识到问题根源是在集中控制的体系内，舰长们期待上级的指示，而如果没有，他们就会等待。纳尔逊显然不是第一个认识到问题的指挥官，但他是第一个愿意冒职业风险去反抗的人。当纳尔逊有权指挥自己的分舰队时，他摒弃了在战斗中集中控制舰队的理念。在随后的尼罗河口、哥本哈根和特拉法尔加三场大海战中，纳尔逊创造性运用了后来被称为“任务式指挥”的分散指挥方式，取得了一个又一个胜利。纳尔逊的指挥方法既简单又实用。战前他总是通过备忘录或者召集舰长们开会，明确自己的意图和构想。战斗实施中，他只是通过旗语传达简洁的命令，信任下级并充分发挥其主动性。纳尔逊在战斗中不是寻求有序，而是放任无序。为争取胜利，他不惜摒弃有序的线式战列，而是采用无序的近战，甚至是混乱的夜间行动。他认识到战争中混乱不可避免，而混乱中蕴含着胜利的机遇，这正是他异于常人之处。纳尔逊开创了海战指挥的新时代。但令人遗憾的是，特拉法尔加海战的胜利并未推动英国海军转变指挥方式。正如英国著名历史学家朱利安·科比特爵士所言，英国海军未能“从整体上掌握纳尔逊的战术原则”。信号手册仍然主导着英国海军的指挥理念。

从克里米亚战争到第一次世界大战，电报和无线电在战略和战役层面对海战指挥产生一定影响，但在战斗层面影响甚微，主要价值是传递情报。1905年对马海战中，东乡平八郎指挥日本联合舰队迎战俄国第二太平洋舰队，他命令联合舰队关闭电台，因为他相信一旦与敌接战，无线电同旗语一样无法有效指挥战斗。在特拉法尔加之战100年后，东乡发出了一个纳尔逊式的信号：“帝国存亡在此一举，诸君务必竭尽全力。”东乡效仿纳尔逊运用分散指挥，在对马海战中取得了决定性胜利。

第一次世界大战前后，美国海军军官达德利·诺克斯对海战指挥做出了重要的理论贡献。他在美国海军学院学报发表文章指出，不论是旗语、无线电报，还是口头或书面指示，都无法产生协调一致的行动；正确的指挥方法是，上级发布宏观指导，让训练有素的下级充分发挥主动性，这也正是纳尔逊指挥海战和老毛奇指挥陆战的方法。他激烈抨击美国海军存在的指挥权过度集中的倾向，这种倾向具体表现为上级下达冗长的涉及许多行动细节的命令。

诺克斯的思想深刻影响了二战时期美国海军的一代将领，其中包括他曾经的同事欧内斯特·金海军上将。1941年1月21日，时任大西洋舰队总司令的金海军上将发布了著名的第53号命令，主题是《实施指挥——命令和指示中的过度细节》。他这样写道：“多年来，我一直担心这种日趋严重的倾向——现在几乎成了‘标准做法’——将官和各级编队指挥官向部属下达命令和指示时，阐述该‘做什么’与‘如何做’的程度和细节实际上已经使‘军种习惯’与指挥的基本要素‘部属的主动性’背道而驰了。”

曾任南太平洋战区最高司令和第3舰队司令的哈尔西海军上将，是分散指挥的坚定奉行者。他曾这样写道：“这个通信既方便又快捷的时代，对指挥官干预部属独立行动的诱惑非常之大。根据既有信息，很容易对遥远战区的情况做出判断，也很容易完全判断失误。在现场的人可能掌握了指挥官无法获得的信息，这会给人一种截然不同的画面。对部属，必须做到用人不疑，疑人不用。指挥官应向部属提供所有已知信息，并将任务交给在现场的人自行完成。干预可能招致灾难。同理，在现场的人必须行动起来，立刻行动起来，永远都不要犯等待命令这一不可原谅的错误。”第二次世界大战中，美国太平洋舰队总司令尼米兹海军上将与哈尔西建立了相互信任的关系。尼米兹逐渐习惯了哈尔西率领舰队执行任务时保持严格的无线电静默。他后来坚定奉行一个原则，即“一旦下级指挥官按照经批准的作战计划开始行动，绝不再就如何执行这一任务下达任何指示或发表任何意见”。

马岛海战是战争进入导弹时代的唯一一场大规模海战。当“谢菲尔德”号驱逐舰被“飞鱼”导弹击中后，英国海军特遣部队司令伍德沃德迅速做出判断，他认为舰队可能会再次遭遇导弹攻击。于是他命令“格拉斯哥”号不要前往救援，调整位置掩护“谢菲尔德”号；同时命令附近的“亚罗”号负责现场行动，指挥“雅茅斯”号和直升机展开救援。除此以外，他再未询问情况或下达命令。当时作战室里气氛异常紧张，一名参谋人员突然大声说：“将军，您必须做点什么。”伍德沃德冷静地回答说：“不，不要管。”他在回忆录《一百天》（*One Hundred Days*）中写道：“我不想发布一连串详细命令……首先，我还不了解准确的情况；其次，我不想造成无线电通信堵塞；第三，我的原则是让信息进来，让训练有素的人负责现场处置，并提出他们的需求，而我要确保满足他们的需求。他们最不需要的是来自旗舰一连串不着边际的问题和指手画脚。此外，我信任他们。”

尽管霍克、纳尔逊、东乡平八郎、哈尔西、伍德沃德在海战的不同时代取得了了不起的功勋，同时彰显了分散指挥的优势。但是，在长达五个世纪的时间里，集中指挥仍然是海战指挥的主要方式。正如作者在本书中指出的奇特现象，即英国海军军官放弃了行之有效、即兴发挥的指挥风格，转而追捧法国海军开创的高度集中控制的信号系统。而且，越是和平承久，人们越是乐观地相信，战争终于可以简化为一门科学，其中的任何东西都可以预知和计算。不能不说，这是一个既令人好奇又令人费解的问题。这个问题的答案也许只能从人类对确定性的偏爱和对不确定性的焦虑，从构建在决定论基础上的经典物理学对人类根深蒂固的影响，以及从哈耶克所说的“唯科学主义”和“理性的滥用”中去寻找。

100 多年前，德国总参谋长施利芬伯爵曾对将新技术应用于未来战争指挥有过生动的描述：“总司令位于遥远的后方，在一栋有着宽敞办公室的别墅里，那里有电报、无线电、电话及其他通信工具。一排排汽车和摩托车随时待命出征。现代亚历山大坐在舒适的椅子上，面前是一张很大的办公桌，他从地图上俯瞰整个战场。他用电话发布指示，并接受集团军和军团司令们的报告，气球和飞艇监视敌军的行动并记录其位置。”然而，在第一次世界大战中，总部为了能及时掌握情况，有时不得不将作战规模限制在有线通信范围内，正是这种做法导致了索姆河（Somme）战役。此役中英军和法军严格按时间表行动，火炮严格按射表射击，部队在延绵的战线上缓慢前进，到达预定位置后都要停止行军，重新整队、重建通信，人们后来给这种作战方式起了一个颇有贬义的名称——“有条不紊的战斗”（Methodical Battle）。正如富勒在《将道》（*Generalship*）中指出，因为要不间断地通过电话向上级报告情况、接受指示，从营长到集团军司令都被牢牢地捆绑在电话机旁，脱离了部队，戕害了指挥。

海湾战争后，关于信息技术发展可以消除“战争迷雾”的观点甚嚣尘上。美国参谋长联席会议副主席欧文斯海军上将声称，信息技术能让未来的指挥官“看清和理解战场上发生的一切”，从而根本改变作战方式和指挥方式。欧文斯在《拨开战争迷雾》中对未来战争指挥有一段同样生动的描述，与施利芬伯爵的憧憬有异曲同工之处。他这样写道：“在未来的冲突中，军长可以在司令部里通过电脑屏幕实时看到整个战场的三维图像，这一图像由卫星、无人机、侦察机和特种兵等各种传感器联成的网络所共同绘制。这位指挥官可以掌握敌军部队的集结方位及动向，即便有夜幕、恶劣天气或山林的掩护，敌军也难逃美军追踪。这位指挥官还能随时了解美军的情况及活动，可以指挥空中打击、地面炮火轰击或步兵进攻，挫败敌军的进攻……最重要的是，这位将军可以通过具有视讯会议能力的网络系统把命令即时传达下去。由下属军官再传达给部队，并向作战部队指挥官介绍情况，做好作战准备。这一切只需要今天所需时间的一个零头。”

然而，阿富汗战争和伊拉克战争再次将理想憧憬拉回到现实战场。2002年2月至3月，在阿富汗沙伊克特山谷实施的“蟒蛇行动”中，即使是在美军享有绝对技术优势的情况下，战争迷雾和阻力仍然挥之不去。尽管预先制订了详细计划，动用了最先进的侦察手段，包括侦察卫星、捕食者无人机和装备先进成像侦察设备的AC-130飞机，但对敌人意图的错误判断、恶劣天气、装备故障、地面机动的延误、不准确的战场情报、不可靠的卫星通信和敌我识别技术等，从始至终困扰着美军行动。中央总部司令弗兰克斯上将在总结这次战斗时说："同我们所经历的每场战争一样，这次战斗展现了英雄主义，也展现了迷雾、不确定性和阻力。"

十年后，美军发布了《任务式指挥白皮书》，要求在军队的条令、教育、训练和人事等方面全面推进任务式指挥。参联会主席邓普西上将指出，在日益复杂和不确定的作战环境中，探索、灌输和推进任务式指挥对有效捍卫国家安全至关重要；实施任务式指挥是为比敌人决策更快，这是博伊德OODA理论的精髓；任务式指挥应当作为一种行为方式融入军队的DNA。同时，他警告说："在网络化部队中，指挥官很容易直接插手最基层的指挥，这样做是危险的，没有什么指挥控制技术可以有效消除战争迷雾，微观管理会破坏任务式指挥的信任基础。"

技术可以加强集中指挥，也可以加强分散指挥。越南战争中，美军指挥官使用直升机现场督导一线连级战术行动，这种微观管理方式严重破坏了相互信任和下级的主动性。而在伊拉克战争中，美军借助远程通信手段建立每天多达7000人参加的作战情报简报会，强化信息共享和情报交流，便于在共同理解意图和态势的情况下充分发挥各级的主动性。可以说，麦克里斯特尔与纳尔逊所做的本质上并没有什么不同。也许更能说明应该如何正确使用指挥手段的例子是，在解放战争中，蒋介石亲自使用步谈机从空中遥控指挥战斗，而人民解放军使用步谈机侦听国民党军队的通话，更好地了解敌军动向。现代通信手段可以是即时的，但决策却不可能即时做出，正确的方法是让各级在职权范围内保持决策和行动自由，关于如何做的问题，尽可能让现场的人去决策。而信息技术应当采取一种有利于分散实施的方式，而非将集中控制的方式应用于作战指挥。

在普鲁士军事思想家克劳塞维茨提出“战争迷雾”概念大约200年后的今天，关于技术进步能否“揭开战争迷雾”仍然存在严重分歧，争论远远没有结束！最新的希望被寄托在大数据、云计算和人工智能上。但是，截至本书出版时，举世瞩目的俄乌冲突仍然笼罩在重重迷雾之中，战事何时终止、谁胜谁负尚未可知，不过分散指挥的优势已经逐渐显现出来。

最后，借用当代著名军事历史学家和军事思想家马丁·范克里韦尔德的观点结束这篇略显冗长的推荐序。范克里韦尔德在《战争指挥》中写道：“自公元前500年以来发生的许多次组织变革，以及自1850年前后出现的技术进步，都没有显著改变或减少任何指挥系统所面临的核心问题，即如何应对不确定性。从旗语到观测气球，类似的进步常常误导同时代的人，让他们认为这一问题会得到解决，或至少会减少，但希望最终都化为了泡影。”他最后总结说，处理不确定性有集中与分散两种基本方式，如果2500多年的历史经验能够提供任何指导，那么可以说，分散处理不确定性比集中处理不确定性效率更高，这也正是分散指挥的优势所在。

杨　虎

军事历史研究学者

目 录
CONTENTS

战斗海图目录

序　言
有规律的混乱

1798年8月1日下午，英国74门炮三级战列舰“热诚”号（*Zealous*）正沿埃及海岸向东航行，14时30分左右，桅顶的一名瞭望哨发现阿布吉尔湾（Aboukir Bay）出现一些锚泊的大型舰船的桅杆。在舰长塞缪尔·胡德（Samuel Hood）命人为其送上一副望远镜后，瞭望哨报告称能看到十几艘大型舰船，并能辨认出其中的16艘是战列舰。[1]

消息立刻传遍了整个英国舰队。舰员们在指挥官督导下伴着鼓手的号令进入船舱，水兵和陆战队员各就各位。黝黑的炮孔被打开了，上了膛的大炮从宛若棋盘的黄色舰舷边接连探出头来。甲板和舷墙被清理干净，所有可能被弹丸击碎或是妨碍战斗的物品都被移至底层加以固定。在胡德的“热诚”号上，汗流浃背的水手将10头倒霉的公牛抛入海中，祭祀海神。

旗舰“前卫”号（*Vanguard*）上，焦躁的海军少将霍雷肖·纳尔逊（Horatio Nelson）爵士正准备坐下来用餐。自从5月19日法国舰队从土伦（Toulon）出逃，第二天“前卫”号又在撒丁岛（Sardinia）海域遭遇暴风折损桅杆之后，纳尔逊一直在地中海苦苦搜寻。英国人似乎总是要么晚一步，要么早一步。6 月 17 日，纳尔逊追到那不勒斯（Naples），得知他的猎物已经到了马耳他（Malta）。纳尔逊于是匆忙向南赶去堵截，但 6 月 22 日追至西西里岛（Sicily）东南端的帕塞罗角（Cape Passero）时，却发现马耳他骑士团（Knights of Malta）已经在 10 天前投降，法国人也已在 19 日登舰撤离。纳尔逊确信他的对手要去埃及，便全速向东疾驶，试图弥补落后法国舰队 3 天的时间差。6 天之后，亚历山大（Alexandria）已近在眼前，法国人却杳无踪迹。失望至极的纳尔逊转头北上，向亚历山大勒塔（Alexandretta）而去，谁知才离开几个小时，法国舰队就出现了在水天线上。次日，高卢军团在年轻将领拿破仑·波拿巴（Napoleon Bonaparte）的统帅下登陆，旋即横扫了下埃及（Lower Egypt）。

纳尔逊心烦意乱。他在 7 月底写道："老话讲得好，'魔鬼的孩子自有魔鬼的运气'，时至今日，我找不到，甚至也猜不出，法国舰队到底去了哪里。"他发誓即使"追到天边"，也要消灭敌人。但事态的发展却令纳尔逊的希望一再落空。在接连数周一无所得之后，部属们发现他们的指挥官显现出焦虑的迹象。[2]

纳尔逊的担忧不无道理。法国人在地中海上畅通无阻并在埃及登陆的消息，让英国政界的鬣狗们从这位一筹莫展的民族英雄身上嗅到了些许血腥气。国王和国家对纳尔逊寄予厚望，但迄今为止，他还未能在首次独立指挥的重大行动中做出任何回报。他在地中海徒劳无功，这令首相威廉·皮特（William Pitt）陷入窘境。与皮特一同构建了英国战略的战争大臣亨利·邓达斯（Henry Dundas）在写给乔治·斯潘塞（George Spencer）勋爵的信中，对纳尔逊该如何解释他在“极其幸运地赶到”亚历山大后又草率离开的行为表示费解。身为海军大臣的斯潘塞同样不得要领，但寄望于纳尔逊“至少能有个讲得通的理由。无论是抵达还是离开，他都错失了法国舰队的确令人扼腕，但在我们准确掌握他赶到亚历山大时所获情报的内容之前，不应该一味地指责他”。[3]

对斯潘塞而言，更为直接的担忧莫过于整个战事的未来走向及其对反法联盟的战略影响。斯潘塞哀叹，纳尔逊在亚历山大的误判，令英国在地中海“决战决胜”的希望彻底破灭。他认为纳尔逊最终会追上法国舰队，但接下来呢？斯潘塞写道：“只要掌握了对方的位置，他就一定会有所行动。如果他发现（他也应该会发现）攻入港内风险太大，他就会一直封锁下去。”问题是纳尔逊的舰队不可能在如此遥远的海域长期驻留下去，迟早都要撤回。如此看来，波拿巴的埃及远征已经彻底打乱了英国在地中海的战略部署，其影响将不仅限于奥斯曼帝国（Ottoman Empire）的首都君士坦丁堡（Constantinople），也会波及遥远的莫斯科，皮特和邓达斯建立有效的第二次反法联盟的企图岌岌可危。[4]

纳尔逊也清楚法国人入侵的后果。他对埃及的重要性有着充分的战略认知，并已意识到，无论他在海军上校和准将衔上有过多么辉煌的历史，作为舰队司令，未能把法国人堵截在亚历山大之外，足以断送他的职业生涯。他也明白自己的部队不可能在东地中海一直耗下去，这里距英国最近的可靠基地直布罗陀（Gibraltar）也有数百英里①之遥。因此，除非做好无论情况如何都要开战的准备，

① 1 英里≈1.61 公里。——编者注

否则追击毫无意义。因此，7月28日，当从情报中最终确认法国人就在亚历山大之后，纳尔逊挥师南下。他抱定决心，即使不能凯旋封侯，也要为自己在威斯敏斯特大教堂内赢得一席安息之地。[5]

但他再一次失望了。8月1日晨，舰队抵近亚历山大，却发现港内挂着三色法国旗的只是些商船。几天来寝食不安的纳尔逊懊丧之极，他麾下的一些舰长也是如此，74门炮战列舰“奥赖恩”号（*Orion*）的舰长詹姆斯·索马里兹（James Saumarez）爵士因“失望透顶”而“没精打采”。[6]

在不远处的阿布吉尔湾发现战舰的消息令颓势瞬间逆转。“奥赖恩”号上的勤务兵正准备移去餐桌台布，值更官冲进餐厅通报说已经看到敌人的舰队。“所有人一跃而起，‘满饮’一杯庆祝成功，紧接着就涌上了甲板。”索马里兹在回忆当时情形时如是说。14时55分，“前卫”号发出信号，传令舰队准备战斗，纳尔逊终于能坐下来享用一顿午餐了。[7]

午后发现英国舰队的报告却让法国人顿时陷入恐慌，法国人完全不像对方那样欢呼雀跃或是举杯“满饮”。与英国海军不同，法国海军并未将战斗胜利视为战役成功的先决条件。弗朗索瓦–保罗·布吕埃斯（François-Paul Brueys d’Aiguïlliers）海军中将已经将波拿巴军团成功地运至埃及，安全返回土伦复命才是他的唯一盘算。

不过，布吕埃斯感到，英国舰队的逼近使战斗在所难免，不是今日，就是明朝。约15时，他下达了一系列命令，让舰队做好准备。他要求当天稍早上岸掘井的武装分队——占其总兵力的三分之一——返回各舰，收起吊床、置好帆桁。表面看来，布吕埃斯似在考虑让舰队出海迎敌的可能。但这么多人仍在岸上，舰上人手不足，根本无法同时满足航行和作战的需要。这倒不是说布吕埃斯多么信赖其战舰的性能和官兵的素质，自从埃及远征行动开始，他就对这支他认为装备和人员都很差劲的舰队缺乏信心。如果仗非打不可，法国人将在锚地应战。[8]

舰队有阿布吉尔湾的环抱，地理条件、力量对比以及时间似乎都对布吕埃斯有利。在风帆时代，港内锚泊的舰队占有优势，常能击退强敌。[9]在锚地密集锚泊的舰只，能组成几乎无法被突破且火力集中的战列线，其一侧贴近海岸得到保护，只会受到一个方向的攻击。采用首尾下锚及加系斜缆（从舰的对角端伸出绕于锚索）的方式可使舰只绕轴摆动以覆盖各个来袭方向并支援邻舰。抛锚舰只构成更加平稳的火炮平台，舰员也可免除大部分操舰工作。

此外，布吕埃斯的舰队看上去比其对手更强。纳尔逊麾下有74门炮战列舰13艘、50门炮四级舰1艘、18门炮双桅船1艘。布吕埃斯旗下则有120门炮一级战列舰1艘、80门炮二级战列舰3艘、74门炮战列舰9艘以及装备36到48门炮不等的护卫舰4艘。[10] 7月初，波拿巴曾保证说陆军将建设一个配置40门火炮以覆盖整个海湾的海岸炮台，对此，一向情绪悲观的布吕埃斯回应说，他在阿布吉尔湾的阵位坚不可摧。[11]

布吕埃斯还正确地估算出英国人要到傍晚才能抵近海湾。绝大多数风帆时代的指挥官都认为黄昏开战为时太晚，特别是当舰队处于更适合侦察而不是作战的分散队形时。风帆时代的海战常常是打上一整天也没有什么决定性的战果。既然如此，日落时分开战意义何在？在夜暗中，指挥官赖以联通部属的视觉信号系统无法使用。

布吕埃斯断定战斗要到次日才会打响。

实际上，布吕埃斯的阵位远非无懈可击。仅抛首锚的法舰会随流摆动，不加斜缆使舰上炮火无法覆盖舰与舰之间的巨大空档——450英尺①左右，约为锚索长度的四分之三。此外，74门炮战列舰“盖里耶”号（*le Guerrier*），也就是布吕埃斯战列线的首舰，距阿布吉尔岛还不够近，整个舰队也没有沿湾内的5英寻②浅滩布阵，这样一来，就无法避免英舰从战列线的前端切入，迂回至法国舰队没有准备的向岸一侧。[12]

尽管布吕埃斯的战前准备非常糟糕，但事后回头来看，他对可能交战样式的判断却是合理的。无论他的部署有什么漏洞，只有在两军接近、敌方施以侦察之后才会显现出来。从远方之敌的视角看，他锚泊的位置显得很安全。而且他的对手不会知道有多达三分之一的法国水手可能会滞留在岸上，法舰向岸一舷的火炮也没有做好战斗准备。何况按当时标准，夜色将至，战机已失。

但布吕埃斯的问题不在于其部署的缺陷，而在于纳尔逊进攻的决心。在给英国驻直布罗陀海军总司令圣维森特（St. Vincent）勋爵的信中，纳尔逊写道：“我向您保证，一旦发现敌人，无论他们是在锚泊还是在航行，我都会立刻开战。”为了这一时刻，在追踪布吕埃斯的漫长过程中，只要天气允许，纳尔逊都会把舰长们召集到旗舰上，让他们熟知自己的“想法和意图”。“前卫”号舰长爱德华·贝里（Edward Berry）说：“所有可能找到法国人的地方，无

① 1英尺≈0.3米。——编者注
② 1英寻=6英尺。——译者注

一不在纳尔逊的计算之中。为达成最有利的进攻，所有可能的兵力部署方案，无一未经纳尔逊的深思熟虑。”在贝里看来，纳尔逊能以一种“言简意赅”的方式阐明自己的想法，让部属们听后都感到这些想法“完全是他们自己的”。这样一来，“信号几乎成了多余之物”。[13]

纳尔逊愿意，或者更准确地说是渴望，在不使用信号系统的情况下战斗。这是纳尔逊执行当前任务的关键。他告诫手下的舰长们，一旦发现法国舰队在自然条件利于固守的位置锚泊，必须立刻发起进攻，不给敌人留下准备时间。鉴于风帆时代的海战节奏之慢，这就意味着需要夜战，至少是部分夜战。因此，14 时 41 分，当“前卫”号收到胡德从“热诚”号发出确认法国舰队在阿布吉尔湾抛锚的信号后，纳尔逊已不再需要与舰长们召开作战会议，他只需要不超过 15 分钟的时间来研判形势，定下进攻决心，传令舰队准备战斗。大约 90 分钟后，随着英国舰队收紧队形，纳尔逊判断法国人不会出击。16 时 22 分，他发出第 54 号信号：“必要时使用主锚或舰尾备锚，加系斜缆。”[14]

近 17 时，纳尔逊再次发出信号，下令进攻敌人的前卫和中央分队。基于法方迎风、英方顺风逼近的态势，纳尔逊希望能集中力量攻击敌人战列线上排在前三分之二的舰船，这是他此前与部属们讨论过的另一种战术。法方的后卫分队因无法迎风航行，所以很难施以援手。[15]

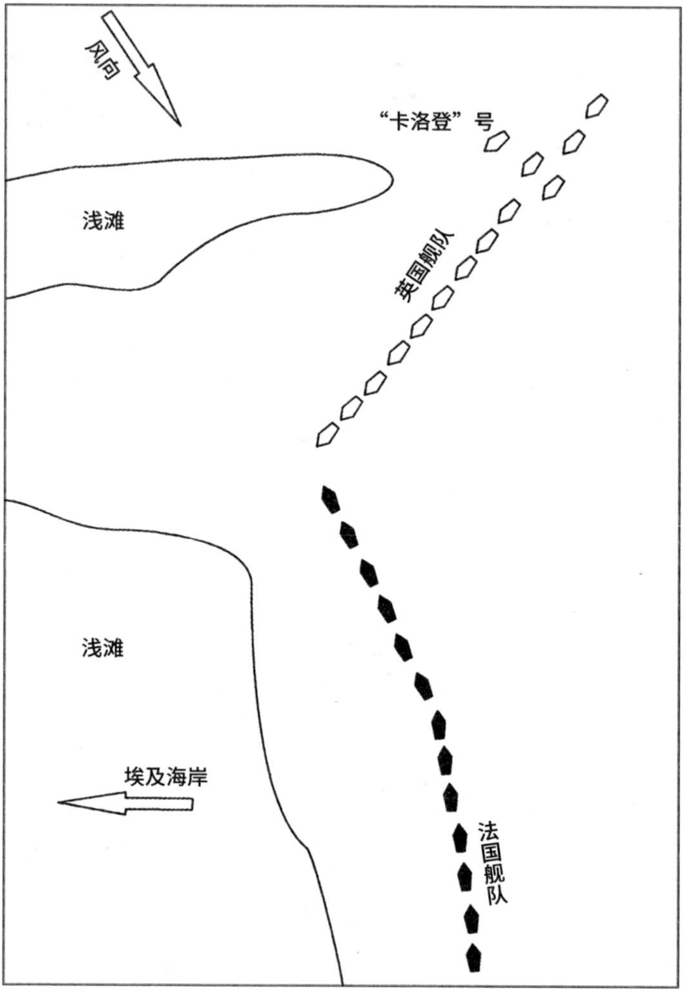

图 1 尼罗河战斗，1798 年 8 月 1 日，18 时左右

▲ 在接近法国舰队的过程中，纳尔逊发出了进攻信号。鉴于当时敌人舰队的位置和风向，英军舰长都明白要集中打击法国舰队前三分之二的舰只。处于下风位的敌舰将无法增援。由于当时天色已晚，布吕埃斯判断对方次日早晨才会进攻。

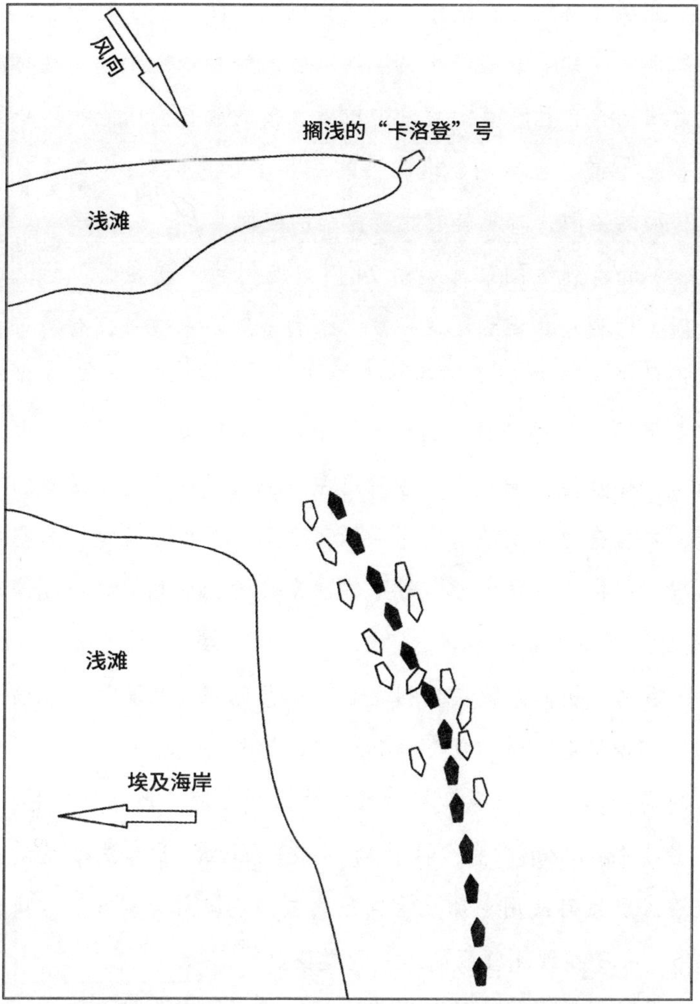

图 2　尼罗河战斗，1798 年 8 月 1 日，21 时 30 分左右

▲　英国舰队战列线前导舰“歌利亚”（*Goliath*）号舰长托马斯·福利（Thomas Foley）发现法国舰队没有采用正确的抛锚方式，遂决定率先突破其战列线，从敌近岸一侧发起攻击。法军没有料到英军会发起进攻，更没有想到会被两面夹击。

英国舰队边组成战列线边绕阿布吉尔岛推进，法国人逐渐感到对方是在动真格的，在纳尔逊决定交战大约两个半小时之后，布吕埃斯的部队才如梦方醒。布吕埃斯部署的风险暴露无遗，这当然不仅是对法国人自己。英国舰队中位置靠前的舰长们已能看清楚敌舰不是首尾下锚。包括纳尔逊在内的一些军官意识到："哪里有敌舰随风移动的空间，哪里就有我舰抛锚的空间。"[16]

纳尔逊战列线的最前端是74门炮战列舰"歌利亚"号，舰长托马斯·福利也意识到了这一点。福利是舰队中唯一拥有阿布吉尔湾海图的舰长，他冒着阿布吉尔岛上的小型炮台和法军战列线前端"盖里耶"号和"征服者"号（*le Conquérant*）两舰的炮火，主动出击，在驶过"盖里耶"号时用左舷炮火对其实施了猛烈的纵穿射击，之后奋力冲到敌舰向岸一侧，试图在两艘法舰之间的空档对面抛锚。但由于"歌利亚"号下锚速度较慢，福利最终把舰停在了"征服者"号的对面。

塞缪尔·胡德紧跟在福利之后，他发现"歌利亚"号偏离目标驶过了"盖里耶"号，便"砍断'热诚'号的尾锚索，占领了福利原本想要的阵位"。[17]英舰战列线上的后续三舰"奥赖恩"号、"大胆"号（*Audacious*）和"忒休斯"号（*Theseus*）如法炮制，在突破法舰战列线时使用舷侧火炮猛烈轰击，突破后分别在法舰战列线的第5、第3和第4艘舰向岸一侧抛锚。

在得不到最高长官纳尔逊指示的情况下，率先投入战斗的英国舰长们都面临着艰难的选择。在硝烟弥漫的混战中，他们要么必须冒着搁浅的风险绕开已经就位的舰只，要么就得冒着碰撞和被己方误伤的风险穿过英舰火炮射线。为避免搁浅，索马里兹将"奥赖恩”号停在“热诚”号与“盖里耶”号之间，却又漂出且绕着“歌利亚”号打起转来。“大胆”号舰长戴维奇·古尔德（Davidge Gould）取捷径从“盖里耶”号和“征服者”号之间突破法舰战列线，但仍需在“征服者”号和“歌利亚”号之间通过。拉尔夫·米勒（Ralph Miller）舰长指挥“忒休斯”号航行了很长距离绕过法舰战列线前端，虽然避开了搁浅的风险，却不得不两度穿越交战炮火。

纳尔逊认为再让旗舰冒同样的风险是愚蠢的。夹击法舰战列线，也就是从其两侧同时攻击的时机已经成熟。贝里指挥“前卫”号巧妙迂回，抛锚于法国74门炮战列舰“斯巴达人”号（*le Spartiate*）外侧，而米勒的“忒休斯”号早已从该舰向岸一侧发起攻击。

随着夜色渐暗，和风轻轻吹拂着笼罩法军战列线的硝烟，局面愈发混乱。托马斯·路易斯（Thomas Louis）舰长的74门炮战列舰“弥诺陶洛斯”号（*Minotaur*）紧随“前卫”号在法国74门炮战列舰“北风”号（*l'Aquilon*）舷侧下锚。亨利·达比（Henry Darby）舰长的74门炮战列舰“柏勒洛丰”号（*Bellerophon*），本应紧靠法国80门炮战列舰“富兰克林”号（*le Franklin*）抛锚，却因拖锚漂到了布吕埃斯的旗舰——120门炮战列舰“东方”号（*l'Orient*）——舷边。20时许，火力不敌对手的“柏勒洛丰”号主桅和后桅损毁落水。已经苦撑了两个小时的达比下令砍断尾索，升起所剩无几的残帆，“柏勒洛丰”号缓缓驶离战场，21时许中桅也终于丧失。约翰·佩顿（John Peyton）舰长指挥“防御”号（*Defence*）投入战斗后，直插“富兰克林”号舰首右舷，填补了达比撤出留下的空缺。英舰战列线中紧随其后的74门炮战列舰“尊严”号（*Majestic*）却在乔治·韦斯科特（George Westcott）舰长指挥下扑向法舰战列线中排在“东方”号舰尾的80门炮战列舰“雷鸣”号（*le Tonnant*）旁抛锚。“尊严”号被猛烈的炮火覆盖，舰长韦斯科特被法国狙击手击中头部阵亡。20时左右，“尊严”号舰务官放出锚索，让“尊严”号顺着法舰战列线漂移至“雷鸣”号和74门炮战列舰“幸运”号（*l’Heureuse*）之间的空档处，“抛出舰首主锚，并在锚索系上由炮孔伸出的斜缆”。

后续英舰陆续投入战斗。托马斯·特鲁布里奇（Thomas Troubridge）舰长的74门炮战列舰“卡洛登”号（*Culloden*）在阿布吉尔岛以东搁浅。亚历山大·鲍尔（Alexander Ball）舰长的74门炮战列舰“亚历山大”号（*Alexander*）避开浅滩，从“东方”号和“雷鸣”号之间穿过法舰战列线，占领两舰之间近岸一侧的阵位。20时30分许，本杰明·哈洛韦尔（Benjamin Hallowell）舰长的74门炮战列舰“快速”号（*Swiftsure*）在“富兰克林”号和“东方”号之间的空档一侧抛锚，开始猛烈轰击法军旗舰。托马斯·汤普森舰长率领火力较弱的50门炮四级舰“利安德”号（*Leander*）进入战场时，“奥赖恩”号的炮弹打断了法国74门炮战列舰“人民至上”号（*le Peuple Souverain*）的锚索，致其漂离原位。汤普森立即驱舰驶入“人民至上”号与“富兰克林”号之间的空档。这样一来，“利安德”号就可以对敌舰实施纵穿射击，而遭反击的风险却很小。

及至“利安德”号抛锚之时，精准有序的英舰炮火已将法军前卫分队的5艘战舰打得炮哑桅折。在被痛击两个小时后，“斯巴达人”号于20时30分向“前卫”号降旗示降。就在此时，纳尔逊的额头被弹片击伤，仅有的一只好眼也被伤口破皮遮住，致其暂时失明。每次出征都有死亡预感的纳尔逊大叫：“我要死了！记得告诉我的妻子。”随即倒下，被眼疾手快的贝里一把扶住。幸运的是，看上去鲜血淋漓的伤口其实并没有那么糟糕。进入船舱的纳尔逊看到周遭都是伤亡官兵，立即要求“回去与英勇的战友们在一起”。[18]

在解决了法军前卫分队之后，英军将进攻重心转移至敌中央分队。双方在不超过50码的“手枪射程之内”殊死拼杀。英舰炮火将法军舰员轰出炮位。21时左右，法军旗舰“东方”号起火。不出纳尔逊所料，风一直沿法舰战列线的方向吹，使布吕埃斯后卫分队的5艘战舰无法近前增援。激战中，习惯于听总指挥官将令行事的法军舰长和前、后卫分队指挥官们发现自己全都成了“独桨”“孤舟”。纳尔逊的“进攻模式”令法军陷入瘫痪、困惑、恍惚、不知所措的境地，成了“战斗的袖手旁观者”。皮埃尔·德维尔纳夫（Pierre de Villeneuve）海军少将事后坦承，“从英国舰队夹击我方前卫分队的那一刻起”，法国舰队的劫数已定。[19]

尽管英舰“亚历山大”号、“快速”号和“利安德”号集中火力猛攻，致使“东方”号火势蔓延、难以扑救，但布吕埃斯决意战斗下去，不允许自己的旗舰投降。从“快速”号的后甲板望去，可以看到失去双腿的布吕埃斯“伤口缠满绷带，面对敌军坐在椅子上指挥灭火。‘快速’号的一颗弹丸几乎将其炸为两截，结束了他辉煌的生命”。[20]

法军旗舰的熊熊大火将周遭映得通明，“场面壮观、骇人”。英军旗舰舰长贝里派人进舱给负伤的纳尔逊报信，建议他在“东方”

号爆炸之前到甲板上来看看。纳尔逊来到后甲板，被眼前的情形惊呆了。他当即命令贝里放下“前卫”号的救生艇，救助还来得及逃生的法军舰员。“东方”号近旁的双方战舰都没有照做，担心自身安危的舰长们已无暇救人。他们纷纷砍断锚索，赶在法军旗舰爆炸之前尽量与之拉开距离。“东方”号的烈焰把“快速”号舰上的树脂烤化，顺着舷边向下流淌。但舰长哈洛韦尔决定保持原位，因为他确信自己处在爆炸冲击波的死角内，无需像邻舰那样避开。哈洛韦尔派人守着锚索，以免被某些惊慌失措的水手砍断。不过，作为预防措施，他下令关闭炮孔，让舰员都到甲板上去。22 时左右，“东方”号终于爆炸了。米勒在给其夫人的信中写道：此情此景“若是放在过去，胜利者也会为之垂泪。但是，一想到这个无德的、嗜血的国家曾经和正在犯下的无数令人发指的暴行，刚刚萌生的怜悯又被压了下去。爆炸时……尽管我竭力阻止住了舰上同伴们的欢呼，但我内心对敌人的命运并无痛感”。[21]

至此，战斗已接近尾声。几艘法舰砍断锚索漂向友舰试图逃跑。混乱中，法军向法军开了火。尽管舰船遭受重创，舰员筋疲力尽，纳尔逊的舰长们并未就此懈怠。为争取完胜，他们也纷纷砍断锚索，顺风沿法舰战列线漂移，杀向新的猎物。最后，只有德维尔纳夫手下的 80 门炮战列舰“纪尧姆·泰尔”号（*le Guillaume Tell*）和 74 门炮战列舰“慷慨”号（*le Généreux*），以及两艘护卫舰逃过一劫。

8 月 2 日清晨，初升的太阳将纳尔逊舰队的战果呈现在眼前，“‘胜利’一词已不足以描述这样的场景。”纳尔逊如是说。他打了一场歼灭战，这是 19 世纪末海战几乎无法取得的成就。而且，正如惊讶不已的理查德·豪（Richard Howe）勋爵后来对贝里所言："此役无与伦比，空前绝后，每位舰长都表现得出类拔萃。"豪一直是视觉信号发展的领军人物，视觉信号的主要目的是掌控部属的行动，以确保他们能够投入战斗。截至当时，视觉信号并未产生出预期的效果，但纳尔逊却有办法让整个舰队在夜暗中悉数投入战斗，仅"卡洛登"号一艘舰搁浅。结果，法国地中海舰队的 13 艘战列舰中，除两艘在逃，计有 7 艘被俘，3 艘被焚，"东方"号爆炸；护卫舰也有 1 艘焚毁，1 艘沉没。尽管英国舰队也有多舰重伤，但均可修复。英方亡 218 人、伤 677 人。法方阵亡及失踪 5000 余人，加上被俘人员，损失超出英方 10 倍以上。[22]

※　※　※

纳尔逊与布吕埃斯之争，不仅仅是两个人、两支舰队、两支海军、两个民族国家之间的斗争，更是两种截然不同的海战指挥哲学之间的碰撞，这正是本书的关注点。

布吕埃斯是其所处时代的产物，他的思维方式体现了当时的海军思想——单列纵队、信号手册以及战斗秩序。布吕埃斯也是其所在国家的产物。一个多世纪以来，在被历史学家称之为"启蒙运动"的进程中，这个国家一直引领着欧洲人走向理性主义以及崇尚科学和科学方法。[23] 整个 18 世纪，欧洲海军界越来越倾向支持这样一种观点，即科学研究能为海员和海战面临的难题提供解决之道。法国在政府与学界的合作方面表现突出，在航海、制图、造船、炮术、战术和信号通信等领域的研究中位居前列。法国人率先通过审视既往海战来总结可资借鉴的经验。法国人把海军和海战作为一门科学，配有旨在为风帆时代原本无序的海战注入秩序的各种手册和信号。但是，法国人发现，他们往往会被远不够科学却远为成功的英国对手击败。[24]

不过，在18世纪即将谢幕之际，法国的科学方法与英国的实践经验相结合，催生出一种分析范式——一组基本假设——让海军军官们"通过概率计算"做出理性决策。[25]除极少数人，所有海军指挥官都信奉这一模型，认为赢得海战胜利的最佳途径是，组成秩序井然的线式纵队，通过采用精心编制的通信信号向部属传达上级意图，达成集中统一的指挥控制，实施预先计划的编队机动。显然，这一范式的影响无处不在：大多数风帆时代的海战都无法取得决定性成果，这愈发导致了对秩序和信号系统的更高追求。

基于这一范式，布吕埃斯关于英军在次日拂晓前不会开战的假设完全合理。法军数量占优、天色将晚、依赖视觉信号的指挥体系在夜暗中近乎无用，这一切都排除了英方立即进攻的可能。

但布吕埃斯的对手霍雷肖·纳尔逊爵士既不是启蒙运动之子，也不是名门望族之后，对科学或艺术鲜有涉足。用一位19世纪虚构评论者萨姆·斯利克（Sam Slick）的话说，纳尔逊是个"跛足、独眼、单臂的小个子海军动物"，是个从13岁起就浪迹大海，为追求辉煌的胜利，不怕失败、不怕牺牲的人。纳尔逊的决策过程是控制型而不是分析型的。他从不对任何战斗作太多的利弊权衡，只是抱着坚定的信念冲向敌阵。他的制胜原则非常简单："靠近法国人，你就能打败他。"[26]

纳尔逊还认为，不论如何善用信号系统，指挥官们都无法指导海战。他并不否认精密信号系统对编队航行机动的价值，但坚信在战斗中信号“要么会被误读，要么很可能在你需要时，总指挥官却由于这样或那样的原因发不出来”。[27]

作为领导者，纳尔逊排斥当时所谓理性的、科学的、物质的手段，也就是信号系统。他所追求的方式，建立在对自身和部属的信任之上。纳尔逊的指挥风格鲜有启蒙运动的思想烙印，倒是更多地反映出其父——伯纳姆索普（Burnham Thorpe）教区牧师，一个与那个普遍追求为混沌注入秩序、用理解取代信仰的时代格格不入的年轻人——对他的哺育。按照纳尔逊的描述，特拉法尔加（Trafalgar）战役之前他在旗舰上与部属们的会面，与其说是一场作战会议，不如说更像是基督与使徒们最后的晚餐。纳尔逊把舰长们召到身边，向他们传授自己的“秘诀”，一些人喊了起来，“从将官到其他军官，大家一遍遍喊道，‘只要能逮到他们，我们就一定会成功！大人，你身边都是朋友，你的信任激励着大家’。这其中可能会有犹大式的人物，但大多数人都非常愿意听命于我”。[28]

多年的海军生涯让纳尔逊确信，通信技术的革命并不能带来真正的胜利。他转而寻求与部属的交流。在追踪布吕埃斯的过程中，纳尔逊一有机会就与舰长们见面，因此，他们都熟知他的“想法和意图”。他坚信，通往胜利最为可靠的途径绝非集中，而是分散。他对部属充满信任、信心和信赖。他希望他们已经完全汲取了自己的作战思想，他更愿意让他们发挥主动。尼罗河（Nile）战役胜利后，在写给豪勋爵的信中，他用莎士比亚剧作《亨利五世》（*Henry V*）中的语汇来描述他的部属：“我有幸指挥一帮兄弟，因此，夜晚对我有利。每个人都知道自己的职责，我相信每个人都有自己的目标。"[29]

对布吕埃斯来说更为糟糕的是，纳尔逊在战斗中不是寻求有序，而是寻求放任无序。为争取胜利，他不惜摒弃舰队的线式战列和自己的线性决策，而且采用无序的，甚至是混乱的夜间行动。在其他人需要秩序的地方，纳尔逊却在追求混乱。他人眼中的无序，恰是纳尔逊眼中的别样和谐。在战斗中，他希望"出其不意和打乱"敌人。特拉法尔加战役之前，纳尔逊对一位朋友说："他们不知道我想干什么，到时将有一场混战，这才是我想要的。"1801年，他又写道："在某些情况下，我们有时必须达成一种有规律的混乱。这种表面的混乱，肯定是当时情况下所能获取的最合乎规律的方法。"[30]

※　※　※

海军史学对指挥官的研究相当丰富，但对指挥的研究却相对匮乏。有关著名海军将领的生平记叙汗牛充栋，但大都仅限于对他们个人的描述。集中审视这些著作就会发现，除了军服和职业，还缺少一条共同的主线。这条主线应该是这些海上领导者们的拿手好戏——指挥。

指挥，更具体地说是指挥控制，简称"指控"（C^2），是一个相对现代的术语，尽管其所定义的功能与冲突本身的年代一样久远。本书采用美国国防部的定义：

正式任命的指挥官为完成任务对其所属部队行使职权、

实施指导。指挥控制职能通过指挥官为完成任务对部队和行动进行计划、指导、协调和控制时对人员、装备、通信、设施及程序的安排来实现。[31]

此外，书中一般只简单使用指挥一词，而不是指挥控制或C^2，以及经常使用的C^3，也就是指挥、控制与通信。

作为一本指挥史专著，本书不仅研究人物，还研究行为：组织、管理、技术，以及单独和集体决策。指挥官是行为的核心，但其重要性体现在如何实施指挥而不是在个人传记之中。

回首历史，每一位指挥官都要与战争中的变量和常量作斗争。技术进步属于变量，在21世纪的舰队与法国大革命和法兰西帝国战争时期的舰队之间做一比较，就会很清楚地看到这一点。今天的舰船使用蒸汽或核能推进，通过卫星通信数字网络相互联结，以喷气式飞机和舰对舰导弹为武器打击数十、成百乃至上千英里之外的目标。这与当年使用风能推进、通过信号旗标指挥、火炮射程仅以码计的战舰，反差显然是太大了。常量超越时间和技术变革。战争原则（军事组织数十年前就已确立的）属于常量，被卡尔·冯·克劳塞维茨（Carl von Clausewitz）称之为“阻力”——“区别实际战争与纸上战争的概念”——的战争现实属于常量，克劳塞维茨指出的另一个战争现实，即不确定性，或曰无处不在的“战争迷雾”，也属于常量。[32]

本书各章的内容框架主要由变量，也就是技术所决定。技术不仅重新定义了接受指挥的部队形态，也改变了实施指挥的方式。从这个意义上说，电报在战略和战役层面的运用较之蒸汽推进的出现，舰对岸无线电通信的使用较之海军飞机的使用，更为重要。各章在分析历史上的指挥案例之前，会介绍一下当时的技术发展状况。但本书的主要论点却是关乎常量的——特别是“战争迷雾”。

马丁·范克里维尔德（Martin Van Creveld）在其《战争指挥》（*Command in War*）一书中指出，尽管最先进的技术也无法消除不确定性这一常量，但指挥官们却可以选择在指挥架构中将这一负担向上或向下转移。通过集中控制，指挥官可以在最高层级，也就是他自己的层级上获得更大的确定性，但也将因此增加下级的不确定性。下级在被剥夺了主动权的同时，还往往得不到指导。分散式的体系容许顶层具有更大的不确定性，这可能会使指挥官们与事件脱节，但也增加了下级的确定性。范克里维尔德的结论是：“这些观点似乎适用于所有时期……因此也就超然于任何特定的技术发展阶段，其正确性在未来也不会有所削弱。只要指挥体系存有缺陷——缺陷必将永远存在直到不再需要指挥——应对不确定性的两种模式就将持续呈现在各级指挥官面前。如果说2500多年的历史经验有什么借鉴作用的话，那就是第二种方式（分散）优于第一种。”[33]

对海军指挥的研究表明，海上的不确定性与范克里维尔德研究陆上指挥时所发现的一样普遍。因此，纳尔逊所展现的分散指挥方式总体上要优于更为集中的指挥体系。许多海军理论家不愿接受技术进步无法消除“战争迷雾”的事实，但无可辩驳的是，在过去的四个世纪中，新的通信技术未能解决海上的不确定性问题。

全世界的军事机构都承认，关键决策往往是基于有选择的数据做出的，因为属于控制论系统的训练和条令提供了这样一种框架，使得决策可在其中迅速被做出，而无需进行全面的分析处理。与此同时，军队还在更高的层级上使用分析模型。例如，美国国防部将指挥官的形势研判定义为："一个逻辑推理过程，指挥官在此过程中考虑所有影响军事形势的情况，并就完成任务应采取的行动方针做出决定。"尽管这一定义如此强调分析，但在实践中，想要步入更高的指挥层级，靠的还是训练和条令。像阿利·伯克（Arleigh A. Burke）那样在第二次世界大战中功成名就的美国海军将领，并不会在战斗打响后就把正式的条令手册《理性军事决策》（*Sound Military Decision*）抛到一边，他们发现分析模型确实为他们提供了一个决策框架。但他们也不会以精打细算的分析方式来做决策。伯克指出，平时需要 5 个小时周密分析才能做出的决策，战时只有 5 分钟时间达成。人们认为，现代海军并没有忘记这些教训，实战中很少有军官会指望能像在海军战争学院（Naval War College）作业时那样关注细节。这一点可能更会被历史学家所忽视，他们倾向认为人类决策属于理性分析模型。[34]

※　※　※

最负盛名的海权理论家和倡导者艾尔弗雷德·塞耶·马汉（Alfred Thayer Mahan）的著作《海权对历史的影响》（*The Influence of Sea Power upon History*）以第二次英荷战争（Anglo-Dutch War）开篇。时值 17 世纪中叶，"特色鲜明的风帆时代已经到来"[35]。为探索 1660 年以前指挥理念的变迁，本书开局提前了一个世纪。本书没有涉足桨帆战舰时代，因为寻求通过摧毁敌国舰队来掌握制海权，是风帆海军在欧洲出现以后的事。小约翰·弗朗西斯·吉尔马丁（John Francis Guilmartin, Jr）在其经典著作《火药与桨帆战舰》（*Gunpowder and Galleys*）中提到了地中海上的桨驱舰队："地中海上的战争并不是传统意义上的海战，而是……一种两栖作战的形式。在这样的战斗中，舰队与海岸的关系至少也和其与对方舰队的关系同等重要。"[36]

本书重点关注指挥控制在理论及其他方面的发展，研究对象为相应时期居于统治地位的海上力量——主要是英国海军、风帆时代处于全盛期的法国海军以及后来的美国海军。书中风帆时代占比偏大，原因是其后各个时期海战数量偏少。没有什么比战斗更能推动理论的发展了，1650 年到特拉法尔加战役期间有着极为丰富的战例，而 1805—1939 年期间重大海战却寥寥无几。无论以何种标准衡量，第二次世界大战都是一场重大的海军冲突，但在其后的半个世纪里，尽管各国海军，特别是其航空力量的运用颇为频繁，却没有发生任何重大的海军对海军的冲突。

无论如何，海权是民族国家至关重要的组成部分，尽管技术取得了令人难以置信的进步，未来的指挥官们仍可从以纳尔逊为代表的领导者的职业生涯中，汲取丰厚的关于他们指挥艺术本质的经验教训。正如 1995 年出版的一本美国海军条令所总结的："有效的指挥控制有赖于不同岗位指挥官的共识，构成这种共识的基础是条令、团队合作和信任。英国海军将领霍雷肖·纳尔逊是这种关系的典范。"[37]

注　释

1.“热诚”号日志，1 Aug. 1798, T. Sturges Jackson, ed., *Logs of the Great Sea Fights, 1794–1805*, 2 vols. (London: Navy Records Society, 1899–1900), 2:12–13; Samuel Hood to Viscount Hood, 10 Aug. 1798, ibid., 20. 实际上，法国舰队只有13艘战列舰，另有4艘护卫舰。(原文中)舰名之后的数字表示该舰装备火炮的数量。当然，这一数量只是用来对实力做一比较，不宜绝对化。

2. G. J. Marcus, *The Age of Nelson: The Royal Navy, 1793–1815* (New York: Viking, 1971), 130, 129. Oliver Warner, *Nelson's Battles* (New York: Macmillan, 1965), 58.

3. Piers Mackesy, *Statesmen at War: The Strategy of Overthrow, 1798–1799* (London: Longman Group, 1974), 41. Dundas to Spencer, 10 Sept. 1798, *Private Papers of George, Second Earl Spencer: First Lord of the Admiralty, 1794–1801*, ed. Julian S. Corbett and Herbert S.Richmond, 4 vols. (London: Navy Records Society, 1913–1924), 2:463.Spencer to Dundas, 23 Sept.1798, ibid., 469–470. 1797年2月14日圣维森特角战斗之后，纳尔逊成了民族英雄，见第6章。

4. Spencer to St. Vincent, 16 Sept. 1798, Spencer, *Private Papers*, 2:459, 460. 关于英国的战略，纳尔逊失利的影响及其后来的胜利，见 Mackesy, *Statesmen at War*, chs. 1–3; A. B. Rodger, *The War of the Second Coalition, 1798–1801: A Strategic Commentary* (Oxford:

Clarendon Press, 1964), chs. 1–5。纳尔逊在阿布吉尔湾获胜的消息一传到君士坦丁堡，土耳其立刻通知俄罗斯其舰队可以通过海峡了，随即又于几天之后，也就是9月9日，对法国宣战。

5. Warner, *Nelson's Battles*, 62.

6. Ibid.

7. Marcus, *Age of Nelson*, 131. 尼罗河战斗中，英方各舰日志对时间的记载出入很大。例如，关于法国“东方”号战列舰爆炸，“快速”号记载的时间最早，为21时37分，而“奥赖恩”号记载的时间最晚，为23时30分。见Jackson, *Logs*, 2:5之编者备注。

8. O. Troude, *Batailles navales de la France*, 4 vols. (Paris: Challamel Ainé, 1867–1868), 3:95, 96–97, 91; Louis Antoine Fauvelet de Bourrienne, *Memoirs of Napoleon Bonaparte*, ed. R. W. Phipps (New York: Scribner, 1891–1892), 1:147.

9. 1778年在圣卢西亚海域，一支锚泊的英国舰队阻止了一支实力远胜己方的法军。1782年在圣基茨岛海域，一支锚泊的英国舰队击退了一支实力占优的法国舰队。见Piers Mackesy, *The War for America, 1775–1783* (Cambridge, Mass.: Harvard University Press, 1965), 229–232, 455–456; Alfred Thayer Mahan, *The Influence of Sea Power upon History, 1660–1783*, 12th ed.(Boston: Little, Brown, 1918), 364–367, 473–476。

10. 布吕埃斯麾下的许多舰只状况不佳，其中有些早已被划归不堪使用之列。这些舰只不仅武备糟糕，而且严重缺编。例如，从土伦出发时，编制员额为866人的“雷鸣”号上仅有400人。Troude, *Batailles navales*, 3:91.

11. August Fournier, *Napoleon the First: A Biography*, ed. Edward Gaylord Bourne (New York: Henry Holt, 1903), 133. 但正如罗杰在《第二次反法同盟》(*War of the Second Coalition*)一书第59页所指出的，显然，布吕埃斯之所以断言自己坚不可摧，完全是基于波拿巴建立可以覆盖法军舰队整个战列线的海岸炮台的说法。阿布吉尔岛上确实部署了一些火炮，但承诺的40门火炮重装炮台并未实现。

12. 标准战列舰吃水约30英尺，合5英寻。

13. Oliver Warner, *The Battle of the Nile* (New York: Macmillan, 1960), 56. 贝里所述记载于 *The Dispatches and Letters of Vice Admiral Lord Nelson*, ed. Nicholas Harris Nicolas (London: H. Colburn, 1845), 3:48–56。

14. Warner, *Battle of the Nile*, 73. 关于纳尔逊使用的信号，见 Jackson, *Logs*, 2:56–57; Brian Tunstall, *Naval Warfare in the Age of Sail: The Evolution of Fighting Tactics, 1650–1815*, ed. Nicholas Tracy (Annapolis: Naval Institute Press, 1990), 226。纳尔逊手下的一些舰长对其可能采用的进攻方式了然于心，已经做好下锚加系斜缆的准备。Jackson, *Logs*, 2:12–13, 62.

15. 从纳尔逊所处位置来看，位于法军战列线前端，看似是前卫分队的法舰，其实是后卫分队。所以，法方讨论的是前队无法支援后队，而英方谈论的却是后队未能支援前队。

16. Troude, *Batailles navales*, 3:97. Berry, in Nelson, *Dispatches and Letters*, 3:48–56; Marcus, *Age of Nelson*, 132.

17. Jackson, *Logs*, 2:22.

18. Warner, *Battle of the Nile*, 92.

19. Troude, *Batailles navales*, 3:98–99. 维尔纳夫此言记载于 Jackson, *Logs*, 2:77–79。

20. 此言引用于 Warner 的 *Battle of the Nile*, 87–88. 这一有渲染性的说法未必属实。根据法方记载，布吕埃斯在此之前，也就是大约 19 时 30 分已经阵亡，当时一发炮弹击中其大腿，几乎将其断为两截。不过，布吕埃斯确实至死未离后甲板。

21. Jackson, *Logs*, 2:44.

22. Ibid., 95. 纳尔逊记录的贝里与豪的谈话内容，载于 Howe to Nelson, 3 Oct. 1798, *Dispatches and Letters*, 3:84. Warner, *Battle of the Nile*, 121。

23. 关于启蒙运动，分别见 Norman Hampson, *The Enlightenment* (New York: Penguin, 1968); Ernst Cassirer, *The Philosophy of the Enlightenment* (Boston: Beacon, 1965); Carl L. Becker, *The Heavenly City of the Eighteenth-Century Philosophers* (New Haven: Yale University Press, 1932)。

24. 关于法国的进步及其对英国的影响，见 Tunstall, *Naval Warfare*。

25. John D. Steinbruner, *The Cybernetic Theory of Decision: New Dimensions of Political Analysis* (Princeton: Princeton University Press, 1974), 109.

26. Sam Slick: Thomas Chandler Haliburton, 该文引用于 William Henry Fitchet, *Nelson and His Captains: Sketches of Famous Seamen* (London: Smith, Elder, 1902)，该文载于 www.aboutnelson.co.uk/characterstudy.htm 网站。Nelson to William Locker, 9 Feb. 1799, *Dispatches*

and Letters, 3:260. 按照斯坦布鲁纳的定义，在控制型决策范式中，决策者“不对结果进行任何计算，而只是根据决策规则监控特定信息渠道”。*Cybernetic Theory*, 109.“决策规则”可能基于某一分析过程的结果确定。但是，在分析型决策范式中，整个决策过程都要遵循某种分析方法；而在控制型决策范式中，达成决策需要遵循已经确定的“决策规则”，而不是通过实际的分析工作。

27. 见纳尔逊1803年战术备忘录，该备忘录载于Julian S. Corbett, ed., *Fighting Instructions, 1530–1816* (London: Navy Records Society, 1905), 313–316。

28. 纳尔逊1805年10月1日致汉密尔顿夫人信，*Dispatches and Letters*, 7:60–61。

29. 贝里语，载于纳尔逊*Dispatches and Letters*, 3:48–56. Nelson to Howe, ibid., 3:230–231。

30. 纳尔逊-基茨谈话，ibid., 7:241n。纳尔逊1801年3月29日致特鲁布里奇信，载于John Knox Laughton, ed., *The Naval Miscellany* (London: Navy Records Society, 1902), 1:424–425。

31. U.S. Department of Defense, *Dictionary of Military and Associated Terms* (Washington: Government Printing Office, 1989), 77.

32. Carl von Clausewitz, *On War*, ed. and trans. Michael Howard and Peter Paret (Princeton: Princeton University Press, 1989), 117–121.

33. Martin Van Creveld, *Command in War* (Cambridge, Mass.: Harvard University Press, 1985), 274.

34. Department of Defense, *Dictionary*, 77. U.S. Department of the Navy, *Sound Military Decision* (Newport, R.I.: Naval War College, 1942).

Author's interview with Admiral Arleigh A. Burke, 27 May 1986.

35. Mahan, *Influence of Sea Power upon History, vi*.

36. John Francis Guilmartin Jr., *Gunpowder and Galleys: Changing Technology and Mediterranean Warfare at Sea in the Sixteenth Century* (London: Cambridge University Press, 1974).

37. Department of the Navy, *Naval Doctrine Publication 6: Naval Command and Control* (Washington: Department of the Navy, 1995), 5.

第一章

海上陆战：1650 年以前

Land Warfare Afloat: Before 1650

我们的星球虽然名为地球，但其表面超过百分之七十被水覆盖。因此，人虽然是陆地生物，但生存环境主要是水。大小陆地相互隔绝，在航空运输问世之前，环抱陆地的海洋是岸与岸之间交通的唯一路径。七大洋为人类提供了全球通道，艾尔弗雷德·塞耶·马汉称之为“伟大公域”，战时则是冲突最为壮阔的舞台。

马汉 19 世纪晚期的海洋观和海权观与近代史几乎没有关联。诚然，正如修昔底德（Thucydides）所言，在一些国家，海上力量构成了“帝国的基础”。雅典是海洋强国。罗马确实在某种程度上依赖从埃及输入谷物。然而，真正的制海权只是特例而非常态。海权对古代历史的影响无法与其对现代事件的影响相提并论。[1]

千百年来，海洋一直是一片未知的广袤深渊，其风云变幻常令不明就里的水手举措失当，瞬间吞噬船只和船员。在陆地，前辈的跋涉渐为后人踏出通途；但在海面，人类的痕迹转瞬即逝，既留不下路标，也标不出疆域。旅行者们今天仍可看到埃及的陵墓，希腊的神殿、剧场，罗马的道路、水渠。但航行在地中海的人们却无处寻觅记载昔日海军荣光的纪念碑。就连位列古代世界七大奇观的罗德岛（Rhode Island）巨像，也早已湮没在波涛中。只有勇敢的潜水者才能发现些许印迹，从古代航海家破碎的梦想中，了解人类探索海路的历史壮举。

在以蒸汽机推进的钢铁舰船问世之前，水手们航行时只能指望海神的慈悲。只有不知世事无常的傻瓜才会相信，仅凭风帆或荡桨木船，就能“征服”或是“控制”海洋。直到19世纪，人类在海上自相残杀的能力较之海难带来的灾害，仍是小巫见大巫。

古时建造的船只强度不足，除去天气晴好，不能经常出海。长船（Longship）——主要靠划桨驱动的桨帆船（Galley），是当时最先进的战舰，但无法远离海岸。经典的地中海桨帆船干舷太低，即使中等海况也难以胜任，而且挤满狭长船体空间的划桨手还要经常停下来进食饮水。圆船（Roundship），也就是帆船，能更好地驾驭复杂海况，其船员人数较少，储物空间充裕，因而享有更大的行动自由。但圆船很难迎风航行，风力太小或海流稍强也不行，这一点比不上长船。[2]

地理知识的匮乏以及导航手段的缺位也束缚着古时的航海者。间或会有一些令人赞叹的科学进步。公元前3世纪，天文学家们认定地球是一个圆形球体，在环绕太阳公转的同时，本身也在自转。公元前约240年，当时最多才多艺的学者，亚历山大的厄拉多塞（Eratosthenes），算出了地球的大小，虽数值偏高，却为1700年后哥伦布（Columbus）自西向东的航行奠定了理论基础。公元2世纪，古代最精准的地理学家克劳狄乌斯·托勒密（Claudius Ptolemy），把世界划分成一个圆形的若干部分。并用他命名的经度线和纬度线标注地图。[3]

尽管有这些进步，科学在航海实践中仍派不上多大用场。地区的廓线乃至另一个半球都还没有在地图上呈现出来。地图既少见，又昂贵，而且至少在用于航海时还不够精确。天文仪器虽已出现，但很少在海上使用。水手们基本上只能靠肉眼观察天体位置来粗略判断纬度。直到 18 世纪末以前，还无法准确测定经度。在最理想的情况下，船长们可以查阅沿岸航行指南——内含港口之间距离、船只加水地点、盛行风流、水深以及各种地理描述信息，为沿岸航行提供帮助。罗马帝国鼎盛时期，一些幸运的船长可能已经有了原始的地中海海图。[4] 但即使是在公元第一个千年之末，有效的航海仪器（分别从阿拉伯和中国引入的星盘和司南）出现以后，大多数欧洲航海者仍只能祈求天气晴好，贴岸或近岸使用风帆或划桨航行，凭借多年的经验来标注海岸和日月星辰的位置。

缺乏导航工具未能阻止远洋航行。腓尼基人（Phoenician）和希腊人在地中海、阿拉伯人在印度洋、爱尔兰人和挪威人在北大西洋、中国人在太平洋都进行过高难度、长距离的远海航行。但没有仪器指引，再加上原始的造船工艺，使一年内仅有略超过半年的时间适合海上活动。[5]

海盗活动的特征显示出海洋在国家事务中相对无足轻重的状况。古代世界的海盗，如克里特人（Cretan）、伊利里亚人（Illyrian）以及奇里乞亚人（Cilician），都是在岸上而非海上劫掠。莱昂内尔·卡森（Lionel Casson）在其海洋史著作中有如下描述：

> 古代海盗也像他们的后代传人一样追抢商船。但那不是他们的主业，贩奴才是。海上劫掠所获有一定偶然性：海盗头领不可能仅凭外表辨识出一艘负重蜗行的普通商船装载的是贵重的丝绸和香料，还是廉价的恶臭羊皮。但对沿岸村镇的扫荡却可以赚得钵满盆丰，即使在穷得一文不

名的地方也可以抓人，富家换取赎金，余者到就近的奴隶集散地按市价售出。

直到公元 7 世纪阿拉伯人的入侵将地中海变成两种文化针锋相对的前沿之后，海盗的活动才逐渐从岸上劫掠转向海上袭船，其中最有代表性的是北非柏柏里（Barbary）地区沿岸的海盗船。在早期商业发展滞后于地中海的北欧水域，海盗的袭岸行为持续的时间较长。[6]

只有到了 15 世纪，科学与技术的综合进步——磁罗盘、星盘、改进的地图、商业化的航海用图，以及结构更坚固、设计更优越、索具更精良的船只，才使得航海者们能够挑战海洋，尽管还远谈不上征服。也只是从那时起，远洋航行才成为一种常态的、实用的、有可能全年进行的活动，尽管仍很危险。彼时，欧洲人多少有些意外地发现，他们已经掌握了日后不但可以主宰欧洲，而且可以主宰世界的一系列航海技术。[7]

长期以来，人类对海洋的无能为力削弱了海权的意义，甚至对那些自命负有海洋使命的国家也是如此。受季节和地域所限，商业的重要性微不足道。这些因素同样削弱了海军的意义。在 16 世纪海上航线真正成为全球公域之前，对其的破坏效果通常有限，马汉式的制海权理念毫无意义。[8]

桨帆船，不论是希腊人、罗马人、拜占庭人（Byzantine）还是土耳其人的，都不是有效的海战武器系统。桨帆舰队适航性差、给养不足，无法独立行动。因此，直到 16 世纪，地中海国家的海军仍摆脱不了海岸的束缚。桨帆舰队的活动半径有限，至多不超过

500 英里，这还只是沿着海岸航行，不是借助风帆或荡桨行驶的点对点直线距离。[9] 到了夜晚，桨帆战舰的指挥官们更愿意回到安全的海滩上，以便于船员们上岸睡觉及寻找新鲜的食物和淡水。对遥远的敌对港口实施封锁几无可能。只有在己方陆军控制了附近一段岸线的情况下，桨帆舰队才能尝试封锁。受此羁绊，海军通常作为侧翼兵力配属给陆军。16 世纪以前，海军行动只是陆上战斗的延伸，更具两栖属性而不是纯粹的海军属性。

14 世纪到 16 世纪间舰船设计、导航、制图和武器装备的发展对海权演变的渐进式推动，最终引发了一场海洋革命。到 17 世纪中叶，海上贸易和海战的性质、范畴及规模都发生了翻天覆地的变化。此前，只有马其顿人（Macedonian）、罗马人、阿拉伯人和蒙古人这样拥有巨无霸式陆军的国家，才能打造全球版图。现在，世界上的新帝国都是雅典型而非罗马型的海洋国家。海权不再只是陆权的附属品。用费尔南·布罗代尔（Fernand Braudel）的话说，“海洋”已然成为“通向财富的大道”。[10]

欧洲的海洋帝国都面向环境严苛、充满挑战的北大西洋，这绝非巧合。北欧人对桨帆船的热衷远不及他们的南方表亲。北方海域，即使是沿岸水域，对低干舷船只而言，海况都太过糟糕。英吉利海峡的潮汐涨落和潮流速度往往超过最快的划桨船只。北欧海盗远洋航行的主要工具不是长船，而是性能更好的帆船。[11]

大西洋的恶劣环境促使北欧人比地中海周边的人更加注重帆船的构型、索具以及导航技术。经常遭遇阴天或是大雾的北方海员非常依赖测深，并在罗盘出现后倚重有加。这使北方人最终开发出若干以适航性、载重量、航程和迎风航行能力著称的船型。

北欧造船业并未独享其改进的设计。地中海沿岸的船匠们也优化了他们的圆船，这其中既引进融合了北方的理念，也有他们自己在建造技术和索具布局方面的进步，北方人也非常乐于采用这些进步。造船技能在大西洋与地中海之间的流动自由通畅。[12]

北欧人将他们对南方邻国以及最终对全世界的海上优势归结于两个相互关联的因素。其一，北欧人率先采用改良圆船作为海战平台，当然这是出于客观需要而非主观选择；但地中海国家，无论是基督教还是穆斯林却没有。其二，北欧人在 14 世纪和 15 世纪对风帆战舰的不断优化，使其得以充分利用 16 世纪晚期廉价铁炮的发展，而他们的南方邻国却不能。

在海况恶劣的北方水域使用桨帆船作为舰对舰交战平台，其效果远不如在地中海那么令人满意。13 世纪，随着船匠们打造出更大、更坚固、机动性更好的圆船，大西洋沿岸国家开始将这种新型船只纳入海军部队。以英国海军为例，12 世纪晚期，其兵力还大多是各种类型的桨帆船，但到了 13 世纪初期，战斗力更强的圆船已成为其作战舰队的主力。进入 14 世纪，桨帆船基本退出英国海军作战序列。相比之下，直到 16 世纪，地中海国家海军还坚持使用那些经过实战检验的桨帆船，拒不接纳圆船。[13]

结果北方造船业有了三个世纪的先发优势——不是指帆船的设计和开发，而是指对作为作战平台的圆船的改进和优化。由于战时加入舰队的帆船大多是临时征召服役的商船，北欧国家开始要求造船业设计建造专门用于作战的帆船。这些新船在设计上有一些突出的特点，如高挑的船首和船尾“楼”，作为战斗平台，让士兵们居高临下向敌人投掷武器。专门建造的风帆战舰的结构特征逐渐开始显现。

不过，这些早期的风帆战舰，即使装备了当时原始的火药武器，也无法保证北方海军在本土水域之外拥有技术优势。16 世纪以前，可靠的火炮非常昂贵，无论是在海上还是陆地，均未得到普遍应用。各国通常都把重型火炮配置在攻城装备上，在这方面实力最强的是奥斯曼穆斯林，而不是欧洲的基督徒。北方和地中海的海军，只在舰首配置少量重炮，材质以黄铜或青铜为主。

巨炮的高昂造价掩盖了海洋领域方兴未艾的技术变革的真实属性，使地中海诸国产生了一种盲目乐观的自满心理。只要有经费因素制约火炮在海军的应用，桨帆船就是一种可用的作战平台。由于首炮只能向前方射击，因而在战斗中用于机动灵活的桨帆船要比用于帆船更为有效。由是，1500 年时，没人意识到桨帆战舰已经走到其漫长发展历程的终点；没人预见到圆船能作为一种武器系统继续演变 350 年；没人知道那个世纪末出现的廉价铁炮会让尺寸更大、航程更远的圆船在舷侧配置强大的炮阵，走遍天涯海角；没人觉得桨帆船唱主角的海战时代行将落幕。

火炮与帆船在不经意间完美结合了。直到 15 世纪船只才开始在舷侧配置火炮。1501 年，法国人开始在船体上开炮孔。只有很少战舰，如英国的“哈里感谢上帝”号（*Harry Grace à Dieu*）和法国的“弗朗索瓦”号（*François*），沿两舷大量配置火炮。“哈里”号的 141 门火炮中只有 21 门重炮，均为黄铜材质且极为昂贵。[14]

16 世纪晚期，英国开发出廉价铸铁炮，圆船开始在与桨帆船的竞争中胜出。铸铁炮比黄铜或青铜炮重，寿命也不如铜炮长，而且容易爆炸。但新的铸造方法让英国工匠得以大量生产铁炮，虽然公认质量不如铜炮，但价格却便宜得多。使用英国方法生产铁炮很快在北欧海军中流行开来。结果，北欧人在原料和技术两方面都形成垄断，他们能造出足够的大炮排列在战舰甲板之上。[15]

17 世纪初，地中海诸国发现其海军已然过时，濒临淘汰。对桨帆船的任何改良都无济于事。南欧人、土耳其人、阿拉伯人乃至整个世界都落在了北欧人后面，其势之疾，一经觉察，已成云泥。

※ ※ ※

欧洲大西洋国家在取得完全的技术优势之前就开始了海上扩张。15 世纪，机动性好、具备远航能力、装备着足以抵御桨帆战舰的火炮的风帆商船遍及世界各个海域，极大地拓展了欧洲人的商业视野。

葡萄牙是率先应用新技术的国家之一。[16] 15 世纪初，他们先后抵达马德拉群岛（Madeiras）、亚速尔群岛（Azores）和加那利群岛（Canary Islands）。15 世纪中叶，他们在西非沿岸的航迹已远至塞内加尔（Senegal）。1487 年，巴尔托洛梅乌·迪亚斯（Bartolomeu Dias）绕过非洲大陆最南端的好望角。10 年之后，瓦斯科·达伽马（Vasco da Gama）再到好望角，进入印度洋，直至卡利卡特（Calicut）。16 世纪第一个十年行将结束之时，葡萄牙人闯入红海和波斯湾等封闭水域，期间曾几经失败。1513 年，首批葡萄牙船只抵达中国，并于 1557 年在澳门站稳脚跟。

在葡萄牙人向南挺进的同时，西班牙人一路向西，也在寻找通往印度群岛（Indies）的航路。1492 年，哥伦布被一片未知的大陆挡住去路，这片大陆不久后将成为西班牙人主宰的新世界。1519年，几艘西班牙船只拼死闯过海况凶险的南美洲尽头——他们航经的水道即因这支探险队的领队斐迪南·麦哲伦（Ferdinand Magellan）而得名，之后他们跨越太平洋抵达菲律宾，领队麦哲伦在此被当地人杀死，但一艘幸免的船只最终于1522年返回西班牙，由此完成了首次环球航行。

其他欧洲强国，特别是英国、法国以及后来16世纪时的荷兰，也派出船只分别向南、向西、向东航行。他们有时也能发现一些尚未被伊比利亚半岛（Iberian Peninsula）国家控制的新陆地和向东的新航线。但这些海上暴发户扮演的角色通常是寄生于西班牙和葡萄牙帝国的挑战者，这在加勒比和印度洋表现得尤为明显。进入17世纪，欧洲列强不仅在全世界扩张了实力和影响，也带去了原有和新生的对抗。

17世纪，广义海权的意义也有了质的飞跃。海上贸易、竞争和战争突破了地域界限。哥伦布大发现所体现的海上力量，终结了地球分成两个单独世界的时代，海上力量以及与之相伴的国家力量，已经具有全球属性。

尽管现代海权和海战的扩张性与革命性特征似乎为有关国家提供了无尽的机遇，但在指挥控制方面，新兴海洋帝国也面临着一系列全新的问题。在所有层面上——行政、后勤、战略、战役和战术，海军和海上部队的每一位责任人都遇到了前所未有的困境。与他们的陆军同僚不同，海军指挥官从古代史学家的著述中得不到多少有用的战略或战术指导。此前，没有一个海军领帅机构指挥过跨洋行动。没有一支海军拥有过具备风帆战舰那种行动独立性的装备。没有一个舰队指挥官部署过沿一个轴向运动，却沿另一个轴向发射武器的风力推进舰船。改变了海权性质的科技进步也未能催生出任何指挥海军部队的新手段。多少世纪以来，任何进步的取得都只是尝试、错误和意外的结果。

欧洲大西洋沿岸国家很快意识到形势的新变化。他们寻找通往印度群岛的替代海道的行动，以及他们所选择的远程活动管理方式，彰显出全球思维只能是海洋能力提升时代的产物。

在绕过非洲海角寻找首批市场，进而控制印度洋水域的进程中，葡萄牙人面对的是海洋革命的现实。葡萄牙指挥官们很快就抓住了这一地区的地理特征，梳理出船只需要通过狭窄水道的所有航路冲要：好望角、红海入口处的曼德海峡（Bab el Mandeb）、波斯湾入口处的霍尔木兹海峡（Strait of Hormuz）以及印度、印度群岛和东亚贸易航经的马六甲海峡（Strait of Malacca）。葡萄牙人确信，只要控制住这些节点以及居于中心位置的印度马拉巴尔海岸（Malabar）要塞基地，就能摧垮和扰乱当地贸易，将其转至他们自己的商路，进而挫败并在商业上削弱伊斯兰势力，特别是奥斯曼帝国。

葡萄牙人制定并实施了一个三阶段战略。首先，迅速处置了阿拉伯和其他地区强国的海军，于1509年在第乌（Diu）海域赢得一场重要海战的胜利。其次，发起了一系列旨在摧毁当地航运的袭击。最后，在1509—1515年间任葡属印度总督和驻军总司令的阿丰索·德阿尔布开克（Afonso de Albuquerque）等人指挥下，进攻了几处战略要地：1507年占据了曼德海峡进口附近的索科特拉岛（Socotra），1508年占据了马斯喀特（Muscat）和霍尔木兹岛（Ormuz），1511年占据了马六甲海峡的一些通道，但在1513年夺取亚丁（Aden）和 1517 年夺取吉达（Jiddah）的行动中失利。这一野心勃勃且基本成功的计划打乱了红海和波斯湾的贸易，大量航运转向葡萄牙人开辟和控制的新航线，但当地的商业活动并未停止。[17]

然而，葡萄牙人无法巩固他们的成果。经济战确实削弱了较小的当地国家，如马穆鲁克（Mamluk）王朝治下的埃及，却使波斯和奥斯曼那样较大的、更有实力的伊斯兰邻国总体受益。葡萄牙人的成功促使奥斯曼人加强了他们的东南海岸。1517 年，奥斯曼人在吉达挫败了葡萄牙人。奥斯曼人不断扩充其海军，并于 16 世纪 30 年代在红海、16 世纪 50 年代在波斯湾几度发起反攻。尽管有所斩获，但奥斯曼人的努力未能打破葡萄牙人对印度洋西部水域的控制。[18]

葡萄牙人充其量只能向该地区派出区区几艘船只和几千兵力，但却有如此野心勃勃和敢打好斗的海上战略，这彰显了他们对风帆炮舰的信心。正如德阿尔布开克（D'Albuquerque）所说："听到我们要来的传言，（当地）船只逃得无影无踪，就连鸟儿也不再掠过天空。"另一位葡萄牙地方总督向国王进言称："这么说吧，如果你的船队够强，印度群岛的贸易就归你所有；如果你的船队不够强，那么陆地上的任何要塞都帮不了你什么忙。"当然，问题的关键不仅仅是船，还有炮。"没有火药，葡萄牙人也能到达印度，"小约翰·弗朗西斯·吉尔马丁写到，"但他们绝不可能在那里站稳脚跟，也绝不可能从那里运回货物。"[19]

葡萄牙的成功还有第三个关键因素：忠诚又能干的指挥官乐于主动作为，国王也乐于信任自己挑选的指挥官。19 世纪中叶电报发明之前，各国别无选择，只能赋予在遥远基地执行任务的指挥官广泛的权力，通常不仅包括军事职责，还包括外交和经济方面的职责。被派往半个地球之外的舰队，不可能与配属给陆军的桨帆舰队采用同样的控制方式。只有像德阿尔布开克那样的现场指挥官，才能指挥16世纪早期葡萄牙在印度洋的行动。驻葡属印度的葡萄牙官员无法从遥远的里斯本（Lisbon）得到指示或寻求支援。葡属印度与葡萄牙之间的通信往返需时数月，装备和派出远征部队耗时更长。驶往印度群岛的船只通常都不知道上个年度出发者的命运。国王别无选择，只能任命他所信任并对其能力有信心的指挥官。国王会给这样的指挥官一些原则指示，赋予他们实质性的独立权力，然后送他们出征。[20]

在通信手段缺失的情况下，如果国家的政治和海军领导人对海军能力和国家长期目标有共识，大战略指挥控制就能产生出最佳的效果。由于过去从来没有国家在全球范围内遂行过持久的海军行动，这种共识的发展是基于经验主义的。历经16世纪，葡萄牙和其他欧洲国家逐渐把握了海权本质的革命性变化，形成了海军兵力运用的指导思想。

到16世纪末，哲学已经超越了简单的经验主义。1597年弗朗西斯·培根（Francis Bacon）爵士出版了一部文集，《论帝国与领地之真正伟业》（*Of the True Greatness of Kingdoms and Estates*）是其中一篇。培根的海权理念重申了一种古老的理念："海上霸业是帝国的精髓。西塞罗（Cicero）在写给阿提库斯（Atticus）的信中描述庞培（Pompey）对付恺撒（Caesar）的准备时说道，庞培使用的是特米斯托克利（Themistocles）的策略，认为谁统治了海洋就能一统天下。"[21] 但培根向前推进了一步，他不仅论及了海军力量的总体运用及其对岛国英格兰的重要意义，而且还论及了海军力量的全球属性及其与国家健康发展的关系：

> 无论如何，有一点可以肯定，控制海洋的国家享有极大的自由，能决定诉诸战争的程度。而那些陆上力量最强的国家，却常常会深陷窘境。当然，今天，我们这些欧洲国家的海上力量（也是大不列颠帝国最主要的天赐之一）占尽优势，这既是因为大部分欧洲国家除了领有内陆，更有很多疆域临海，也是因为东西印度群岛的财富在很大程度上是统治海洋之后的附带所得。[22]

在培根和其他许多欧洲人看来，海权与国家力量之间的联系已是不证自明，海军力量与海上贸易之间的关系也是如此。因此，拥有海洋利益的欧洲国家制定了规制政策，英国人称之为“航海条例”（Navigation Acts），旨在管控海洋财富和权力。约翰·哈钦斯（John G. B. Hutchins）指出：“自 15 世纪现代商业和工业时代开始以来，没有哪个行业比航运业更受公共利益的影响，且更受监管。”[23] 新时代的海上帝国努力把经济、军事和外交考虑结合起来，形成一种综合性的秩序——重商主义。这是现代世界的首个国家安全政策。重商主义政策的一个核心要件，是发展有助于国家经济和海洋实力的物质和人力因素。

※　※　※

如果说 17 世纪时，欧洲人已经领悟海权的大战略本质，那么，在其他指挥层面，即战略、战役和战术层面上则不尽然。在战略和战役层面，试图像控制陆战一样管理海战的倾向依然存在。在战术层面，指挥官们还在像使用旧武器那样使用新武器。海战技术的革命并没有海军战术的革命与之相伴。

尽管从里斯本控制印度洋上的行动显然是不可能的，但在欧洲水域内，指挥官们仍经常尝试实施远程指挥。西班牙无敌舰队的悲惨命运昭示了海军战役因地理空间辽阔而产生的指挥控制问题。

从战略层面看，西班牙国王腓力二世（Philip II）决意消灭其头号新教和海上对手——伊丽莎白一世（Elizabeth I）统治下的英国——自有其道理。只要英国被打垮，西班牙的所有问题，在荷兰是当地人的反抗，在加勒比是英国人对西班牙势力的蚕食，在整个欧洲是与敌对天主教和新教团体间的斗争，似乎都能迎刃而解。

这样的战略目标需要一个有魄力的行动计划。长期以来，“英国方略”——也就是拟议中的入侵—— 一直是一个探讨性的话题。这一想法既前景诱人又困难重重。但在 1587 年，一系列事件的发生，推动这个“方略”完成了从构想向计划的质变。突然间，入侵英国似乎就成了“显然是上帝的安排”的一部分。[24]

腓力指派手下最得力的两员大将——西班牙当时最顶尖的海军指挥官圣克鲁斯侯爵（Marquis of Santa Cruz）唐阿尔瓦罗·德巴桑（Don Alvaro de Bazán）和西班牙驻荷兰地面部队司令帕尔马公爵（Duke of Parma）亚历山德罗·法尔内塞（Alessandro Farnese）计算了所需兵力，草拟了初步的入侵方案。圣克鲁斯建议由其本人率领一支超过 500 艘舰船的庞大舰队，共 3 万名水兵，再加上运载的 6.5 万名陆军士兵，这完全忽视了腓力的财政状况和客观现实。帕尔马则建议由其本人统领 3 万名步兵和 4000 名骑兵，乘 700 到 800 艘小船渡过英吉利海峡，为达成完全的突袭，不要舰队掩护。这就连腓力本人都认为“绝无可能！”有了这样两种提议，腓力本应放弃虽很有价值但不切实际的“英国方略”。相反，正如加勒特·马丁利（Garrett Mattingly）所言：“腓力集两位最能干的指挥官之所想，制订了自己的计划。”[25]

在圣洛伦索埃斯科里亚尔建筑群（San Lorenzo Escorial）隐秘的修道院中，腓力埋头拼凑出了一个新方案。他决定组建一支强大的海军舰队——尽管比圣克鲁斯的提议缩水很多——从西班牙出发，运载一支小规模地面部队进入英吉利海峡。舰队将在那里与帕尔马率领的陆军——由在荷兰建造或征用的小船运送，规模不足其本人提议的一半——会合。随后，陆军渡过海峡、下船，开始征讨英国。

若干现实问题，让这个被马丁利形容为“复杂且相当严苛，没有给错误或意外留多少余地的计划”[26] 充满了硬伤。将两个不切实际的计划合二为一，并不能确保正确的结果。腓力的计划既没有关注到圣克鲁斯对具有压倒性优势的海军部队的考虑，也没有关注帕尔马所要求的兵力和所强调的突然性。腓力要求海军避免战斗，指望以此来回避海上的问题。但是，如果西班牙不掌握对海峡的控制权——哪怕只是暂时的——帕尔马又该如何将陆军用小船输送到英国呢？海军可以护送陆军渡海，但面对强大的英国舰队，这项任务何其艰巨。再说，帕尔马怎么可能在不惊动敌人的情况下，为如此大规模的部队做渡海准备呢？数百艘集结的小船以及陆军部队向海岸的任何移动肯定会被英国人和荷兰人察觉。舰队与帕尔马运输船队的会合也是关键性问题。西班牙人没有深水港可供舰队与帕尔马的运输船安全会合。因此，帕尔马必须自行进入海峡才能达成会合。但帕尔马自己没有海军部队，而荷兰人在佛兰德沿岸水域却有大量小型浅吃水舰只。

考虑这些不确定性，如果西班牙海军和陆军部队没有一个有效的指挥控制系统，入侵英国的行动就不可能成功。更何况，腓力计划中默认的指挥架构还加剧了指挥问题。不管圣克鲁斯和帕尔马的计划有多少缺陷，其至少都体现了统一指挥的原则。两人的设想都是组建统一的入侵部队，以西班牙或荷兰为基地，在一个人的指挥下进攻英国。腓力的计划涉及两支部队的运动，一支以海军为主，另一支以陆军为主，由两个人分别指挥，而且两个人不能相互指挥。深居于埃斯科里亚尔的斯巴达式建筑群中的腓力，既是入侵行动的总策划人，又是总指挥官，尽管他与帕尔马之间隔着半个大陆，在舰队进入英吉利海峡后距离差不多也是这么遥远。由于国王无意随帕尔马的陆军部队或是海军舰队御驾亲征，一旦行动开始，他并没有实际指挥的可能。在国王缺位的情况下，指挥官们只能便宜行事。戴维·豪沃思（David Howarth）指出：“舰队失败的根本原因是，国王坚信他能够组织一场大规模战争行动，无需离开书房，无需咨询他人，无需听取建议，也不允许指挥官们讨论……尤其是，他完全不懂得航海或行船，仅仅作为乘客上过船。”[27]

腓力的计划缺少的是明确性，而非灵活性。国王有充分的理由制订一个可以应付无数不可预见状况的弹性方案。随着形势的发展，现场指挥官们自能做出适当的判断。但是，如果想让这些指挥官有效地协同行动，就需要有一份足够明确的书面指示，使双方能够做出同样的理解和诠释。此外，还需要安全可靠的舰对岸通信手段。

然而，对腓力来说不幸的是，战役在其部属感到困惑并且几乎与外界隔绝的情况下展开了。1588 年 2 月，圣克鲁斯因斑疹伤寒去世，梅迪纳·锡多尼亚公爵（Duke of Medina Sidonia）阿隆索·佩雷斯·德·古斯曼（Alonso Pérez de Guzmán）极不情愿地接受了舰队指挥官任命，于 5 月率部从西班牙出征，期望与帕尔马的部队在英吉利海峡某处会师。帕尔马则认为锡多尼亚的舰队会与运输船队在岸边会合，然后全程护送陆军向英国进发。无论是在方案制订还是执行阶段，锡多尼亚（以及之前的圣克鲁斯）与帕尔马都未能及时有效地沟通过。在计划制订阶段，帕尔马和舰队指挥官几乎都是独自与国王联系，只有国王一人了解整个情形，其他人仅了解自己那一部分。锡多尼亚在舰队即将起航时，仅从帕尔马处收到过一次消息。科林·马丁（Colin Martin）和杰弗里·帕克（Geoffrey Parker）对此的评论是："这是一种极端的情况，欧洲历史上规模最大的两栖作战行动的两位联合指挥官之间无有效的联系。"[28]

指挥控制问题从一开始就困扰着西班牙人。无敌舰队与英国人打了一系列没什么结果却有损士气的战斗，一路杀入英吉利海峡。锡多尼亚确实设法提醒了帕尔马，自己的舰队正在抵近。但这位舰队总指挥官却没从帕尔马那里得到多少消息，后者的陆军部队还没有做好向英国出击的准备。结果，当无敌舰队接近加来（Calais）和帕尔马的岸边营地时，锡多尼亚面对的不仅是来自英国海军的威胁，还有通信不畅的问题，这使得这个野心过大且含混不清的计划注定要走向失败。豪沃思这样写道："如果非要有所行动的话，哪怕这两位公爵见上 10 分钟面，他们肯定能厘清思路，就如何行动达成一致……但他们还是被区区 20 英里的海水隔开了，而误解的鸿沟比这还宽。误解是双向的，其根源远在埃斯科里亚尔的密室中，国王给他们提供的有关对方的信息要么是错的，要么根本就没有信息。”等到帕尔马的部队开始上船时，时机早已错过。战斗中元气已伤的无敌舰队，又在未设防的近岸锚地遭到英国纵火船的进攻，只得松开锚索向东逃向期待中安全的北海。然而，这支舰队环绕不列颠群岛北端史诗般的返航，却让一次海战失败变成了一场海上灾难。[29]

不能将西班牙无敌舰队的覆灭单纯归咎为指挥控制问题。英国舰队的战术、战役效能和进取精神，再加上指挥官和普通水兵，是战役中起主要作用的因素。但低劣的计划、令人质疑的高级指挥官任用问题（也就是锡多尼亚，连他本人都自认无法胜任）、未能指定一个总指挥官、行动几乎全无协调、糟糕的通信等，都是导致惨败的原因。正如马丁利所言：“哪怕是让霍雷肖 · 纳尔逊来指挥，也很难相信西班牙无敌舰队能在 1588 年赢得胜利。”即使西班牙人在格拉沃利讷（Gravelines）顶住了英国纵火船的进攻，基于现实和后勤原因，锡多尼亚也不可能在原位坚持到帕尔马的到来——就算这位地面部队指挥官真能带领其装备不精的运输船队躲过荷兰舰队出海。协调的失败令“英国方略”惨淡收场。[30]

※ ※ ※

无敌舰队之役所揭示的海上指挥在战略和战役层面的困境在战

术层面也同样严重。与 17 世纪和 18 世纪那些史诗级海战相比，风帆战舰在 16 世纪中叶以前的作战样式更像是同时代的陆战。

风帆时代初期的海战形态取决于两个基本因素：海军划桨作战的悠久历史，以及帆船作为战斗平台的演进过程。接舷战——登上敌舰展开肉搏，一直是桨帆舰队之间的主要作战样式。对训练有素的舰员而言，撞角、各种远程武器以及恶名远扬的希腊火（Greek fire）有时也可能成为决定性武器，但最终结果大多取决于接舷肉搏。[31] 在桨帆船时代行将落幕之际，对接舷战的依赖甚至变得愈发明显。冲撞战术不再经常使用，拜占庭、意大利、奥斯曼以及阿拉伯海军桨帆战舰的凸缘舰首逐步被弯曲舰首取代。帆船在设计上没有船首撞角。舰船在战斗中仍相互冲撞，但目的是准备跳帮，很少是为撞沉对方。更为先进的远程武器，如火绳枪和火炮的发展，也未能扭转海战战术。因为重新装弹时间太长，射程也还太短。由于早期风帆战舰仅有少量像桨帆战舰那样的前射火炮，指挥官们在战斗中继续依赖接舷肉搏。

风帆时代早期海军的普遍特征强化了对陆军战术的依赖。由于当时还没有哪个北欧国家能够支撑一支大规模的常备海军，战时国王会强征商船及其为数不多的船员服役。这些商船被改装用于作战。工匠们在船的前部和后部搭建出凸起的结构，并给它们起了“首楼”和“尾楼”这样非常直白的名字。船只准备就绪之后，由一名上尉和几名中尉率领的一小队陆军就会上船，带着国王的委任状和命令加入舰队。国王再任命一位受其信任的陆军将领指挥舰队，不管他有没有海上经历。一旦出海，这些旱鸭子中尉、上尉和将官们把海战打得像陆战一样，这就使得靠密集队形和短兵相接扫荡敌阵，不足为奇了。

依靠陆军士兵上舰作战，迟滞并扭曲了海军军官队伍的发展。[32] 指挥作战的陆军军官与负责操舰的海军“小”官之间产生出一种对立。即使是在伊丽莎白时期，舰船也普遍由“对海军技艺大多一窍不通的贵族和绅士”指挥。[33] 经验丰富的水手——也就是 17 世纪被称为“防水布”的那些人——即使有幸通过奋斗得到舰长职位，他们也会发现自己在与“绅士”的任何政治竞争中都处于劣势。这种对立的某些成分一直延续到了 19 世纪，美国海军中专业勤务军官与一般指挥军官的门户之争便是一例。

将陆战战术用于海战，从来都不是个好主意。陆战没有复杂的风向、海况和无法从混战中脱身等问题，就已足够血腥混乱，接舷格斗则可能将海战变成一场欲罢不能的生死搏杀。1340 年英王爱德华三世（Edward III）大败法军的斯勒伊斯（Sluys）之战，将船载陆军间海战的惨烈与混乱展现得淋漓极致。[34]

尽管编年史家已经关注到海战的特殊性，但其对战斗经过的描述读起来仍像是一场陆战。双方争夺的焦点“克里斯托弗”号（*Christofer*）相当于一座高地，一方强攻，另一方弓箭手据守反击。在当时，迫使敌方迎着阳光作战，被认为比占据上风位更重要，而上风位在以后的海战中将变得至关重要。

两个世纪之后，情况几乎没有改变。海上战术虽然也在不断发展，但主要原因是战争组织的总体进步。舰队依旧由陆军将领统帅，他们在海上仍然像在陆上一样排兵布阵。

西班牙人阿隆索·德查韦斯（Alonso de Chaves）是世界上最早的海军战术作者之一，其《水手的望远镜》（*The Seamen's Glass*）

一书 1530 年左右面世。查韦斯很清楚，他的受众不是职业海军军官，而是困惑于海战本质的陆军士兵，于是他尝试采用与陆战类比的方式来解释海军战术。查韦斯主张将最坚固的舰船部署在中央，就像陆军部署披甲步兵一样。快速轻便的舰船应当护卫两翼，就像陆军的骑兵一样。舰队指挥官应当控制部署于中央的重装分队，并尽可能长时间地将其保留为预备队，以便自己监控战斗进程。此外，还应在舰队指挥官后方配置一个后卫分队，既可前出支援受到威胁的侧翼，也可作为加强兵力巩固战斗胜利。所有这些分队的舰船排成横队集中部署，在接敌过程中随时准备开火，最后扭住敌舰跳帮登船。[35]

与斯勒伊斯海战编年史记叙者一样，查韦斯也关注到了海战的若干特点。他将风和船艺因素置于重要地位，并将船艺视为可以让弱旅击败强敌的力量倍增器。他还指出了战时指挥海军部队的困难。他告诫指挥官要避免埋首于战斗之中，以免失去对全局的掌控。相反，查韦斯建议指挥官居于靠后位置，使用既有通信手段——几种彩色信号旗、中帆的升降和喇叭筒——传令舰队进入战斗，指挥预备队“按照总指挥官的信号前出支援”。[36]

只要火炮普遍置于船首、向前发射，接舷战就是制胜的终极手段，采用陆战式战术以横队阵形集中部署舰船就有意义。在 14 世纪、15 世纪和 16 世纪，海战与陆战一样，步兵都是决定性因素，炮兵的机动性和战斗力尚不足以左右战局。但到 16 世纪晚期，战舰开始在舷侧大量配置火炮，舰炮也逐渐显现出摧毁舰船的潜质，对纯粹的海军战术体系的需求就变得明朗起来。此时，由于舰船的运动轴线与武器的发射方向相互垂直，齐射冲锋战术不再有效。以横队排列的舰船无法有效使用舷侧配置的火炮。不过，话又说回来了，新火炮的杀伤力依然有限。

由此产生的迷茫在无敌舰队一役中表现得十分明显。尽管火炮已经有所进步，但西班牙人还是指望靠扎堆用兵和接舷肉搏取胜。机动性更强的英国人充分发挥火炮优势从而避免了白刃战。尽管英国人的战术看似更为先进，但并不比西班牙人的战术更为奏效。英国人尚需解决舰船编队运动及有效使用火炮的问题。英国战舰采用的是“8”字形机动，以舷侧炮火依次向西班牙编队射击。这样的战术，再加上轻型火炮有限的毁伤力，虽可打乱不知所措的西班牙人，却很难摧毁其整个舰队。[37]

海军战术体系的演变，使原本就不胜其任的指挥控制方式愈加捉襟见肘，问题进一步复杂化。随着舰队的部署方式开始有别于标准的陆军式阵型，有了中央、两翼和预备分队，两个新问题又出现了。首先，需要新的概念来为指挥官及其部属提供一个原则框架。仅仅告诉未来的海军将领们即将开始的战役可在陆战的框架内加以理解已经不够。例如，1588 年时，大多数西班牙海军高级军官，包括腓力国王本人，都意识到无敌舰队在英吉利海峡将要面对的战术挑战非常规的、非对称的本质，因为英军靠的是机动性和远程火炮，而西班牙人更相信接舷、跳帮、“勇气”和“意志”。但机动性居下风的无敌舰队何以能迫使英国舰队打一场接舷战呢？西班牙人在没有战术解决方案的情况下出征了。他们只是希望或相信上帝、有利的天气条件或是英国人的处置失当能让他们如愿以偿地打成一场接舷战。正如腓力的一位海军高官对教皇特使所言：“我们正满怀创造奇迹的信心出征英国。”[38]

其次，随着舰队开始以更加松散的队形作战，并在某种程度上更加依赖机动性，舰间通信变得更为必要，也更为困难。旧体制下海战的通信远比在岸上复杂得多。陆战中的标准方式，即派出参谋军官传递信息，或亲自策马冲到受威胁地段，在海上都太过危险，尽管直到 17 世纪，舰队指挥官们确实还会在战斗间歇时将部属召至旗舰面授机宜。喇叭筒的功效从来就没有真正令人满意过，现在则变得更差，因为随着舰间距离更远，火炮更大更多，震耳欲聋的轰鸣会将听觉通信完全湮没。视觉通信令人看到一线希望，但还过于原始和烦琐，无法传递有意义的命令内容。

在接下来的 300 年里，各国海军都在努力解决指挥控制中这两个根本性的问题，直到舰对舰无线电通信手段的出现。他们逐渐发展出连贯易懂的海军作战条令——英国海军称之为《战斗指令》（Fighting Instructions）。他们还设计出实用的视觉通信工具，并在 18 世纪晚期以数字编号信号系统和远程通信代码达到顶峰。这些进展还只称得上是零敲碎打，从未完全解决问题。那一时期，海军指挥官们常常回过头来求助于更为传统的方法。例如，直到 17 世纪，荷兰人还不像英国人那样相信火炮的威力，试图以更紧密的队形和接舷战来改善指挥控制以及相关的战术问题。[39]

人们很容易将 17 世纪早期海军战术和指挥控制程序的乱象归咎于海军军官队伍建设的“不确定过程”。海军思想的发展确实远远落后于陆军理论。但海军发展迟缓的直接原因是海军的指挥权一直被陆军军官所控制，这些军官的经历与他们在海上遇到的问题以及海军所面临的技术与实践的革命性挑战越来越不相干。正如纳撒尼尔·巴特勒（Nathaniel Butler）在 1634 年左右的《对话》

（*Dialogues*）中所述："整个时代乃至已经过去的历史都无力相助或无迹可寻，因为我们只有勒班陀（Lepanto）的那些人，总体而言，桨帆战舰的战斗与现有舰船的战斗之间有着巨大的差异。"[40]

注　释

1. Thucydides, *The Peloponnesian War* (Baltimore: Penguin, 1954), 21. 见 Chester G. Starr, *The Influence of Sea Power on Ancient History* (New York: Oxford University Press, 1989), 3–6。

2. 见 Guilmartin, *Gunpowder and Galleys*, 194–220; John H. Pryor, *Geography, Technology, and War: Studies in the Maritime History of the Mediterranean*, 649–1571 (Cambridge: Cambridge University Press, 1992), 25–57, 57–86。

3. John Noble Wilford, *The Mapmakers: The Story of the Great Pioneers in Cartography from Antiquity to the Space Age* (New York:Vintage,1982),22–23, 25–33; Lionel Casson, *The Ancient Mariners: Seafarers and Sea Fighters of the Mediterranean in Ancient Times*, 2d ed. (Princeton: Princeton University Press, 1991), 158.

4. Casson, *Ancient Mariners*, 23, 114–115, 124, 195. 有关沿岸航行指南的记载最早可追溯至公元前四世纪中叶。

5. 见 G. J. Marcus, *The Conquest of the North Atlantic* (New York:

Oxford University Press, 1981), 100–118; E. G. R. Taylor, *The Haven-Finding Art: A History of Navigation from Odysseus to Captain Cook* (London: Hollis and Carter, 1956), 3–32。希腊和罗马的船只从 10 月份到来年 4 月份通常泊于港内。即使在随后的千年中有所进步，直到 11 世纪和 12 世纪，地中海沿岸基督徒和穆斯林的船只还是会在 11 月份到来年 3 月份泊于港内。Pryor, *Geography, Technology, and War*, 88. 同样，北方地区的水手们也会在秋季和冬季留在岸上。Marcus, *Conquest of the North Atlantic*, 101.

6. Casson, *Ancient Mariners*, 178. Pryor, *Geography, Technology, and War*, 153–159, 193–192, 193–196. Marcus, *Conquest of the North Atlantic*, 126, 161–162.

7. Frederic C. Lane, “The Economic Meaning of the Invention of the Compass,” *American Historical Review 68* (April 1963): 605–617. Carlo M. Cipolla, *Guns, Sails, and Empires: Technological Innovation and the Early Phases of European Expansion*, 1400–1700 (New York: Minerva, 1965), 76n.

8. Casson, *Ancient Mariners*, 202–206. 关于古时海洋强国的能力，见 Anthony Papalas, “Polycrates of Samos and the First Greek Trireme Fleet,” *Mariner’s Mirror* 85 (Feb. 1999): 10–11, 18n。

9. Pryor, *Geography, Technology, and War*, 85.

10. Fernand Braudel, *Civilization and Capitalism, 15th–18th Century, vol. 2: The Wheels of Commerce* (New York: Harper and Row, 1979), 361.

11. Guilmartin, *Gunpowder and Galleys*, 62. Marcus, *Conquest of*

the North Atlantic, 94–95.

12. Cipolla, *Guns, Sails, and Empires*, 77–79; Pryor, *Geography, Technology, and War*, 39–43; Fernand Braudel, *Civilization and Capitalism, 15th–18th Century*, vol. 1: *The Structures of Everyday Life: The Limits of the Possible* (New York: Harper and Row, 1979), 402–405.

13. William Laird Clowes, *The Royal Navy: A History from the Earliest Times to the Present* (London: Sampson Low, Marston, 1897–1903), 1:101, 143–144, 265, 346–347. 1517 年春，操控有素的奥斯曼桨帆船在吉达击败了一支葡萄牙小股船队。Guilmartin, *Gunpowder and Galleys*, 7– 5.

14. Cipolla, *Guns, Sails, and Empires*, 81–82. Clowes, *Royal Navy*, 409.

15. Guilmartin, *Gunpowder and Galleys*, 175, 273; Cipolla, *Guns, Sails, and Empires*, 41–45. 伊丽莎白一世女王在位期间，英国实施了限制铁炮及其制造技术外流的出口管控。Cipolla, ibid., 45.

16. 见 C. R. Boxer, *Four Centuries of Portuguese Expansion*, 1415–1825 (Berkeley: University of California Press, 1969)。

17. Frederick Charles Danvers, *The Portuguese in India: Being a History of the Rise and Decline of Their Eastern Empire*, 2 vols. (London: W. H. Allen, 1894), 1:139–141. Clark G. Reynolds, *Command of the Sea: The History and Strategy of Maritime Empires* (New York: William Morrow, 1974), 127–134.

18. Stanford J. Shaw, *History of the Ottoman Empire and Modern Turkey, vol. 1: Empire of the Gazis: The Rise and Decline of the Ottoman Empire*, 1280–1808 (Cambridge: Cambridge University Press,

1976), 83, 99.

19. 德阿尔布开克和其他总督语，引用于 Cipolla, *Guns, Sails, and Empires*, 137. Ibid., 138. Guilmartin, *Gunpowder and Galleys*, 257。

20. 印度洋上绝大部分远程帝国项目都是由政府支持的私营公司实施，其中最著名的是尊敬的约翰公司（Honourable John Company）—— 英国的东印度公司。英国、法国以及荷兰的公司自筹资金，自建陆海军，并在印度洋建立起自己的治理中心。除此别无可能。

21. Francis Bacon, "Of the True Greatness of Kingdoms and Estates," in *The Essays, Colors of Good and Evil, & Advancement of Learning* (London: Macmillan, 1925), 77–78.

22. Ibid., 78. 着重号系本书作者所加。

23. John G. B. Hutchins, *The American Maritime Industries and Public Policy, 1789–1914: An Economic History* (Cambridge, Mass.: Harvard University Press, 1941), 3.

24. Garrett Mattingly, *The Armada* (Boston: Houghton Mifflin, 1987), 81.

25. Ibid., 75–77.

26. Ibid., 78.

27. David Howarth, *The Voyage of the Armada: The Spanish Story* (New York: Penguin, 1981), 41.

28. Ibid., 64–66. Colin Martin and Geoffrey Parker, *The Spanish Armada* (New York: Norton, 1988), 148.

29. Howarth, *Voyage of the Armada*, 157–158. Mattingly, *Armada*,

321–322.

30. Mattingly, *Armada*, 201. Julian S. Corbett, *Drake and the Tudor Navy: With a History of the Rise of England as a Maritime Power*, 2 vols.(New York: Burt Franklin, n.d.), 1:252–253.

31. 例如，公元前480年，希腊海军在萨拉米斯对波斯的史诗性胜利，基本上是靠接舷肉搏赢得的。William Ledyard Rodgers, *Greek and Roman Naval Warfare: A Study of Strategy, Tactics, and Ship Design from Salamis (480 B.C.) to Actium (31 B.C.)* (Annapolis: Naval Institute Press, 1964), 92.

32. 见 Michael Lewis, *England's Sea-Officers: The Story of the Naval Profession* (London: George Allen and Unwin, 1939), 17–51。

33. Corbett, *Drake and the Tudor Navy*, 1:385.

34. Jean Froissart, *The Chronicle of Froissart*, trans. John Bourchier, 6 vols. (New York: AMS Press, 1967): 1:147–148.

35. Corbett, *Fighting Instructions*, 3–13.

36. Ibid., 5, 12.

37. Diego Garcia de Palacio, *Nautical Instruction: A.D. 1587*, trans. J. Bankston (Bisbee, Ariz.: Terrenate, 1988), 28. 关于同时期的西班牙海军手册，见 ibid., 151–158。英国对阵西班牙舰队时使用的战术，与30年战争期间德国骑兵使用的战术颇有几分相似。

38. Howarth, *Voyage of the Armada*, 97–98. 引用于 Mattingly, *Armada*, 216–217。

39. Corbett, *Fighting Instructions*, 50–52.

40. Russell F. Weigley, *The Age of Battles: The Quest for Decisive*

Warfare from Breitenfeld to Waterloo (Bloomington: Indiana University Press, 1991), 131. 引用于 W. G. Perrin, ed., *Boteler's Dialogues* (London: Navy Records Society, 1929), 307。

第二章

英荷战争

The Anglo-Dutch Wars

1652年5月18日，一支约有40艘舰船的荷兰舰队，在马尔腾·哈珀特松·特龙普（Maarten Harpertszoon Tromp）海军上将率领下，出现在英格兰东南沿岸的古德温沙洲（Goodwin Sands）。不远处，迪尔（Deal）当面的唐斯（Downs）海域，尼赫迈亚·伯恩（Nehemiah Bourne）少校指挥的英国海军8艘战舰正在此锚泊。伯恩看到特龙普派出的两艘小船快速向锚地驶来并高声呼叫英国人。荷兰方面解释说他们无意打扰，只是想暂避一下海峡的恶劣天气。尽管如此，伯恩仍不敢大意。他一面传令各舰准备战斗，一面派出快船赶往拉伊湾（Rye Bay），那里有罗伯特·布莱克（Robert Blake）上将统帅的主力舰队，共14艘英舰。[1]

当时，英荷关系每况愈下。尽管英国在荷兰反抗西班牙争取独立的"八十年战争"(Eighty Year War）中的大部分时间里支持荷兰，但彼时的荷兰已成为英国的头号商业和海军对手，"无可争议的世界最大贸易国，从阿尔汉格尔（Archangel）到累西腓（Recife），从新阿姆斯特丹（New Amsterdam）到长崎（Nagasaki），到处是其商业据点和设防'工厂'"。在英吉利海峡和北海，荷兰海军与英国海军针锋相对。在波罗的海（Baltic），荷兰取代英国，控制了利润丰厚的运输贸易以及具有重要战略意义的木材供应。英国的莫斯科公国公司（Muscovy Company）被逐出俄罗斯，经济损失惨重，部分原因是荷兰的竞争和阴谋。荷兰东印度公司人员阻挠英国人开发东印度群岛贸易的一系列事件最终导致了臭名昭著的1623年安波那屠杀（Amboyna massacre），英国东印度公司15人被控阴谋夺取荷兰在安波那的要塞，遭刑讯和处决。[2]

对自己似乎无力与荷兰人竞争感到震惊的英国人转而采取更为强硬的政策。英联邦议会于1651年通过英国首个《航海条例》，主要目的是防止荷兰完全控制运输贸易。议会决定强制实施一项原则，即英吉利海峡为英国水道，在此航行的外国船只与英国军舰相遇时，要降国旗以示尊重。英国还宣称有权拦截中立国船只，查验违禁物品。这一做法有引发战争的风险，因为荷兰这个有着大量运输贸易的中立小国，秉持“船自由货即自由”原则，对违禁物品种类的认定远比英国有限。荷兰人还为他们的商船加装武备，使其组成运输船队，并在接近本土水域时派出战舰护航。实际上，就在特龙普现身唐斯6天之前，一小队英国舰只攻击了由3艘战舰护卫、正在返航回国的荷兰运输船队，起因就是一艘荷兰战舰拒绝降旗行礼。荷兰船只未遭搜查，伤亡也不大，但气氛相当紧张。[3]

在伯恩的严密监视下，特龙普率舰队南下，在多佛尔锚地（Dover Road）抛锚。他拒绝向多佛尔城堡降旗行礼，对方为令其服从几度开火。特龙普不予理会，镇定地命舰员操演小型武器，在多佛尔当面停泊了一夜。

次日清晨，一觉醒来的特龙普看到布莱克的舰队从拉伊湾沿东北航向驶来。荷兰舰队迅速起锚驶往加来。此时，特龙普的舰队航向向东，恰在南面的布莱克和北面隐约可见的伯恩之间。

特龙普似乎逃出了一个可能的陷阱，却突然调转航向朝布莱克冲去。尽管战端由哪方挑起存有争议，但几分钟之后双方就交起火来。伯恩率部冲向荷兰后队，围困特龙普。战斗持续了一整天直到夜间。次日清晨特龙普败走，但损失不大。英军一舰未失，俘获了两艘荷舰，其中一艘逃走后再度被俘。[4]

多佛尔之战是一场典型的非决定性战斗。这场战斗的许多方面都模糊不清且有争议。但无可辩驳的是，战斗的爆发不是源于伦敦或荷兰制定的国家政策，而是基于现场海军指挥官的决策。当时任何一国都未宣战。伦敦方面有几分最后一刻的担心以及相应的希望，觉得战争或许应当并且能够避免。正在赢得经济战的荷兰也不想诉诸武装斗争。[5] 荷兰派特龙普进入海峡是为了保护航运免遭英国人的攻击，而不是挑起战争。但无论荷兰方面的动机如何，特龙普用行动启动了冲突最终的倒计时。因为一次不必要的、无计划的行动，7 月初，三次英荷战争中的第一次爆发了。

在国际局势紧张时期，海上武装船只可能引发全面冲突。与部署于明确边界之内的陆军不同，海军在公海巡航，经常与潜在之敌相遇。冲突发生时，特龙普对在英国近岸水域而且是在多佛尔城堡的炮口之下寻一处避风之地，并未太过在意。就布莱克和伯恩所知，他可能随身带有荷兰议会（States General）几天前刚刚通过的宣战书。特龙普也没想到两支英国舰队的会合对他的舰队，或是对当时正在通过英吉利海峡的一支荷兰运输船队意味着什么。他转向攻击布莱克的决定，无论是源于内心深处挑起战争的欲望，还是想对英军的进攻做出先发制人的反应，抑或是为了保护附近的本国运输船队，都是在不确定的迷雾中做出的，而这种迷雾的成因，乃是各国无力与在海上的海军部队进行有效的沟通。

※ ※ ※

1652 年 9 月 28 日，英荷战争的第一次“正式”战斗在泰晤士河（Thames）入口处的肯特克诺克（Kentish Knock）打响。荷兰国民议会下令停止非护航运输船队航行，派出一支约有 60 艘舰只的部队，由维特・科内利松・德维特（Witte Corneliszoon de With）海军中将率领，打击或设法阻止英国海军，使荷兰商船得以安全通过英吉利海峡。统帅英国主力舰队 68 艘战舰的布莱克也希望通过交战摧毁荷兰海军，在此之后，英国就能叫停对方的商业活动，迫其终止海上争斗。

荷兰方面先行开战并一度占了上风。布莱克分队的几艘战舰在河口沙洲搁浅。海军中将威廉・佩恩（William Penn）爵士指挥的前卫分队也难逃同样的厄运。尽管如此，英军的前导舰只，甚至那些搁了浅的舰只，还是让进攻的荷兰舰队遭受了严重的装备损失和人员伤亡。德维特没有攻击布莱克和佩恩，而是指挥舰队向南去进攻英军的后卫分队，也许他确信布莱克的前卫分队已经出局。但佩恩和他的舰长们努力从迷宫般的沙洲中脱身，开始打击德维特的后卫分队。鏖战 3 小时后，到夜幕降临时，荷兰人退却了。尽管战斗十分激烈，参战舰只超过 120 艘，但得胜的英军一舰未失，失败的荷军仅有两舰被俘，其中一艘被打得百孔千疮，后来沉没了。[6]

对肯特克诺克之战成功的夸大性报告导致主导海军行动的国务会议（Council of State）决定将舰队分兵部署，以谋取胜利的最大收益。国务会议命令一些小型巡洋舰在英吉利海峡巡逻。18 艘英舰被派往丹麦西兰岛（Sjaelland）与瑞典之间的松德海峡（The

Sound），以震慑抢夺英国船只并几乎与荷兰结盟的丹麦。10余艘英舰准备前往地中海，支援那里火力不敌荷兰人的英军小型分舰队。[7]

然而，荷兰人远未被击败。不到两个月，他们又聚集起一支舰队，这一次有73艘战舰。荷兰议会命特龙普挂帅，令其进入海峡，“尽一切可能损害英国人”并掩护一支大型运输船队出航。[8]

1652年11月29日，特龙普的舰队出现在古德温沙洲。布莱克当时正在唐斯抛锚，因为分兵，他只有37艘战舰。尽管如此，布莱克还是决定冒险一战，遂拔锚起航。糟糕的能见度或许掩盖了当面之敌的真实规模。不管怎样，等他驶出锚地到了海上，大风使其既不能开战，又无法返回唐斯，并将双方的舰队沿海岸吹向西南。是夜，他们都在多佛尔海域抛锚。次日清晨，风力减弱，双方继续驶向西南，临近邓杰内斯角（Dungeness）时，因海岸在拉伊湾东面凸入海峡，布莱克发现自己被岸壁阻住去路，只得开战。[9]

这一次，胜利属于荷兰，尽管战果微不足道。布莱克的舰队设法摆脱了困境，返航唐斯。一番炮战仅击沉3艘英舰。荷兰方面则有一舰因内部事故爆炸。特龙普用了两天时间休整，护卫400艘商船通过英吉利海峡，然后进入大西洋等候另一支返航的荷兰大型运输船队。

邓杰内斯角之败促使英国政府采取行动。国务会议命理查德·迪恩（Richard Deane）和乔治·蒙克（George Monck）两位上将与布莱克共同执掌舰队，并将舰队重组为若干分舰队。国务会议集中了所有可用舰只——包括准备派往地中海的——部署于英吉利海峡。由于占用地中海兵力，再加上1653年3月4日荷兰在里窝那（Livorno）海域取得的压倒性胜利，导致英国放弃了地中海。

但在本土水域，英国迅速恢复了控制，迫使荷兰巡洋舰和商船进入港口，等候特龙普返航。[10]

2月中旬，特龙普率领81艘战舰护卫一支约有150艘商船的荷兰东行船队，再入英吉利海峡。1653年2月18日晨，荷兰舰队在波特兰（Portland）以南发现80艘英舰沿东北航向冲来。对运输船队安全负有责任的特龙普本可以避免冲突。英国指挥官们说："这位荷兰将领其实有机会（如果他乐于保持其相对风向的话）带领整个舰队脱离，我们的主力并没有办法追上他们。"但正相反，特龙普转向迎敌而上，试图集中兵力打击布莱克和迪恩指挥的英军前队，当时两人都在62门炮舰"凯旋"号（*Triumph*）上。一场通常被称为"三日战役"（Three Days' Battle）的连续战斗就这样开始了。[11]

这一次，命运眷顾的是英国一方。2月18日的战斗因特龙普隔开了运输船队而效果不彰。随后两天，布莱克和迪恩在加来海峡（Pas de Calais）将荷兰人压向法国海岸，几乎但并未完全将特龙普困住。足智多谋的特龙普指挥其舰队和大部分商船穿过危险的浅滩抵达安全水域，吃水较深的英舰无法跟进追击。特龙普以沉重的代价避免了完败。尽管英军仅捕获4艘荷兰战舰，但荷方共损失商船30到60艘，沉没战舰5艘，另有2艘或3艘战舰或为避免被俘而焚毁。英方损失战舰1艘，重伤3艘，另有一艘因疏忽丧失。

"三日战役"结束后，英吉利海峡的战事随之停了下来。英荷海军当局都忙于整修其舰队。一些在肯特克诺克战斗中受损的英舰尚未重新投入使用。荷兰方面也亟须抢修所有舰船。英国巡洋舰继续在海峡巡逻，荷兰商船则继续在港内滞留。此时已成为护国公（Lord Protector）的克伦威尔（Cromwell）与国务会议寻求和谈无果。

※　※　※

这一停顿使荷兰和英国的指挥官们有机会审视这场战争的最初几场战斗。唐斯、肯特克诺克、邓杰内斯以及“三日战役”都混乱之极。例如，在“三日战役”亲历者的记叙中可以见到这样的描述，战舰和编队向敌“冲插”，炮火忽而向左忽而向右。一方跳帮到另一方的舰上，另一方再反跳过来。一些舰船被俘，又被夺回。舰长们发现自己陷入敌阵，周遭尽是敌舰，幸有同胞“冲插”进来方得解脱。但是，当时的报告和信件都缠夹不清，比起缺乏第一手记录，这更从本质上解释了为什么历史学家无法复盘这些战斗。很显然，战斗的参加者们，甚至那些居于帅位的将领们，都对开战之后局势的发展知之甚少。[12]

不过，有些战术细节是清晰的，另有一些细节也可从记录中推断出来。由于舰队规模太大（在某些战斗中双方各有 60 艘到 90 艘之多），荷、英都将其兵力编成分队，每个分队各由一名军官指挥，该军官在自己的“旗舰”上悬挂自己的旗帜。舰队中职位最高的下一级指挥官，一般是一位海军中将，掌管排在最前的分队，即前卫分队。舰队司令本人掌管舰队的主要部分，也就是中央分队。另一位下级指挥官，通常是一位海军少将，掌管后卫分队。规模超大的舰队有时还会有第四个甚至第五个分队。这些分队有时也会进一步划分为更小、更易于管理的编队。与陆战一样，小分队便于机动，也缓解了指挥控制问题。[13]

下级“挂旗”军官①和各舰舰长的主要职责是相互支持，尤其是要支持各自的直接上级。英国1650年颁发的指令要求“救助和支援负担过重、压力过大”的任何舰只。特龙普1652年6月20日发布的指令“明令要求每名舰长必须始终靠近指挥其所在分队的将官，违者处300荷兰盾罚款……上述将官和舰长必须全心全意相互支持，如有其他分队受到猛烈攻击，任何分队都要尽水手和士兵之所能，前往增援和解救”。[14]

毫无疑问，随一支10艘到30艘舰船组成的编队机动，各舰要尽量保持与编队旗舰的相对位置，混战中旗舰可能改变航向或“冲插”敌人，这对操舰技能是真正的考验。荷兰人倾向于通过跳帮俘获敌舰，英国人则主张用火炮击沉对手，但双方的成功率都相对较低，这一事实表明单艘舰只常常无法足够靠近敌舰以进行接舷跳帮或是有效射击。这些规模庞大、协调困难的舰队中的大部分舰只根本就无法接敌。[15]

无法将一支强大舰队的力量施于敌阵，令英荷两国指挥官们十分沮丧。两个根本性的局限显而易见。首先，舰船沿一个轴线运动，却向另一个轴线发射火炮。其次，由于各舰依次部署于旗舰周围，编队中只有面对敌方的外缘舰只才有可能开炮射击或有希望接舷跳帮。前一个问题直到工业革命时期蒸汽动力和旋转炮塔出现以后才告解决。第二个问题则可能通过将分队所有舰只排成一线加以解决。在线式队形中，每艘舰的火炮射向都没有障碍，当然这样的部署方式也存在缺乏纵深和易受集中攻击的缺陷。此外，一个由60

① 即“将官”。——译者注

艘到 100 艘战舰组成的长列连最基本的机动也无法实现。[16]

尽管没有多少证据支持这一观点，但一些善于思考的英国高级指挥官肯定从战争初期的经验中推断出，线式队形可能比以往以分队为中心的战斗序列更为有效。可以设想，英国人在 1653 年春季之前成功地运用了某种线式阵型——要么是有计划的试验，要么是某次交战进程的客观发展使然，只有这样才能解释为什么要为舰队颁发包含将单纵队作为标准战斗队形内容的新指令。[17]

诚然，单纵队并不是一种全新的队形。1639 年 9 月 16 日的敦刻尔克（Dunkirk）之战是单纵队应用最早且档案最完好的战斗之一。一支 17 艘舰船组成的荷兰编队，其中的 12 艘由特龙普指挥，以单纵队迎风部署并与一支拥有 67 艘舰船的西班牙舰队交战。据说特龙普在开战前曾对舰长们说："用这样的方法，我们的战舰就可以紧密地联成一体，使敌人没有任何可能从中间突破。"[18]

不过，特龙普在敦刻尔克采用线式队形在战术上实属无奈，是力量过于悬殊时孤注一掷的拒敌之策。1639 年 10 月 21 日，特龙普在唐斯指挥一支得到大量增援、总数超过 100 艘舰船的荷兰舰队与西班牙人作战，他又重回组群战术和接舷混战。第一次英荷战争打响后，荷兰人仍在使用这样的战术，因此没有证据表明英国人从其对手那里"盗版"了纵列队形的概念。迈克尔·刘易斯（Michael Lewis）在约半个世纪前写道："第一次英荷战争产生了一项最重要的战术创新——真正的纵列队形。毫无疑问，这是由英国人而不是荷兰人创造的。"[19]

1653 年 3 月 29 日，布莱克、迪恩和蒙克发布了两组指令：《关于航行中舰队的良好队形》（For the Better Ordering of the Fleet in

Sailing）和《关于战斗中舰队的良好队形》（For the Better Ordering of the Fleet in Fighting）。风帆时代海军战术发展领域的杰出历史学家朱利安·科比特（Julian Corbett）和布赖恩·滕斯托尔（Brian Tunstall）称这些指令为“革命性”的。新指令标志着战术和理论发展进程的开启，但还远不够完善。指挥官赖以向部属阐明其计划的通信信号水平尚嫌低下。两声炮响“以及在前中桅顶升挂一面红旗”表示指挥官决意开战。至于开战之后指挥官们该如何向整个舰队传递其意图，指令却未作任何规定。喇叭筒、派小船运送传令兵以及发出要求会商的通用信号，仍是战斗中的主要通信手段。尽管如此，这是截至当时英国海军颁布施行的最为详细、最为综合的两个指令。这两个指令还标志着新战术体系的开端：战斗指令要求一旦开战，“各分队应充分发挥自身优势与邻近之敌作战，为此，各分队所有舰只应努力与分队旗舰保持一线。”[20]

※ ※ ※

1653 年春战事重开之时，线式队形和相应条令的应用还不够规范。尽管如此，新战法提升了英国海军的战术优势和战斗能力。

与肯特克诺克之战取得胜利后一样，国务会议将“三日战役”视作一个标志，要求舰队分兵部署以夺取更多的目标。因担心地中海形势，国务会议于 3 月 8 日指示海军部准备 20 艘战舰，在通常舰员编制基础上增配 400 名水手和 600 名陆战队员“进入海峡”。国务会议成员们不可能知道，因通信的滞后，英国的地中海分舰队已经在 4 天前被摧毁。[21]

在得知国务会议的意图之后，迪恩和蒙克将“这种分兵”描述为“不够理想”。他们认为地中海分舰队很有可能已在返航途中，否则就应命令他们返航。这些执掌海军的陆军将领们想把舰队的各分舰队都集中在英国水域，这样既能阻截荷兰航运，又能保持足够接近，在敌人重返海上之后可以相互支援。敌人会回到海上的，蒙克和迪恩断言，他们谦和地提醒国务会议他们有这方面的情报。[22]

国务会议接受了将领们的忠告，这是英国之幸。5 月初，特龙普率荷兰舰队出海，英国各分舰队迅速集结。特龙普和英国将领们在英吉利海峡和北海搜寻了一个月，都没有发现敌人。终于，6 月 2 日白天，双方舰队在哈里奇（Harwich）以东泰晤士河口加伯德浅滩（Gabbard Shoal）附近互见。有 98 艘战舰，迪恩和蒙克有 100 艘。

北风轻吹，英国舰队面向南方列阵，队形严整。[23] 由于不期而遇的荷兰舰队出现在东南，约翰·劳森（John Lawson）海军少将指挥的蓝队，即后卫分队，成了英国舰队的前队。其后是蒙克和迪恩，他们以 88 门炮舰“决心”号（*Resolution*）为旗舰指挥着红队，即中央分队。佩恩指挥的白队，即前卫分队，处于舰队后部。根据荷兰方面的记载，英国舰队的 3 个分队似乎要组成一个新月阵型，对左舷侧迎风向北航行的特龙普舰队呈包围态势。

战斗于 11 时全面打响，劳森分队首当其冲，受到荷兰舰队的猛烈炮击。英军红队刚一进入战斗，荷舰的第一轮舷侧炮火即掠过“决心”号甲板，致迪恩阵亡，留下蒙克一人指挥，而这仅是蒙克平生经历过的第二次海战。

下午 3 时左右，风向转东。特龙普抓住机会，试图拉近距离，一举压向劳森。他努力让部分舰只从英军蓝队和红队之间穿过，但尚未完成，风向就再度转为西北。英国舰队迎风转向，舰首向北或东北。此时特龙普有两个选择：采取与英军平行的航向，恢复炮战；或转向南，设法脱战。荷舰炮术不精，弹药不足，炮战于己不利，且布莱克分队的18艘战舰即将加入战斗，特龙普选择向南。他究竟是想撤出，或只是想暂停一下次日再战，尚不明朗。

如果特龙普是想趁夜撤出，那么他失望了。第二天拂晓，尽管晨风对荷兰舰队有利，但他发现英军并未脱离接触。特龙普仍想像前一天那样近战，但因风向再次改变未果，只能与敌炮战。待到特龙普转向西南撤出时——这一次他成功脱身了，英军收获了他们的战果——一些遭重创的荷舰。

就指挥控制而言，6月2日至3日发生在加伯德浅滩的这场战斗非常重要，原因有二。首先，尽管战斗记录不够详尽，但从中可以看出英国舰队处置得当，在前两天的作战行动中基本保持了上风位，至少在某些情况下接近以纵列队形作战，迫使荷兰人打了一场他们无法取胜的炮战。一位参战者的报告称："我们舰队的秩序确实胜过以往，而且相互配合。"一位佚名编年史家指出，英国人"占据了有利风向……按照他们想要的战斗序列，即以火炮射程一半的距离排成一列作战，此后他们一整天都在痛击荷兰人"。其次，与这场战争的前几次战斗不同，加伯德之战于负方是一场惨败。英军未失一舰，伤亡仅400余人。特龙普的舰队返航时则有9舰沉没，11艘被俘。此外，荷方伤亡约800人，被俘约1000人。对荷兰人来说更为糟糕的是，胜方舰队在战斗结束后基本完好，仍可继续作战。这种情况在战争中还是首次出现。从那个周末起，英国人开始封锁荷兰海岸。[24]

考虑到英军获胜的规模，从那时起，人们很自然地倾向于认为这次战斗是“决定性的”。[25] 但荷兰人并未就此收手。在接下来的两个月中，他们竭尽全力又集结起一支舰队，这一次是 125 艘。1653 年 7 月 31 日，蒙克率 130 艘英舰在泰瑟尔岛海域与特龙普相遇，打响斯海弗宁恩（Scheveningen）之战。这是一场极其混乱的战斗，双方舰队几度相互穿越。与一个半世纪之后的纳尔逊一样，特龙普被滑膛枪击中受致命伤阵亡。是役，荷兰人虽如愿以偿，打成了一场近战，却仍遭败绩，尽管战败的程度存有争议。英方仅有两舰沉没，另有多舰遭到重创，伤亡千人左右。荷方则损失战舰 19 艘到 40 艘，伤亡和失踪人数不详。[26]

蒙克带着伤痕累累的舰队班师回国。由于舰队需要整修，他决定冬季只派巡洋舰在英吉利海峡骚扰荷兰航运，待到来年开春再实施封锁。他的决定十分明智：10 月份低地国家遭遇强风，荷军在战斗中幸存下来的舰船有半数或折桅或损毁。荷兰议会很不情愿地决定和谈，1654 年 4 月 5 日，第一次英荷战争结束。

※　※　※

战争结束后，克伦威尔挟英国海权对英联邦的潜在之敌推行进攻性政策。布莱克率领一支新的分舰队前往地中海平息柏柏里海盗之患，同时显示英国的存在。克伦威尔未经宣战便启动了他的“西方计划”（Western Design），远征伊斯帕尼奥拉岛（Hispaniola），开始蚕食新大陆的西班牙帝国。虽然英国人设法夺取了牙买加

（Jamaica），但其陆海军联合行动却惨遭失败。1656 年 3 月，当西班牙以宣战作为回应时，英国又派出几支分舰队前往加勒比海袭击西班牙的美洲殖民地，一支大型联合远征部队则向南进发，前去攻击西班牙海岸。

尽管英西战争（Anglo-Spanish War）中海战不多，但仍值得一提。陆海军两栖远征的几次失利，凸显了此类行动需要有效的指挥控制，而在接下来的几个世纪中，这一教训常常被忽视。1656—1657 年间，英国舰队对加的斯（Cadiz）实施的冬季封锁是一项前所未闻的壮举，标志着海权的成熟。

1658 年，克伦威尔在他发动的战争结束前离世。英国再度陷入政治动荡。蒙克上将率领麾下军团进入伦敦，采取一系列行动，最终导致了斯图亚特王朝（Stuarts）的复辟。国王查理二世（Charles II）于 1660 年 5 月 29 日到达伦敦，旋即恢复了王权。[27]

在接下来的 5 年中，查理致力于恢复英国的稳定。他与葡萄牙国王之女的婚姻，既为英国在伊比利亚半岛赢得了一个盟友，也为英国带来了地中海的丹吉尔（Tangier）和印度洋的孟买（Bombay）这两处新的基地。由于荷兰的商业成功似乎再一次威胁到了英国的繁荣，多少有些不太情愿的查理也对荷兰奉行进攻性政策。查理确信，在经历了 1652—1654 年的失败之后，荷兰会竭力避免另一场战争，于是他在非洲的几内亚（Guinea）沿岸和北美不宣而战。1664 年 8 月，英国在北美夺取了新阿姆斯特丹，并为纪念远征的幕后推手——国王的弟弟约克公爵（Duke of York）詹姆斯（James）——而改称“纽约”（New York）。荷兰强力回应英国的进攻，促使查理于 1665 年 3 月 4 日正式对荷宣战。[28]

※　※　※

第一次英荷战争凸显了海军指挥控制在战略、战役和战术层面的困境。战争中的主要战斗都规模宏大，动辄100艘到300艘舰船，而且总是混乱不堪，很少取得决定性战果。支持和控制如此庞大的舰队，常常是徒劳无功地追求决定性胜利，这样的挫折感促使英国和荷兰回过头来重新审视他们的海军政策。

虽然徇私与渎职之风仍在英国盛行，荷兰的政治体制导致了权力的分散，但是，战争间歇时期，两国海军当局的管理职能都有所拓展。[29]战舰与商船的设计日趋分化。船型不断标准化。海军军官队伍进一步职业化。两国海军当局继续将商船船长和武装商船从海军和舰队中清理出去，尽管清理得还不够彻底。

英荷海军还优化了战术，并努力解决指挥控制问题。鉴于1652—1654年间双方战斗的性质，线式战术与组群战术以及火炮与跳帮之间孰优孰劣尚不明朗。

尽管荷兰人并未采用真正的纵列队形，但是在第一次英荷战争期间，荷兰海军的战术变得越来越线式化。为获得有利的风向，即占领对手的上风位，也就是逆风一侧，特龙普会率领舰队列队进入战斗，但随即就会改用组群战术扑向英舰，以期实现接舷跳帮，压垮敌人。历史学家亚普·布鲁因（Jaap R. Bruijn）写道："荷兰舰队的舰型不尽统一，确实给保持严格和连续的战斗秩序带来了很大的困扰。"第二次英荷战争期间，荷兰海军采用了线式战术，但仍未采用纵列队形。战斗中，荷舰一般会2艘到3艘成组。同时代评论家吉什伯爵（Comte de Guiche）阿尔芒·德格拉蒙（Armand de

Gramont）指出，这种战术——后世军事分析家们称之为“纵深防御”——使荷兰人得以击退企图穿越荷方队列的单艘英舰。除却这种优势，吉什伯爵认为，英军的纵队才是更为优越的战斗队形，可以最大火力实施进攻和防御，值得法国效仿。[30]

英国海军指挥官们在两次战争之间接受了战列线理念，但他们发现，这样的队形在提升战斗秩序和确保发挥火力的同时，也使舰队的控制变得复杂。在1653年6月的加伯德之战中，英国舰队相对于荷兰舰队的位置及风向有利于以线式队形接敌和交战。但7月的斯海弗宁恩之战则不然，那一次英军只好回归接舷战。与加伯德相比，斯海弗宁恩之胜的代价过高，这促进了英军走向战列线。但如此排列的舰队该如何控制呢？

在旧有战术体系中，舰队的机动相对简单。舰队指挥官转向时，所在分队各舰跟随转向，然后是其他分队的指挥官及其部属依次照做。以肯特克诺克之战为例，德维特在进攻英军前队之后，可以突然转向，毫不费力地带领舰队向南。

控制排成一列纵队——战列线的大量舰船运动，情况则完全不同。将旗舰置于战列线中央，舰队指挥官该如何向前卫和后卫分队的指挥官传达意图？前卫和后卫分队的指挥官们又该如何控制各自的分队？让指挥官在战列线前端引领各舰进入战斗则风险巨大，因为如此一来，旗舰就会像黑暗中的灯火吸引飞蛾那样成为敌方注意力的焦点。尽管有这样的风险，在第三次英荷战争的第二次斯库内维尔德（Schooneveldt）战斗中，指挥英军后卫分队的爱德华·斯普拉奇（Edward Spragge）爵士认为，必须将分队旗舰置于战列线前端，因为在编队需要机动时，很难指望经验不足的舰长们做出适当的战术决策。如果旗舰处于战列线中央，指挥官如何指挥前导舰的运动？[31]

海战场的物理尺度也带来问题。一支百艘规模的舰队，即使按照旧的分队组群方式布阵，也会占据大片海域。若将同样数量的舰船排成一列，无疑将超出视野之外。在良好天气条件下，英军舰长们要与前舰至少保持半链，也就是304英尺距离。这一距离再加上一艘典型舰船的长度——至少100英尺，意味着即使是在天气良好、秩序井然的情况下，战列线也要排出7英里到8英里之长。除非视距很好（而英吉利海峡和北海的视距通常较差），否则位于这种超长战列线中央的将领恐怕根本看不到战列线的两端。斯普拉奇在第二次斯库内维尔德战斗之后的日记中这样写道："战列线……之长，我根本看不到总指挥官发出的任何信号。"[32]

就像是控制己方舰队的问题还不够棘手一样，对方的行为也成了问题。如果对方指挥官不像特龙普那样"配合"，为打一场接舷战而驶入英军火炮射程之内，该当如何？如果对方舰队意欲火炮对决，试图通过机动占据有利阵位，该当如何？如果对方舰队处于英军战列线下风位，选择脱战，该当如何？在诸如此类的情形中，线式队形是否能让指挥官赢得可与蒙克加伯德浅滩之胜比肩的结果？

解决这些问题需要找到在战斗中控制舰队的手段。有两种可能的方案。指挥官可以使用视觉信号向部属传达意图。可惜的是，17世纪中叶的信号系统还相当原始。另一种可能是使用预先约定的一系列指令，也就是条令。有经验的指挥官能制定要求部属在特定情形中如何行动的具体规则。

英军在第二次英荷战争前夕颁发的战斗指令就是第二种方式。

新的战斗指令也包含一些附加信号，但条令成为指挥官有望控制排成线式队形的大型舰队的主要手段。

新《战斗指令》的第3条并未提到战列线，这与英联邦以前的指令一样，但纵队仍是规定的战斗队形。新指令要求，一旦舰队指挥官发出开战信号，“各分队应当按照预先命令，充分利用有利条件与敌交战”。指挥官要在战前为舰队各舰制定具体的命令。而且，附加指令明确要求这些命令必须是基于线式队形的：“在与敌交战的任何情况下，国王陛下战舰的指挥官们都要努力将舰队保持成一列，并竭尽全力维持应于开战前指定的战斗序列。”[33]

新《战斗指令》还尝试考虑不同的开战方式，为部属决策提供指导原则。假设敌人选择交战（敌人选择避战，则没有相应的指令），如果英国舰队占据着上风位，前卫分队应取向敌最前端舰船。如果对方舰队占据上风位，英舰应“排成一列迎风前进”。

开战之后，英舰必须排成一列战斗。各舰不得离开战列线前去支援因战损脱离编队的友舰，因为“只有打击敌舰队主力才是对友舰最有效的保护”。另一条要求各舰不得“在敌舰队主力被击垮或逃跑之前擅自追击任何小股敌人”。在追击时，实施追击的舰只不得超出旗舰视野，并且要在夜幕降临时停止追击。

一些历史学家认为，线式队形注定会使海战无法取得决定性战果，[34]但另一些则认为战列线是对指挥官面临的战术困境的理性回应。朱利安·科比特爵士辩称，是限制过严的条文，而不是战列线本身，导致了18世纪发展起来的舰队战术无法取得决定性战果。滕斯托尔指出，尽管无法取得决定性战果可能是采用线式战术的终极归宿，但是最初颁发限制性条文的动机却是合理的。17世纪中叶的英国舰队，动辄数量逾百、舰型庞杂，舰长水平参差不齐、性格迥异，根本无法与下个世纪规模较小、秩序井然、纪律严明、指挥得当的舰队相提并论。在第一次英荷战争中，舰长——其中一些并非海军军官，而是应征商船船长——为谋取名誉或赏金而单独脱队追击受伤敌舰的情况一直都很普遍。指令条文的修订者们无意寻求对败退舰队保持有效的追击，而是试图防止战斗中的海上劫掠行为。[35]

尽管新颁布的《战斗指令》主要通过预先约定的指令实现对舰队的有效指挥控制，但其也开始更多地使用信号。由于视觉信号系统仍很原始，其使用主要限定于进入战斗阶段。新《战斗指令》包含了组成右舷受风或左舷受风的纵列队形的信号。[36]还有一些具体的信号，例如，在旗舰后桅顶升挂英国国旗，表示"舰队指挥官要求所有舰船按照规定的顺序依次行动"：舰队指挥官希望前卫分队首先迎风转向，或后卫分队首先迎风转向，或舰队加速，或各分队追击等。

与前次战争使用的指令相比，第二次英荷战争前夕颁布的《战斗指令》有了重大改善，但还远远不够。海军将领们赖以指挥舰队的条令和信号系统仍很简陋。战斗序列是预先确定的，各舰在战列线中都有指定位置，但小型、低速的征用商船拖累了编队。至少有一位指挥官桑威奇伯爵（Earl of Sandwich）爱德华·蒙塔古（Edward Montagu）提出，（根据他的计算）弃用这些船只可以缩短战列线的长度（近3英里），使舰队的火力更为集中。但商船仍被保留，并被部署在战斗力更强的旗舰附近以得到保护，其实旗舰的安全才是首要考虑。[37]尽管有这样或那样的缺陷，1665年春，英国海军指挥官满怀着对自己、对战舰、对部属以及对新的战斗指令的信心，走入战争。

似乎是要印证这种信心，1665 年 6 月 3 日，第二次英荷战争的首次重大战斗在洛斯托夫特（Lowestoft）海域打响。英国舰队排成战列线开战。整个上午，两支规模逾百的舰队激烈战斗，几度调转航向相互驶过对方。双方的战斗秩序很快就都变得零乱起来。战斗中，桑威奇的分队穿过荷兰舰队，将其队形一分为二，这实乃无意之举而非有意为之。荷军仍坚持战斗，直到旗舰被火药舱爆炸摧毁，主帅雅各布·范瓦瑟纳尔–奥布丹（Jacob van Wassenaer-Obdam）——一位陆军上将，被荷兰议会参照英国方式任命指挥舰队——阵亡，才开始退却。[38]

英军旗舰后甲板被对方链弹掠过，主帅约克公爵浑身是血，一块头骨飞落手上，几乎毙命，但他赢得了自己的首次海战胜利。荷方损失舰船约 32 艘，其中 9 艘仍可航行，能被英方作为战利品拖回本国港口。荷军伤亡约 4000 人，另有约 2000 人被俘。英方仅损失 1 艘战舰，伤亡及被俘人数在 800 人到 900 人之间。

“尽管取得了胜利，但人们普遍认为，此役应更具决定性。”许多高级指挥官，以及伦敦的一些政治领袖坚称，如果舰队彻夜追击，将会取得更加辉煌的胜利。问题是：造成这一缺憾的，究竟是谨小慎微的约克公爵，还是战斗指令？[39]

无论是否如朱利安·科比特爵士所言，从那时起，英国海军高级军官逐渐分为两大战术派别，一派“追求程式”，一派崇尚“硬拼”，积极进取确实成了查理二世海军的信条。[40] 着眼于 1666 年春再战的蒙克和鲁珀特王子（Prince Rupert）——主力舰队的联合司令官——决意寻歼敌人。终极的毁灭性的海战胜利令人神往。

随着新战季的开启，若干因素使战略形势趋于复杂，既削弱了海军的地位，也减少了决战的机会。那年春天，伦敦先有瘟疫横行，后有大火肆虐，海军机构和支撑国家的经济活动都受到影响。法国——已于 1666 年 1 月与荷兰联手参战——正将其地中海分舰队调往英吉利海峡的流言促使查理命鲁珀特率部向西堵截。[41] 此举与肯特克诺克战役后一样，令英国再度犯下分散舰队力量的战略性错误。

就在鲁珀特西去堵截法国舰队之时，米希尔·阿德里安松·德勒伊特（Michiel Adriaanszoon de Ruyter）海军上将率领 84 艘荷舰进入英吉利海峡。6 月 1 日 9 时左右，从唐斯向东航行的蒙克，在奥斯坦德（Ostend）和哈里奇之间的海峡中部发现荷兰舰队。因分兵仅剩下 54 艘战舰的蒙克，尽管明显处于劣势，还是发起了进攻。

战斗一直持续到 6 月 4 日，故有“四日战役”（Four Days' Battle）之名。这是能让史学家以一定程度的细节和准确性复盘的风帆时代早期战斗之一。一位法国评论家后来写道：“此战明确地标志着从以往战法到 17 世纪末战术的转变。人们第一次能像跟踪一项计划的执行那样，追溯双方舰队的主要行动。”[42]

战至第 3 天，在远方听到炮声的鲁珀特率麾下 20 艘航速最快的战舰赶来支援。战斗异常激烈，最终以英军的失败告终。考虑到前两天德勒伊特在数量上的巨大优势，能逃过一劫是英军之幸。此役，英方共损失战舰 17 艘，其中被俘 9 艘。荷方仅损失战舰 4 艘，但遭到重创的舰队也无法继续留在海上，必须返回港口。[43]

英国海军加紧休整，重新集结，准备再战。海军部竭尽全力修复战损舰只，备便新舰。海军高级指挥官们修订颁发了更具攻击性的《战斗指令》，这或许是因为他们确信，蒙克的进攻性战术挽救了火力远居下风的英国舰队，使其免遭覆灭。由鲁珀特王子签发的一份简短的附加指令强调，所有舰长都要“尽最大努力摧毁敌人，这永远是第一要务”。指令的另一条要求，如果舰队指挥官（通过升降、停止或系牢的动作）发出旗号，其他将官也应照做，“然后，所有舰只都要设法与敌交战，这样我军舰队的后卫分队就更易近前；一旦敌军抵抗，各舰应立即努力进入最佳战斗序列”。[44]

科比特认为，更具进攻性和不那么拘泥于战列线的指令条文，是“一个世纪之后，纳尔逊时代英军中最受欢迎的，旨在迫使无意交战的敌人进入战斗的信号，也就是全面追击信号”的前奏。但滕斯托尔令人信服地指出，该项命令的原意，是为了让航速更快的战舰避免因航速较慢的征用商船的存在而受到拖累。此外，细读指令条文会发现，一旦敌人转向交战，舰长们就要重组战列线。科比特引用的纳尔逊时代的信号和指令不仅要求与敌保持接触，而且还要阻止敌人脱战。[45]

英军舰长们还收到了约克公爵授权颁发的经过全面修订的一整套战斗指令，尽管最重要的原则性变化体现在附加指令中。新的指令条文强调了“将敌置于下风位”的必要性；为前卫和后卫分队指挥官怎样打一场双方舰队平行列队相向而行的战斗提供了指导；讨论了分割敌人舰队的可能；并在最后指示舰长们“要特别注意使炮火保持在战列线内，不得使其越过己方舰船，违者处死”。[46]

附加指令汲取了近期战斗的教训。占据上风位过去一直是优先考虑的战术选项，现在则被认为是夺取胜利或避免惨败的关键。

对在类似洛斯托夫特那样的战斗中前卫和后卫分队应该采取何种航向的指导是指令的基本内容，那一次英国舰队在驶过荷兰舰队后调转航向时造成队形散乱。“分割”敌方战列线带来的优势，正如桑威奇在洛斯托夫特战斗中的意外所得，是深入探讨的题目，但指挥官们需要的是决定突破敌方战列线后应如何行动。战斗指令给出的程式是，前卫分队在突破至敌方战列线的另一侧后恢复原有航向，中央分队在对面保持受风方位不变。此时，可以开始攻击敌方前导舰船，形成两面“夹击”态势，后卫分队视情支援前卫或中央分队。

指令的最后一条以“违者处死”来确保遵守，这很容易被理解为是机械执行战列线原则和导致战斗无法取得决定性成果的开端。但指令确实汲取了以往的教训。曾有脱离战列线的舰只隔着友舰开火的情况，效果不佳。以“处死”相威胁应该是在强调这种行动的风险和危险，因此不要轻易地从编队中退出。

新的《战斗指令》开始实施之后，鲁珀特和已获封为阿尔伯马尔公爵（Duke of Albemarle）的蒙克率领一支由 81 艘战舰组成的英国舰队于 7 月下旬出海。他们在下一次战斗中挽回声誉的渴望很快就会如愿以偿。德勒伊特的 88 艘战舰也在海上。1666 年 7 月 25 日，圣詹姆斯日（St. James’s Day），双方舰队在距肯特克诺克不远处相遇。

上午 10 时，英国和荷兰舰队战列线中的前卫分队首先开火，战斗打响。近午时分，双方中央分队进入战斗，也都在战列线中。但荷兰后卫分队指挥官，伟大的海军将领特龙普之子科内利斯・特龙普（Cornelis Tromp）发现英军中央与后卫分队之间有一个缺口。

特龙普主动作为，率队冲过缺口，迫使英军进入近战。战斗直到黄昏才告结束。特龙普分队战绩不错，俘获了英军 64 门炮舰“决心”号。但德勒伊特的前卫和中央分队却被英军精确持续的炮火摧毁。荷方趁天色渐暗撤出。

次日清晨，德勒伊特成功脱离，但特龙普发现自己未能甩开英军后卫分队，且有被整个英国舰队歼灭之虞。他迅速行动，奋力将孤立无援的分队从全军覆没的险境中救出。尽管如此，荷方的损失仍十分惨重——20 艘舰船，4000 人阵亡，3000 人受伤。英方仅损失“决心”号和大约 300 名到 500 名官兵。[47]

未能摧毁荷兰舰队，或者至少是特龙普的分队，令伦敦的政客们大为光火，他们“不再关注荷兰，而是越来越多地将注意力转向了国内政治恶斗”。他们都企图将海军的问题归咎于政敌。海军各部门之间也毫不客气地相互指责——更多地关乎政治而不是作战原则。随着对战争的支持逐渐减弱，以及王室财政因维系一支庞大的海军而捉襟见肘，查理决定转而采取防御性的军事姿态，并谋求尽快通过外交手段解决冲突。海军部按国王指示没有为春季的新一轮战役整修舰队。英方将大型舰只锚泊于泰晤士河，并将许多火炮移除，舰员也削减了三分之一到一半。[48]

在荷兰，德维特（De Witt）①并未把查理的外交提议和英国海军的裁撤视为谈判机遇，而是将其视为进攻的机会。他指示德勒伊特制订一份进攻英国本土的计划。6 月初，德勒伊特率领 60 余艘

① 此处指约翰·德维特（John De Witt，1625—1672），1653 年初任荷兰省议长。其与本书中的维特·科内利松·德维特不是同一个人。——编者注

舰船驶入泰晤士河口。随着各分队溯河而上，“荷兰人已到梅德韦（Medway）”的消息震惊了伦敦市民。荷兰舰船冲破河中围栏（由连串浮木构成的水上屏障），占领并捣毁了希尔内斯（Sheerness）的海军弹药库和补给库，然后直抵查塔姆（Chatham），在那里焚烧了英国海军 6 艘最大的战舰和大批小型军舰和商船。荷军还俘获了英国海军旗舰“皇家查理”（*Royal Charles*）并将其带回荷兰。突袭结束后，荷兰舰队主力留在海上封锁了泰晤士河。

查理的战略误判，几乎将英国海军两年来的战争所得毁于一旦。不过，他的政策确实很快就有了结果，1667 年 7 月 21 日，双方在布雷达（Breda）签署外交协议，当然这是一份令英国人失望的协议。[49]

※　※　※

《布雷达和约》签订的结果是英荷停战。在经历了两场血腥战争之后，悬而未决的问题仍使英荷两国不睦。但新一轮斗争的主要和直接原因，是查理二世对现实政治的错误认识。出于资金短缺和对声誉的追求，1670 年 5 月，查理在多佛尔与路易十四（Louis XIV）治下的法国密谋结盟，准备以英国之海权和法国之陆权联手压倒荷兰。[50]

再次诉诸战争的借口，是荷兰海军舰船依旧拒绝在英吉利海峡向英国海军舰船降旗行礼。作为报复，查理命令海军攻击一支从地中海返航的荷兰大型运输船队。1672 年 3 月 12 日至 13 日，英国海军在英吉利海峡毫无缘由地发起进攻，甚至连英国史家也将其斥之为“令人厌恶”的“冷血暴行”。[51] 种因得果，这次行动不但成效有限，还引发了一系列事件，包括一场削弱斯图亚特王朝统治的战争。

盟军的战争策略很简单。英国海军将在一支法国海军分队的协助下从海上扫荡荷兰并封锁其海岸。法国陆军则将在一支英国陆军分队的协助下入侵并占领荷兰。然而，这一看似可行的策略却失败了。法国陆上行动的成功导致了德维特的下台，却促使荷兰人团结在奥兰治亲王（Prince of Orange）的周围，并激发起英国新教徒的同情，他们质疑国王为什么要帮助信奉天主教的法国。这样的想法助长了人们对斯图亚特家族的天主教倾向，及其对国民宗教信仰的未来走向到底有何居心的怀疑。[52]

与此同时，在海上，英国人发现荷兰海军仍是一如既往地难缠。这一事实，再加上英法海军联合作战的困难，导致海上行动陷入僵局，无法取得决定性成果。

荷兰海军并未颁布正式的《战斗指令》，但在第二次英荷战争期间及以后优化了战术，放弃了组群机动，采用了纵列队形。每次交战之前，荷军指挥官都会像英军指挥官一样，为舰队制定具体的战斗命令。德勒伊特自己研究出了集中兵力各个击破的战术，以及突破敌方战列线的方法。[53]

已经握有最详尽战术条令的英国海军继续修订其战斗和航行指令。《战斗指令》已扩充至 26 条之多。[54] 但海军指挥官们并未引入更多的战术创新。第三次英荷战争的 4 场主要战斗，即索尔湾（Sole Bay）之战、两次斯库内维尔德之战，以及泰瑟尔岛（Texel）之战，都是发生于英国或荷兰近岸的混战，其也未能提供多少战术洞见。

1674年2月9日，英国与荷兰单独签订和约，第三次英荷战争结束。彼时，甚至就连查理也意识到他一直在与错误的敌人作战，英荷关系迅速改善，最显著的标志是1677年詹姆斯之女玛丽与荷兰的奥兰治亲王威廉（William）联姻，后来她和威廉一道统治了英国。

鉴于四次战斗都未取得决定性成果，因此可资借鉴的战术经验不多。最为明显的困难是指挥一支由不同国家兵力组成的舰队。至于法国海军在战争中的表现是何等的不堪，说法不一。英国人肯定要把一切问题都归咎于其高卢盟友。但撇开夸张的言辞不谈，战斗记录清楚地表明法国分队在索尔湾打得并不好。将法国舰船分散部署在整个战列线中，是两次斯库内维尔德之战所采用的方法，同样被证明为不尽人意，迫使鲁珀特王子将法国人重新集结于自己的分队。在泰瑟尔岛，法国人像在索尔湾一样设法脱离了战斗，这也遭到英国人的抨击。

法国人自己也很清楚其海军在战争中表现不佳。有些舰船打得不错。但分队指挥官让·德埃斯特雷（Jean d’Estrées）中将是一位陆军将领，法国海军国务大臣让-巴蒂斯特·科尔贝（Jean-Baptiste Colbert）很不情愿地接受了对他的任用。埃斯特雷的无能，再加上不同国家舰队联合作战之难，以及训练水平不一和作战原则不同等因素，都损害了法国人的表现。他们无法理解英军的战术方法和规程——也就是条令，因而常常感到不知所措。直到今天，类似的问题还在困扰着各国海军。[55]

※ ※ ※

在英荷战争中开始采用的纵列队形是海军战术和作战理论发展迈出的极其重要的一步。海军历史学家大多将其视为一次飞跃。在马汉看来，由于“旧传统”的惯性，这一发展被大大地延后了。而在克拉克·雷诺兹（Clark Reynolds）看来，纵列队形的普及是英国战术“优越”的明证。[56]

也有史家持不同看法。拉塞尔·韦格利（Russell F. Weigley）写道：“战斗指令过度强调了海战中指挥控制的难度，提出的应对措施极大地束缚了军官的主动精神，给海军军官专业素养的提升设置了几乎无法逾越的障碍，也使得海上战斗和战争几乎都不具有决定性结果。”韦格利进一步指出：“战术知识体系通常最先出现，在此基础上构建起更大的战役和战略知识体系。由于战斗指令使不同于航海技能的海军战术技能的发展趋于停滞，它也使建立在战术技能基础之上的更高层次——战役和战略——专业知识的发展停滞不前。”[57]

对一位在三个世纪之后书写历史的学者来说，给英国海军采用战列线的举措下一个未能发展战术技能和专业精神的定论，未免太过容易。但任何试图理解17世纪晚期战术发展的人，都必须置身于三次英荷战争的历史之中。英国与荷兰的海军指挥官们既不是围着水晶球展望未来的占卜者，也不是聚在书桌旁纵论新战术队形的防务学者。

马汉可以把战列线的采用描述成合乎逻辑的一步，而且显然是理性层面上的一步，他研究的起始点是1660年，因而没有包括第一次英荷战争中那些混乱不堪和令人沮丧的战斗，正是这样的战斗促使务实的英国指挥官转而采用新的战术。相反，马汉关注的是后续的战斗，这些战斗证明了战列线的价值，不管使用战列线的人有什么不足。

韦格利暗示，战斗指令缓解了指挥问题，却也削弱了舰队的战斗力。18 世纪的情况可能确实如此，但英军在英荷战争中的经历恰恰相反。采用战列线之前，对舰队的控制十分简单：舰长们只需模仿上级的做法即可。由于线式战术使指挥控制问题更加严重，英国人才不得不去研究作战理论。如果战列线真的降低了作战效能，为什么先是英国人，继而是荷兰人和法国人非要接受这一复杂事物呢？有人可能认为，采用战列线意味着决战决胜时代的终结。事实上，第一次英荷战争中的战斗都发生于采用战列线之前，不仅无法决战决胜——尽管参战舰队规模庞大，被俘和沉没的舰船却寥寥无几——而且胜负双方都元气大伤，无力继续留在海上。在第一次采用近似于战列线的加伯德浅滩战斗中，英方获得重大胜利，击沉俘获舰船 20 艘，而且最为重要的是，战斗结束后，英军状态基本完好，仍能留在海上乘胜封锁荷兰沿岸。

英国指挥官采用战列线，是因为尽管指挥控制问题变得更加复杂，但战斗力却得以提升。荷兰、法国和其他国家的海军相继跟进，也是基于同样的原因。此外，英国指挥官并不是因为线式阵型的优势显而易见才开始列队作战的，这是作战经验催生的战术进化过程的必然结果。不过，下一世纪的海战历程表明，以纵队为标准队形的做法是一把双刃剑。在海军军官素质不断提高的情况下，纵列队形阻碍了个人的主动性，并使海战很少能取得决定性成果。

但是，有其他选项吗？没有哪种战术体系能够解决风帆战舰航向和射向相互垂直这一根本问题。不用线式队形，就得继续依靠混战，指挥官在混乱中控制战局的能力几乎丧失殆尽，布莱克、蒙克和迪恩对这一点都理解得非常透彻。纵观风帆时代的整个海战史，能反复地、有意识地以混战取胜者，仅霍雷肖·纳尔逊一人。不过，他的指挥天赋远超常人。而且，他所信赖的部属都是有着 20 年海军经历和 10 余年战斗经验的专业人才。

把“阻碍专业进步”或海军军官缺乏战术敏锐性的责任完全归咎于战列线也不公平。18 世纪的海军军官可能犯了过于严格地遵从战列线的错误。但如果问题在战列线本身，那么最初采用战列线的责任就不应该算到海军军官头上。负责颁发 1653 年 3 月 29 日版《战斗指令》的布莱克、迪恩和蒙克三人不是真正的海军军人，而是奥利弗·克伦威尔的新模范军中经验丰富的陆军将领。三人之中，布莱克的海上经验最多，当然既有成功，也有失败。他还在“三日战役”中负过重伤，或许并非战斗指令的灵感之源。迪恩长于管理，肯定喜欢更标准、更正式的战斗指令，但他似乎很不像是个战术创新之父。蒙克出身炮兵，是一位资深的陆军指挥官，不久前刚刚经历了首次海战指挥——一场有 300 余艘舰船（包括商船）的彻头彻尾的混战，是最可能的线式队形倡导者，因为线式队形能让更多的舰船火炮射向无障碍。[58]

战列线的主要支持者可能是一位陆军军官，这并不令人惊讶。克伦威尔的陆军人员主宰了英国海军上层。蒙克在海上走向战列线战术的同时，其陆军同僚们也开始在陆上采用更具约束力的线式战术。欧洲陆军在 17 世纪逐渐摒弃了密集的长矛阵，削减了骑兵占比，转而寻求炮兵和步兵火力的最大化。对各国陆军和海军来说，这是一个战术试验和屡遭挫折的时代。排成直线的步兵营可以打出致命的齐射，但易受骑兵或是后来 18 世纪出现的步兵纵队的突击。直到拿破仑战争结束之前，如何在横线与纵队之间求得恰当的平衡，一直是理论思辨和战场试验的题目。[59]

欧洲海军无法在战斗中取得决定性胜利，与欧洲陆军缺乏相应的战略和战役能力没有可比性。除拿破仑·波拿巴，没有哪个 17 世纪、18 世纪乃至 19 世纪初期的欧洲指挥官能例行公事般地只用一个下午就完成一次战役。在 1650—1815 年间，只有为数不多的陆上战斗真正决定性地结束了战争。而且，即使追求决定性的、能够结束战争的战斗在陆战中具有合理性、值得去冒险，通过海战取得决胜的理念也几乎没有意义。正如利德尔·哈特（B. H. Liddell Hart）所言："海战中不可能有闪击战（Blitzkrieg）——不存在一道闪电掠过海面击倒敌人的情况。"至少在核时代到来之前，没有几个海军将领拥有能在一个下午赢得战争的威力。1805 年 10 月，纳尔逊在特拉法尔加赢得了堪称海战史上最彻底、最具毁灭性的胜利。在纯粹的海军语境中，或可断言特拉法尔加是法国和西班牙的"决定性"失败。但在那之后反对拿破仑的战争又持续了 9 年。[60]

就这一问题而言，前两次英荷战争由于是纯粹的海上斗争而不具有典型性。历史记录表明，海军指挥官以及英荷两国的政客们确实也在寻求可在一天之内结束战争的决定性胜利。但这些记录同样清楚地显示，无法达成决定性胜利并不是采用纵列队形的结果。总体来看，与过去的接舷战法相比，在摧毁荷兰舰船和保持战后继续在海上活动的能力方面，英国海军因采用战列线而取得了更大的成功。

海战无法取得决定性胜利，与其说是采用纵列队形的结果，不如说是海战，或在更广泛的意义上说，是战争的本质使然。海军不具备迅速地、决定性地结束冲突的能力，仅此而已。海权的终极鼓吹者马汉在其著述中使用的语汇是“影响”（Influence），而非决定性。更近一些的科林・格雷（Colin S. Gray）使用的则是“影响力”（Leverage）。[61]

对海军战术发展的评价，必须根据海军的而不是陆上的战略和战役实际做出。风帆时代，海权的重要性只能在长期斗争的背景下加以衡量。不管海上力量有多少优点，都不能带来速胜。在海上，决定性并不意味着一个下午就能结束战争，而是摧毁敌方舰队，以期实现封锁和确保地面部队海上运输的行动自由。这两个目标都不大可能很快见到成果。由于无法通过战斗赢得决胜，海军指挥官不愿接受混战的固有风险就变得愈发可以理解了。

因此，指挥官们不打算放弃一个不能产生立竿见影之效的战术体系，并不一定是职业愚钝的表现。也没有证据显示海军军官的战术缺陷阻碍了战役和战略概念的发展。16 世纪在印度洋活动的葡萄牙指挥官展现了卓越的战略能力，与同时代的陆上指挥官相比，即使谈不上胜出，也是毫不逊色。英国在第一次和第二次英荷战争中的海军战略至少在海军指挥官层面是经过深思熟虑的。蒙克、迪恩和布莱克等人虽然没有就海军战略和战役著书立说，但他们的书信表明，他们的思想和见解都十分清晰。

然而，尽管在英荷战争中取得了战术上的进步，但在 17 世纪末，海军军官的专业水准还远逊于陆军军官。一位历史学家认为，形成这种差异的原因是：“陆军军官素养传承自封建骑士；而海军军官素养则传承自商船船员。”这样的结论肯定是过于简单化了。英国海军中最先驾舰作战的都是陆军官兵，而不是临时应征的商船船员。直到17世纪末，皇室成员和陆军军官一直主宰着英国海军高层。亚普·布鲁因在其荷兰海军研究中指出：“自海上丐军（Sea Beggars，约1570年）时期起，贵族指挥舰船就很普遍，至少有四分之一的海上丐军舰长来自贵族。”关于17世纪和18世纪的海军，布鲁因这样写道：“荷兰海军军官以及海军将领们常被称为‘防水布’，这一般是用来指普通水手和士官的。这样的说法并没有多少根据。荷兰海军军官，当然是那衔至上校者，都来自城市和乡村的上流或最高社会阶层，很少有例外。”[62]

海军专业化水准落后于陆军的原因显而易见。17世纪末，海军军官面临着巨大的战术困境。他们必须在战斗中驾驭风帆战舰，那是当时人类所开发的最为复杂的机器。他们必须在这样一种环境中作战，一个错误或运气不佳都可能将舰队毁于一旦。而且他们还必须在全球范围内活动。让我们感到惊讶的，不是海军军官素养与陆军同行的差距有多大，而是在不到半个世纪的时间里进步的速度有多快。约翰·史密斯上校在其1627年出版、1652年第一次英荷战争爆发时再版的《海上语法》（*Sea Grammar*）一书中，给出了海上战争的一些一般性指导：“我看到过许多有关战争艺术的书籍，但都是陆上的，从来没有一本谈到海战，因为服役于这个最困难军种中的所有人都沉默寡言。”[63]虽然陆军军官早在3000年前就已先行一步，但海军的专业化水平正在迎头赶上。

注 释

1. 鉴于记载并不可靠，英荷战争中双方参与交战的舰只数量未必准确。

2. C. R. Boxer, *The Dutch Seaborne Empire: 1600–1800* (New York: Knopf, 1965), 27. Jill Lisk, *The Struggle for Supremacy in the Baltic, 1600–1725* (London: University of London Press, 1967), 17–23. 关于英荷对抗，见 Bernard Capp, *Cromwell's Navy: The Fleet and the English Revolution, 1648–1660* (Oxford: Clarendon Press, 1989), 73–78; Herbert Richmond, *The Navy as an Instrument of Policy, 1558–1727* (Cambridge: Cambridge University Press, 1953), 95–102。关于安波那，见 Clowes, *Royal Navy*, 2:27; Brian Gardner, *The East India Company: A History* (New York: Dorset, 1971), 38–40。

3. Charles Wilson, *Profit and Power: A Study of England and the Dutch Wars* (London: Longmans, Green, 1957), 52–53. Boxer, *Dutch Seaborne Empire*, 91.

4. 见 Clowes, *Royal Navy*, 2:144–48; *The Letters of Robert Blake*, ed. J. R. Powell (Greenwich: Navy Records Society, 1937), 158–159。根据一些记载，特龙普在向东行驶时，从一艘通信船处得知英国在英吉利海峡攻击了荷兰运输船队。见 Francis Vere, *Salt in Their Blood: The Lives of the Famous Dutch Admirals* (London: Cassell, 1955), 66。但也有一些记载将特龙普突然调转航向归因于英舰莽撞发炮，弹丸掠过一艘荷舰舰首，轰掉了一名水手的胳膊。见 Jacob de Liefde, *The*

Great Dutch Admirals, 4th ed. (London: Strahan, n.d.), 88。

5. Jaap R. Bruijn, *The Dutch Navy of the Seventeenth and Eighteenth Centuries* (Columbia: University of South Carolina Press, 1993), 70.

6. Granville Penn, *Memorials of the Professional Life and Times of Sir William Penn, Knt.: Admiral and General of the Fleet, during the Interregnum; Admiral, and Commissioner of the Admiralty and the Navy, after the Restoration, 1644–1670*, 2 vols. (London: James Duncan, 1833) 1:446–50. Clowes, *Royal Navy*, 2:166–170; Vere, *Salt in Their Blood*, 78.

7. Clowes, *Royal Navy*, 2:170; Richmond, *Navy as an Instrument of Policy*, 110–112.

8. Richmond, *Navy as an Instrument of Policy*, 108–109. 书中认为，命令特龙普既要摧毁英国舰队，又要保护运输船队，是一个战略性错误。

9. Roger Beadon, *Robert Blake: Sometime Commanding All the Fleets and Naval Forces of England* (London: Edward Arnold, 1935), 164–68.

10. Ibid., 112–114; Capp, *Cromwell's Navy*, 79–80.

11. 引自 Samuel Rawson Gardiner and C. T. Atkinson, eds., *Letters and Papers Relating to the First Dutch War*, 6 vols. (Greenwich: Navy Records Society, 1899–1930), 4:165。特龙普以及荷兰其他指挥官的报告显示，特龙普似乎并不是在不得已的情况下被迫开战的。见 ibid., 118–122, 177–186, 187–194, 194–197。

12. “这次行动的官方和非官方报告，都避谈战术细节，显示出一种近乎迷信的敬畏。” Corbett, *Fighting Instructions*, 96–97. 我倒是觉得，未能复盘细节，更多的是不可为而非不愿为。

13. 荷兰舰队通常比英国舰队编有更多分队。见 R. E. J. Weber, “The Introduction of the Single Line-ahead as a Battle Formation by the Dutch, 1665–1666,” *Mariner's Mirror* 73 (Feb. 1987): 7–8。执掌英国舰队的陆军军官们通常仍被以其陆军军衔相称，如蒙克陆军上将（General）。但他们有时也被称为“海上陆将”（Generals-at-sea），或直接使用相应的海军军衔，如海军上将（Admiral）。因此，此处与舰队编成相应的军衔用词是优化了的。①

14. Corbett, *Fighting Instructions*, 89, 91.

15. 关于战术，见 ibid., 81–90; Clowes, *Royal Navy*, 2:151–152; Bruijn, *Dutch Navy*, 70–71。

16. 即使是无畏型战列舰，为实现火力最大化，也必须侧向射击。直到 1960 年代，随着舰对舰导弹的发展，海战中机动与战斗的协调问题才真正得以解决。

17. Tunstall, *Naval Warfare*, 18–19, 19n; Corbett, *Fighting Instructions*, 95–96.

18. *The Journal of Maarten Harpertszoon Tromp, Anno 1639*, ed. and trans. C. R. Boxer (Cambridge: Cambridge University Press, 1930), 209.

19. Ibid., 60–68. Weber, “Introduction of the Single Line-ahead,” 8. Michael Lewis, *The Navy of Britain: A Historical Portrait* (London:

① 在英语等语言中，各军种的军衔用词不同。——译者注

George Allen and Unwin, 1949), 449. Geoffrey Parker, *The Military Revolution: Military Innovation and the Rise of the West, 1500–1800* (Cambridge: Cambridge University Press, 1989), 100。该书援引博克瑟（Boxer）的观点，称唐斯战斗是纵列队形在欧洲水域的首次应用。但博克瑟很清楚，荷兰人在敦刻尔克使用过这种队形。

20. Corbett, *Fighting Instructions*, 95; Tunstall, *Naval Warfare*, 19. 关于战斗指令，见 Gardiner, *First Dutch War*, 4:262–273; 着重号系本书作者所加。

21. Gardiner, *First Dutch War*, 4:216. 地中海分舰队幸存的舰只于 5 月份返抵英国。

22. Gardiner, *First Dutch War*, 4:296, 299–302, 317–318.

23. 这一记载主要源于特龙普和其他相关人物，载于 Gardiner, ibid., 5:21–24, 82–85，及 Clowes, *Royal Navy*, 2:186–189。风向和航向均为概略描述。风通常来自北方，间或来自西北和东北。

24. Tunstall, *Naval Warfare*, 19–21. Gardiner, *First Dutch War*, 5:83–84.

25. 例如，“加伯德浅滩附近的胜利是决定性的”。Capp, *Cromwell's Navy*, 82.

26. 具体细节见 Clowes, *Royal Navy*, 2:193–200; Tunstall, *Naval Warfare*, 20–21。

27. 关于克伦威尔的政策，见 Capp, *Cromwell's Navy*, 85–114。

28. Richmond, *Navy as an Instrument of Policy*, 140–149.

29. 荷兰拥有 5 个独立领导机构的海军体系，见 Bruijn, *Dutch Navy*, 29–39, 75–82。

30. 关于特龙普的线式战术，见 Gardiner, *First Dutch War*, 5:20; Bruijn, *Dutch Navy*, 71–72。德吉什语引用于 Corbett, *Fighting Instructions*, 118–119。

31. Tunstall, *Naval Warfare*, 36.

32. Ibid.

33. Corbett, *Fighting Instructions*, 122–128.

34. Weigley, *Age of Battles*, 145–147.

35. Corbett, *Fighting Instructions*, 134–135. Tunstall, *Naval Warfare*, 23–24.

36. Tunstall, *Naval Warfare*, 22.

37. *The Journal of Edward Mountagu, First Earl of Sandwich: Admiral and General at Sea, 1659–1665*, ed. R. C. Anderson (Greenwich: Navy Records Society, 1929), 222.

38. Ibid.,224–229;F. R.Harris, *The Life of Edward Mountagu, K.G., First Earl of Sandwich, 1625–1672*, 2 vols. (London: John Murray, 1912), 1:298–309.

39. Corbett, *Fighting Instructions*, 115; Clowes, *Royal Navy*, 2:265; Richard Ollard, *Pepys: A Biography* (New York: Holt, Rinehart and Winston, 1974), 138.

40. Corbett, *Fighting Instructions*, 134–135. Tunstall, *Naval Warfare*, 23, 书中质疑任何此种派别分歧的存在。

41. Richmond, *Navy as an Instrument of Policy*, 160–162.

42. 引用于 Mahan, *Influence of Sea Power upon History*, 130。

43. Clowes, *Royal Navy*, 2:268–277; Mahan, *Influence of Sea

Power upon History, 117–26.George Edinger, *Rupert of the Rhine: The Pirate Prince* (London: Hutchinson, 1936), 247.

44. Corbett, *Fighting Instructions*, 129–130.

45. Ibid., 130n. Tunstall, *Naval Warfare*, 26.

46. Corbett, *Fighting Instructions*, 146–149. 科比特认为这些指令发布于1672年。滕斯托尔和其他人则确信这些指令发布于1666年，圣詹姆斯日战斗前不久。Tunstall, *Naval Warfare*, 29–30n.

47. Clowes, *Royal Navy*, 2:281–283; P. Blok, *The Life of Admiral de Ruyter* (London: Ernest Benn, 1933), 238–251, 书中谈到了德勒伊特对特龙普行动的愤怒。

48. Ollard, *Pepys*, 155, 159, 158–162; Clowes, *Royal Navy*, 2:286–289; Richmond, *Navy as an Instrument of Policy*, 163–167.

49. Bruijn, *Dutch Navy*, 87–88; Clowes, *Royal Navy*, 2:288–296; Ollard, *Pepys*, 158–170.

50. Richmond, *Navy as an Instrument of Policy*, 168–170; Ollard, *Pepys*, 206–207.

51. Clowes, *Royal Navy*, 2:441–444; Ollard, Pepys, 206.

52. 见Carl J. Ekberg, *The Failure of Louis XIV's Dutch War* (Chapel Hill: University of North Carolina Press, 1979), 171–172。

53. Bruijn, *Dutch Navy*, 88–89.

54. Tunstall, *Naval Warfare*, 32; Corbett, *Fighting Instructions*, 146–148.

55. Clowes, *Royal Navy*, 322, 根据书中所述，路易十四将埃斯特雷投入巴士底狱两年。另见Trout, *Jean-Baptiste Colbert* (Boston: Twayne,

1978), 146; Ekberg, *Failure of Louis XIV's Dutch War*, 163–168。科尔贝劝说埃斯特雷"改变行事风格"。Inès Murat, *Colbert* (Charlottesville: University Press of Virginia, 1984), 177. 多国行动之难，涉及各个军种，并非海军独有。例如，北约就一直努力为其陆、海、空军部队提供通用的条令、通信方式和装备。

56. Mahan, *Influence of Sea Power upon History*, 116. Reynolds, *Command of the Sea*, 182.

57. Weigley, *Age of Battles*, 145–147. 拉乌尔·卡斯泰是最早将18世纪海战无法达成决定性战果归因于上个世纪末期海军发展情况的人之一。见 Castex, *Les idées militaires de la marine du XVIIIme siècle: de Ruyter à Suffren* (Paris: L. Fournier, 1911), 9–28。

58. Tunstall, *Naval Warfare*, 19. 关于三人简历，见 Geoffrey Ridsdill Smith and Margaret Toynbee, *Leaders of the Civil Wars*, 1642–1648 (Kineton: Roundwood, 1977), 1–2, 16–17, 42–43。

59. 有关战术演进情况，见 Hans Delbrück, *History of the Art of Warfare*, vol. 3: *The Dawn of Modern Warfare*, trans. Walter J. Renfroe, Jr. (Lincoln: University of Nebraska Press, 1990), 269–285。另见 David Chandler, *Marlborough as Military Commander*, 91–93; Chandler, *The Campaigns of Napoleon* (New York: Macmillan, 1966), 344–350; Gunther E. Rothenberg, *The Art of Warfare in the Age of Napoleon* (London: B. T. Batsford, 1977), 67–70。

60. 利德尔·哈特语，引用于 Robert Debs Heinl Jr., *Dictionary of Military and Naval Quotations* (Annapolis: United States Naval Institute, 1966), 208。

61. Colin S. Gray, *The Leverage of Sea Power: The Strategic Advantage of Navies in War* (New York: Free Press, 1992). 1927 年，霍兰·罗斯（J. Holland Rose）在其著作中推进了这一观点，即问题更多地是由于战争的本质，而不是战术或战略因素所致。Rose, *The Indecisiveness of Modern War and Other Essays*, reprint ed. (Port Washington, N.Y.: Kennikat, 1968), 1–28.

62. Weigley, *Age of Battles*, 132. Bruijn, *Dutch Navy*, 40, 218.

63. 对史密斯著作的节选载于 Penn, *Sir William Penn*, 1:541–547。

第三章

启蒙之初

At the Dawn of the Enlightenment

1674年2月签订的《威斯特敏斯特条约》（Treaty of Westminster）结束了第三次英荷战争，但直到两年之后，英国与荷兰之间的长期海上斗争才有了一个具有标志性意义的终结。尽管英国撤出了战争，荷兰及其瑞典、西班牙和神圣罗马帝国的盟友们仍在与法国作战。在西西里岛附近海域的一系列海战中，荷西联军与法国的地中海分舰队展开对决。1676年1月8日，德勒伊特与亚伯拉罕·迪凯纳（Abraham Duquesne）指挥的力量占优的法国舰队，在墨西拿（Messina）西北第勒尼安海（Tyrrhenian Sea）利帕里群岛（Lipari Islands）的斯特龙博利岛（Stromboli）附近打了一场十分成功的防御战。3个月之后的4月22日，双方舰队在西西里岛东岸奥古斯塔（Augusta）海域再次相遇。恶战持续了16个小时，直到晚10时才宣告结束，迪凯纳的29艘战舰击溃了荷西舰队的27艘战舰。迪凯纳未能消灭敌舰队，不过德勒伊特在战斗中受了致命伤。遭重创的荷西舰队进入巴勒莫（Palermo）港寻求庇护，但6月12日迪凯纳终于获得完胜，击沉或焚毁10艘敌舰，几乎歼灭了在港内锚泊的敌舰队。[1]

随着德勒伊特的离世和荷兰地中海舰队被迪凯纳全歼，已经对欧洲大陆力量平衡构成威胁的法国，又成了英国的海上对手。法国海军国务大臣让-巴蒂斯特·科尔贝在给迪凯纳的信中写道："国王陛下终于满意地看到了对迄今为止一直享有海上优势的荷兰人的胜利。”[2] 法王路易后来对英国奉行的政策和阴谋导致英法之间敌意日深，并引发了一场旷日持久的斗争，直到 1815 年拿破仑一世在滑铁卢战败才告结束。

迪凯纳在地中海的胜利既标志着法国海军的成熟，也标志着法国海上强国统筹政策的巅峰。路易十四统治着欧洲最集权、最现代化的民族国家，部署了欧洲大陆最先进、最有战斗力的陆军。“太阳王”——至少是一时的——想要一支能与之相匹配的海军。

科尔贝是推动法国海上力量建设的核心人物。科尔贝年轻时曾得到红衣主教朱尔·马萨林（Cardinal Jules Mazarin）的指导。红衣主教去世后，科尔贝先是成为国王的顾问，后又从 1662 年至 1683 年去世一直担任财政总监，从 1669 年起担任海军国务大臣。科尔贝坚信，法国要想成为欧洲强国，或至少，国王的财政总监要想确保国王的财力，法国就必须成为一个繁荣的海上强国。

科尔贝直观地抓住了马汉在三个世纪之后定义的广义海权的要素。他把贸易视为国民收入的动力，把殖民地视为财富的源泉，把商船队视为一个越洋帝国的必需品，把海军视为国家政策的工具。作为一个优秀的重商主义者，他也能理解这些要素之间的相互联系。

科尔贝实施了一项全面的国家计划，旨在使法国成为一个令人敬畏的海上强国。他在布雷斯特（Brest）、罗什福尔（Rochefort）和土伦建设了由现代化防御工事保护的大型海军基地，创建了 3 所海军院校，改善了其他港口的设施，指导编写了海事和海军密码。他指示加强法国在北美和加勒比的殖民地。1666 年，他向印度洋派出法国海军分舰队。1670年和1671年，法国在马拉巴尔海岸攫取了永久基地；1686年又占领了马达加斯加（Madagascar）。1661年，法国海军只有18艘战舰，到1683年科尔贝去世时，已拥有276艘。[3]

尽管科尔贝主导着法国的海军政策，但负责在奥格斯堡联盟战争（War of the League of Augsburg）前夜将舰队打造成战斗工具的则是图维尔伯爵（Comte de Tourville）阿内-伊拉里翁·德科唐坦（Anne-Hilarion de Cotentin）。1689年，担任勒旺（Levant）舰队司令的图维尔海军中将47岁，是一位资深海军军官。他作为舰长参加过索尔湾战斗，在迪凯纳麾下参加过奥古斯塔和巴勒莫战斗，此外还参加过打击阿尔及尔（Algiers）和的黎波里（Tripoli）的柏柏里海盗的行动。滕斯托尔这样写道，图维尔"对法国海军的贡献，最终也是对所有海军的贡献，可与让·马蒂内（Jean Martinet）对陆军的贡献比肩"。在短短几年的时间里，图维尔仅凭一己之力，把法国的海军作战理论提升到远远超过英国海军的水平。[4]

1689年5月，图维尔向其舰队各级指挥官印发了航行和《战斗指令》。这些指令在战术上并无多少新的突破。图维尔完全接受了英国的战列线理念，将舰队分为前卫分队、中央分队和后卫分队。预先约定的指令和为数不多的简单信号仍是战时控制舰队的主要手段。但图维尔的指令是当时最为全面的。一个显著的进步是详尽的航行队形安排，旨在当风向改变或敌人突然出现在意想不到的方位时，大型舰队在转向后能迅速从航行队形调整为线式战斗序列。在后来的90年里，英国航行指令的全面性一直无法望其项背。[5]

1689年和1690年，图维尔继续颁发修订过的更为详尽的指令。滕斯托尔将1690年指令手册的一个版本描述为便于使用的"有拇指索引的口袋书”。这些指令包含了更加具体的航行指导，将舰船数量过百的舰队编成 3 个或 6 个纵队，附有航行中队形示意图，以及附加的视觉信号。[6]

科尔贝和图维尔的努力使 17 世纪末的法国海军成为一支强大的力量。英国海军历史学家威廉·莱尔德·克洛斯（William Laird Clowes）写道：

> （到 1869 年时，）年轻的法国海军的发展程度不仅是空前的，在未来的很多年内也是绝后的。科尔贝以其睿智与活力造就了一支辉煌的舰队，在数量上与英国和荷兰舰队的总和旗鼓相当，甚或更强。官兵们在当时最好的学校里学习作战经验，他们时而与荷兰联手对抗英国，时而又与英国联手对抗荷兰。[7]

从第三次英荷战争结束到 1688 年奥格斯堡联盟战争爆发，英国海军也得到稳步发展。后两次英荷战争的失利促使查理和议会采取了大规模的海军扩充计划。常被认为是英国海军管理之父的非凡的塞缪尔·佩皮斯（Samuel Pepys）继续推行改革。他努力推动了 1677 年法案的通过，该法案为舰队增加了 30 艘战舰，这些强大的战舰被设计成以线式战列作战，并因此得名“战列舰”。尽管 1660—1688 年间英国海军舰船数量的增加看起来有些微不足道，但新舰的吨位更大、装备更强，编制人员也更多。[8]

战术与条令的创新也得以继续，但步伐缓慢。荷兰战争的结束以及英国海军表面上的战术优势，使得对继续改进条令的需求显得不再迫切。一些指挥官，如1678年率领舰队进入地中海的约翰·纳伯勒（John Narbrough）爵士，以及1688年指挥舰队准备阻止奥兰治的威廉登陆英国的达特茅斯勋爵（Lord Dartmouth）乔治，分别颁发了现有指令条款的个人修订版。[9]

英国的政治动荡对战术发展也没有任何帮助。1673年，创新改革的推手、间或担任海军总司令的约克公爵因议会通过旨在将天主教徒逐出政府机构的《审查法案》而辞职。国王和议会之间的紧张关系仍在继续，前者试图确保詹姆斯继承王位，而后者则试图阻止。1685年2月查理去世，詹姆斯二世（James II）开始其短暂统治。1687年9月30日，奥兰治的威廉接受了从天主教国王的暴政中拯救英国的请求。11月初，威廉率1.4万人从托贝（Torbay）登陆。从海军的角度看，深秋时节实施跨海峡作战风险极大。事实上，威廉的首次尝试就因天气恶劣而告失败。正如理查德·奥拉德（Richard Ollard）在其佩皮斯传记中所言："在11月份实施海峡战役的想法就像在1月份收割干草一样不可思议。"然而，出其不意的成分，好天气，以及英国海军对新教一边倒的同情，使威廉很快实现了自1066年征服者威廉（William the Conqueror）之后对英国的第一次成功入侵。丧失政治控制权的詹姆斯逃到法国，接受了路易十四的保护。威廉于12月中旬进入伦敦，并于次年1月与其妻詹姆斯之女玛丽共同接受加冕。3月，詹姆斯在法国海军的支持下在爱尔兰登陆，开始挑唆岛内暴动，并取得了一些成效。5月7日，英国与法国开战。[10]

尽管政治混乱，英国海军还是以可以接受的状态开始了后来被称为"奥格斯堡联盟"的战争。但是，由于王位上坐的是新君主，管理政府督导海军的是新部长，坐镇旗舰的是新统帅，整个海军尚未对另一场旷日持久的斗争做好心理准备。缺乏持续的战术和条令创新昭示了英国海军的委顿。舰队以过时的航行和战斗指令开始了战争。1690 年 7 月，英国主力舰队在比奇角（Beachy Head）打响第一场大战，使用的是约克公爵 1672 年或 1673 年颁布的指令条款。[11]

※ ※ ※

即使有科尔贝的努力，法国也同样没有做好战争准备。舰只数量减少，人手不足。舰队主力没有集中在大西洋，而是一直在地中海与柏柏里海盗作战。[12]

路易一面在欧洲大陆的低地国家和莱茵河（Rhine）沿岸作战，一面在海上与英国和荷兰作战，因而采取了一种颇为复杂的战略，其中，通过联盟关系和共同君主与荷兰联系在一起的英国居于核心地位。法国的战略包括支持詹姆斯将爱尔兰完全剥离英国统治的努力，在英吉利海峡部署一支强大的舰队以击败英荷联合舰队，以及从陆上进攻荷兰。最终，路易希望入侵英国。

法国的战略不无道理，但至少存在两方面的问题，正是这两方面的问题在一个世纪之前毁掉了腓力的宏大愿景。首先，法国的计划缺乏对海军任务的明确界定。舰队是该寻歼英荷舰队，还是仅为确保对爱尔兰作战的成功而进行必要的战斗？换言之，夺取英吉利海峡的控制权为入侵英国做准备，是主要目标吗？其次，由于该战略涉及在爱尔兰、荷兰、英吉利海峡、比斯开湾（Bay of Biscay）和地中海的陆海兵力协同，有效的战役级指挥控制就成了问题。[13]

英国不仅在法国面临着更为强劲的挑战，其所处的战略形势也比对荷战争时复杂得多。法国既不像荷兰那么便于封锁，也不那么依赖海上贸易。与荷兰结盟的英国也陷入了战略困局。赫伯特·里士满（Herbert Richmond）爵士指出：

> 这场战争最为突出的重要性在于，英国是首次在与欧洲大陆国家结盟的情况下参战，政治家们都面临着一个在下个世纪的战争中还将反复出现的问题：英国作为一个海权国家，可以通过两种途径给盟友以最好的帮助——在陆上加强其陆军的力量，或在海上和海外削弱其对手的资源……这就催生了两种不同的理论派别，即“大陆派”和“海洋派”。[14]

鉴于国王威廉与其祖国荷兰的关系，他更像是一个大陆主义者而不是一个海洋主义者。国王在战争中并未忽视海军。他支持在大西洋和地中海针对法国海军和贸易采取的主动行动。但现实情况是，威廉和玛丽没有多少战略选择。战争初期，盟国的战略是防御性和反应性的。保卫荷兰免遭法国入侵以及挫败詹姆斯在爱尔兰的军队最为重要。但随着战争的发展，盟军占据了主动，批评家们可以明显感到，威廉更倾向于陆军而不是海军。[15]

1689 年的海军战役未见决定性胜利。盟国没能阻止法国舰队在布雷斯特集结。法国在爱尔兰支持詹姆斯，但也无法阻止英国增援其驻军。路易发起了一场打击盟国商业的袭船战（Guerre de Curse），这占用了其部分海军力量。但为应对贸易受到的威胁，盟国也分散了自己的海军舰船。1689年5月，双方的主力舰队在班特里湾（Bantry Bay）展开仅有的一次交战。从战术角度讲，此战没有决定性结果。法国人宣称取得了胜利，因为他们不仅未被击败，还将增援詹姆斯的部队和补给品输送上陆。没有吃亏的英国人同样也对自己的表现持肯定的看法。威廉国王加封他的指挥官海军上将阿瑟·赫伯特（Arthur Herbert）爵士为托灵顿伯爵（Earl of Torrington）。[16]

1690年春季战役开始时，法国人占有主动。6月，图维尔率领不少于75艘舰船离开布雷斯特。托灵顿的英荷舰队数量不足60艘。这位英国海军将领提出了一项拖延战略，他辩称，只要英军保有一支"存在舰队"（Fleet in Being），法国人就不敢入侵，然而，如果他冒险交战招致舰队被毁，法国人就大可恣意妄为了。但在一次作战会议上，玛丽女王命令托灵顿出海进攻法国舰队。[17]

6月30日，双方舰队展开比奇角战斗。法国77艘战舰与英荷联军56艘战舰在佩文西（Pevensey）以南的海峡水域激战8小时。托灵顿小心翼翼地应战，努力阻止队形较长的法国舰队压住盟军战列线的任何一端。担任前卫分队的荷兰战舰首当其冲投入战斗。稍晚时分，荷兰分队被法国前卫和中央分队两面夹击，面临遭全歼的危险。但此时风忽然停了。托灵顿发信号传令舰队抛锚，并指示派船将盟友的战舰拖回编队。图维尔未能及时看清事态发展，法国舰队还没来得及下锚就漂出了射程，与敌失去接触。当夜，托灵顿撤出战斗，为防止被俘而焚烧了几艘舰船，使英军损失总量上升至8艘到9艘。[18]

对英国人来说幸运的是，图维尔并没有乘胜扩大战果。战斗结束时，法军不但一舰未失，而且在图维尔看来还状态甚好，继续能战。法军只是不紧不慢地追赶了一阵英国舰队，然后转入海峡巡航，但收效甚微。

比奇角一战，图维尔展示了在战斗中控制舰队作战的技能，但也暴露出作为操盘手和战略家的不足。与18世纪的许多指挥官一样，他缺乏杀手的本能，只满足于打败英国人。[19] 沮丧至极的法国海军大臣指斥图维尔"瞻前顾后，徒有其勇"[20]。法国舰队在未能充分利用胜利成果的情况下返回布雷斯特，英国则继续在爱尔兰加强其部队，并在博因（Boyne）一战中击败詹姆斯。

比奇角之败促使英国指挥官们重新审视他们的作战条令。海军部颁发了经过修订的指令，内容有27条。滕斯托尔认为新指令非常值得关注，主要有两方面的原因。首先，新指令是海军部而不是某个指挥官发布的，因而更为正式，在一定意义上也更具约束力。其次，新指令更多地通过简单的信号系统传达指挥官指示，因而无需部属做太多的理论解读。[21]

尽管如此，海军部的航行和战斗指令仍然是半官方性质的。1691年，接替托灵顿担任英荷联合舰队指挥官的爱德华·拉塞尔（Edward Russell）海军上将自行颁发了一组30条的修订版指令。科比特认为这组指令可能是托灵顿拟制的，之前的指令也是，因为拉塞尔相对而言经验不足。科比特补充道："更可悲的是无法肯定这一点，因为此版《战斗指令》……必将成为18世纪战术的主导因素。"[22]

拉塞尔发布的指令清楚地显示出舰队作战指挥日趋集中化的程度。在30条指令所对应的行动中，有24项需要以视觉信号启动。

只有第 18 条——“如果舰队占据了敌人的上风位，而且已经展开为战列线，那么舰队的前卫分队就应跟随敌方前卫分队航行，并与之交战”——允许部属自主采取有限的行动。

尽管指令进一步将控制权集中于舰队指挥官之手，但行使这一控制的手段依然极其有限。30 条指令中，指挥官能用信号启动整个舰队或具体分队机动的仅有 6 条。命令与决意保持距离之敌开战的信号只有两个，其中一个适用于舰队，另一个适用于分队。命令对战败“脱逃”之敌实施全面追击的信号只有一个。

新指令愈发降低了开战的可能性。集中指挥使得部属无法发挥主动，抓住可能出现的机会。与此同时，负责控制舰队的指挥官又没有多少手段来指挥部队。值得注意的是，新指令中没有一条与约克公爵 1672 年颁布生效的命令相似的条文，即“分割敌舰队”。[23] 正如科比特所指出的，如果修订版指令是“18 世纪战术的主导因素”，那么英国海军即将进入的就是一个被教条主义所束缚的世纪。但这样的观点并不能解释为什么英国海军会采用这样的限制性原则。有太多热衷于围绕线式战术的缺陷来解读 18 世纪作战理论发展的历史学家，包括科比特甚至滕斯托尔在内，都忽视了那一时期的行动和战斗对英国指挥官的影响。

总体来看，托灵顿的“存在舰队”战略与比奇角战斗后颁布的《战斗指令》，标志着英国的基本作战原则转向防御。1690 年和 1691 年版指令并不意味着一位海军将领试图约束部属或防止决战；而是反映出一位焦虑统帅的防守心态。女王最终迫使托灵顿不情愿地出海作战。他手下的英荷联军在数量上和火力上远逊于图维尔指挥的法国舰队。对托灵顿和拉塞尔来说，确保劣势舰队的生存力和凝聚力，而不是去追求什么决胜，才是条令建设的要义。

英荷战争以及奥格斯堡联盟战争的历史展示了战略与战术的相互塑造。当然，17 世纪后期的哲学概念确实影响了一些海军军官的思想，而且在制定战略时必须要考虑战术和技术的现实，在这一点上古今概莫能外。但战术与战略的关系是双向的。在对荷战争时期，英国奉行进攻性的海军战略（1667 年春季战役时德勒伊特进入梅德韦河那次除外），寻求摧毁敌方舰队，因此制定了咄咄逼人的战术和条令。而在奥格斯堡联盟战争中，英国被迫采取了防御性战略并相应制定出更具防御性的战术原则。一支奉行托灵顿“存在舰队”战略的海军部队，为什么要去追求审慎的、防御的、求存的战术原则以外的东西？

※　※　※

虽然英国和荷兰在战争的最初两年都遭到沉重打击，但 1691 年新的战季开始时，两国固有的海上优势开始变得明显，一种更具进攻性的战略的前景初露端倪。英荷舰队加起来仍有百余艘战舰。法国人则没有跟上。路易十四对海军事务越来越缺乏热情，而科尔贝的继任者们也缺乏前任的远见、决心和管理技能。[24] 图维尔的舰队仅有 72 艘舰船，比在比奇角时减少了 5 艘。

面对战略形势的变化，图维尔以其著名的“远海战役”（Campagne au Large）作出回应。他集结舰队开赴英吉利海峡入口攻击英荷航运。拉塞尔的舰队赶去拦截，但在他接近时，图维尔却转向大西洋，引诱盟军追击同时又避免交战。在盟军主力舰队近两个月无暇他顾的情况下，法国私掠船趁机在英吉利海峡抢劫英国和荷兰商船。图维尔的策略虽很明智，却不符合路易的战争风格。路易的陆军不断遂行作战、围困和其他具有可实现和可辨识目标的行动。海军的支持者很难向国王解释图维尔的"远海战役"带来的收益。[25]

路易渴望胜利，1692 年春他确信决胜的时机已经到来。在听信了詹姆斯二世关于英国舰队政治上有所不满、倾向于支持斯图亚特王室的说法后，路易决定入侵英国。他亲自秘密制订了总体计划。4 月，路易命令土伦分舰队前往布雷斯特与主力舰队会合。此后，图维尔将率各分舰队赶在盟军出海集结前进入英吉利海峡，一旦盟军舰队现身就将其击败，继而与集结于瑟堡（Cherbourg）附近的陆军运输船队会合，护卫船队渡过海峡。[26]

路易十四入侵英国的战略计划在凡尔赛（Versailles）看上去很完美。人们可以想象"太阳王"俯身于地图前，在脑海中——如果不是在某块图板上——调遣着他的小舰队和陆军部队。但路易的计划与腓力的"英国方略"一样，没有考虑克劳塞维茨所称的"阻力"。如果英荷两国舰队会合于法国舰队进入海峡之前，图维尔该当如何？法国人还要进攻吗？舰队驶离布雷斯特之后，一心想在凡尔赛指挥作战的路易，该如何与图维尔联系？

根据马汉重述的关于这场战斗的早期记载，图维尔出航时，"国王严令，一旦遇敌，不管多寡，无论如何，必须交战"。但克洛斯在其英国海军历史著述中断言，有关路易命令的说法"没有根据"。[27] 后来的研究显示，两种记叙都是准确的。起初，路易确实命令图维尔与占优势的盟军冒险一战。路易写道："《指令》系吾旨意，务必遵照执行。”但在得知有关英国海军不满的传言并不属实，以及英荷舰队要么已经会合要么即将会合之后，路易又下达了新的命令。不过，对法国人来说不幸的是，更正后的命令未能在图维尔离开布雷斯特前送达，前去警告图维尔英荷舰队正在逼近的几艘快船也未能赶上。[28]

尽管命令要求4月份出发，但图维尔又多等了土伦分舰队一个星期，5月2日才从布雷斯特起航。恶劣天气迟滞了来自地中海的18艘舰船，其中的16艘直到月中才赶到布雷斯特。5月12日，图维尔率领44艘战舰进入英吉利海峡，向东朝着科唐坦半岛（Cotentin peninsula）缓慢航行。5月19日清晨时分，英国侦察兵力在巴夫勒尔角（Cape Barfleur）海域发现法国舰队。本有避战可能的图维尔，一则因占据着上风位，二则因国王有令，选择冒险交战。英荷舰队计有99艘战舰。[29]

双方激战了一整天。尽管数量处于劣势，但图维尔指挥有方，盟军始终不能对法军前卫或后卫分队形成有效夹攻。法军虽努力避免了失败，但在这场一边倒的战斗中却毫无胜算。傍晚时分，法军开始撤出。双方都一舰未失。

对图维尔来说不幸的是，英荷舰队依旧状态良好、队形齐整，并且紧追不舍。由于瑟堡无法为法国舰队提供庇护，图维尔只得向西而去，希望能平安驶过科唐坦半岛前往圣马洛（St. Malo）。法军大部分舰只通过了奥尔德尼岛与科唐坦半岛西北端之间危险的奥尔德尼水道（Race of Alderney），但有15艘战舰未能在退潮之前通过。3艘搁浅法舰被舰员自行摧毁。其余12艘被困在阿格角（Cape La Hogue）背风处，很快就被盟军舰队包围。1692年5月23日，海军中将乔治·鲁克（George Rooke）率舰上小艇和纵火船攻击并全部摧毁了这12艘法舰。[30]

此败是对法国人的沉重一击。损失的15艘战舰中武备最弱的也有60门火炮。尽管到1693年春，他们努力重建了各分舰队，但英法两国的下一次舰队大战将是10年以后的事。此后，法国战略的地缘重点转向了地中海，指导思想转向了袭船战。[31]

指挥控制是巴夫勒尔角和阿格角战斗法军失败和盟军胜利的关键因素。在战略层面，路易执意要在凡尔赛规划和指挥整个行动，将图维尔数量严重居于弱势的舰队推向了险境。路易对海战的理解有限，指挥舰队如同指挥陆军。陆上长途行军也可能会削弱部队，但天气因素几乎不会给其造成致使土伦分舰队无法按时与主力舰队在布雷斯特会合那样的3个星期延误。路易给图维尔的命令太过严苛，使得这位对海上风云变幻和海战实际情况更加熟稔的舰队指挥官几乎没有选择的余地。而且，在国王意识到其计划所依据的两个关键假设并不准确时，也没能向已在英吉利海峡的图维尔传达新的指令。凭借完善的条令和战术，图维尔得以在非常不利的情况下控制舰队，几乎避免了灾难。逃出两倍之敌的重围又不失一舰，是个非常了不起的成就。同样，尽管英军严苛的战术原则（再加上下风位）使“决战决胜”几无可能，却仍能让拉塞尔在巴夫勒尔角战斗之后保持舰队的战斗序列，进而实施有序追击，并充分利用图维尔在阿格角的困境。

※　※　※

巴夫勒尔角战斗之后，留任法国主力舰队统帅的图维尔勉力重建百孔千疮的部队，并继续修订其战斗指令。1693 年的《皇家军用舰船通用信号》(*Signaux Généraux pour les Vaisseaux de l'Armée du Roy*）有超过 200 条指令条文。滕斯托尔称该指令“战术上有限、审慎、平庸”，但就全面性而言，是“迄今为止最详尽的，包含当时已出现的所有信号”。图维尔的指令列出了 27 种迎风航行信号、21 种不同的战斗序列，以及 11 种追击信号。这位将军甚至还在旗舰上配备了一台印刷机，可随时印发格式清晰的修订指令和最新的作战命令。[32] 图维尔的指令表现“审慎”并不奇怪。考虑到前一年所发生的情况，这位法国指挥官就像托灵顿在比奇角战斗之后那样，发现自己在战略上已处于守势，因而更关注舰队的存亡，而不是给占优势的英荷舰队致命一击。

图维尔当然没有放弃进攻。1693 年 5 月，图维尔率领一支经重组的法国舰队，约 90 艘战舰，拦截一支有 400 艘商船、驶往地中海并有严密护航的“士麦那”(Smyrna）运输队。法军完胜乔治・鲁克爵士的 20 艘英荷护航舰船，俘获 2 艘荷兰战列舰及 90 余艘商船，再加上货物，总价值超过 100 万英镑。[33]“士麦那船队灾难”是图维尔对阿格角之败的复仇，也是奥格斯堡联盟战争的最后一次重大海战。

※ ※ ※

即使在 1697 年 9 月《里斯维克和约》(Treaty of Ryswick) 签订、战争结束之前，图维尔还在设法提升法国海军的效能。他指示耶稣会教士保罗·霍斯特（Paul Hoste）写一本海战专著。霍斯特曾作为随军牧师在对荷战争中服役于法军旗舰，亲眼看见过许多当时最宏大的海战，包括第二次和第三次英荷战争以及奥格斯堡联盟战争中的许多战斗。

1697 年，霍斯特发表了《海军编队艺术——论海上机动》(*L'Art des armées navales ou traité des evolutions navales*)。他着眼过去半个世纪的历史教训，立足自我思考并借鉴德埃斯特雷和图维尔等法军高级将领的经验，对海战进行了全面的阐述。霍斯特的著作论述了英国、荷兰、西班牙和法国舰队战术的进步，定义了海军术语，讨论了他所认为的海战原则。这部图文并茂的文集涵盖了航行与战斗队形、作战命令、舰队组织、运动、锚泊以及包括夹击和突破敌方战列线在内的多种战法。霍斯特不仅提倡纵队战术，还主张仅限于重装战舰，也就是后来所称的战列舰组成战列线。他坚持认为，小型舰船只会削弱而不是加强编队。他还论述了上风位与下风位的优劣。霍斯特与英国人看法一致，将上风位视为作战优势，这与后一个世纪的大部分法国指挥官观点相左。他还指出了当时信号系统的缺陷，并在书后给出了自己的信号方案。不过，尽管他提出的方案远比当时法国和英国的体系详尽，但并不实用。[34]

尽管霍斯特的著作没有多少革命性的内容，却是当时关于现代化海战的首部专著。彼时，包括军事专家在内的其他学者正开始将科学原理和启蒙思想应用于世界上的复杂问题。霍斯特是理性主义典范：耶稣会的培训、将历史与个人经验和观察相结合，以及科学方法的运用。霍斯特是法国人，正如卡尔·贝克尔（Carl L. Becker）所指出，尽管启蒙是一个国际运动，但法国是“母国，巴黎是首都”。霍斯特不仅是一位牧师，也是土伦海军学院的数学教授。事实上，大约在其海战专著问世的同时，他还发表了《船舶建造理论》（*Théorie de la construction des vaisseaux*），成为发展船舶建造理论的早期科学探索者之一。贝克尔还将启蒙运动的世界描述成一个“脱离了野蛮状态的文明有序的国度”。同样，滕斯托尔在他的著作写道，霍斯特指出：“没有编队机动，舰队就像是没有知识、没有秩序地蛮干的野人，一切都是率性而为和机缘巧合。”[35]

霍斯特与17世纪的许多学者一样，致力于解决迈克尔·罗伯茨（Michael Roberts）所称的“军事革命”问题。阿扎尔·加特（Azar Gat）在其军事思想研究中指出，这些学者的研究基于“自然法则理论的积淀、新古典主义对艺术规则和原则的探索以及笛卡尔主义，这些东西主导了路易十四治下的法国，强调现实服从于普遍的秩序和对理性的掌握”。[36]

虽然科尔贝的海军管理体系、图维尔的综合性舰队指令以及霍斯特的海战和造船理论专著使法国在海军科学和专业素养方面居于前列，问题依然存在：为什么法国没能成为18世纪卓越的海洋强国？英国在巴夫勒尔角和阿格角的胜利证明了“英国的海军优势”，而不是法国的。[37]尽管指令逊色、专业素质不高、舰船设计不够科学、理论著作缺失，英国海军指挥官们还是赢得了大部分战斗的胜利。直到18世纪末，英国才有人着手摘译霍斯特的专著，英国海军指令在全面性综合性方面仍无法与图维尔比肩，但英国还是一次又一次地赢得胜利。认为英国人运气好未免太过简单，因为，正如老毛奇（Elder Moltke）曾经指出的："从长远看，运气只会垂青于效能。"英国海军无论多么蒙昧，却很高效，至少高效到足以获胜。

※ ※ ※

进入新世纪，英国海军继续展现其对法国海军以及其他较小海军力量的压倒性优势。1702 年 5 月，英国对法宣战，历时 11 年，遍及全欧洲的西班牙王位继承斗争拉开了帷幕。

起初，英国人在海战中并不顺利。1702 年 8 月，7 艘英舰在加勒比海截获 4 艘力量弱得多的法舰，却未能将其消灭。不过，问题并不是出在线式战术上，而是有几名指挥官临阵怯战。英国海军军事法庭判处两名涉案舰长有罪，并予处决。[38]

欧洲水域的主要战役也陷入困境。1702 年 6 月，海军上将乔治·鲁克爵士率领一支由 50 艘船组成的英荷联合舰队，连同搭载 1.4 万名官兵的运输船队，向加的斯进发。8 月，远征军抵达西班牙海岸，部队登陆，却因忙于抢劫强奸而无法占领该城。9 月 16 日，盟军举行作战会议，决定让登陆部队返回船队。鲁克按照最初的指令，派一支分遣队前往加勒比，其余兵力则准备返回英国。[39]

10 月 6 日，沿葡萄牙海岸北上的鲁克——英国海军史上最走运的指挥官之一——获悉有 30 艘法国战舰护送 22 艘西班牙运宝船从加勒比而来，当时正在西葡边界以北的维哥湾（Vigo Bay）。据记载，鲁克决定继续北驶，于 10 月 8 日晨到达维哥湾。侦察显示其猎物比原报告所称要弱小得多，运宝船队躲在狭长海湾的最内端，由锚泊的战舰和岸上的炮台护卫。英国舰队无法全部抵近，但在另一次作战会议上，盟军决定进攻。鲁克将率 15 艘英国战列舰和 10 艘荷兰战列舰以及 10 艘纵火船进入海湾，仍与舰队在一起的陆军部队则负责上岸摧毁炮台。

10 月 12 日，进攻开始。盟军在变幻无常的风中从海上和岸上奋力推进。到傍晚时，法军已有 9 艘战列舰、3 艘护卫舰被焚，其中有些是毁于英荷联军之手，有些则是舰员为防止被俘所为。另有 6 艘战列舰和海湾内 17 艘运宝船中的 11 艘被盟军俘获。剩下的运宝船均遭焚毁。正如朱利安·科比特爵士后来所写："由于手下军官迅速大胆的行动，鲁克赢得了英国海军史上最彻底的胜利之一。"[40]

显然，维哥湾战斗并非纵队战术之胜，但鲁克 1702 年的伊比利亚半岛大西洋沿岸战役还是彰显了英国人对风帆时代指挥控制的战略与战役现实的理解。在 17 世纪下半叶与荷兰和法国的战争中，英国主力舰队一直是在本土附近、伦敦命令可以送达的英吉利海峡作战和巡航，仅在地中海部署过规模不大的分舰队，派往加勒比的分遣队规模更小。在西班牙王位继承战争（War of the Spanish Succession）中，英吉利海峡不再是海上冲突的主要舞台。英荷主力舰队在远离本土的西班牙和葡萄牙沿岸水域行动，以后又到了西地中海。此外，英荷联军和法西部队在大西洋与地中海之间以及加勒比与大西洋之间的调动扮演了重要角色。这种战场间的相互关联在以往的战争中并不存在。

鲁克的指令既考虑了这种全球交互关系，也考虑了远海作战的不可预测性。无敌舰队时的腓力和巴夫勒尔角战斗前的路易都曾试图对军队的行动实施集中控制，但英国的君王们却从不对海上的指挥官发号施令，只是给予指导性而非指令性的原则指示，从而赋予海军将领们巨大的弹性空间和责任。正如马尔伯勒公爵（Duke of Marlborough）约翰·丘吉尔（John Churchill）爵士在给一位将军同僚的信中所写："海军不像陆军那么容易管理。需要加以防范的问题更多，你我都没有资格评判他们。"[41]

战争初期，英国在海上的主要目标是获取一处可靠基地，支持在地中海针对法国土伦的作战行动。鲁克的指令将加的斯列为战役的主要目标，但也包括替代目标，如直布罗陀、维哥和科伦纳（Corunna）。如果无法夺占加的斯，鲁克将派出 6 艘战舰和 2000 人部队前往加勒比。负责监视法国海军兵力的指挥官们，特别是部署于阿申特岛（Ushant）负责监视布雷斯特的英国舰队，在敌人出逃时，可在必要时自行追击，不管是追到直布罗陀还是加勒比海。到 1702 年，海军的战略和行动已经成为全球性战略和行动。

尽管原则指令有利于避免锡多尼亚在英吉利海峡和图维尔在阿格角那样的惨败，但也可能会使不称职或不尽职的指挥官逃避行动。比如，不赞成进攻加的斯计划的鲁克，就很可能未尽全力去夺取该城。同时，他的指令的性质允许他在维哥湾对法国和西班牙舰船采取另外的行动。如果鲁克出航时负有更为具体的命令，就像路易下达给图维尔的那样，加的斯可能早已攻陷了。或者，也可能会让盟军在徒劳中赔上自己的陆军和海军舰队。鉴于鲁克指令的性质，他非常清楚做出决定是他的责任，失败会导致被撤职，甚至可能遭到调查，可能受到军法审判。事实上，维哥湾胜利后，鲁克就被上议院（House of Lords）召去为其在加的斯的行动做出解释。[42]

在 1704 年的海军战役中，英国再次展示了分散式战略和战役指挥控制的优势。基于马尔伯勒公爵的战略视野，盟国的计划构想了深入敌后的戏剧性陆上和海上行动。马尔伯勒将率领陆军进军多瑙河（Danube）——8 月，他将在那里赢得布莱尼姆（Blenheim）之战的伟大胜利。盟军主力舰队将同时进入西地中海，并在可能的情况下，与从萨伏依（Savoy）进入的陆军协力占领土伦。温斯顿·丘吉尔（Winston S. Churchill）这样记叙其辉煌的祖先："（马尔伯勒）自己的眼睛一直紧盯着地中海和意大利前线。在西班牙海岸获取一处良好设防的港口和海军基地，围困土伦的法国舰队，夺取土伦，从南方进入法国作战，从海上支撑欧根（Eugene）和神圣罗马帝国部队，除了要对付最强大的法国陆军，这些都是他的目标。"[43]

科比特指出，尽管重点放在了地中海战场，鲁克的指令是"以最可行的方式制定的。马尔伯勒希望鲁克实施的那部分影响深远的计划并没有被强加给舰队，而只是在可以透露的范围内明白无误地呈现在海军将领们的面前，使他们能清晰地认识自己在大战局中所处的位置。他们的专业水平能让他们在多大程度上回报政府的期待，完全取决于他们自己的判断与忠诚"。鲁克的其他选择还有，在法国舰队出战时与之交战并将其摧毁，夺取加的斯，以及率舰队前往巴塞罗那（Barcelona）努力说服加泰罗尼亚人（Catalans）表态赞同盟国支持的西班牙国王候选人——查理三世（Charles III）。[44]

事态的发展很快超出预期。当萨伏依公爵决定不参与这一庞大的计划时，夺取土伦已无可能。鲁克转而驶向巴塞罗那，但在那里也碰了壁。接着他又得知来自布雷斯特的法国舰队已经进入地中海。鲁克赶往土伦，发现大约 20 艘重型舰船正在舾装，并得到情报称法国舰队正开赴直布罗陀海峡。鲁克追至梅诺卡岛（Minorca）时发现了法国舰队。盟军舰队共有 36 艘英荷舰船，当时已在海上数月。法军有 32 艘战舰。鉴于双方兵力大致相当，鲁克清楚即使胜出也会使其舰队遭到重创，不得不撤出地中海修整装备，而法国还有另外 20 艘新舰在土伦待命。他还清楚，既然法国大西洋舰队已经进入地中海，负责监视布雷斯特的英国指挥官应该也已经派出一支强大的分遣队南下了。鲁克决定不再追赶无意交战的法国舰队，而是转向里斯本。

6 月 16 日，鲁克到达拉古什湾（Lagos Bay）并在那里遇到海军上将克洛迪斯利·肖维尔（Clowdisley Shovell）爵士率领的 23 艘新舰。肖维尔赶到布雷斯特海域时发现法国舰队早已离开，他判断是去了直布罗陀海峡，便率领全军南下寻找鲁克。计划的灵活性与英国海军高级将领的主动性带来了兵力集中的效果，这是 1691 年时路易十四无法企及的。

但目的何在？即便是有了肖维尔的增援，也不能对土伦采取任何行动。在里斯本，鲁克收到伦敦要求夺取加的斯的新命令，但舰队没有运载陆军部队，即使能拿下港口，也无法长期据守。召开作战会议之后，鲁克决定进入海峡沿北非海岸为舰只补充淡水，监视法军，让英国外交人员和葡萄牙官员设法组织起一支陆军部队，等待时机。

7 月 17 日，鲁克在海峡再次召开作战会议，会上盟军指挥官们突然决定突袭据说防卫薄弱的直布罗陀。自克伦威尔时代起，这个具有战略意义的要塞港口就一直是英国感兴趣的目标。鲁克 1702 年的指令已将直布罗陀列为备选目标。或许鲁克及其海陆军将领同僚们在离开里斯本时就有此意。地形环境对计划有利。实际的要塞“巨岩”坐落在一个狭窄半岛的尽头。英荷陆战队员登陆后，即可将其孤立，继而可以舰队炮火削弱之。而且，与加的斯不同的是，一支相对较小的地面部队就能据守直布罗陀，鲁克有能力在岸上部署这些兵力。[45]

突击于 7 月 21 日晨开始。鲁克的 1800 名陆战队员轻而易举地隔绝了要塞。炮击于次日晨开始，一直持续了两天。7 月 24 日，守军指挥官投降。[46] 法国对直布罗陀失陷迅速做出反应，派布雷斯特和土伦联合舰队开赴海峡。鲁克将半数陆战队员召回舰上，于 8 月 13 日在马拉加（Malaga）水域迎战法军。双方舰队势均力敌，51 艘对 51 艘。

整整一天，两支舰队都排成纵列队形相互炮击。法舰炮火较高，射向盟军战舰的桅杆和索具；英荷战舰炮火较低，射向法舰舰体。当天，双方舰队都损失惨重，但都没有沉船。8 月 14 日，两支精疲力竭的舰队都努力修复破损舰只。次日，法军向东驶往土伦。[47]

尽管没有取得决定性的战术成果，但马拉加之战依然重要。法国人打得极其谨慎，他们对避免了另一场维哥湾或阿格角式的惨败颇感欣慰。盟军舰队经过 6 个月的海上奔波已然疲惫不堪，因突击直布罗陀造成弹药不足，而且还有半数陆战队员留在岸上，对能赶走法军保住新的基地也很是兴奋。因此，双方都可以宣称胜利，并把他们的成功归因于非常正规地采用了纵队战术。[48]

当鲁克的舰队离开海峡回国过冬时，法国和西班牙有机会夺回直布罗陀。1705 年春，一支西班牙陆军部队包围了要塞，普安蒂男爵（Baron de Pointis）让–贝尔纳·德斯让斯（Jean-Bernard Desjeans）海军少将率 14 艘法舰封锁了海面。盟军派海军上将约翰·利克（John Leake）爵士率 35 艘英国、荷兰和葡萄牙战舰前去解围。1705 年 3 月 10 日，双方舰队在马尔韦利亚湾（Marbella）相遇。火力明显逊色的法军逃走。英军紧追不放，俘获 3 艘法舰，并将另外两艘法舰拖至岸上焚毁。随后，利克前往直布罗陀解除了围困。[49]

1705 年的战役凸显了英军在地中海行动时没有可靠基地供大型舰队过冬的困境。虽然直布罗陀以后将会成为一个大型设施，但在当时仍只是一个可以设防的小型驻泊点。里斯本距法国的主要基地土伦太远。盟国政治和军事领导人因此认识到他们需要在西地中海拥有一个港口，但土伦看来很难夺取，而西班牙和意大利的港口又很容易遭到法国的攻击。梅诺卡岛的马翁港（Port Mahon）似可作为一个替代方案。[50]

然而，梅诺卡岛并不是 1706 年、1707 年和 1708 年的战役目标。1706 年，盟军舰队主要在加泰罗尼亚（Catalonia）和意大利遂行支援任务。1707 年，盟军舰队围困了土伦，给法国造成很大压力，但期待中的萨伏依人和神圣罗马帝国军队从陆地方向的进攻从未到来。1708 年，盟军舰队进入第勒尼安海应对意大利半岛的动乱。此后，海军上将约翰·利克爵士率部对撒丁岛实施了一次成功的远征行动。

不久之后，随着战季很快接近尾声，舰队主力又将返回里斯本或英国本土，梅诺卡岛成了舰队行动的编外目标。西班牙国王要求舰队留下。利克也理解舰队每年秋季和春季往返颠簸的代价，自从来到地中海后，就一直在考虑占据该岛的可能性。即使远在伦敦的英国政府，也因对到底能否夺取土伦存有疑问，希望利克能对梅诺卡岛发起进攻，并准备提供支援以确保成功，“尽快落实让 16 艘到 20 艘舰只在那里过冬等事宜。”利克无需督促便赶到梅诺卡岛，于 8 月 25 日开始登陆，不到一个月就控制了该岛。[51]

※　※　※

英国——1707 年 5 月 1 日《王位继承法》（Act of Settlement）通过后更准确的国名是大不列颠联合王国①——成了地中海强国，这当然是宏观规划的结果，但与军事行动的远程指挥无关。英国能在如此遥远的水域成功实施战役行动，其范围大大超出了 1588 年阻碍西班牙和 1692 年阻碍法国获胜的距离，这充分显示了风帆时代分散指挥控制方式在战略和战役层面的优势。

但是战术层面呢？马汉曾写道，马拉加之战标志着“从蒙克、德勒伊特和图维尔互得益彰的时代向仅靠航海技能作战的时代退化”[52] 的开端，这是真的吗？这次战斗确实让英国海军与严守战列线和战斗指令的“死手”联姻了吗？

---

① 《王位继承法》1701 年通过；1707 年，根据《联合法案》（Act of Union），1701 年《王位继承法》适用于苏格兰。——编者注

审视马拉加之战不能脱离特定的背景，不能作为一场孤立的战斗来质疑其战术优劣。鉴于双方舰队的大致均势以及英军舰只疲惫不堪、缺少弹药和半数陆战队员留岸的实际情况，鲁克的首要职责是保卫直布罗陀，而不是冒险追求“决胜”。换言之，鲁克在马拉加，如同托灵顿在比奇角，战略上都处于守势，因而不应苛责他在战术上未能采取攻势。历经两年战斗之后，鲁克当然有理由得出肖维尔自1690年起就已经认定的结论：“在海上，如果两支舰队大致势均力敌，只有表现极其出色，才能赢得大胜，因为一支舰队被击败时，另一支通常也已经疲惫不堪了。”[53] 鲁克同样明白，即使全歼敌人舰队——在当时情况下几无可能，也不会立即导致法国的崩溃。

虽然1704年8月24日的行动是西班牙王位继承战争中规模最大的一次有计划海战，但马拉加之战并不是唯一值得注意的海战。维哥湾之战，英国和荷兰海军指挥官展示了其创新精神，摧毁了在设防海湾中锚泊的敌军主力。鲁克毕竟在10年前就指挥了盟军在阿格角的进攻。尽管利克在马尔韦利亚湾的行动算不上是对英国战术的重大考验，但他摒弃战列线追击普安蒂男爵的法国舰队时并未显出丝毫的犹豫。此外，他在到达直布罗陀前向舰队发布的个人指令中，概述了对锚泊中的数量相当的法国舰船实施突击的计划，读来很像是纳尔逊在阿布吉尔湾进攻前的筹谋。[54] 面对无意交战以及一旦开战就急于撤出的对手，发展适用于在海湾中或锚地内消灭敌舰的战斗技能，至少与开阔海域舰队对决战术同等重要，甚或更有意义。

而且，正如滕斯托尔所指出，没有任何证据表明，英国海军高级指挥官在战后很快就感到鲁克的指令或马拉加战斗的示范效应对他们的束缚。1718 年夏，海军上将乔治·宾（George Byng）爵士率领一支 20 艘战列舰组成的舰队进入地中海，威慑或在必要时采取行动阻止西班牙对西西里岛和意大利南部可能的入侵。乔治·宾抵达那不勒斯时发现自己身陷困境：西班牙早已入侵了西西里岛，但尚未对英国宣战，在他的指令中并未对这种可能做出预判。尽管如此，他还是决定寻找并摧毁西班牙舰队，以防其继续入侵意大利本土，并孤立在西西里岛登陆的西班牙部队。马汉这样写道，乔治·宾的所为表现出其“已做好准备承担一种责任，这是一种更谨慎的人可能会退避的责任”。[55]

1718 年 8 月 11 日，双方舰队在西西里岛东南端的帕塞罗角水域相遇。乔治·宾麾下的 20 艘威力强大的战列舰装备精良、人员齐整、指挥得力；居于弱势的 18 艘西班牙战列舰则不然。对乔治·宾而言幸运的是西班牙舰队首先开火，这免去了他发动战争的麻烦。英国舰队以舷侧火力齐射回击，乔治·宾共发出两个信号——交战和全面追击。到当日结束时，乔治·宾手下的舰长们共俘获包括旗舰在内的 6 艘西班牙战列舰，以及 1 艘护卫舰。乔治·宾确信，如果英军舰长们能单独追击，而不是三两成组地与敌交战，他就能赢得更大的胜利。[56] 尽管如此，他的胜利还是让英国及其意大利盟友掌握了主动权。自此，在这场结束于 1720 年 1 月、对其所处时代而言相对短暂的战争中，他们始终占据着主动。

英国在帕塞罗角战斗中轻松取胜，原因正如马汉所指出的，乔治·宾面对的是“一支混乱的部队，无论在数量上还是纪律上都大为逊色”。[57] 但乔治·宾在战略、战役和战术层面都表现出令人赞叹的主动性。他在没有正式宣战的情况下仍然决定进攻。他自己承担了责任，指出“指挥官只能通过召开作战会议，使自己免于承担无意承担之责”。战斗开始之前，他在还不知道对方数量和状况的情况下就以书面形式发出附加指令，宣布他意在“攻击并摧毁西班牙舰船”。[58] 似乎很难将乔治·宾与一个谨小慎微的指挥官或战术“退化”的范例联系起来。

虽然从英军战斗指令的发展来看，1652—1674 年间的作战理论创新远超 1689—1713 年间，但将这两个时期进行比较毫无意义。在英荷战争的 22 年中，交战双方共进行了 13 次重大海战。在对卷入其中的海上强国利益攸关的冲突中，渴望赢得海上胜利的英国和荷兰往往会铤而走险去寻求决定性的一战。在奥格斯堡联盟战争和西班牙王位继承战争的 24 年中，英国和法国只进行过 3 次重大海战。而且，在所有这 3 次战斗中——比奇角、巴夫勒尔角和马拉加——总有一方显然处于守势，他们寻求的是生存，而不是胜利。没有一个指挥官指望通过一次战斗歼灭对方舰队使战争迅速结束。考虑这些战斗的性质及其数量之少，1674 年以后英国战术理论的发展放缓就不足为奇了。

战斗指令并非衡量战术发展的唯一标准。战列线作为一种战斗队形继续得到优化。海军将领们开始在居于中心位置的旗舰前后部署威力强大的舰只，以获得更好的保护和更为集中的火力。与此同时，资历更深、更受信任的舰长指挥的舰只被部署在战列线最重要的端点，编队机动大多始于那里。霍斯特的著作标志着一个海战新纪元的到来，战术开始成为“一门科学”。海军缓慢地进入了启蒙时代。1711 年，英国海军指挥官们开始与通常个性化的附加指令一道，颁发单独的信号手册。[59] 更多地使用视觉信号——尽管仍很原始——标志着海军指挥控制演变的重要一步。对条令感到失望、不愿意信任部属的指挥官们，开始寄希望于一种有可能让他们指挥、实施作战行动，并对战斗进行微观管理的新技术手段。舰队拥有真正可用的信号系统将是半个世纪以后的事，但在走向更加集中化的道路上已经迈出了最初几步，而这最初几步远比乔治·鲁克海军上将发布的战斗指令更为重要。

注 释

1. Blok, *Admiral De Ruyter*, 377–381. 关于这三次战斗，见 Mahan, *Influence of Sea Power upon History*, 160–166; Jacques Mordal, *Vingt-cinq siècles de guerre sur mer* (Paris: Robert Laffont, 1959), 97–99。

2. 该信引用于 Trout, *Colbert*, 147。

3. Mahan, *Influence of Sea Power upon History*, 70–74; Weigley, *Age of Battles*, 155; Tunstall, *Naval Warfare*, 5–6; Reynolds, *Command of the Sea*, 177–178; Murat, *Colbert*, 129–150, 171–196; Trout, *Colbert*, 135–178. 另见 Geoffrey Symcox, *The Crisis of French Sea Power, 1688–1697: From the Guerre D'Escadre to the Guerre de Course* (The Hague: Martinus Nijhoff, 1974)。

4. Mordal, *Vingt-cinq siècles*, 102. Tunstall, *Naval Warfare*, 48. 关

于法国战术，见 Symcox, *Crisis of French Sea Power*, 55–67。

5. Tunstall, *Naval Warfare*, 48.

6. Ibid., 49, 48.

7. Clowes, *Royal Navy*, 2:326.

8. J. R. Tanner, *Samuel Pepys and the Royal Navy* (Cambridge: Cambridge University Press, 1920), 57–79.

9. Corbett, *Fighting Instructions*, 164–172.

10. Ollard, *Pepys*, 300. Clowes, *Royal Navy*, 2:325–326.

11. Tunstall, *Naval Warfare*, 50.

12. Symcox, *Crisis of French Sea Power*, 72–78.

13. Ibid., 88–89. Robin Ranger, "The Anglo-French Wars, 1689–1815," 载于 Colin S. Gray and Roger W. Barnett, eds., *Seapower and Stragy* (Annapolis: Naval Institute Press, 1989), 165。

14. Herbert Richmond, *Statesmen and Sea Power* (Oxford: Clarendon Press, 1946), 61.

15. Ibid., 61–65.

16. Symcox, *Crisis of French Sea Power*, 84.

17. Ibid., 91–93. Richmond, *Navy as an Instrument of Policy*, 215. 威廉当时在爱尔兰。

18. Mordal, *Vingt-cinq siècles*, 103–106; Clowes, *Royal Navy*, 2:333–344; Tunstall, *Naval Warfare*, 53–54; Mahan, *Influence of Sea Power upon History*, 182–184.

19. Richmond, *Navy as an Instrument of Policy*, 218–219, and Mahan, *Influence of Sea Power upon History*, 184–185, 他们都认为，

图维尔未能更充分地利用胜利成果，是其缺乏战略敏锐的明证；一些法国史学家则将之归因为战斗结束后不久流行于法国舰队的疾病。见 Mordal, *Vingt-cinq siècles*, 106–107。

20. 引用于 Symcox, *Crisis of French Sea Power*, 68。

21. Tunstall, *Naval Warfare*, 50–51. 另见 R. C. Anderson, "Two New Sets of Sailing and Fighting Instructions," *Mariner's Mirror* 6 (May 1920): 130–135。安德森（Anderson）认为，指令要么是在比奇角战斗之后，于 1690 年末发布；要么早在 1689 年 6 月即已发布。滕斯托尔则指出，托灵顿伯爵为其在比奇角的表现辩护，显示出他"仍在使用约克公爵 1672—1673 年的手册"。这样看来，指令更像是比奇角战斗之后发布的。

22. Corbett, *Fighting Instructions*, 187, 188–194.

23. Ibid., 149.

24. Mordal, *Vingt-cinq siècles*, 108.

25. 关于图维尔的战略，见 Symcox, *Crisis of French Sea Power*, 107–116。

26. Ibid., 117–118.

27. Mahan, *Influence of Sea Power upon History*, 189. Clowes, *Royal Navy*, 2:348. 马汉在注释中承认这一说法未必完全准确。

28. Symcox, *Crisis of French Sea Power*, 120,121. Mordal, *Vingt-cinq siècles*, 108; Richmond, *Navy as an Instrument of Policy*, 229.

29. 关于此次战斗，见 Mahan, *Influence of Sea Power upon History*, 187–191; Clowes, *Royal Navy*, 2:347–356; Richmond, *Navy as an Instrument of Policy*, 229–231; Mordal, *Vingt-cinq siècles*, 108–120。

30. Mahan, *Influence of Sea Power upon History*, 188–191.

31. Symcox, *Crisis of French Sea Power*, 123–128.

32. Mahan, *Influence of Sea Power upon History*, 59.

33. Clowes, *Royal Navy*, 2:358–360.

34. 霍斯特专著当时的全名为《海军艺术——论海军编队运动，其中包含对将官及相应军官适用的规则；列举50年来海上发生的一些事情为例》，该书经常被诸如马汉和克洛斯等作为英荷战争的主要文献来源加以引用。关于霍斯特的著作，见 Corbett, *Fighting Instructions*, 179–185; Tunstall, *Naval Warfare*, 59–64; S. S. 和 Mary L. Robison, *A History of Naval Tactics from 1530 to 1930: The Evolution of Tactical Maxims* (Annapolis: Naval Institute Press, 1942), 215–224。

35. Becker, *Heavenly City*, 34, 135. Frederick Leslie Robertson, *The Evolution of Naval Armament* (London: Harold T. Storey, 1968), 37. 霍斯特的两本专著常被合并印刷。Tunstall, *Naval Warfare*, 59.

36. Michael Roberts, *The Military Revolution, 1560–1660* (Belfast: Marjory Boyd, 1956). Azar Gat, *The Origins of Military Thought from the Enlightenment to Clausewitz* (Oxford: Clarendon Press, 1989), 26.

37. Weigley, *Age of Battles*, 159.

38. Clowes, *Royal Navy*, 2:368–373.

39. Ibid., 377–79; Julian S. Corbett, *England in the Mediterranean: A Study of the Rise and Influence of British Power within the Straits, 1603–1713* (London: Longmans, Green, 1904), 2:213–219; J. H. Owen, *War at Sea under Queen Anne, 1702–1708* (Cambridge: Cambridge University Press, 1938), 71–82; *The Journal of Sir George Rooke,*

Admiral of the Fleet, 1700–1702, ed. Oscar Browning (Greenwich: Navy Records Society, 1897), 210–212.

40. Rooke, *Journal*, 228–234; Clowes, *Royal Navy*, 2:380–385; Owen, *War at Sea under Queen Anne*, 83–86; Corbett, *England in the Mediterranean*, 2:221–225.

41. 关于鲁克的指令，见 Corbett, *England in the Mediterranean*, 2:202; Richmond, *Navy as an Instrument of Policy*, 288。马尔伯勒语，引用于 Corbett, 2:301。

42. 有关此次调查，见 Rooke, *Journal*, 241–252。

43. Churchill, *Marlborough*, 2:207–208.

44. Corbett, *England in the Mediterranean*, 2:242, 238–244; Richmond, *Navy as an Instrument of Policy*, 300–304; Mahan, *Influence of Sea Power upon History*, 209–210.

45. Corbett, *England in the Mediterranean*, 2:254–256.

46. Clowes, *Royal Navy*, 2:391–96; Richmond, *Navy as an Instrument of Policy*, 304–306; Owen, *War at Sea under Queen Anne*, 90–92.

47. Clowes, *Royal Navy*, 2: 396–404; Mahan, *Influence of Sea Power upon History*, 210–211; Tunstall, *Naval Warfare*, 66–67. 盟军伤亡总数约为 2700 人，法军约为 3000 人。

48. Tunstall, *Naval Warfare*, 66–67.

49. Clowes, *Royal Navy*, 2:405; Tunstall, *Naval Warfare*, 67–68; Stephen Martin Leake, *The Life of Sir John Leake, Rear-Admiral of Great Britain*, 2 vols., ed. Geoffrey Callender (Greenwich: Navy Records

Society, 1920), 1:258–262.

50. Corbett, *England in the Mediterranean*, 2:286–287.

51. 见 Leake, *Life of Sir John Leake*, 2:273–278, 296; Corbett, *England in the Mediterranean*, 2:302–308; Clowes, *Royal Navy*, 2:412–414。

52. Mahan, *Influence of Sea Power upon History*, 211.

53. 肖维尔语，引用于 Richmond, *Navy as an Instrument of Policy*, 202。

54. Leake, *Life of Sir John Leake*, 1:257–258.

55. Mahan, *Influence of Sea Power upon History*, 237.

56. Richmond, *Navy as an Instrument of Policy*, 382–384; Clowes, *Royal Navy*, 3:30–38; Mahan, *Influence of Sea Power upon History*, 236–238; Tunstall, *Naval Warfare*, 68–69.

57. Mahan, *Influence of Sea Power upon History*, 237.

58. 马汉语，引用于 Tunstall, *Naval Warfare*, 68。

59. Ibid., 69–72, ch. 2 title, 73–74.

第四章
战列线难题

The Conundrum of the Line Ahead

从 1720 年英西战争结束到 1763 年七年战争（Seven Years' War）结束这段时期，各国海军一直纠结于战列线的利与弊。对大多数同时代的人来说，战列线的优点是显而易见的。1745 年，一项关于英国地中海舰队在奥地利王位继承战争（War of the Austrian Succession，1741—1748 年）最初几年的战史研究指出："战列线是海战中所有行为准则的基础和根本，是所有掌握一定海上力量的国家的普遍做法；历经长期实践的检验和时间的砥砺，至纯至正，未曾改变，是我们的前辈在海上所能做出的最深思熟虑、最协调有序的安排。"[1] 然而，尽管纵列队形可能是那个时代最为明智的布阵方式，却也麻烦不断，有时还会面对似乎无法解决的指挥控制难题。

奥格斯堡联盟战争和西班牙王位继承战争强化了条令规定太过死板、难以成功指挥战斗这样一种观点。拟制一个新的条令手册，使之既能应对海战形势的复杂多变，又足够清晰，可在整个舰队得到一致性的解读，几无可能。因此，直到美国独立战争（American Revolution）爆发之前，英国海军使用的仍然是比奇角战斗（1690 年）后制订的战斗指令，只是稍稍做了修订。

由于战斗指令缺少修订，被朱利安·科比特爵士欠妥地称为"永久指令"。事实上，这些指令往往已变得无关紧要。随着解决战术问题从海军部的职责转化为每一位编队总指挥官的职责，他们开始向所属各舰发布数不胜数的“附加”指令，寻求解决战列线难题的替代方案。[2]

在 1720 年后的几十年中，最重要的战术发展来自四个方面。前三个接受将纵队作为首选队形，但试图通过系统微调提高作战能力。第四个则试图界定出以寻求更加彻底的胜利为前提、能让指挥官坦然放弃战列线的情况。大多数海军指挥官认识到，总体战术效能的改善将提高纵队作为战斗队形的效能。经验丰富的舰长和训练有素的舰员能更好地实施机动，并保持重型舰炮的高射速，从而产生更强大的战斗力。18 世纪后半叶，英国海军能将舰炮射速保持在法国和西班牙海军的两倍以上，这在很大程度上解释了英国海军的成功。

提高战列线效能的其他方法包括几种战术机动。夹击，即将舰只置于敌方战列线某一局部的两侧，是一种偶尔尝试的老方法，尽管很少取得成功。集中，即收紧舰间距离，使得指挥官可以将己方战列线的火力聚焦于敌方战列线的某一局部。突破敌方战列线，在对荷战争期间首次写入战斗指令但在比奇角战斗后又被删除，也再度出现在这一时期发布的大多数“附加”指令中。18 世纪晚期的许多研究者和海军军官将突破敌方战列线视为最有保证的取胜之道。

视觉信号系统的不断发展也为指挥官提供了更为有效的舰队控制手段。1711 年以后，信号手册变得越来越详尽。到美国独立战争时，信号手册已经开始取代战斗指令，成为控制舰队的主要手段。

提高战斗力的第四种方法包括实际弃用或接近弃用战列线。大多数英国高级指挥官意识到，在某些情况下，例如当舰队占有像乔治·宾在帕塞罗角那样明显的数量和质量优势时，依然坚持采用战列线战术直至将敌方舰队击溃，既无必要，也有可能影响后续战果。总体来说，在1739—1763年间，当战斗技能或纯凭运气让英国海军舰队指挥官拥有如此明显的优势时，他们都乐于也能够放弃战列线战术，转入“全面追击”，并获得相应的回报。

尽管1720—1763年的海战史中包含了太多的平庸与失败，但将这个时代描述为要么是战斗指令的“死手”，要么是纵列队形的束缚，导致欧洲海军无所作为，也未免过于简单化。激发英荷战争时期创新的客观条件——即几乎持续不断的战争和更加频繁的海战——依旧推动着战术和理论的发展。问题的产生，虽有坚持战列线战术和战斗指令的原因，但更主要的还是日趋集中化的海军指挥控制体系。

※ ※ ※

奥地利王位继承战争期间，英国海军于1744年2月在土伦水域遭受到最严重的海上挫折。此前，英国人已在地中海熬过了令人沮丧的5年。他们既没能迫使西班牙人打一场舰队决战，也没能阻止其在意大利半岛成功实施两栖作战。相较于在直布罗陀海峡内外担负的诸多任务，英国地中海舰队实在是太过羸弱了。此外，英国还必须时刻警惕“中立”的法国，他们蓄意在土伦调动海军兵力，旨在使英国海军的作战环境复杂化，并协助西班牙人的行动。[3]

随着一场政治风暴在伦敦酝酿，驻地中海的英国海军指挥官尼古拉斯·哈多克（Nicholas Haddock）海军上将因承受的指挥压力太大，“精神完全崩溃了”。1742年3月，哈多克返回英国，理查德·莱斯托克（Richard Lestock）海军少将率一支增援部队接任代理指挥官。莱斯托克原本希望被任命为舰队司令，但英国海军部却把指挥权交给了托马斯·马修斯（Thomas Mathews）海军上将。此举不但令莱斯托克大失所望，还把两个关系不睦的人同时安排在了舰队的高级职位上。正如威廉·莱尔德·克洛斯所说："马修斯不喜欢莱斯托克，这一点无可否认。当时几乎所有的海军军官都不喜欢莱斯托克。"[4]

1743 年 12 月，英国人在土伦密切监视着法国和西班牙的动向。莱斯托克率封锁部队位耶尔（Hyères），主力舰队位尼斯（Nice）和摩纳哥之间的维勒弗朗什（Villefranche），马修斯海军上将在都灵（Turin）与盟军官员就未来战争的进程进行磋商。马修斯负担的政治和军事责任过重。而且他在都灵时发现，履行军事责任正在变得愈加困难，因为情报显示法国准备介入战争，法国海军的土伦分舰队正加紧舾装，布雷斯特舰队则准备或已经驶向直布罗陀海峡，此举将使集中后的法西联合舰队对英国舰队占有明显优势。

1 月初，马修斯返回维勒弗朗什，并于几天后与已晋升为海军中将的莱斯托克合兵一处，将舰队集结于耶尔水域。2 月 9 日，法西联军的 28 艘战列舰开始在土伦外锚地集结。马修斯的 28 艘战列舰也随即起锚，后在耶尔湾抛锚。10 日拂晓，敌军——既是实际的，也是预期的——有条不紊地向南挺进，英军担心会被困在锚地，再次在混乱中起锚。但敌人并未接近，英国舰队逐渐排成右舷受风的队形，向南进发。[5]

整整一天，马修斯都在努力使舰队排成纵列队形，但没能成功。根据标准指令，当舰队右舷受风时，前卫分队应处于纵队前端，就像2月10日一早那样。据此，莱斯托克率部加速向南，试图超越当时实际处于前端的马修斯部。可是风向转了，向南航行的舰队变成了左舷受风。按照指令，此时威廉·罗利（William Rowley）海军少将的后卫分队应该处于纵队前端，于是他们向前卫位置机动，而莱斯托克的前卫分队则沿队列后撤，局面愈发混乱。然而，风向的改变使英军占据了上风位，马修斯又决定开战，发信号令各舰排成横队，与旗舰一道面对西南方向的敌军。因风力过小，马修斯所在的中央分队只能逐渐靠近目标，而前卫和后卫分队也未能及时参照中央分队的动作机动，致使距敌甚至比交战信号发出之前更加偏东。一天即将过去，马修斯意识到交战已无可能，于是发信号让舰队停止行动，他以为各分队会重回中央分队前后位置，恢复应有的纵列队形。没想到罗利和莱斯托克却就地停船了，英国舰队在一片混乱中结束了当天的行动。[6]

2月11日黎明时分，英军占据着上风位，但未组成战斗队形。更糟的是，在双方舰队恢复向南航行后，法西舰队因船底较为干净，速度要稍快于英国舰队。而且，在没有正式宣战的情况下，法军总指挥官克洛德–埃利泽·德·库尔·拉布吕耶尔（Claude-Élisée de Court la Bruyère）中将并不打算减速交战，而是让各舰以360英尺间距保持密集队形继续前进。但是，尽管法国舰只保持住了队形，西班牙舰只组成的后卫分队却没有，并落在了后面。马修斯看到了机会，决定与之交战，因为继续拖延下去要么会使敌人逃脱，要么会使英国舰队远离土伦，而在土伦，一支前往意大利的西班牙运输船队正在等待护航。[7]

上午11时，马修斯的旗舰——90门炮战列舰“那慕尔”号

（*Namur*）——在主桅升起一面红旗，这是交战的信号。15 分钟后，马修斯命令降下红旗，代之以组成战列线的信号旗。马修斯意识到他无法迫使对手打一场正规战，即前卫分队对前卫分队，中央分队对中央分队，后卫分队对后卫分队。英军的中央分队偏东约两英里，且落后法军旗舰约 1 英里。前卫分队也落后约 1 英里，且更偏东 1 英里。勒斯托克的后卫分队前导舰落后马修斯的中央分队殿后舰几乎两英里，而且在敌后卫分队以东 3 英里多。英国军舰不可能在接近敌人的同时，还能弥补落后于法西舰队战列线中相应分队的距离。

尽管如此，曾随乔治·宾在帕塞罗角战斗中获胜的马修斯仍决心一战，即使打不成正规战，也要打一场非正规战。在与紧随“那慕尔”号之后的 90 门炮战列舰“马尔伯勒”号（*Marlborough*）舰长詹姆斯·康沃尔（James Cornwall）通过喇叭筒磋商之后，马修斯决定充分利用现有位置，集中火力攻敌战列线后卫——西班牙分队。“那慕尔”号超前西班牙旗舰 114 门炮战列舰“皇家费利佩”号（*Real Filipe*）1 英里多，马修斯判断可以逼近并分割逐渐远离法军中央分队的西班牙后卫分队。随后，莱斯托克可以赶上并完成分割，这样英国舰队就能集中至少三分之二的兵力打击敌军最弱的分队。如果法军回头施救，马修斯就能在不必远离土伦的情况下达成他所期待的全面交战。

马修斯的计划非常之好，充分展示了其战术灵活性，以及敢于冒混战之险弃用战列线的意愿——在马修斯集中兵力于西班牙分队时，法军的前卫和中央分队有可能压垮英军的前卫分队。但核心问题是，马修斯的部属们，尤其是罗利和莱斯托克，会如何解读最高指挥官的行动。解读将是关键，因为信号手册内容有限，无法传达马修斯的意图，而他与康沃尔舰长的沟通方式——喇叭筒，对于一支排成 8 英里长纵队航行的舰队来说更是毫无用处。

英国舰队未能执行马修斯的进攻计划，主要是指挥控制的无力。马修斯确实缺乏指挥战斗的手段，但其行动加剧了部属的不确定性。尽管英军基本上是在横队状态下进入了一场混战，但在旗舰上却一直悬挂着纵队信号。这是马修斯的有意为之，还是疏忽大意，抑或是因为旗舰舰长在首轮攻击中阵亡所致，一切都无从知晓。可以肯定的是，罗利和莱斯托克都没有完全理解总指挥官的意图。莱斯托克在当天稍早时曾无视马修斯两项令其尽快入列的直接命令，下午也是漫不经心，并因投入战斗太迟而所获甚微。[8]

尽管莱斯托克的后卫分队中前几艘舰的舰长感到他们应该逼近西班牙分队，进入战斗，但在马修斯依旧悬挂着纵队信号旗和莱斯托克不紧不慢地向南航行的情况下，他们还是留在了队列中。

指挥前卫分队的罗利面临着最难做出抉择的困境。根据《战斗指令》第 19 条，前卫分队在战斗中的任务是攻击对方前卫分队。鉴于当时的距离因素，罗利认为这不应该是马修斯所想。此外，马修斯还修改了指令第 1 条的原文内容，该条要求所有舰船间距保持在半链之内。如果罗利分队与马修斯分队同步运动，就会冲向西班牙分队的前端，这差不多正是马修斯的意图。但还需要考虑的是旗舰与旗舰作战的传统，这就意味着在当时情况下，罗利的旗舰——90 门炮舰“巴夫勒尔”号（*Barfleur*），应该冲向法军总指挥官的旗舰——位于法军战列线中心位置的 74 门炮舰“恐怖”号（*Terrible*）。罗利选择了后一项行动，虽然其分队中位置靠前的 4 艘战舰继续追赶法军前卫分队。结果，马修斯集中舰队主力迅速击溃西班牙分队的努力不幸失败。下午 4 时 30 分，法军前卫和中央分队最终调转航向返回援救其盟友，罗利分队陷入困境，马修斯当天稍早取得的有限战果丧失殆尽。尽管双方均遭重创，但只有西班牙分队损失了一艘“波德尔”号（*Poder*）60 门炮舰，该舰先是被英军俘获，随后被法军夺回，然后再被英军俘获，最终被焚毁。

土伦之战损害了参战高级军官的声望。法国、西班牙和英国政府都对本国部队的表现不甚满意。西班牙人指责法国人对马修斯的行动反应迟钝。法国人则反驳说西班牙人遭到进攻是自己航行缓慢所致。英国方面，马修斯、莱斯托克和 11 名舰长受到军事法庭审判。英国海军解除了马修斯和 9 名舰长的职务，但莱斯托克设法脱罪。

土伦之战还强化了莱斯托克等一批人的观点，他们认为战列线是“海战中所有行为准则的基础和根本”，马修斯未能取胜系违背战斗规范所致。毫无疑问，对马修斯的军法审判，将使其他指挥官在面对类似土伦的情形时，不大可能再采取主动作为的行动。但很显然，英国舰队的失败表现与纵列队形或战斗指令的“死手”并无关联。马修斯未能取胜，并不是因为他弃用了战列线和违背了战斗指令——军事法庭对其 15 项指控中的两项，而是因为他在没有其他方式——无论是直接的或是间接的——管理战斗的情况下采取了那样的行动。而且，导致莱斯托克进入战斗迟缓的原因，也不是战斗指令，而是愤怒和敌意。

值得一提的是，军事法庭对马修斯的第一项指控，无论是例行性的，还是在 2 月 8 日至 11 日的临战状态下，他都既没有举行过作战会议，也没有与下级指挥官举行过其他类型的会议。与阿布吉尔湾战斗前的纳尔逊在不同，马修斯未与部属讨论战斗的可能性，以便让他们对自己试图达成的目标多少有所了解。战斗前夜，当莱斯托克到旗舰拜访时，马修斯草草道过晚安便将其打发走了。一位名为爱德华·霍克（Edward Hawke）的传记作者——曾在罗利的前卫分队担任过舰长——这样写道："马修斯对未能让舰长们全面了解情况负有责任。没有迹象表明他们之间讨论过战术问题。"[9]

军事法庭对马修斯的第二项指控，是其没有向舰队发布实质性的附加信号和指令。由于标准战斗指令和既有信号系统都不足以让指挥官在战斗打响后有效地指挥舰队，将领们发布自己的附加指令和相关信号已成为普遍做法。[10] 尽管马修斯已在地中海挂帅两年，但他却没有做到这一点。马修斯既不信任部属，也没有发布包含其机动意图的附加信号或附加指令。当时罗利的"巴夫勒尔"号在"那慕尔"号前方两英里，距"皇家费利佩"号超过4英里；而桀骜不驯的莱斯托克的"尼普顿"号（*Neptune*）则在"那慕尔"号后方4英里，距西班牙分队旗舰也有4英里。在这样的情况下，指望他们的反应与总指挥官步调一致，合乎情理吗？法庭做出了合乎情理的判决：否。

尽管马修斯成了替罪羊，他的去职看似强化了战斗指令的约束力，但后来的战争史并不支持这样的结论。最接近真相的是马汉，他将马修斯的失败归咎于缺乏合作与经验，并认为这在第一次战斗中非常正常。在此基础上，马汉记述了土伦战斗之后"唤醒"英国海军高级领导人的"健康反应"。[11]

事实上，唤醒英国海军的警告在冲突中早已出现，但被马修斯忽视了。曾在詹金斯之耳战争（War of Jenkins's Ear，1739—1742年）初期指挥英军远征加勒比海的爱德华·弗农（Edward Vernon）海军上将，长期思考和写作海军军官面临的从人力到士气的各种问题。弗农会毫不迟疑地向所有乐于倾听的人——从国王到年轻的美洲殖民者劳伦斯·华盛顿（Lawrence Washington）——提供海军政策、战略和战役方面的建议。1746年，弗农还出面为劳伦斯·华盛顿的弟弟乔治·华盛顿（George Washington）获取了海军候补军官委任状。弗农认为其同僚在战术研究上花的时间太少，于是向部属下发了多种经过深思熟虑的附加战斗指令和信号。[12]

弗农的战术方法摒弃了形式主义。他写道："因此，就目前情况而言，所有的形式都只是为了保证主题不受质疑，并给骗子和傻瓜一个用行话和废话为自己辩解的机会。"弗农的附加指令中最重要的，就是设法从航行队形顺利、迅速地过渡到战斗队形，而这正是土伦之战困扰马修斯的问题。[13]

弗农对总指挥官们是否真能在战斗中控制自己的舰队持怀疑态度。他的附加指令表明，他更乐于信任部属的主动性。1739年，他在一组下发给随舰队在加勒比海作战的纵火船指挥官的指令中特别提到，因为"担心"部属们是否能"透过可能笼罩着我们的弥漫烟雾辨识信号，我主要依靠你们自己的审慎和决心来判断应当何时实施纵火行动。"弗农还要求，在与规模较小的敌军作战时，应以部分舰只组成"预备队"。他写道："这是因为，确实不能要求总体规则完全适用于因天气和敌方部署变化产生的情况，应由当事舰长做出超越常规的判断相机行动，作为军官必须既审慎又果断，而且要为逾规举措自负其责。"但弗农并未做好放弃战列线或信号手册、让整个舰队享有这种行动自由的准备。另一项指令要求护卫舰在交战时应就位于英军战列线之外与敌相对的一侧，以便复示总指挥官发出的信号。[14]

理查德·莱斯托克是战争初期在弗农手下任职的高级军官之一。尽管他气度狭隘、令人生厌、不受欢迎，而且通常被认为是战列线拥护者中的死硬派，但他意识到了海军指令的缺陷。土伦战斗之后发行的一本手册——即使不是莱斯托克所写，也是受其启发——指出："我们的航行和战斗指令都可能做出修改，添加许多内容，这被日常经验证明为是必要的。对此，在海上身居最高位者都不会拒绝。"手册继而赞扬了弗农"这位深谋远虑的、伟大的、从未失之于大意的海军将领"的创新精神，认为如果马修斯愿意接受他所鄙视的副手的忠告和建议的话，就能从弗农的创新中获益。[15]

※　※　※

正如马汉所言，土伦事件非但没有阻碍英国海军战术的发展，反而加速了这一进程。马修斯的继任者、曾在土伦战斗中指挥前卫分队的威廉·罗利，到地中海上任不足一月，就增发了 50 项附加信号和指令，其中许多都是基于弗农多年前的开发成果。[16]

另一位支持开发附加信号和指令的英国指挥官是乔治·安森（George Anson）海军中将。1746 年 7 月受命接替弗农执掌重要的西部分舰队（Western Squadron）后，咄咄逼人的安森急于与法国人一战，以雪土伦之耻。他日复一日地操练和演训部队。当年参加帕塞罗角战斗时，安森还是一名年轻的尉官，他在战术上与乔治·宾爵士一样，乐于在适当的条件下脱离战列线，尽管最近刚刚发生过马修斯这样的事情。[17]

1747 年 5 月 3 日，安森与一支实力稍逊的法国舰队在菲尼斯特雷角（Cape Finisterre）水域相遇。当时英军战舰共计 16 艘，其中战列舰 6 艘，装备 50 门以上火炮的有 14 艘，火炮总数达 938 门。法军战舰 15 艘，其中装备 50 门以上火炮的仅有 4 艘，火炮总数 552 门；护送商船 38 艘。法国舰船中一部分驶往魁北克（Quebec），另一部分驶往印度。安森一发现对方就发出了全面追击的信号，其意不在交战，而是要尽快缩短双方的间距。在接近至大约 3 英里时，他又发出信号传令舰队排成横队准备战斗。随后，安森与其副手，海军少将彼得·沃伦（Peter Warren）爵士交换意见，沃伦主张立即发起进攻。但安森又发信号传令舰队改为纵列战斗队形。15 时至 16 时之间，英军还在以纵列队形不断逼近，法军指挥官发出撤退信号。安森立刻发出全面追击信号，双方的竞赛开始了。战斗结果，英军俘获全部法国军舰和 38 艘商船中的 18 艘。[18]

由于安森的压倒性优势，人们往往不大看重菲尼斯特雷角战斗的意义，[19] 但这会导致几个重要因素被忽视。第一，安森和沃伦并不在意土伦的先例和马修斯的下场。第二，尽管安森拥有近乎二对一的决定性火力优势，但他的帕塞罗角式战术才是化优势为完胜的关键，这与其他许多处境相似的海军指挥官不同。例如，1692 年在巴夫勒尔角，拉塞尔的英荷联合舰队与图维尔的法国舰队数量之比超过二比一，却连一艘敌舰也未能俘获。第三，安森的兵力优势并非偶然，而是得益于卓越的运筹能力和英国的分散指挥理念。海军部的指令赋予西部分舰队太多使命：保护英吉利海峡，封锁布雷斯特，阻截从比斯开湾任何港口驶往美洲、地中海和远东的所有法国海军舰只和运输船队。面对如此沉重的负担，一个能力稍弱的指挥官很可能会把兵力分散部署于阿申特岛到菲尼斯特雷角一线，就像海军部指令所明确允许的那样。[20]但安森主动将大部兵力集中部署，在正确的时间用于正确的地方。为什么要轻视一个机敏干练、将优势兵力压向敌人的指挥官的战术成就呢？第四，安森战前的努力有效地提升了舰队的战术水平，各级指挥官中没有人对其超常规战术感到困惑。

战前或是战后不久，安森制定了额外的作战指示，其中包括了先前一些指挥官提出的改进意见，并"将乔治·宾在帕塞罗角的战术编制成法规"，应用于与规模较小的敌军交战。1747 年 10 月 14 日，使用安森指令实施指挥的爱德华·霍克海军少将，在菲尼斯特雷角水域拦截另一支严密护航的法国运输船队。[21]

霍克的突然成名部分是由于好运，部分是由于他的积极进取。霍克是土伦战斗中唯一一个擒获敌舰——"波德尔"号——的英军指挥官。他刚刚才被提升为海军少将，并被任命为在第一次菲尼斯特雷角战斗后接替安森执掌西部分舰队的彼得·沃伦爵士的副手。沃伦抱病无法出海，很快辞职，指挥权因此落在霍克这位资历甚浅的海军少将名下。霍克面临着与安森同样的难题，即用有限的兵力覆盖英吉利海峡和阿申特岛到菲尼斯特雷角之间的海湾。在这种情况下很容易产生分散用兵的念头，保持舰只长期在位的压力也很大。但霍克决意集中兵力，一方面在一旦法军出击时不至于被击败，另一方面在运输航线上遇到法军护航兵力时也有把握取胜。

10 月 14 日晨，霍克的瞭望哨在菲尼斯特雷角水域发现一支大型运输船队。法军共有 8 艘护航舰只，装备火炮 538 门。霍克有 15 艘战舰，火炮近千门。但他的优势不如 5 月份时安森的那么明显。若以单舰相比，法军战列舰比霍克的更大、火力更强。在近战中，英舰很容易被压倒。而霍克想带领舰队打的正是一场近战。

霍克发出全面追击信号，以期尽快拉近双方距离。他指挥英军排成左舷受风的纵列队形，并使其队列平行但稍微滞后于法国护航分队。但与第一次菲尼斯特雷角战斗不同的是，法军自恃舰大且占据上风位，不仅没有溃逃，反而排成战列线等待英军的进攻。虽然对手并没有进入战斗指令所要求的“逃跑”状态，霍克还是发出了全面追击的信号。英军舰长们开始驾舰冲向法军战列线后段的下风侧，并在驶过敌舰时与之交战。至少有两名英军舰长主动作为，迎风而上，冲向法军战列线的另一侧，对排在最后的法舰形成夹击态势。到夜幕将临时，除两艘法舰，其余悉数被英军俘获，但运输船队逃脱，其中包括一艘有 64 门炮的东印度商船（East Indiaman）。[22]

※ ※ ※

奥地利王位继承战争期间，英军的海上指挥控制实践较为复杂。就参战舰船数量而言，土伦之战称得上是这场战争的主要战斗，战斗没有取得决定性成果的事实以及马修斯后来的命运不容忽视。但是，安森 1747 年 5 月和霍克 1747 年 10 月先后在菲尼斯特雷角获胜的性质和程度，并不支持这样一种观点，即马修斯在土伦的失利，以及对他的军事法庭审判和解职，叫停了英国海军的进取精神。回顾战争期间战术发展的历史可以清楚地看到，土伦只是一个特例。分散化的势头始于弗农，虽为马修斯所忽视，但又为安森和霍克所恢复。安森和霍克采纳了弗农的很多附加指令，而且与弗农自己不同的是，他们有机会将他的革命性指挥理念付诸实验。

诚然，安森和霍克都是在拥有压倒性优势的条件下取得如此成就的。在两次菲尼斯特雷角战斗中，哪方获胜并无悬念，有的只是英军获胜的程度。两次战斗共俘获法舰 21 艘，这既是英军的纪念碑式胜利，也是对法国海军的毁灭性打击，同时还清楚地表明，英国已经开发出一种前所未有的、能完胜弱势对手的战术体系。帕塞罗角，而不是马拉加，才是像安森和霍克这样的人更为重要的先例。

对海战战术可能陷入僵局有着充分认识的安森和霍克本身也是战役大师。他们正是在战争的战役层面摸索以优势兵力击敌并获得成功的。在海军部只有总体指令的情况下，两人都集中兵力，在阿申特岛和菲尼斯特雷角一线机动，积极求战并力争在最有利的条件下交战。在一场势均力敌的血腥战斗中，无论是陆战还是海战，都无法赢得特殊的荣耀。两次菲尼斯特雷角战斗不仅是战术层面的胜利，也展示了海军在战役层面的成功。

即使有安森和霍克那样的成功战例，一直到 1748 年，无论是英国海军，还是欧洲其他海军，都还没能解决海上指挥控制问题。分散和依靠部属的主动性在两次菲尼斯特雷角战斗中都行之有效，但是，将 1747 年的战术运用于实力相当的舰队间大规模交战，还能取得同样的成功吗？而且，在这样的情形中，稍有差池就有可能招致失败和撤职，那么，还有哪位指挥官敢于把舰队的命运和个人的职业生涯，交到部属手中吗？

集中的冲动并未在欧洲海军中消失。土伦之战不仅推动了分散指挥控制方式的发展，而且促进了相关技能的演变，以期让指挥官通过与部属的直接沟通实现对作战的管理。土伦战斗失利之后，一位匿名作者建议舰队总指挥官以一艘护卫舰而不是战列舰为旗舰，舰队各舰向该舰派出小艇。战时，这些小艇可在旗舰与各舰之间传送总指挥官的指令和部属的回应。[23] 大多数 18 世纪中叶的海军指挥官都明白，这种类似于陆军在地面战场上使用的方法，并不适用于海战场。奥地利王位继承战争期间，似乎没有一位指挥官尝试过这样的模式。美国独立战争期间曾经试用过这种想法的变体形式，但也收效甚微。指挥官们还是寄希望于通过视觉信号系统的持续发展来实现在战斗中指挥舰队的意图。

由于弗农、罗利、安森、沃伦、霍克以及其他一些指挥官不断增发附加指令，实际使用的信号数量也相应增加了。跟踪掌握已有信号变得越来越复杂。到奥地利王位继承战争结束时，可用信号已经超过了乔纳森·格林伍德（Jonathan Greenwood）于 1717 年私人印刷的信号手册。1748 年，另一位英国私人出版商约翰·米兰（John Milan）制作了一本包括标准指令和许多附加指令的新版信号手册，其编排和展示方式便于快速准确地查阅。这是英国首部将各种旗帜进行编号的信号手册，被认为是迈向数字编号系统的最初步骤之一。[24]

到奥地利王位继承战争时，法国在海战“科学”领域领先英国海军已逾半个世纪，因此，法国成为第一个开发出真正的数字号旗系统的国家，就不足为奇了。法国海军史学家将之归功于战争期间统帅法国印度洋兵力并为自己的部队开发出这种系统的贝特朗–弗朗索瓦·马埃·德拉布尔多奈（Bertrand-François Mahé de la Bourdonnais）海军上将。他发送信号的方式不仅影响了法国海军后来的发展，也影响了其他海军。[25]

尽管信号通信取得了明显的进步，但这些系统还不足以解决海上指挥控制问题。1746 年 6 月 25 日，马埃·德拉布尔多奈指挥有方的部队在尼加帕坦姆（Negapatam）水域困住了爱德华·佩顿（Edward Peyton）海军准将率领的一小队英国海军，但最终未能击败英军。[26]

1748 年 10 月 1 日，英国海军最具创新精神的指挥官之一、海军上将查尔斯·诺尔斯（Charles Knowles）爵士在哈瓦那水域与一支西班牙海军分队交战，战斗没有取得决定性成果。诺尔斯在战斗中严重依赖信号指挥他的 7 艘舰船，但他的许多旗号或被忽略、或被错过、或被误解。例如，原本的“前卫”分队发现自己成了殿后舰，而原本的“后卫”分队却成了前导舰，这种情况在风帆时代屡见不鲜。战至紧要关头，诺尔斯希望自己的前卫分队进一步抵近西班牙战列线，并发出相应信号。但作出回应的却是实际处于舰队后端的名义上的“前卫”。随着天色渐晚，7 艘西舰最终散开队形试图脱战，倍感沮丧的诺尔斯发出全面追击信号，但未能像安森和霍克那样取得成功。最终，只有一艘西舰被俘，另一艘，也就是西班牙旗舰，搁浅后被焚毁。诺尔斯未能摧毁西班牙海军分队的主要原因是过于偏向集中控制，而不是追击战术的失败。[27]

与马修斯一样，诺尔斯也受到军事法庭审判，并遭多项指控，其中包括胆怯、部队尚未形成战列线就匆忙开战、未能实施有效的追击等。法庭最终判其无罪，因为他至少赢得了战斗，摧毁了包括旗舰在内的约三分之一西班牙舰船。但法庭证词指出诺尔斯的集中化倾向导致英军无法赢得更大的胜利。当其发出全面追击信号时，他的旗舰已经损坏，无法参加追击。一位舰长直截了当地指出："没有舰长能够取代入夜后不作为的上将。舰长无权升挂信号灯指挥编队。否则我们应该很容易将（西班牙人）逐出哈瓦那。"[28] 如果诺尔斯战前充分信任各位舰长，准许他们主动采取行动，哈瓦那之战肯定会呈现出更加一边倒的胜利。

就这样，到奥地利王位继承战争结束时，英国海军同时存在着两种迥然不同的海军指挥控制理念。弗农、安森和霍克是分散派的代表，他们乐于信任自己的部属。莱斯托克、罗利和诺尔斯则是集权集中派的代表，他们越来越倾向于让指挥官通过信号或其他一些通信方式管控战斗。究竟哪种方式产生了更强的战斗力，始终没有答案。

※ ※ ※

英国海军在七年战争（1756—1763 年）中的开局与其在奥地利王位继承战争中的开局如出一辙，都是一场令人失望的地中海舰队大战，紧接着一场令人尴尬的军法审判。1756 年 5 月 20 日，海军中将约翰·宾（John Byng）爵士在梅诺卡岛的失败令人回想起 1744 年马修斯在土伦的遭遇。不幸的约翰·宾被审判定罪，并遭处决，成了一个"陷入并葬身于这个致命体系中"的人。一位历史学家因此而指斥战列线："纵列队形的神圣不可侵犯令人发指，不仅导致了海军的又一次失败，还导致了一名烈士的牺牲。"[29]

的确，在战至紧要关头、需要大胆弃用战列线时，约翰·宾与旗舰舰长阿瑟·加德纳（Arthur Gardiner）谈论过马修斯的土伦“厄运”。但约翰·宾在梅诺卡岛的失败是因为担心违背战斗指令和战列线的严格限制可能产生的后果，还是因为他与生俱来的谨小慎微？[30]

海军部关于派舰队到地中海的指令于1756年4月1日送达在斯皮特黑德（Spithead）的约翰·宾处。该项指令在当时英国海军中颇为典型：以普遍原则应对各种突发场景，因此，对指挥官的判断力和责任感有很高的要求。但指令所依据的情报是混乱的。对深居伦敦的官僚们来说，法国入侵英国的危险似乎真实存在。这样，由爱德华·霍克指挥的西部分舰队必须保持最强的兵力，从而使在地中海作战的舰只所剩无几。此外，英国也无法确定土伦分舰队在法国战略中扮演的角色。情报显示，这支分舰队和大量运输船正准备起航，但驶向何处呢？海军部认为法国的目标或许是梅诺卡岛，但也不排除远赴北美实施支援的可能。

有鉴于此，海军部指示约翰·宾先去直布罗陀，在那里，他可以决定下一步的去向。如果土伦分舰队已经通过直布罗陀海峡，他应立刻向加拿大派出支援兵力。如果法军尚未通过海峡，他就能断定梅诺卡岛处境危险。在这种情况下，约翰·宾应在直布罗陀装载一个营的部队，“片刻不停地赶往梅诺卡岛，而且，若发现法军对该岛有任何行动，就要尽你所能予以解救”。如果梅诺卡岛尚未遭到进攻，约翰·宾则应北上封锁土伦。[31]

4月6日，对所辖部队状况很不满意的约翰·宾从英国出发前往地中海。他对手下一名叫奥古斯塔斯·赫维（Augustus Hervey）

的舰长叹道，海军大臣安森勋爵把最好的舰船都留给了自己的亲信（显然是指霍克和西部分舰队），而把海军最差的舰船派到了地中海。[32] 约翰·宾的部队没有军需船、纵火船、医院船和补给船，而且舰员缺编。

约翰·宾关于安森的抱怨从某种程度上说也是情有可原，不过值得注意的是他没有向赫维提及海军部对法国可能入侵英国的担忧。但是，不管约翰·宾对舰队状况的反感有多少道理，与部属谈论此事只能削弱他们的信心。在得知自己装备的是海军中最糟糕的舰船后，官兵们在战斗中还会有出色表现吗？更何况，虽然约翰·宾没有公开质疑舰长的素质，但他们一定会猜测，在约翰·宾看来，既然安森没有派给他最好的舰船，当然也就没有派给他最好的军官。其实，约翰·宾对部属缺乏信任在舰队的组织上也表现得非常明显。约翰·宾手下只有一名将官，即坦普尔·韦斯特（Temple West）海军少将，因此，约翰·宾把舰队分成了 2 个而不是通常的 3 个分队，部分原因是他不愿意把第三个分队交给任何一位资深舰长 [33]

5 月 2 日到达直布罗陀后，约翰·宾得知法军已在梅诺卡岛登陆，并正以约 1.4 万人围困圣腓力城堡（St. Philip's Castle）。更糟糕的是，直布罗陀总督托马斯·福克（Thomas Fowke）中将深信，解救梅诺卡岛已然无望，从直布罗陀驻军中调走一个营的士兵既无用处也很危险。福克召集他的陆军军官同僚举行作战会议，起草了一份反对调兵的书面意见。福克将书面意见递交给了约翰·宾，并称如果约翰·宾坚持，部队仍可调走。约翰·宾没有坚持执行海军部关于调兵的指示，并为可能给直布罗陀带来的任何困难承担责任，而是做出让步，几乎完全认同了福克的逻辑。当舰队最终于5月8日离去时，约翰·宾和福克都已接受了可能会失去梅诺卡岛的事实。[34]

一些把这次战役作为一个整体研究，而不仅仅局限于法国和英国舰队最终于5月20日进行的战斗的历史学家得出结论，当约翰·宾离开直布罗陀时，梅诺卡岛的丢失尚有挽回余地。登岛法军正在遭受疾病，尤其是痢疾的困扰，而且所需给养严重依赖从法国海运。一个混编营的英军未必能解城堡之围，但在岛上四处布兵却可能迫使法军从围城部队中分兵。该岛附近强大的法国海军部队也不是不可逾越的障碍。约翰·宾的首要目标是解除对圣腓力城堡的围困。摧毁法国舰队不是必然的先决条件。即使约翰·宾有意避战，如能阻断法军的补给线，围困也将难以为继。面对如此威胁，受命"始终要把保全国王陛下为这次远征指派的军队作为第一要务"的法国海军指挥官德拉加利索尼埃侯爵（Marquis de la Galissonnière）罗兰-米歇尔·巴兰（Roland-Michel Barin），将面临一个"霍布森选择"局面（Hobson's choice）：要么让舰队冒险去拯救陆军，要么放弃陆军以拯救舰队。考虑法军更善于防御战，迫使德拉加利索尼埃打一场进攻战肯定对英军有利。约翰·宾所面临的战略形势没有促使他采取战术攻势。这不仅是一个战术错误，而且是一个巨大的战略错误。[35]

约翰·宾于5月19日抵达梅诺卡岛。次日晨，双方舰队互见并准备战斗。英军有13艘战列舰，法军则有12艘。双方战列线接近时，因风向突变，英军占据了上风位。两军相向而过，法军航向西北偏西，英军航向东南偏南。约翰·宾的选择有限。根据《战斗指令》第17条，英军前卫分队到达法军后卫分队正横时，舰队应当迎风转向，或从末舰开始依次执行，或全体齐转。约翰·宾发出信号命令舰队依次转向，但推迟了机动，这样英军就能以一个斜角而不是直角逼近法军战列线，并且能在进入射程后还击。这种做法并不新奇：1688年达特茅斯勋爵曾向舰队颁发过概述此种预案的指令。[36]

此时，《战斗指令》第19条需优先执行：英军将打一场正规战，即前卫分队对前卫分队，中央分队对中央分队，后卫分队对后卫分队。[37] 但约翰·宾有两个问题。首先，英军完成转向前，双方舰队并不相互平行，因此，两军战列线间的距离在英军前卫分队处大约是1英里，而在英军后卫分队处则有3英里到4英里。如果舰队作为一个整体而不是分别交战，英军舰长们就要调整航向以弥补距离的不同。其次，随着英军旗舰“拉米伊”号（*Ramilles*）逼近法军，约翰·宾发现，德拉加利索尼埃因担心英军集中兵力打击其后卫分队，速度十分缓慢。结果，英军前卫分队很快超越了法军前卫分队，但双方间距并未拉近。约翰·宾两次发出信号要求前导舰向右转一个罗经点，希望舰长能领会个中缘由，调整航向逼近法舰，但该舰按信号要求每次各转一个罗经点后，没有进一步行动。约翰·宾只好放弃，继续自行接敌，希望部属们能参透其用心。最后，前卫分队各舰确实注意到了约翰·宾的航向变化，但他们没有相应调整接敌节奏，以便让整个舰队能同时进入战斗，而是以与旗舰近乎相同的角度冲向法军。结果，前卫分队的交战距离超出了约翰·宾的预期，而舰队的中央和后卫分队仍在射程之外。

然而，相向的舰只一旦在所谓的近距离上开战，英军更加有效的炮术就把法国编队打散了架，这是在风帆时代常见的场景。一些法舰逃向下风侧，但由于英军旗舰仍悬挂着保持战列线的信号，因此舰长们都不能或不愿出列扩大战果。即使已经没有对手可打，各舰依然留在战列线内。

下午 14 时至 15 时之间，英军战列线中的第 6 艘舰，64 门炮舰“勇猛”号（*Intrepid*）前桅被击毁，航行困难，挡住了后续各舰。约翰·宾此时有两个选择：一是率队驶向“勇猛”号下风侧，逼近法舰；二是从“勇猛”号上风侧驶过，这样英军中央和后卫分队就会与敌拉开距离。加德纳舰长想让“拉米伊”号驶向下风侧，但遭约翰·宾拒绝。他说：“你看，加德纳舰长，战列线信号已经发出，我们现在处于‘路易莎公主’号（*Princess Louisa*）和‘三叉戟’号（*Trident*）之前，你总不会让我这个舰队统帅像是要单打一艘舰似的冲上去吧。马修斯先生的不幸之处就在于他被错误地认为没有率领部队一起行动，我要竭力避免这样的事情发生。”[38]

由于这个谨小慎微的决定，约翰·宾不仅错失了一场可能获胜的近战，还给了法军反扑的机会。就在英舰接连从上风侧绕过“勇猛”号时，英军战列线出现了一个缺口，将前卫分队暴露给对方。如果德拉加利索尼埃能指挥其中央和后卫分队驶向上风位，就能对英军前卫成夹击态势。幸运的是，德拉加利索尼埃未能抓住机会，约翰·宾再次收紧了队形。一位法国海军历史学家指出：“严守战列线仍被认为是海军战术的最高目标。”天色渐晚，双方都看不到胜利的希望，法军撤出，战斗结束。[39]

战斗结束后的几天里，约翰·宾一直在梅诺卡岛附近整修舰队。他既没有尝试支援圣腓力城堡的守军，甚至也没有尝试与他们沟通。专心休养生息的法军，与英军保持着距离，没有再战。5 月 24 日，约翰 · 宾召开作战会议，结果却越开越担心。约翰 · 宾字斟句酌地提出了五个问题。海军再次行动能解救该岛吗？答案是不能。如果法国舰队被赶走，英国舰队能解除围困吗？不能。如果舰队发生意外，直布罗陀会受到威胁吗？会的。再对法军发动一次进攻，难道不会危及舰队吗？会的。既然如此，舰队不应该前往直布罗陀吗？这样说来，应该。所以，舰队去了直布罗陀，梅诺卡岛守军再无得救希望。[40]

事实上，约翰 · 宾无需冒险再战，就能动摇法军对圣腓力城堡的围困。英军可以很容易发起一场针对法军海上运输线的战役。而且，在约翰 · 宾舰队存在的情况下，梅诺卡岛上的 1.4 万名法军也很难被运送至直布罗陀。最危险的莫过于听任法军夺取梅诺卡岛，从而腾出其陆军部队对直布罗陀采取行动。许多法国历史学家都对法国未能从梅诺卡岛胜利中更多获益感到悲哀，到头来法国得到的不过是一种以醋和蛋为主料制作的蛋黄酱的名字——美乃滋（Mayonnaise）。[41]

约翰 · 宾未能解救梅诺卡岛的报告于 7 月 14 日送达伦敦。1756 年夏，英国似乎四处碰壁。在北美，前一年夏天在迪凯纳堡（Fort Duquesne）伏击并挫败布雷多克（Edward Braddock）少将远征行动的法军，又在进攻奥斯威戈堡（Fort Oswego）和乔治堡（Fort George）的行动中获胜。在印度，亲法国的孟加拉行政长官攻陷了加尔各答（Calcutta），并将承诺收监的俘虏投入臭名昭著的"黑洞"（Black Hole）。如此败绩既让英国公众感到愤怒，也需要有人承担责任，同时还削弱了首相纽卡斯尔公爵（Duke of Newcastle）

托马斯·佩勒姆–霍利斯（Thomas Pelham-Holles）的地位。由于布雷多克和加尔各答驻军指挥官均已阵亡，战争失败的耻辱大多落到约翰·宾和英国政府头上。怒火中烧的暴民吊起并焚烧了这位海军将领的模拟人偶。纽卡斯尔当然更愿意看到公众将愤恨发泄于一个他认为应该受到“审判和谴责的懦弱将领”身上。但如果纽卡斯尔是在寄希望于牺牲约翰·宾来拯救其内阁，那么他很快就发现自己想错了。国王要求德文郡公爵（Duke of Devonshire）和威廉·皮特爵士组织新政府。纽卡斯尔的倒台未能改善约翰·宾的处境。新阁僚们曾痛斥前任无能并因此助长了暴民乃至国王的愤怒，及至约翰·宾被军事法庭定罪时，当然也就无力为其求情。[42]

约翰·宾的死无法冲淡他作为主帅的不称职。这种不称职也不应归咎于他严格遵守过时的指令。朱利安·科比特有如下评论：

> 很少有作战行动在战术意义上像（梅诺卡岛战斗）这样被误读。几乎所有的研究都局限于约翰·宾的悲惨下场是否罪有应得。这位不幸的海军将领被认为是一个倒霉的、抱着陈腐“战斗指令”不放的笨蛋，在战术上没有一丝一毫的主动。毫无疑问，约翰·宾不具备成为一个卓越指挥官的品质，但若认为他不是一个充分了解其时代进步的科学型战术家，则肯定是错误的。对其如此不公，无疑是由于人们相信当时的海军战术是一潭死水，约翰·宾正好成了这种局面的化身。然而，我们只要用现时的新视角来仔细审视这场战斗，就会发现战术是沿着正常的、连续的路线不断进步的，而约翰·宾本人就是这种进步的先驱。[43]

那么，约翰·宾为何会受到军法审判呢？究其原因，与其说是战术上的缺陷，不如说是战略上的失误：他的死不是因为输掉了战斗，而是因为没有按照指令要求竭尽全力解梅诺卡岛之围。审判集中在约翰·宾对战斗的战术处理上，因为“没有任何《战争法规》（Article of War）”能让其因未解守军之困“受到责罚”。然而，约翰·宾对舰队的处置并非完全墨守成规，也谈不上僵化刻板。他的开局机动是对标准指令的明智修正。科比特写道，约翰·宾“没有拘泥于旧《指令》的老套路，而是尝试了一些很有价值的改变”。但是，正如迈克尔·刘易斯指出，这一理念“不是新到……而是老到不为人知，又不在《永久指令》（Permanent Instructions）之中，是以很容易被普通舰长所误解”。[44]

英国海军军官头脑中都有许多新想法，约翰·宾也不例外。但是，如果一个指挥官预期或者希望在战斗进程中背离标准指令，就必须像弗农、安森和霍克那样，事先将想法告知部属。约翰·宾没有做到这一点。从战役一开始，约翰·宾就对自己的舰队和军官表示不满。请注意，他不愿授权任何一位资深舰长指挥第三个分队，这是一项不利于其本人与部属密切联系的决定。

约翰·宾最大的不幸或许是其麾下的地中海舰队打的是七年战争的开局之战。人们很容易把约翰·宾在梅诺卡岛和马修斯在土伦的失利归咎于战列线和战斗指令的限制。但土伦和梅诺卡岛最显而易见的共同点——都是“首次战斗”——不但可以解释这两次失败，还可以解释英国后来取得的成功。历史上，在初次交战中，事态很少会按照预定计划展开。

※ ※ ※

与马修斯的土伦之败一样，约翰·宾在梅诺卡岛的失败并没有导致战列线进一步走向令人窒息的神圣化，而是引发了战术的持续演变以及指挥控制的方法创新。许多英国和法国指挥官试图通过微调战斗指令提高战斗效能，但都收效甚微。尽管法国在先进信号系统方面走在前列，但先进信号系统在战斗中的应用未能弥补法军往往由于舰船和官兵原因造成的战斗力水平低下问题。[45] 七年战争中最为成功的海军将领继续着弗农的传统。1747 年第二次菲尼斯特雷角战斗的胜利者爱德华·霍克同样是一个乐于走出战列线并在战斗中进一步下放指挥权的人。

安森和霍克继续着他们因奥地利王位继承战争结束一度中断的努力。1758 年指挥英吉利海峡舰队（Channel Fleet）的安森发布了新的附加指令，其中一条警示部属，在交战期间，上级指挥官可能会“降下组成战列线的信号”，遇此情况，所有舰长都要“竭尽全力，在尽可能近的距离上，夺取或摧毁与本舰相对的敌舰，并在对手被逐出己方战列线时实施追击”[46]。1756 年 7 月接替约翰·宾执掌地中海的霍克在指挥控制方面采取了类似的做法。霍克到任后与资深舰长们谈了话，受训者包括奥古斯塔斯·赫维，他后来回忆道：“（霍克）发表了很好的讲话，称他决心（与法军）近战，国家荣誉要求我们尽最大努力摧毁敌舰，他毫不怀疑我们应该这么做，以及大量诸如此类的内容。”第二年，在命运多舛的罗什福尔远征行动中指挥英国海军的霍克正式提出近战的想法。霍克废除了战斗指令中要求以预先规定的线式战斗序列与敌交战的第 13 条，指示部属们要“尽可能近”地与敌交战，在接近至“手枪射程”前不要开火。[47]

1759 年 5 月，霍克接替安森执掌海峡舰队后更进一步。在一项附加指令中，他告知舰长们，在率领舰队接敌至相当近的距离之后，他将发出交战信号，然后“降下组成战列线的信号”，此时，各舰应与最近之敌交战，并尽量靠近敌舰将其击沉或摧毁，然后“就近加入自己认为最必要的战斗”。这些对“永久”指令的修正并不是叛逆行为。霍克首次修改指令第 13 条，发生于海军部大臣之一、海军上将爱德华·博斯科恩（Edward Boscawen）担任舰队副职时。霍克的第二次修改，则发生于他认为另一位海军部大臣安森很快就会来执掌舰队时。霍克的传记作者拉多克·麦凯（Ruddock Mackay）写道：“毋庸置疑，第 13 条的修正得到了海军部的批准。”[48]

霍克并不是一个战术创新者。他既没有写过标着进攻和撤退队形图示的海军读本，也没有编过组织严谨、图文并茂的信号手册。霍克是一位指挥创新者，他通过摒弃集中化指挥，提升了舰队的战斗力。霍克之所以能赢得战斗，是因为他相信英军在近距离上的战术优势，乐于脱离纵列队形的束缚，愿与部属分享他的战术理念。霍克没能像纳尔逊那样在海军名人堂中赢得一席之地，可能仅仅是由于“没有任何一位法国海军将领与他打过一场真正的硬仗”的缘故。[49]

霍克 1759 年 11 月 20 日在基伯隆湾（Quiberon Bay）的胜利是海军战略、战役和战术层面指挥控制的典范。霍克能在晚秋时节集结舰队做好战斗准备，这本身就是指挥领域的重大成就。

尽管在梅诺卡岛取得了“胜利”，但在七年战争初期，法国还是遭受了一连串的失败。当普鲁士在英国有限的财政和军事支持下，极力遏制路易十五（Louis XV）在欧洲大陆的军队时，英国开始封锁并袭击法国海岸，打击法国商业，孤立和掠夺法国的殖民地。法国海军历史学家乔治·拉库尔-加耶（Georges Lacour-Gayet）写道：“1758 年，法国在海上的军事挫败接踵而至。英军不断袭扰圣通日（Saintonge）、科唐坦和布列塔尼（Brittany）沿岸，继而夺取了路易斯堡（Louisbourg），这也预示着蒙特利尔（Montreal）日后的陷落。”[50]

与两个世纪前的腓力二世一样，路易十五也认识到其对手的战略中心在英国。拉库尔-加耶指出：“事态的发展使人们产生了在不列颠群岛登陆的想法，因为这才是毕其功于一役——复仇、结束战争——的有效途径。”[51]

尽管入侵计划系多人所为，但法国外交大臣舒瓦瑟尔公爵（Duc de Choiseul）艾蒂安-弗朗索瓦（Etienne-Francois）是其主要推手。最后的计划相当之复杂。土伦分舰队要脱离地中海之困，北上布雷斯特加入主力舰队，然后一同南下至布列塔尼海岸与艾吉永公爵（Duc d’Aiguillon）指挥的运载两万士兵的运输船队会合。入侵舰队将前往克莱德湾（Firth of Clyde），让地面部队在苏格兰登陆。之后，由 35 艘到 40 艘战列舰组成的作战舰队将绕过不列颠群岛最北端进入北海。与此同时，一支规模较小的部队将对爱尔兰实施佯攻。法国人预计，上述行动将吸引英国海军追击，从而远离主攻方向：由苏比斯亲王（Prince de Soubise）指挥的另一批两万人的部队，从奥斯坦德航渡至埃塞克斯（Essex）的莫尔登（Malden）。

一旦上岸，苏比斯亲王的部队就与伦敦近在咫尺了。[52]

法国的计划虽然读来令人印象深刻，但由于在战役层面缺乏行之有效的指挥控制手段，所以注定会失败，就像当年腓力二世和路易十四在马德里（Madrid）和巴黎策划的入侵方案一样。朱利安·科比特爵士指出，尽管法国人的计划是以“彻底的科学精神”制订的，但说到底还是一个“（出自陆军）士兵的计划”。法国海军历史学家也多有诟病，指其“不切实际”或“太过繁复”。此外，令科比特怀疑的是，如果法国人认为其舰队——尽管有登陆部队运输船队的拖累——强大到足以与英国舰队抗衡，为什么不直截了当寻求一战以获得制海权，哪怕只是暂时的，为所有入侵部队扫清道路？[53]

除了计划中固有的指挥控制问题以及法国海军战略家们的哲学缺陷，路易十五还面临着一些实际困难。其中最主要的是，在英国海军可能阻截的情况下，如何将地中海和大西洋的海军部队集结于布雷斯特。这一因素曾经影响了1689—1690年的作战行动，现在由于英国占据着直布罗陀而变得愈加复杂。更为糟糕的是，由于后勤保障原因，法国无法将舰队和艾吉永公爵的部队同时集结于布雷斯特。公爵麾下的陆军要在莫尔比昂（Morbihan）集中，而承担将部队运输至克莱德湾任务的船只则要在基伯龙湾集中。即使法国人最终能集合全军，舰队将不得不两次逃过英国的封锁——先是布雷斯特，接下来是基伯龙湾。

随着事态的发展，英国海军挫败了法国地中海分舰队和布雷斯特舰队的行动。入侵计划中唯一成功的部分是在爱尔兰的佯攻登陆。

4月14日，爱德华·博斯科恩前往地中海加入封锁土伦的英国海军部队。当时，英国海军部没有确切的情报表明法国确实准备入侵英国。[54] 5月，博斯科恩与由13艘战列舰和12艘护卫舰组成的地中海部队会合，在土伦水域建立起严密的封锁，并频频打击法国的商业活动。但由于丢失梅诺卡岛以后，英军再无就近的支援基地，博斯科恩舰队无法在土伦水域久留，最终不得不返回直布罗陀休整。

8月3日，博斯科恩回到直布罗陀时接到了海军部的新命令。法国准备入侵英国，其地中海分舰队可能参与行动。根据新的指令，如果土伦分舰队逃过英军封锁，博斯科恩要留7艘战列舰和护卫舰在地中海，率其余兵力返回英国。

博斯科恩面临着困难的抉择。海军部显然希望他能把法国地中海分舰队挡在土伦。既然如此，他不是应该立刻赶到那里，重新建立起严密的封锁吗？但是，如果法国人趁其不在时，已经溜之大吉了呢？果真如此的话，英国舰队很有可能会在途中与其失之交臂，然后在土伦港扑空；而法国舰队则会穿过狭路——直布罗陀海峡——进入大西洋。博斯科恩选择将舰队留在直布罗陀，并用护卫舰部署一条巡逻线，严守海峡入口。

博斯科恩做出了正确的决定，因为在德拉克吕·萨布朗（M. de La Clue Sabran）海军上将8月5日带着地中海分舰队的10艘战列舰、2艘50门炮舰和若干护卫舰离开海军锚地之前，他无法赶到土伦。拉克吕打算从土伦先向西南航行，然后紧贴北非海岸线，把握时间趁夜进入直布罗陀海峡。拉克吕距布雷斯特1700英里，在希望能避开英国人的同时，他对其被长期封锁的舰队能否全程保持队形没有把握。因此，他指示各舰，如果没有遭到拦截，通过海峡后，就开进加的斯。

8 月 17 日下午，拉克吕接近直布罗陀。英军一艘警戒护卫舰在休达（Ceuta）水域发现法军，旋即赶去报知博斯科恩。护卫舰于晚 20 时左右达到直布罗陀，当时博斯科恩和许多高级军官正在岸上用晚餐，许多舰员则在“巨岩”要塞；大多数舰船已将风帆卸下存放。看到自己的旗舰正在解缆备航，博斯科恩感到情况紧急。22 时，博斯科恩率 8 艘战列舰起航。23 时，英军驶出港湾。科比特写道：“这是卓越的航海技艺展示，只有熟悉‘巨岩’要塞的水手才能完全理解。在港内不易航行、风帆完全卸下、主帅不在其位的情况下，一队战列舰只用了不到 3 个小时就连夜出海。这一壮举今后也将很难被超越。”[55] 由于英军已来不及阻止法国舰队通过海峡，博斯科恩继续向西，希望能在法军为安全驶过葡萄牙西南端的圣维森特角（Cape St. Vincent）而转为西北航向时实施阻截。

通过海峡后，拉克吕发现舰队仍能保持良好秩序，遂决定不再在加的斯停留，而是继续向圣维森特角前进。他放慢旗舰航速以便让各舰组织好队形，然后发出相应的夜间信号。但是，由于担心舰上的灯光会为英军指航，拉克吕熄灭了旗舰尾灯，各舰也都照做不误。很快，5 艘战列舰和担任后卫警戒的 3 艘护卫舰，或因看不到或因误解了拉克吕的信号，与其失去联系，向加的斯驶去。

博斯科恩彻夜追赶拉克吕舰队的主力，除了自己的 8 艘战列舰，托马斯·布罗德里克（Thomas Broderick）海军少将率领另外 5 艘舰在其后约一小时航程的距离上。次日晨，英军瞭望哨在距圣维森特角约 30 英里处发现 7 艘法国战列舰。法军也发现了英舰，却误认为是己方后卫。于是拉克吕放慢速度以便让其赶上。但随着天色越来越亮，布罗德里克的几艘舰也进入视线，拉克吕开始担心起来。他指示向这些无法辨认的船只发出内部信号。信号未被应答，拉克吕意识到了自己的错误，向圣维森特角驶去。

尽管布罗德里克距离尚远，博斯科恩明白，必须在夜幕降临前与法军交战。8 时左右，他发出追击信号，双方竞相向圣维森特角驶去。14 时 30 分左右，英军前导舰终于与法军殿后舰接战。随着更多的舰只进入战斗，英军对法军后卫舰只形成夹攻态势。虽然这种战术集中非常有效，但博斯科恩知道，随着布罗德里克逐渐接近，他已握有明显的数量优势，为了取得彻底的胜利，必须与法军前卫交战。但是指令中并没有相应的条款，舰长们也不理解博斯科恩向各舰分别发出的加速信号。

激战中，法军各舰表现相当不错。整个下午，英军仅俘获一艘法舰。一艘法舰在重压之下脱离战斗，最终逃至加纳利群岛（Canaries）。另有一艘法舰逃往罗什福尔。拉克吕和其余 4 艘舰星夜航行试图脱战。但次日拂晓，势单力薄的拉克吕发现自己被困在了葡萄牙海岸。他没有降下帅旗，而是把旗舰撞向岩石。一名舰长如法炮制，另外两名舰长则在葡萄牙岸边抛锚，寄希望于英军能尊重葡萄牙的中立，或是因附近的海岸炮群不敢近前。但英军对法律条文和葡萄牙人的炮术不屑一顾，派人焚毁了两艘搁浅法舰，俘获了另两艘在拉古什湾抛锚的法舰。

起初，博斯科恩并不确定他的胜利有多大，因为拉克吕还有 7 艘战列舰未被消灭。但是，作为一支有效的战斗部队，作为入侵英国庞大计划的一部分，法国地中海分舰队已不复存在。

法国的入侵计划并未因拉古什湾的失败而告终结。成功的希望现在集中在孔夫朗伯爵（Comte de Conflans）于贝尔·德布里耶纳（Hubert de Brienne）海军中将（法国元帅称号）指挥的布雷斯特舰队。虽然孔夫朗对胜利的前景存疑，但路易十五及其大臣们命令他从布雷斯特突围，驶向基伯隆湾，赶走监视登陆部队运输船队的小股英国海军部队，与运输船队会合，然后护送船队前往克莱德湾。但要执行这些命令，孔夫朗必须在谋略上胜过英国海军最具进取精神和战斗技能的指挥官之一、第二次菲尼斯特雷角战斗的胜利者、海军上将爱德华·霍克爵士。

尽管风险很高，而且霍克的舰队与博斯科恩的不同，部署在伦敦的可控距离之内，但海军部没有对霍克的行动实施微观管理。霍克的文书编辑写道："战役开始之后，霍克会通报他准备采取的行动样式。他的建议几乎都被采纳了。"[56]

1759 年 5 月战役开始时，英国对法国的意图仍不清楚，因此舰队在布雷斯特针对敌人主力舰队的最佳行动方案也不明朗。霍克是应该以普利茅斯（Plymouth）、托贝或朴次茅斯（Portsmouth）等安全的英吉利海峡锚地为依托机动作战，还是应该以布雷斯特西北小岛阿申特为依托继续实施严密封锁？远程封锁有利于舰队保持待战状态，但也会让法军轻易脱逃。近程封锁不利于法军脱逃，但也会给霍克的舰船和舰员带来巨大的压力。

霍克决意"严防死守"布雷斯特的法军舰船，对这个法国海军主要基地实施了密不透风的抵近封锁。[57] 当法国的计划逐渐变得清晰，运输船队开始在莫尔比昂集结之后，霍克又派罗伯特·达夫（Robert Duff）率领一支小型编队前去监视。

整个春季、夏季和秋季，霍克的舰队一直在阿申特水域，当舰只轮流返回英国休整和补给时，护卫舰继续实施监视。遇有特别强烈的西北风天气，舰队就会到托贝的安全锚地避风，因为霍克知道此时法舰也无法离开布雷斯特。风力一减弱，霍克就尽快回到海上，恢复阿申特水域封锁，以免法军乘机逃跑。霍克日复一日地坚持着，期间达夫分队先是受到拉克吕的威胁，后来又受到法国西印度分舰队的威胁，霍克知道这支部队正在返回法国的途中，可能会在比斯开湾某处靠岸。如果拉克吕的舰只躲过博斯科恩，或者西印度分舰队在莫尔比昂附近靠岸，法军可能会在基伯隆湾困住并摧毁达夫分队。

但是，西印度分舰队一路航行到了布雷斯特，而且其到来启动了入侵计划的最终实施。一股强劲的西风迫使霍克的舰队退回托贝，法国加勒比分舰队于11月7日进入布雷斯特。孔夫朗知道该分舰队的船只需要整修，而霍克已经被大风赶走，于是他调出到达舰船的老兵，把人手分配到自己的舰上，准备一旦风势允许就冲出布雷斯特。11月14日，风向终于进一步转东，霍克得以离开托贝重返阿申特水域。但11月17日，英军恢复封锁之前，霍克得知“我们从托贝乘风而来，孔夫朗也从布雷斯特乘风而去”。霍克后来写道，“一接到情报”，他就料定法军会去基伯隆湾，“于是下令加快赶往那里”。[58]

不出霍克所料，孔夫朗向南往莫尔比昂而去，他将在基伯龙湾与运输船队会合。11月19日稍晚，法军到达海湾入口，英国海军准将达夫的分队正在补充补给，没有意识到危险。幸运的是，霍克已经派出“复仇”号（*Vengeance*）护卫舰向达夫报警。当瞭望哨发现护卫舰的警告信号时，达夫命令各舰要么解脱要么砍断缆索，以免被困在湾内。然后，达夫率部向西加入霍克的舰队。

次日黎明，达夫看到一支舰队，但很快就发现是法国舰船。达夫处境危险。孔夫朗希望能一举消灭这一小队英舰，指挥旗舰“皇家太阳”号（*le Soleil Royal*）率先展开追击。尽管吨位更大的法舰越追越近，但孔夫朗在近10时前发出信号终止了追击。法军瞭望哨观察到西方出现了更多的风帆，这只能是英军的主力舰队。

霍克的舰队在与暴风雨的搏斗中连夜驶向基伯隆湾。11月20日拂晓，霍克无法确定自己的位置，但意识到有被风吹向海岸的危险，遂派舰长理查德·豪率“宽宏”号（*Magnanime*）先行去寻找海岸，舰队的其他护卫舰则在前方警戒敌人。8时30分许，“梅德斯通”号（*Maidstone*）护卫舰发出发现敌舰的信号。霍克继续奋力前行，在四十节的大风中，英舰比法舰航行得更快。

从发现霍克舰队的那一刻起，孔夫朗就没打算冒险一战。摧毁达夫的小股部队是一回事，与霍克的舰队交战则是另一回事。甚至在离开布雷斯特之前，这位法国指挥官就“打定主意避免全面开战”。拉库尔–加耶指出，孔夫朗“一心只想保全整个舰队的安全，尽管其数量差距并不明显”。双方兵力大致持平：法军21艘战列舰对英军23艘。但是，正如孔夫朗自己后来写道，之所以“直接前往莫尔比昂”，是因为“风和我们当时所处的位置，不允许我去其他任何地方。我相信，如果我先带着21艘舰进入（基伯龙湾），敌人并不敢轻举妄动，尽管他们占有数量优势，因为在那种封闭的环境中，数量太多本身就妨碍其机动”。孔夫朗命令各舰跟在旗舰之后面排成一列进入海湾，按计划前去与运输船队会合。[59]

当霍克看到法军开始向海湾入口处接近时，他认为孔夫朗此举意在避战，按照战斗指令，这已经足以让一个性格如斯的指挥官下令追击了。很快，霍克的旗舰上升起一面白底红十字信号旗，接着是三声炮响。霍克通过信号旗指挥前 7 艘舰排成一列纵队，赶在法舰绕过海湾西南入口处一组名为“红衣主教”的凸出岩石前与之交战。霍克本人则率领其余各舰尽快加入战斗。得益于舰员高超的航海技能，英军拉近了距离。14 时 30 分左右，前方传来炮声，英军前导舰已与法军后卫舰交战。霍克立刻在旗舰上升起一面红色信号旗，传令“舰队各舰都要全力以赴，尽可能抵近敌舰作战”。[60]

霍克的决定令孔夫朗陷入困境。法国舰队排成了一列 8 英里到 10 英里长的纵队，其中略多于一半的舰船尚未绕过红衣主教岩，进入海湾。更为复杂的是，英军刚一开战，风向就从原来的西南偏西转为西北偏西，法舰绕行红衣主教岩时，再也无法向北航行了。孔夫朗的后卫分队面临着灾难。

但霍克并不满足于局部性的胜利。当英军前卫分队与法军后卫分队交战时，他带领其余英舰开进了海湾。英舰大多没有海图，加之天气恶劣，能见度又很差，情况一片混乱。但霍克认为，法国人知道自己要去哪里，只要英舰紧跟敌舰，他们面临的风险就不会比他们追击的法舰更大。随后发生的无疑是海战史上最令人生畏的战斗之一。18 世纪的海战本身已足够恐怖，更何况还要面对葬身于大自然的威胁。狂风使航行和机动变得困难，摇摆使甲板严重倾斜，舰员们紧张地操作火炮。战列舰的下层火炮甲板因接近水面几乎完全被封闭起来，以阻挡成吨的海水涌入，这些海水可以轻易毁掉一艘大型战舰。

奥古斯塔斯·凯佩尔（Augustus Keppel）舰长指挥的英国 74 门炮舰“托贝”号（*Torbay*）与阿尔芒·德凯尔桑（Armand-Guy de Coetnempren de Kersaint）舰长指挥的法国 74 门炮舰“忒休斯”号（*Le Thésée*）对阵，两人不顾海况恶劣，都下令下层甲板的火炮投入使用。当英舰以舷侧火炮向法舰射击时，海水从敞开的炮口涌入，但凯佩尔迅速灵活地转向迎风，以减小横摇，炮手则关闭炮口。德凯尔桑不甘示弱，依样学样，不料海水势头太猛，德凯尔桑和舰员们还来不及做出反应，“忒休斯”号就因进水而倾覆。全舰 650 名官兵，仅 22 人幸存。[61]

17 时左右，天色渐暗，双方指挥官都意识到必须尽快结束战斗。霍克认为继续追击太过莽撞，遂将旗舰上的交战信号改为抛锚信号。但急于逃走的孔夫朗企图趁着夜暗冲出海湾。混乱之中，一艘法舰撞上旗舰“皇家太阳”号左舷。紧接着，另一艘法舰又撞到了旗舰右舷。正如霍克的现代传记作者拉多克·麦凯所言：“孔夫朗这一天受够了法军航海技能的苦。他抛了锚。”这位法国指挥官有所不知，法军还是有几艘舰逃了出去，只有 8 艘还在海湾里。[62]

次日破晓，抛锚的“皇家太阳”号被围在英国舰队中间。另外 7 艘法舰停泊在靠近海岸处。霍克知道他有机会彻底消灭敌人；孔夫朗知道等待自己的是失败。

霍克运气不佳，风比前一天更大了。孔夫朗的旗舰砍断锚索，霍克命令 64 门炮舰“埃塞克斯”（*Essex*）号追击。但大风将两舰吹向岩石。霍克别无选择，只能保持抛锚状态，眼睁睁地看着其他 7 艘法国战列舰以及所有护卫舰，抛弃火炮减轻重量，试图越过暗礁逃入维莱纳河（Villaine River）。除 64 门炮舰“不屈”号（*la*

Inflexible）触礁损毁，其余各舰都获得成功。直到第二天清晨，天气才好转到足以让霍克恢复进攻，但此时已经没什么可做的了。英军尽其所能从触礁的两艘舰上回收装备物品，放火焚烧了两艘搁浅的法舰，其中包括孔夫朗的旗舰。

基伯龙湾战斗算不上是"决定性"的胜利。法国舰队的主体逃过了一劫。法军共损失 7 艘舰船——2 艘沉没，1 艘被俘，4 艘触礁搁浅。英军有 2 艘舰船触礁损毁。英军伤亡总数在 300 人到 400 人之间，法军在 2500 人左右。但整个战役，包括在拉古什湾和基伯龙湾，法军共损失战列舰 10 余艘。此外，霍克的胜利不但解除了法国对英国迫在眉睫的入侵威胁，还使法国舰队在接下来的一年里无力再战。法国海军两支主要分舰队的失败，也确保了英国能在不担心受到干预的情况下完成对加拿大的征服行动。正如拉库尔-加耶所写，基伯龙湾是"路易十五时期法国海军的坟墓"。[63]

拉古什湾和基伯龙湾的经验通常不为人们所重视。卡斯泰（Castex）写道，这两场战斗"没有教会我们任何有关战列线的东西。而且，这是两场非常特殊的战斗，是猎人和猎物之间的那种"。这固然很正确。但从指挥的角度来看，这些战斗都很重要——不是因为英军弃用了战列线，而是因为博斯科恩和霍克在战斗开始后都让渡了控制权。在这一点上，霍克是霍雷肖·纳尔逊的先行者。滕斯托尔写道："霍克的舰长们在长期的封锁作战中养成了一种高度进取的精神，不需要专门的信号督促他们行动。"诚然，霍克既有数量上的优势，也有质量上的优势，但其他英国海军将领往往也拥有同样的优势，却未能善加利用。[64]

注　释

1. 引用于 Tunstall, *Naval Warfare*, 90。

2. Corbett, *Fighting Instructions*, 195. 见 Ruddock F. Mackay, *Admiral Hawke* (Oxford: Clarendon Press, 1965), 182。

3. 见 Herbert W. Richmond, *The Navy in the War of 1739–1748*, 3 vols. (Cambridge: Cambridge University Press, 1920), 1:59–72, 151–178, 197–220。

4. Ibid., 172–175, 177. Clowes, *Royal Navy*, 3:83; Richmond, *Navy in the War of 1739–1748*, 1:197.

5. 法国分遣队包括 16 艘战列舰，西班牙分遣队为 12 艘。英国舰队则有 5 艘 50 门炮舰和 2 艘 40 门炮舰。这样，马修斯的舰队共有火炮 2080 门，而法国–西班牙舰队仅有 1822 门。Clowes, *Royal Navy*, 3:97n. 关于英国舰队内部的乱局，见 Mackay, *Hawke*, 25–26。

6. Tunstall, *Naval Warfare*, 85. Richmond, *Navy in the War of 1739–1748*, 2:10–13; Clowes, *Royal Navy*, 3:94–95.

7. 见 Richmond, *Navy in the War of 1739–1748*, 2:20–51; Clowes, *Royal Navy*, 3:96–102; Tunstall, *Naval Warfare*, 86–88; Mahan, *Influence of Sea Power upon History*, 265–268; John Creswell, *British Admirals of the Eighteenth Century: Tactics in Battle* (Hamden, Conn.: Archon, 1972), 66–76; G. Lacour-Gayet, *La Marine militaire de la France sous le règne de Louis XV*, 2d ed. (Paris: Librairie Ancienne Honoré Champion, 1910), 150–154。

8. 旗舰舰长（Flag Captain）是将官所在旗舰的指挥官，切勿与相当于将官参谋长的首席上校（First Captain）一职混淆。马修斯曾两度派尉官乘小船督导落后的中央分队及莱斯托克麾下舰只与编队靠拢。Tunstall, *Naval Warfare*, 86.

9. Richmond, *Navy in the War of 1739–1748*, 2: appendix 3. Creswell, *British Admirals*, 67. Mackay, *Hawke*, 23.

10. 对此项指控，法庭认定马修斯无罪，因为并无正式规定要求任何指挥官发布自己的指令和信号手册。

11. Mahan, *Influence of Sea Power upon History*, 268.

12. Douglas Ford, *Admiral Vernon and the Navy: A Memoir and Vindication* (London: T. Fisher Unwin, 1907), 166–167. 华盛顿之宅邸，即为纪念该将军而取名弗农山庄。Tunstall, *Naval Warfare*, 79–82; Corbett, *Fighting Instructions*, 205–207, 214–216; B. McL. Ranft, ed., *The Vernon Papers* (London: Navy Records Society, 1958).

13. 弗农语，引用于 Tunstall, *Naval Warfare*, 80。

14. Ranft, *Vernon Papers*, 295, 290–291, 302.

15. 该手册引用于 Corbett, *Fighting Instructions*, 206. 例如，土伦战斗前夜，患有痛风的莱斯托克不顾天气寒冷，乘小船赶往马修斯旗舰，希望与其讨论一下可能发生的交战。马修斯却将他打发回去了事。

16. Tunstall, *Naval Warfare*, 91.

17. S. W. C. Pack, *Admiral Lord Anson: The Story of Anson's Voyage and Naval Events of His Day* (London: Cassell, 1960), 153. 西部分舰队的主要任务是控制英吉利海峡以及将法国大西洋舰队主要

兵力封锁于布雷斯特。

18. Ibid., 158–161; Lewis, *Navy of Britain*, 523–524; Mahan, *Influence of Sea Power upon History*, 271; Clowes, *Royal Navy*, 3:124–126; Richmond, *Navy in the War of 1739–1748*, 3:86–94; Tunstall, *Naval Warfare*, 92–96; Lacour-Gayet, *La marine militaire sous le règne de Louis XV*, 179–184; Pat Crimmin, "Anson: Cape Finisterre, 1747," in Eric Grove, ed., *Great Battles of the Royal Navy: As Commemorated in the Gunroom, Britannia Royal Naval College, Dartmouth* (Annapolis: Naval Institute Press, 1994), 71–78.

19. 比如，可参见 Mahan, *Influence of Sea Power upon History*, 271。

20. 见 Richmond, *Navy in the War of 1739–1748*, 3:82–86。

21. Tunstall, *Naval Warfare*, 97–98. 这份额外的指令发布于 1746 年或 1747 年。另见 Mackay, *Hawke*, 56–57。

22. 见 Richmond, *Navy in the War of 1739–1748*, 3:101–111; Clowes, *Royal Navy*, 3:126–130; Mackay, *Hawke*, 69–88; Tunstall, *Naval Warfare*, 98–99; Mahan, *Influence of Sea Power upon History*, 272–273。

23. Tunstall, *Naval Warfare*, 91.

24. Ibid., 83.

25. Ibid., 92; Lewis, *Navy of Britain*, 538.

26. Richmond, *Navy in the War of 1739–1748*, 3:191–198.

27. Ibid., 133–148; Tunstall, *Naval Warfare*, 101–103.

28. 该舰长语引用于 Richmond, *Navy in the War of 1739–48*, 3:147。

29. Lewis, *Navy of Britain*, 504. Weigley, *Age of Battles*, 221.

30. Brian Tunstall, *Admiral Byng and the Loss of Minorca* (London:

Philip Allan, 1928), 126.

31. Julian S. Corbett, *England in the Seven Years' War: A Study in Combined Strategy*, 2 vols. (London: Longmans, Green, 1907), 1:100–101.

32. *Augustus Hervey's Journal: Being the Intimate Account of the Life of a Captain in the Royal Navy Ashore and Afloat*, ed. David Erskine (London: William Kimber, 1954), 203–204.

33. Corbett, *England in the Seven Years' War*, 1:114n.

34. Clowes, *Royal Navy*, 3:147. Tunstall, *Admiral Byng*, 67–78. H. W. Richmond, ed., *Papers Relating to the Loss of Minorca in 1756* (Greenwich: Navy Records Society, 1913); Corbett, *England in the Seven Years' War*, 1:106–107.

35. Tunstall, *Admiral Byng*, 98–110; Corbett, *England in the Seven Years' War*, 1:107–112.

36. Tunstall, *Naval Warfare*, 108. Corbett, *Fighting Instructions*, 170–172; Creswell, *British Admirals*, 100–101; Lewis, *Navy of Britain*, 502.

37. 当然，宾的舰队不是这么划分的。

38. 约翰·宾语，引用于 Tunstall, *Naval Warfare*, 110。

39. Castex, *De Ruyter à Suffren*, 53, 书中指出，严守战列线的观念不仅导致英军战列线出现了缺口，而且也使德拉加利索尼埃无法利用这一机会。Lacour-Gayet, *La marine militairc sous le règne de Louis XV*, 289.

40. Corbett, *England in the Seven Years' War*, 1:124–125.

41. Ibid., 125–127. Lacour-Gayet, *La marine militaire sous le règne de Louis XV*, 301.

42. Stanley Ayling, *The Elder Pitt: Earl of Chatham* (New York: David McKay, 1976), 180, 182, 200–201.

43. Corbett, *England in the Seven Years' War*, 1:115.

44. Creswell, *British Admirals*, 94. Corbett, *England in the Seven Years' War*, 1:117. Lewis, *Navy of Britain*, 502.

45. 见 Tunstall, *Naval Warfare*, 104–115。

46. 指令内容引用于 ibid., 106。

47. Hervey, *Journal*, 220. Mackay, *Hawke*, 180–181.

48. *The Barrington Papers: Selected from the Letters and Papers of Admiral the Hon. Samuel Barrington*, ed. D. Bonner-Smith, 2 vols. (London: Navy Records Society, 1937–1941), 1:259–260. Tunstall, *Naval Warfare*, 106. Mackay, *Hawke*, 182, 201.

49. Mackay, *Hawke*, 181–182.

50. Lacour-Gayet, *La marine militaire sous le règne de Louis XV*, 341.

51. Ibid., 342.

52. G. J. Marcus, *A Naval History of England*, vol. 1: *The Formative Centuries* (London: Longmans, 1961), 294–295; Mahan, *Influence of Sea Power upon History*, 297–298; Corbett, *England in the Seven Years' War*, 2:17–19; Weigley, *Age of Battles*, 223–229; Lacour-Gayet, *La marine militaire sous le règne de Louis XV*, 341–347; Geoffrey Marcus, *Quiberon Bay: The Campaign in Home Waters, 1759* (London: Hollis and Carter, 1960), 16–17.

53. Corbett, *England in the Seven Years' War*, 2:18–19. Mordal, *Vingt-cinq siècles*, 133. Lacour-Gayet, *La marine militaire sous le règne de Louis XV*, 345.

54. Corbett, *England in the Seven Years' War*, 2:10.

55. Ibid., 35.

56. Edward Hawke, *The Hawke Papers: A Selection*, 1743–1771, ed. Ruddock F. Mackay (London: Navy Records Society, 1990), 208.

57. Ibid., 220. 关于抵近封锁和远程封锁问题，见 Julian S. Corbett, *Some Principles of Maritime Strategy* (London: Longmans, Green, 1911), 185–210, 特别是 191–192 页关于霍克接近的内容；Wade G. Dudley, *Splintering the Wooden Wall: The British Naval Blockade of the United States, 1812–1815* (Annapolis: Naval Institute Press, 2003), chs. 1–2。

58. Hawke Papers, 339, 345.

59. Lacour-Gayet, *La marine militaire sous le règne de Louis XV*, 354–355.

60. Mackay, *Hawke*, 246.

61. Ibid., 248.

62. Ibid., 250.

63. Ibid., 252. Lacour-Gayet, *La marine militaire sous le règne de Louis XV*, 365.

64. Castex, *De Ruyter à Suffren*, 53. Tunstall, *Naval Warfare*, 117.

第五章

数字编号信号系统问世

the Advent of Numerary Signaling Systems

七年战争之后，常胜之师英国海军转向屡战屡败的法国对手寻求指导，这堪称海战史上最令人不可思议的事情之一。英国海军军官冷落了弗农、安森和霍克成功的即兴指挥风格，却热衷于法国人首创的高度集中的视觉信号系统。英国人需要向“科学”的法国人学习的东西确实很多，后者在许多领域都更为先进，包括船舶建造和所谓的海洋科学。许多英国海军军官认为，法国舰船在设计和建造上要优于英国的同类舰船。在七年战争之后的 30 年间，英国海军军官如饥似渴地学习法国的战术手册和信号手册，虽然他们对布雷斯特和巴黎出版的造船手册并没有表现出多大的兴趣。然而事实是，无论英国海军有什么缺点，在实战中都一再展示出其固有的、明显的优势。

何以至此？因为，在很大程度上，英国海军的文职官员和高级军官都是启蒙运动之子，法国人更“科学”的做法对他们有着天然的感召力。一些身居高位的海军将领，其中以理查德·豪最为突出，一方面对英军战斗指令的缺陷感到沮丧，一方面对诸如爱德华·霍克在基伯龙湾那样的冒险感到不安，对他们而言，先进信号系统的发展提供了从旗舰甲板从容实施集中控制的可能。

到 18 世纪中叶，不仅在巴黎，而且在整个欧洲，对理性力量的坚定信念已经根深蒂固。在英国，启蒙“心态”显而易见，而且正如1775年美洲殖民者所表现的那样，这样的情况不仅仅存在于上层社会。启蒙理念在英国深入人心，正如历史学家罗杰（N. A. M. Rodger）在《木船世界》（*Wooden World*）中指出的那样："被视为一个微型社会的海军，在很大程度上成了整个英国社会的缩影。"[1]

基于这样的思想氛围，英国海军将领跨越海峡去为自己的问题寻求解决之道也就不足为奇了。自17世纪末期图维尔将军和霍斯特神父的开创性著作问世以来，法国人引领欧洲走上了一条理性的、"科学的"海战之路。整个18世纪，法国的科学家和海军军官撰写了大量关于海洋——水文、造船、航海、炮术和机动的著述。1780年，英国海军上校理查德·肯彭费尔特（Richard Kempenfelt）感叹："法国人天赋异禀……把每件事都做到极致。"他补充道：

> 我要说的是，他们刚在明显缺乏必要条件的情况下完成组建海军的壮举，马上就以敏锐的洞察力认识到（我们一直未能认识到的）海军战术体系在海战中孕育的巨大优势……他们非常睿智地意识到，陆军战术有可能转化为适用于舰队编队与机动的海军战术。他们着手进行这项工作，并且做得十分彻底。他们在完善舰队规则和策略方面速度之快，与组建舰队时一样令人瞠目。[2]

毫无疑问，法国海军在军事意义上比英国海军更为正规和"专业"，但"专业"并不一定意味着成功。风帆时代法国海军最尖刻的批评家之一拉乌尔·卡斯泰（Raoul Castex）注意到一个悖论，即 18 世纪法国海军的屡遭败绩，恰与“一场投入了全部热情和才能、旨在改进海军体制的激烈而善意的尝试”同步。他写道：“推导出这样的结论是必然的，即对海洋问题的理论研究是一种非常特殊的活动，无论是猜测性的或是科学性的，都与实际战争相去甚远。”[3]

例如，1750 年代根据莫罗格子爵（Vicomte de Morogues）塞巴斯蒂安–弗朗索瓦·德比戈（Sébastien-François de Bigot）的指令建立于布雷斯特的法国海军学院（Académie de Marine），并不是一所学校，而是一个由科学家、学者和海军军官组成的学会，与法兰西学院（Académie Française）类似。海军学院成员的著述反映了科学和启蒙的工作方法。法国海军历史学家乔治·拉库尔–加耶宣称，学院成员的努力，为法国海军“在美国独立战争中的胜利”打下了基础。但卡斯泰认为，法国海军在七年战争中的溃败与学院的工作和人员不无关联。莫罗格参与制订了导致维哥湾和基伯龙湾惨败的入侵计划。在卡斯泰看来，学院的工作与法国海军面临的更重要的问题——无力赢得战斗——相去甚远。在卡斯泰认定的 274 篇学院论文中，涉及战略和战术的仅有两篇，与论述农业主题的数量相当。[4]

认为法国海军已经达到肯彭费尔特所称的“极致”的观点，更多地源于法式方法和手册所产生的逻辑魅力，而不是源于对其战斗表现更经得起推敲的研究。法国海军最具进取精神之一的指挥官皮埃尔–安德烈·德叙弗朗（Pierre-André de Suffren）将军写道：“一支军队应当通过行动，而不是文章，使自己与众不同。”[5]

尽管如此，受到启蒙的英国海军军官还是被法国专业精神的外在形式所吸引，他们并没有将法国海军的问题归咎于各种手册，而是归咎于军官的个性，或者说是个性的缺失。但让这些英国军官无法理解的是，法国人煞费苦心地开发出了战术概念和相应的视觉信号系统，其舰队在战斗中却总是处于守势。

※ ※ ※

七年战争之后的数十年间，英国出版商开始翻译出版法国文献，包括霍斯特神父、数字编号信号系统的先驱马埃·德拉布尔多奈、莫罗格、帕维永骑士（Chevalier du Pavillon）让-弗朗索瓦·德谢龙（Jean-François de Cheyron）和雅克·布尔代·德维尔于埃（Jacques Bourdé de Villehuet）等人的著述。因为“深信英国海军最立竿见影的途径就是复制法国的信号系统”，肯彭费尔特亲手将马埃·德拉布尔多奈的一些作品译成英语。英国海军指挥官们消化了这些引进的资料之后，开始试验并最终采用了法国人热衷的数字编号信号系统的修改版本。[6]

早期海军信号系统通过悬挂位置的不同，用一面信号旗代表一种行动样式。例如，在后桅顶升挂一面绿旗表示命令舰队起锚，而在前桅顶升挂一面绿旗则可能表示命令舰队收紧队形。由于几十年来信号数量的不断增加，信号旗的数量也在增加，到 18 世纪末，英军使用的信号旗数量已达四五十种之多。相比之下，数字编号系统只使用一组 10 面基本信号旗，每面信号旗代表 0 到 9 之间的一个数字。举例来说，升起 2 号、7 号和 5 号三面信号旗，就代表信号手册上的第 275 号。这样，10 面信号旗就可以展示一千种信号。

此外，还使用附加信号旗作为复示器和指示器。但数字编号系统可以用不到旧系统一半的信号旗传达多得多的信息。

理查德·豪海军上将是这一转变的领军人物。早在七年战争期间，身为初级军官的豪就对视觉信号系统表现出兴趣，并为自己指挥的小分队制定了专用信号。在豪看来，霍克的基伯龙湾之胜非但没有证明其分散指挥方式的有效性，反而证明需要一个信号系统来控制舰队的行动。战后，豪作为海军部大臣之一，将为英国海军开发“信号系统”作为其“研究的重要对象”。[7]

七年战争之后10多年的和平使法国和英国海军指挥官几乎没有机会在实战中试验新的指令和信号系统。因此，这些工作大都只是停留在理论层面。事实上，法国海军还后退了一步，在1773年采用了帕维永提出的一种多少有些令人困惑的方案，而不是马埃·德拉布尔多奈设计的真正的数字编号系统。英国海军也在尝试改造自己的指令和信号。在1768年夏季的演习中，英国海军测试了一些由一个扩展的信号系统支持的新的编队机动样式。与此同时，在岸上机构工作的豪进一步优化了他的构思，并在1770年左右印制了其首套完整信号。[8]

这些和平时期的发展成果并没有多少新的突破。英国海军将领采用的修订版指令，包括豪发布的指令，依据的都是霍克等指挥官使用的战术。滕斯托尔认为豪1770年的指令是一个“保守的产物”，不过是对“20多年来海军已经熟悉的指令的官方认可，而且实际上还排除了一些更有用的指令”[9]。然而，1760年代末和1770年代初获得的有限经验让英国人感到，视觉信号系统显著提高了舰队的机动性。一个关键性的问题仍然没有答案：这个系统在战斗中能发挥作用吗？

随着 1775 年美国独立战争的爆发，英国海军指挥集中化的势头进一步加剧。虽然反抗的殖民者并没有对英国舰队构成重大海上威胁，但为支持陆军在岸上的行动、封锁海岸、保护海上补给线、追捕巡洋舰和私掠船，海军部不得不在北美海域集结一支规模更大的部队。1776 年，豪开始执掌这支舰队。

1776 年 7 月 12 日，豪在抵达纽约当天就颁发了一组被称为“海军战术史上最重要的文件之一”的新信号和新指令。豪的革命性新指令以信号手册和与之相应的高度集中化的指挥控制模式，取代了战斗指令，尽管还是非正式的。从此以后，信号手册将日益主导英国海军的战术。朱利安·科比特爵士评论说，“正是豪勋爵不屈不挠的手，给了（战斗指令）迟早要来的一击。当变革来临时，它来得非常彻底。”[10]

豪的《战斗舰船信号手册》（*Signal Book for the Ships of War*）虽然尚未采用数字编号方式，却构成了一个综合性的战术系统。作者在这本现在已经变得更加重要的信号手册后面附加了一本解释性的指令手册。这些指令清楚地表明，豪拥有英国海军最敏锐的战术头脑之一。新的指令比被替换的指令更为灵活，特别是在豪对手册做过修订之后。虽然某些条款允许舰长单独脱离战列线，甚至自主采取行动，但是新指令仍然要求遵行战列线战术。[11]

尽管豪倾心于信号系统，但他并未完全放弃追随霍克时获得的经验。与同时代的乔治·布里奇斯·罗德尼（George Brydges Rodney）海军上将和肯彭费尔特等人不同，豪试图找到一种能让部属享有一定主动权的模式。事实上，在后来对信号不断试验的 20

余年中，他给了舰长们越来越多的主动权。早在1777年7月，他就向舰队发布了一组“附加指令”。在指令的第1条中，他告诫各级军官，过于“严格遵守（信号）会阻碍舰长抓住战斗进程中可能出现的有利时机，这在许多情况下可能对海军不利。本组指令旨在准许忽略这些限制，为利用这种机会创造条件”。例如，在第8条中，豪“允许”舰长们在与敌近战时，既可占据上风位，也可占据下风位，只要“在他们看来更有利于登临或抵近敌舰将其迅速消灭。”[12] 这意味着，在利用这种“机会”时，英军舰船必须穿越敌方战列线。后来，豪将这一概念正式写入1790年版信号手册中，并在1794年“光荣的6月1日”（Glorious First of June）战斗中加以运用，结果喜忧参半。

豪把在战斗中控制舰队的责任几乎完全落实到舰队总指挥官身上，这是他对海军战术最重要但经常被忽视的影响。虽然舰队现在已经能够更好地实施特定的战术机动，但在豪的集中化架构中，只有舰队指挥官发出相应的信号，机动才能开始。可是，如果像弗农在近40年前就质疑过的那样，战场情况使总指挥官无法正确地判断形势，或者更糟的是，无法发出信号，该怎么办？还有一个问题是对阐述信号的指令该如何解读，豪在其指挥生涯中一直都被这个问题所困扰。布赖恩·滕斯托尔在赞扬过豪的一组指令后坦言：“如果对这一解读有什么疑问，那也是豪自己的措辞造成的，这样的措辞尽管比他最糟糕表达方式稍微清楚一些，但仍然是模棱两可的。”豪并不是唯一有问题者。英国海军历史学家约翰·诺克斯·劳顿（John Knox Laughton）在其巴勒姆（Barham）勋爵文集介绍中写道：“不难断言，18世纪作战行动的流产和失误十之八九都是由于指挥官们下达不出一个明白易懂的命令，抑或是说接受命令者不能理解命令。豪肯定是一个极端的例子。”[13]

豪面临的另一组问题涉及空间与时间的相互关联，这是弗农很久以前就认识到的关键要素。考虑到风帆战舰的航速较慢，把舰队排列成正规的队形，机动到有利的阵位，打一场决胜的战斗，一天时间能做到吗？

两年之后豪才有机会在战斗中测试其新系统。1778 年春，法国介入美国独立战争，并于 4 月派出土伦分舰队的 12 艘战列舰和 5 艘护卫舰，在德埃斯坦伯爵（Comte d’Estaing）夏尔-埃克托尔·泰奥达（Charles-Hector Théodat）海军中将率领下开赴北美。法军于 7 月抵达特拉华（Delaware），接着北上纽约，豪勋爵数量处于劣势的舰队正在那里的桑迪胡克（Sandy Hook）附近严阵以待。德埃斯坦决定不以其优势击敌，而是继续向北驶往罗德岛，在那里他同意与美国地面部队联手，企图围困科纳尼卡特岛（Conanicut Island）上的英国守军。[14]

豪注意到法军的动向，他现已得到增援，遂北上追击，于 8 月 9 日抵达纳拉甘西特湾（Narragansett Bay）。豪仍然处于劣势，而且火炮重量比舰船数量差距更大，尚未做好在港内进攻实力更强的法国舰队的准备。对豪来说幸运的是，德埃斯坦对英军的突然到来大为意外，下令砍断锚索向外海驶去。[15] 豪紧追不放，希望能在狭小的港区以外冒险一战。8 月 10 日一整天，豪都在指挥部队努力占据有利阵位。到夜幕降临时，双方舰队都是航向朝南。

11 日破晓，英军瞭望哨可以在上风方向大约 3 英里处看到法舰。豪将指挥部位转移至 32 门炮护卫舰“阿波罗”号（*Apollo*）。

该舰一整天都航行于双方舰队之间的暴露区域，以便豪向英舰发送信号。两军从清晨到下午都在忙于机动占位，直到傍晚刮起大风法军脱战。由于海况太差，豪无法返回旗舰，只好留在“阿波罗”号过夜。大风损毁了“阿波罗”号的舰首和主桅，次日晨豪醒来时发现，不但法国舰队，甚至连大部分英舰都已不知所踪。[16]

对已经决定辞去舰队主帅一职的豪来说，这次战斗令人失望。英国舰队抵达罗德岛水域和德埃斯坦莫名其妙地放弃法国舰队在纳拉甘西特湾的阵位，使豪解救罗德岛 6000 名英国守军的主要目标得以实现。[17] 但豪还希望能消灭法国舰队，以证明其新信号系统的价值。

豪从这次经历中吸取了一些教训，当然他很可能还吸取了另外一些教训。他的指令看来非常有效，舰队对信号做出了反应。他用一艘护卫舰控制部队——曾在 1768 年的演习中做过试验[18]——是一个创新的想法，在此次战争中后来也被其他英法指挥官所尝试。尽管豪本人没有再从护卫舰上指挥过作战，但他仍然相信这种方法的有效性。[19] 豪明白，其指挥体系让舰队指挥位置这一长期存在的问题成了更大的问题。海上没有可供指挥官审视战场形势并下达命令的高地。一旦战斗开始，处于战列线中央的指挥官很可能会迷失在硝烟之中。这并不意味着如果战斗真的打响，豪就一定会留在航行于双方战列线之间的“阿波罗”号上。但在豪看来，阻碍其计划实现的主要因素是时间，而不是信号手册。但是，如果漫长的夏日尚且短到不足以让两支舰队相互接近，他的机动能力又有什么用呢？直到 16 年之后，豪才有机会再次在战斗中验证他的想法。

※　※　※

对英国来说，德埃斯坦率土伦分舰队进入美洲海域，不仅标志着一场原本主要是局部地区镇压殖民叛乱的斗争，转变为一场涉及范围更广、最终走向全球的冲突，同时还预示着英国海军指挥官们在 1783 年和平最终到来之前将要面对的战略和战役困境。无论之前有什么缺点，法国海军在 1778—1783 年的战争中达到了最佳状态；英国海军则麻烦不断，而且不仅限于战术问题。原因很简单，没有足够的舰只来满足英国海军的所有需求。在战略层面，正如皮尔斯·麦克西（Piers Mackesy）在其美国独立战争研究的结论中所述，“英国舰队从来没有强大到足以实施持续的封锁”，就像霍克在七年战争时期所做的那样。[20] 在战役层面，法国有能力向北美、加勒比和印度洋水域派遣德埃斯坦那样的强大舰队。结果，在战术层面上，英国海军指挥官很少能在数量上与其法国（后来是西班牙）对手匹敌。

因此，1778 年春季法国介入战争时握有战略上的主动。不过，他们当时并未做好入侵英国的准备。法国的规划者们制订了无数入侵不列颠群岛的计划，但在西班牙人及其庞大的舰队参战之前，这样的行动还显得为时尚早。

当冲突爆发时，英国并不确定法国的意图，特别是德埃斯坦的土伦分舰队的最终去向。首相弗雷德里克·诺思勋爵（Lord Frederick North）和海军大臣约翰·桑威奇勋爵（Lord John Sandwich）并不认为会有迫在眉睫的入侵，但英吉利海峡舰队司令奥古斯塔斯·凯佩尔海军中将却认为有，因而坚持要求加强其舰队。由于包括桑威奇、豪和凯佩尔在内的高级将领认为英国海军缺乏足够的兵力来建立严密的封锁，他们的短期选项有限：要么增援海峡舰队，要么派一个分舰队前往直布罗陀阻止德埃斯坦离开地中海。内阁在政治上的软弱导致诺思和桑威奇选择了最安全的做法，即增援凯佩尔。[21]

除非西班牙在力量对比已经不利于英国的情况下，进一步增加其舰队的力量，否则法国外交大臣韦尔热纳伯爵（Comte de Vergennes）并不主张全面入侵，也无意发起即使是目标有限的攻击。韦尔热纳接受了海军制订的一项计划。由驻布雷斯特的主力舰队在英吉利海峡附近显示力量，不为求战，只为吸引在欧洲的英国海军部队的注意；与此同时，土伦分舰队离开地中海，横渡大西洋，让法国在美洲海域至少能拥有暂时的海军优势。[22]

夏季，奥维利耶伯爵（Comte d'Orvilliers）路易·吉尤埃（Louis Guillouet）海军中将率领 32 艘战列舰从布雷斯特起航，奉命至少在海上逗留 30 天，但要避免战斗。奥维利耶对能否同时做到这两点存疑，但还是出发了。凯佩尔率加强后达到 30 艘战列舰的海峡舰队开始追击。法军因连续几天占据风向之利而成功避免了战斗。但是，正如奥维利耶之前所预见的那样，风向不可避免地发生了变化，1778 年 7 月 27 日，双方舰队终于在布雷斯特以西稍偏北约 30 英里的阿申特岛水域拉近了距离。混乱的战斗持续了一整天，没有取得决定性的战果。法军人员伤亡较重；英军则装备损失，特别是索具损失较大。下午，当双方指挥官都有机会集中兵力于对方舰队之一部时，先是凯佩尔，然后是奥维利耶，再后又是凯佩尔，接连失去对部队的控制，终于未能进行“决定性”的交战。伦敦的情形就像土伦和梅诺卡岛战斗之后一样针锋相对：起诉和反诉，接着是两场军事法庭审判：一场审的是凯佩尔；另一场审的则是不服从凯佩尔指挥的海军中将休·帕利泽（Hugh Palliser）爵士。

人们可以将阿申特岛战斗缺乏成果归因于两国海军都坚持"极其单调"的纵队战术，但这场战斗的重要教训与线式队形关系不大。与土伦战斗和梅诺卡岛战斗一样，阿申特岛战斗也是此次战争的首次重大海战。约翰·杰维斯（John Jervis）海军上校在阿申特岛战斗后不久写道："两支势均力敌的舰队交战永远不可能产生决定性的成果，除非双方都下决心死战到底，或是一方指挥官出于厌恶而不再恪守战列线。"困扰凯吉佩尔和奥维利耶的主要问题不是坚持战列线，而是指挥系统的失败。在战斗的关键节点，双方的控制系统——依靠护卫舰向部属发送视觉信号和传递信息——被证明令人痛苦地反应迟钝。海雾和硝烟经常遮挡舰队指挥官的视线，他们发出的信号经常或被忽视，或看不到，或被误读。[23]

视觉信号的指挥系统令人窒息的表现在1779年7月的格林纳达（Grenada）战斗中也很明显。德埃斯坦在罗德岛失败后撤到波士顿整修舰队，并于11月启程前往西印度群岛，当时法国军队已经在那里占领了多米尼克（Dominica）。这支强大的法国舰队到达后，迫使英军处于守势，尽管起初他们安全度过了一劫。12月，英军夺取了圣卢西亚（St. Lucia）。在海军少将塞缪尔·巴林顿（Samuel Barrington）爵士的得力指挥下，一支由7艘舰船组成的英军编队挡住了德埃斯坦的10余艘战列舰，与此同时，岛上的英国驻军击退了反攻的法军。[24] 1779年春季以前，法军一直未能取得任何显著的成功。6月，德埃斯坦获悉英国舰队——现在由海军中将约翰·拜伦（John Byron）爵士指挥——已经护送一支运输船队北上。法军从其在马提尼克（Martinique）的锚地出发，将一支小股部队输送上岸，这股部队夺占了圣文森特（St. Vincent）。受此胜鼓舞，再加上来自布雷斯特的增援，德埃斯坦率领舰队和运输船队继续南下，准备进攻巴巴多斯（Barbados），但因风向相反，转而决定攻击格林纳达。得知法军出海，拜伦率军南追，但为时已晚。听说敌军已在格林纳达登陆了一支部队，拜伦不顾自己运输船队的拖累继续前进，试图解救被围困的乔治敦（Georgetown）守军。7 月 6 日晨，拜伦抵达圣乔治湾（St. George's Bay），这令法军措手不及。

拜伦下达了全面追击的命令，尽管他的 20 艘战列舰队形有些混乱，而且由于缺少护卫舰，他还派出 3 艘战列舰去保护运输船队。拜伦感到自己有机会将德埃斯坦的 16 艘舰困在港内消灭，所以决定与其交战。

可惜，拜伦的判断有 3 个致命的误区。乔治敦已然陷落，该城的要塞和火炮掌握在法军而不是英军手中。德埃斯坦有 24 艘而不是 16 艘战列舰。更为糟糕的是，尽管法国舰队在港内显得混乱，但反应却不同寻常，当能力不凡且咄咄逼人的叙弗朗率领前卫分队冲出港口时，其行动之迅速令拜伦大为吃惊。等拜伦意识到自己不但来晚了，而且数量处于劣势，根本无法困住法国舰队时，冲在前面的英舰已陷入险境。拜伦发出信号，命令队形不整的舰队掉转航向，争取能组成战列线，但要继续抵近作战。随后的战斗颇有几分孤注一掷，下午 3 时许，英军败局已定。

法军赢得了胜利，德埃斯坦掌握了主动。双方舰队驶向东北，拜伦担心战列线更长的法军可能会夹击英军，或者德埃斯坦可能会派护卫舰追击英国运输船队。德埃斯坦审视战场形势后，于15时45分从旗舰发出信号令舰队迎风转向，返回圣乔治湾。此时，3艘稍早遭重创的英军战列舰正好瘫痪在法军航线上，但令双方很多人不解的是，法舰仅放了零星几炮，便驶过英舰进入海湾，没有努力扩大战果。[25]

格林纳达战斗之所以受到关注，部分原因在于拜伦弃用了战列线，输掉了战斗，但他既没有被枪决，也没有受到军法审判，仅此而已。拜伦认为自己面对的是一支劣势且混乱的舰队，立即发起了进攻。他败于情报不准确和法军反应异常迅速。尽管英军阵位不利且数量居弱，但表现却可圈可点。英军伤亡约600人，法军伤亡近千人。拜伦没有使用豪的信号手册，而是重回旧版《战斗指令》，但舰队各分队和各舰间的配合都要优于凯佩尔的阿申特岛战斗，或1794年豪光荣的6月1日战斗。在格林纳达战斗的关键阶段，当拜伦的舰队背风转向试图重整队形时，巴林顿的前卫分队与中央分队之间出现了一个缺口。指挥3艘战列舰护卫运输船队的乔舒亚·罗利（Joshua Rowley）海军少将“看到巴林顿的3艘舰离队列太远而且显然正遭到围攻。因此，他没有盲目地跟随上级，而是径直冲向纵队前端支援前卫分队，这与为纳尔逊在圣维森特角赢得声望的举动几乎如出一辙。紧接着冲上去的还有隶属于海德·帕克（Hyde Parker）海军少将的后卫分队的64门炮舰‘蒙茅斯’号（Monmouth），双方都注意到该舰的英勇表现，据说法国军官在战后还向这艘‘小黑船’举杯致敬。”[26]

人们可以将德埃斯坦未能取得更大胜利的原因归结为不愿放弃战列线。但是，对德埃斯坦的制约并不是来自战术，而是来自战役和战略层面。法国海军将领击败对手并不是为了夺取制海权，而是为了支持岸上行动。德埃斯坦的问题不是过于严格地采用了战列线，而是不愿意拿格林纳达这个唯一可以证明其在美国水域贡献的战果去冒险。[27]

※ ※ ※

尽管拜伦免于责罚，但他在格林纳达的失败并没有阻碍英国海军集中化控制的新正统观念的发展。豪辞职后，理查德·肯彭费尔特成了追求法式信号系统的核心人物。

尽管肯彭费尔特还只是一名海军上校，却很适合成为新体系的倡导者。正如科比特所言，肯彭费尔特拥有“基于长期服役和深刻思考的哲学智慧”。战前他曾在法国旅行，对法国最新的战术概念了如指掌。他有便利的工作岗位和政治关系。豪勋爵对其相当熟识和尊敬，海军少将查尔斯·米德尔顿（Charles Middleton）爵士和时任海军审计长巴勒姆先后与其保持幕后联系。此外，肯彭费尔特还担任过英国实力最强大、地位最重要的海军部队——英吉利海峡舰队——的首席上校（First Captain），舰队司令是年老体衰的海军上将查尔斯·哈迪（Charles Hardy）爵士。肯彭费尔特于 1779 年 5 月上任，8 月就写信给米德尔顿称：“（哈迪）人品敦厚，但完全不胜任舰队司令一职。我听说人们常说英国的存亡有赖于这支舰队。我一听到这样的说法就感到绝望。天啊，你们这些大人物竟然有如此安排！”[28]

由于哈迪的弱势，仅仅是上校的肯彭费尔特在海峡舰队中承担了巨大的责任，并在海军部赢得了当之无愧的声望。不过他的成名并不仅仅得益于哈迪的缺位。专业化的发展趋势和越来越集中化的指挥控制方式使得许多将领，甚至是很有能力的将领，严重依赖参谋长的辅助和判断。风帆时代的海军与同时代的陆军不同，还没有发展出一个总参谋部系统。正如某位评家所言："舰船的性质，海战的性质，以及海军备战的性质，使得海军总参谋部系统没有得到任何发展。"[29]

不论是将官，还是准将——由资深上校充任或临时充任，海军将领都负责指挥一支海上编队，通常都有一位"旗舰舰长"（Flag Captain）负责掌管旗舰，因此本人可以专注于舰队指挥。此外，还有一个包括一位秘书和若干文员的小参谋班子协助。到 18 世纪中叶，英国海军部经常指派，有时也可能由负担过重的将领自行任命一位"首席上校"，协助指挥规模较大的舰队。例如，1777 年春，豪勋爵将罗杰·柯蒂斯（Roger Curtis）海军上校从"塞内加尔"号（*Senegal*）调往旗舰"鹰"号（*Eagle*），让"鹰"号原舰长亨利·邓肯（Henry Duncan）担任"舰队副官兼司令助理"。1778 年，当规模更大的英吉利海峡舰队出征时，凯佩尔的参谋长由一位将官——约翰·坎贝尔（John Campbell）海军少将——担任。[30]

有时，"首席上校"或"副官"也同时担任"旗舰舰长"。1780 年，沃尔特·扬（Walter Young）海军上校既是罗德尼的旗舰舰长，也是其首席上校。但两年之后，查尔斯·道格拉斯（Charles Douglas）爵士仅担任罗德尼的首席上校，旗舰实际上由另一位军官指挥。

首席上校也被称为"舰队上校"（Captain of the Fleet），其职责并不明确。直到 1782 年 1 月，才由一份王室公告解决了首席上校在舰队中相对位次的百年争议。根据英王乔治三世（King George III）的御令，在 20 艘舰船以上规模的海军部队，无论舰队上校的实际军衔如何，都实际享有初级将官的位次，这是赏金分配的一个主要考虑因素。首席上校负责阅读舰队司令的往来信函，通常也是与海军部高层的幕后联络渠道，就像扬和道格拉斯为罗德尼所做的那样。在这样的职位上，一个渴望晋升的资深上校或初级将官很可能会阐述自己的观点。由于职责并不固定，首席上校在舰队中的影响力取决于各种情况，特别是其与舰队司令的关系。指挥舰队各分队的高级将官嫉妒或不信任首席上校的情况并不罕见。查尔斯·道格拉斯爵士曾因炮术改革对英国海军在 1782 年加勒比海桑特群岛（Saintes）战斗中取胜贡献巨大，作为首席上校也堪称完美，但胡德不信任道格拉斯，认为他“软弱、优柔寡断”，还说“他在这个职位上比我当大主教还不适合”。[31]

美国独立战争期间，首席上校一职逐渐演变成为早期的参谋长（不过参谋人员要少很多），但这一演变并不是循序渐进的。1780 年 4 月，肯彭费尔特在写给米德尔顿的信中，用美国副总统可能会感到熟悉的措辞，描述了该职位数不清道不明的责任：“我不认为整个国家有哪个职位，其责任就像海军将领的首席上校一样模糊不清且未加界定，其还会被认为是有任何意义的。我即使曾有过一项确定的责任，也已经随着这一职位的废弃而丧失和遗忘了。”[32]

无论如何，肯彭费尔特确实充分利用了其首席上校任期。在海峡舰队工作期间，他积极追求自己的改革愿景。与豪及其他改革者一样，肯彭费尔特从未打算照搬法国的战术方法。科比特指出，“他们的改革更深入、更广泛——并不仅仅局限于进攻方式。”改革者们感兴趣的是法国人启动和实施各种战术机动的手段。[33]

肯彭费尔特认为，英国海军“缺乏正规的机动和战斗规范”。在谈及法国海军一直长于“理论”，而英国海军则“优于实践”之后，他提醒米德尔顿：“他们终将消除这种差异，届时又该如何比较呢？”在肯彭费尔特看来，针对法国海军的质量提升，英国必须引入“理论”。他希望将法国信号系统看似应有的敏捷性与更具进取性和创新性的英国战术融合起来。通过努力，在担任海峡舰队首席上校期间，肯彭费尔特不仅给英国海军带来了法国式的航行队形和修订版的数字编号信号，还引进或者说是重新引进了包括突破敌方战列线在内的一系列战术机动样式。[34]

信号系统是肯彭费尔特改革的核心。其往来信件清楚地表明，肯彭费尔特更倾向法国体系，尤其是马埃·德拉布尔多奈的体系，甚至包括使用三角形标志物取代长方形信号旗。不过，他必须设法利用手头资源，努力改进现有信号系统。1781年3月肯彭费尔特写道：“因此，我基本上是在遵循豪勋爵的模式，他是个受欢迎的人物。我们使用的夜间和雾中信号几乎全是他的，而且都有很大的缺陷。”[35]

尽管肯彭费尔特的战术和信号改革意义重大且用心良苦，但他始终没有意识到过度依赖视觉信号系统的危险。他无意让下级指挥官，或者更糟的是每一位舰长，行使任何主动权。1780年1月，肯彭费尔特写信给米德尔顿：

> 海军舰队与陆军部队一样，都需要用规则来指导各自的运动。舰队的任何队形变换，应尽量以最规范、最便

> 捷、最迅速的方式进行；战术即为这一目的制定规则：任何队形变换信号发出时，各舰都知道该做些什么，整个舰队可以保持动作协调和结果一致；没有什么可以留给舰长们随意处置，因为如果没有某些众所周知的明确规则，而是各自采取不同的方式处置，彼此之间就会相互干扰。[36]

尽管海峡舰队在英国战略中居于核心地位，但美国独立战争期间，舰队未再打过一场大仗。肯彭费尔特和1782年5月接掌舰队指挥权的豪都没有机会在战斗中测试新的信号系统。对英国来说，这无疑是一件幸事，因为自凯佩尔去职后，指挥海峡舰队的尽是些平庸之辈，包括海军上将哈迪（1779年5月—1780年5月）和弗朗西斯·吉尔里（Francis Geary）爵士（1780年5月—1780年9月），以及海军中将乔治·达比（George Darby，1780年9月—1782年3月）。西班牙参战后的1779年夏季，哈迪在其能干的首席上校肯彭费尔特辅佐下，经历了战争中最严重的入侵恐慌。英国逃过了一劫，但这与其说是由于英国海军的拯救，还不如说是由于恶劣的天气以及法国和西班牙的心不在焉——法国对西印度群岛更感兴趣，西班牙则把目光投向了直布罗陀。海峡舰队唯一值得注意的一次战斗发生于1781年12月，当时已是海军少将的肯彭费尔特指挥一支由12艘战列舰组成的分遣队，在阿申特岛水域拦截法军19艘战列舰以及一支由其护航前往加勒比海和印度洋的运输船队。机智的肯彭费尔特避免了与数量占优的法国舰队交战，而是驱散运输船队并截下15艘商船。[37]

1782年5月，豪接掌海峡舰队，大规模的改革和更果断的行动呼之欲出。在豪的首肯和支持下，肯彭费尔特推出了英国海军第一套真正的数字信号编码。海峡舰队度过了一个活跃的夏天，在荷兰和法国海岸巡航并展示力量，豪还间或使用肯彭费尔特的信号系统与实力更强的舰队进行对抗演练。8月，舰队返回斯皮特黑德，准备护送一支庞大的救援部队前往直布罗陀。1782年8月29日，当舰员们将肯彭费尔特的旗舰——100门炮舰“皇家乔治”号（*Royal George*）——略做侧倾，准备修复水线稍下的渗漏时，该舰因发生结构坍塌而沉没，造成约900人丧生，其中包括妇女和儿童，以及理查德·肯彭费尔特海军少将本人。[38]

※ ※ ※

并非所有指挥官都赞赏豪和肯彭费尔特推行改革的努力。英国人在旧体制下一直干得很好。而且，未来30年事态的发展也将证明，人们有充分的理由对这种新奇的集中化信号和机动系统产生怀疑。在吉尔里海军上将担任海峡舰队司令期间，1780年的某一天，肯彭费尔特首次直面了这种怀疑。当时，肯彭费尔特正在训练舰队，用新信号指挥队形变换，瞭望哨发现一支编队并错误地判断为敌军。在“匆忙和混乱的战斗准备”中，信号“不知何故，不如没事的时候那么运用自如了。终于按捺不住的吉尔里走向肯彭费尔特，把一只手轻轻地搭在他的肩上，用一种善意的认真叫道：‘现在，我亲爱的肯皮[①]，求你了，看在上帝的份儿上，求你了，我亲

① 肯彭费尔特的昵称。——编者注

爱的肯皮，把你的信号扔到海里去吧，下一个大家都能理解的命令——接敌近战！”[39]

人们很容易把年迈体虚、无力胜任舰队指挥的吉尔里看作是一个冥顽不化的人。但吉尔里抛弃信号、接敌近战的本能却根植于其在近战中取得过辉煌成功，以及与一直致力于此的朋友和同僚爱德华·霍克共事的经历。1780年9月，吉尔里出征前，霍克写信给他：

> 我亲爱的朋友，我一直为你祝福，并就有关海军的各种问题与你畅所欲言。重温这些话题，上帝啊，如果你真的有幸遇见敌人，要尽可能靠近他们。不要让他们拉开距离，如果可能，要接近至火枪射程以内。这既是赢得殊荣之道，也是赢得决胜之道。[40]

尽管如何才能让两支舰队真正实现近战仍有争议，霍克说得也没错。霍克倾向依赖部属的主动性；豪和肯彭费尔特则主张采用一种由指挥官指挥舰队行动的机制。哪种模式更好？

尽管争夺美国的战争是截至当时近代史上海战最集中的时期，但也未能解决这一根本问题。[41] 1781年9月，海峡舰队中唯一指挥过重大海战的托马斯·格雷夫斯（Thomas Graves）海军少将在切萨皮克（Chesapeake）湾口输掉了或许是这场战争中最重要的一次战斗。英国海军最重要的胜利是海军上将乔治·布里奇斯·罗德尼爵士1782年4月在桑特群岛水域取得的，他反对豪的系统，宁愿沿用旧的战斗指令和信号系统。

1778年，豪返回英国，拜伦接掌美国水域的指挥权后重归旧版《战斗指令》。拜伦的继任者马里奥特·阿巴思诺特（Marriot Arbuthnot）海军中将则采取了一种折中的办法，即使用与豪风格相近的信号手册，但其中的信号却代表旧的标准指令，而不是新的机动样式。托马斯·格雷夫斯海军少将率领海峡舰队增援部队到来后，阿巴思诺特修订了其信号手册，加入了豪的大部分附加信号。[42]

两位最为关注战术和条令问题的海军历史学家——朱利安·科比特爵士及其婿布莱恩·滕斯托尔——在解读海峡舰队对在美国海域作战的英国海军部队的影响程度和意义时，观点有所不同。但说到底，格雷夫斯在切萨皮克的失败不能成为衡量豪和肯彭费尔特工作价值的依据。在滕斯托尔看来："格雷夫斯认同阿巴思诺特的蒙昧体制，没有尝试引入海峡舰队正在形成的新思想。尽管他在前一年曾说服阿巴思诺特接受海峡舰队的一些做法。"相反，科比特写道，阿巴思诺特的最终指令"表现出海峡舰队影响的明显痕迹"。无论真相如何，阿巴思诺特回国后，没有意识到自己将被罗伯特·迪格比（Robert Digby）海军少将取代的格雷夫斯接过指挥权，继续使用阿巴思诺特的信号，并于1781年8月底将其下达给率部到纽约增援他的塞缪尔·胡德（Samuel Hood）海军少将，后来该信号还被用于切萨皮克湾战斗。[43]

当格雷夫斯向南驶向切萨皮克湾时，美国殖民地的战争即将达到高潮。由陆军中将康华里（Charles Cornwallis）勋爵指挥的英军南方主力在北卡罗来纳（North Carolina）的吉尔福德法院（Guilford Courthouse）以高昂代价获胜后，退至弗吉尼亚（Virginia）等待援军，或等待从约克半岛（York Peninsula）的约克敦（Yorktown）撤离。英国人不知道的是，康华里的部队在1781

年的夏末战役中已经成为法美的战略重点。美国的乔治·华盛顿上将和法国的美国派遣军司令罗尚博伯爵（Comte de Rochambeau）让-巴蒂斯特-多纳西安·德维默尔（Jean-Baptiste-Donatien de Vimeur）中将制订了一个围困并摧毁英国军队的计划。法美联军的主力将从纽约经陆路进军弗吉尼亚。由德巴拉斯伯爵（Comte de Barras）指挥的驻罗德岛法国海军分队将装载攻城装备南下，由德格拉斯伯爵（Comte de Grasse）弗朗索瓦-约瑟夫-保罗（François-Joseph-Paul）海军中将指挥的主力舰队将搭载3000人的部队从加勒比海北上，共同开赴切萨皮克湾。这样，盟军就能在决定性时刻集中陆海军力量，孤立康华里，迫其投降。

这是一份绝佳的计划，尽管与此前法国入侵英国的筹谋颇为相像，那些筹谋都因无法在战略和战役层面实现有效的指挥控制、指挥官的失误、恶劣天气或是英国针对计划中某一环节的干预而一败再败。唐希金博特姆（Don Higginbotham）在其美国独立战争史研究中评论道："华盛顿、罗尚博、德格拉斯、德巴拉斯、拉斐特（Lafayette）以及弗吉尼亚当局在困难和复杂任务环境中达成的这一合作，在18世纪的战争史上确实无与伦比。盟军的战略考虑了某些预期的风险，如德巴拉斯能否离开纽波特（Newport），英国将领亨利·克林顿（Henry Clinton）爵士是否不愿打击纽约外围大幅减少的美军，以及德格拉斯离开后使法属西印度群岛失去保护的危害。"[44]

1781年9月5日晨，双方舰队进入视野。能见度非常之好，舰船可以在很远的距离被辨认出来。8时左右，一艘法国护卫舰发现几艘船只正在接近切萨皮克湾口。德格拉斯起初还以为这些舰船是法国海军纽波特分队的，但当 19 艘战列舰越过水天线时，他才意识到是英国海军。英军瞭望哨则直到 9 时许才发现法国舰队。与其法国同行一样，格雷夫斯起初也认为这些停泊在弗吉尼亚海岸的舰船可能是德巴拉斯分队的，但当 24 艘法国战列舰进入视线后，他意识到德格拉斯的西印度群岛舰队已经抵达切萨皮克湾。

在最初发现 4 个小时之后，双方舰队仍然相距太远，无法交战。英军航向西南，风向东北偏北。中午时分，随着潮水开始流出海湾，法舰解缆驶向外海。此时双方距离仍有 12 英里。13 时，格雷夫斯发出信号命令组成战列线，向西驶入切萨皮克湾。英军保持此航向直至中央分队与法军前卫分队并列，格雷夫斯发出信号命令舰队背风转向。此时，英军航向向东，其战列线与法军平行并超前。

距离仍然太远，无法交战，但占据上风位且超前法国舰队的格雷夫斯态势有利。如果英舰右转，就能拉近距离，不过角度不能太大，否则在接敌过程中就无法射击。但有一个问题——信号手册中没有相应编号能完全符合所要求的机动。格雷夫斯选择了信号 X，尽管语义模糊——“在任何时候，如果我想让战列线的前导舰向右转向，我就会在主中桅顶悬挂一面半红半白旗”。是所有舰船同时转向，还是各舰驶至前舰转向位置依次转向？为尽力使其意图表达清晰，格雷夫斯命令旗舰与前导舰同时右转，但各舰均未能领会，仍然保持航向不变，准备依次转向。格雷夫斯两次重复这一信号，希望这样的重复能向部属表明他想要的是不同的反应，但无济于事。备感沮丧的格雷夫斯只好分别向各舰发信号指挥右转。这种方法奏效了，但却浪费了宝贵的时间，而且在英军数量本来就居于劣势的情况下，致使前卫分队比其他分队更快地接近了法军。[45]

一小时后，双方仍不够接近。15 时 46 分，格雷夫斯发出信号命令间距 1 链组成战列线，随后又发出近战信号，或许是希望各舰能自行拉近剩下的距离。当发现各舰没有照做后，格雷夫斯担心战列线信号可能会“干扰近战信号”，遂于 16 时 11 分将前一信号降下。但舰队仍无反应。几分钟后，英军战列线中的第 12 艘舰转向迎风，开始炮击，但距离远远超出有效射程，而且还使后面的英舰面临如不转向就可能被击中的危险。16 时 22 分，格雷夫斯的旗舰再次挂出组成战列线信号并降下近战信号。5 分钟后，在英舰开始重新编队时，战列线信号又一次降下，近战信号又一次升起。[46]

16 时 30 分许，英军前卫分队终于进入战斗，但中央和后卫分队仍在射程之外。为尽快使整个舰队全部进入战斗，格雷夫斯试图以身作则，命令旗舰——98 门炮舰“伦敦”号（*London*）——径直冲向法军战列线。但排在旗舰前面的一艘英舰突然转向迎风开炮，迫使“伦敦”号避开以免被击中。结果，英军中央分队没能如期迅速接敌。而且，英军后卫分队指挥官，一向咄咄逼人的海军少将塞缪尔·胡德爵士直到 17 时 30 分才发现组成战列线的信号已经降下，致使其分队完全来不及投入战斗。至 18 时 15 分，战斗只在英军 19 艘战列舰中的 10 艘和法军 24 艘战列舰中的 11 艘之间展开。有鉴于此，再加上天色已晚，格雷夫斯意识到继续战斗已无必要。18 时 23 分，“伦敦”号升起组成战列线信号，降下近战信号。到 18 时 30 分，双方舰队已停止射击并逐渐脱离。[47] 康华里勋爵的陆军部队被遗弃，只能面对失败和投降。

历史学家们大都认为问题出在格雷夫斯死抱着战列线不放上。约翰·蒂利（John A. Tilley）推测：“或许，格雷夫斯脑子里……

全都是神圣的战列线原则和战斗指令，已经想象不出还能以别的什么方式战斗了。”拉塞尔·韦格利认为，毫无疑问“战列线的死手再一次抓住了英国舰队”。迈克尔·刘易斯的结论是：“死守战列线，在整个风帆战争史上，没有哪一次比1781年9月5日下午托马斯·格雷夫斯的后果更为致命了。”[48]

格雷夫斯并不是个战术天才。他本有可能更积极、更成功地管理舰队，但他是在阿巴思诺特7月份回国时才刚刚临危受命的。他的19艘舰船中有14艘来自罗德尼的加勒比舰队，由胡德指挥北上。胡德虽然资历稍浅，但比格雷夫斯年长一岁，经验也丰富得多，而格雷夫斯从未在重大战斗中指挥过一个舰队甚至是一艘战舰。而且，格雷夫斯还没来得及与胡德及其舰长们就阿巴思诺特和罗德尼的部队在信号和条令方面的差异交换意见。

那么，格雷夫斯应该怎么做呢？他可以下令全面追击，将舰队压向法军前卫分队，或根本不去理会德格拉斯的部队，而是冲入海湾直抵康华里部。但格雷夫斯没有意识到康华里的处境有多么绝望，而且即使他意识到了，进入海湾也可能于事无补。格雷夫斯没有运输船，海湾中也没有设施为舰队加水补给。而很快就会得到德巴拉斯增援的德格拉斯有可能封闭港口，将英国舰队与康华里的部队一道困住。格雷夫斯的责任既包括撤出康华里，也包括确保其舰队的安危，后者更为重要，因为这关系到纽约、加拿大和西印度群岛等殖民地英军部队的安全。[49]

尽管人们很容易将格雷夫斯未能采取不同的战法归咎于他对战列线的依赖，但还有其他因素需要考虑。在格林纳达战斗中，拜伦下令全面追击，舰队冲向港内实力占优的法军，结果却失败了。此外，格雷夫斯与其部属想法并不一致，这与霍克和安森的全面追击作战，以及后来纳尔逊的尼罗河和特拉法尔加战斗有所不同。

把格雷夫斯描绘成一个在战术上死守着原始工具——纵列队形和战斗指令——不放的尼安德特（Neanderthal）穴居人也有失公允。科比特指出，格雷夫斯的作战计划纵有瑕疵，但其良苦用心显然是毁于部属的判断失当和执行不力。科比特写道："为什么在所有人当中偏偏是胡德没有表现出更多的主动性，这很难理解。尽管英军战列线组成后不是正对着敌人，但他仍然选择保持在队列中。"[50]

胡德没有"表现出更多的主动性"，原因应该是显而易见的：他明白他的指挥官是想在旗舰的后甲板上控制整个舰队。格雷夫斯的脑子里并不"全都是"围绕着战列线和战斗指令建立起来的战术概念。在海峡舰队工作时，他的思想已经被豪和肯彭费尔特的战术方法所感染。正如后者在一封前文已引用过的信中就其系统所述，"没有什么可以留给舰长们随意处置"。[51] 束缚胡德的不是战列线，而是等待旗舰信号的需要，但他没有看到这个信号。拖累格雷夫斯的也不是战列线，而是整个下午战列线信号几度降下时部属们都未能按照他的意图行动。未来的战斗将证明，缺乏主动性，再加上误读误判、完全错失信号和机会，是基于信号的指挥系统的基本特征。

然而，格雷夫斯在切萨皮克湾战斗中的根本困难与其说是战术问题，不如说是战役和战略问题。尽管失败不是注定的，但 1781 年 9 月 5 日将其引向湾口的一系列事件却必然导致了他的指挥失效。法国政策和战略的优长恰是英国政策和战略的软肋。英国海军无力维持对布雷斯特的严密封锁，使法国得以从欧洲向新大陆派出强大的海军分队乃至整支舰队。结果，盟军在美国海域占据了暂时的海军优势。从战役层面看，法国几乎把所有的海军力量都集中在切萨皮克湾口这一关键点上，而英国却没能把部队集中于战区。罗德尼错误地认为德格拉斯最多只会派 15 艘舰北上，于是他给了胡德 14 艘舰，而让另外的 11 艘去护送运输船队或返航回国。而且，返回英国的战列舰中有两艘分别是阿巴思诺特和罗德尼的旗舰。因此，格雷夫斯比对手少了 5 艘战列舰，这相当于其总兵力的四分之一。更糟糕的是，德格拉斯还有 4 艘战列舰在詹姆斯河支援陆军作战，另有 8 艘正在德巴拉斯的指挥下赶来增援。战斗结束一周后，法军在切萨皮克湾一共集结了 32 艘战列舰，是英军的两倍。格雷夫斯再也没有机会了。[52]

※　※　※

如果说托马斯・格雷夫斯是英国海军在美国独立战争中失败的象征，海军上将乔治・布里奇斯・罗德尼爵士则是其成功的代表。好斗易怒的罗德尼是其英国海军同侪中参加和赢得战斗最多的人。

1779 年 10 月 1 日，海军部任命罗德尼指挥背风群岛（Leeward Islands）分舰队。当时他已经 62 岁，而且患有痛风。在过去的 46 年里，他的大部分时光都是在海上度过的。罗德尼曾在安森和霍克手下服役，参加过 1747 年 10 月的第二次菲尼斯特雷角战斗。七年战争期间，罗德尼先后在英吉利海峡和加勒比海服役，并以后者最为知名。1759 年晋升为将官，1771—1774 年指挥牙买加海军站

（Jamaica Station）。因被控管理不善，罗德尼回到英国，债务缠身，后来躲过债主，逃往巴黎寻求庇护。具有讽刺意味的是，由于法国元帅（Maréchal de France）比龙公爵（Duc de Biron）路易-安托万·德贡托（Louis-Antoine de Gontaut）向其预付了一笔巨款用于偿债，罗德尼又回到伦敦寻求新的指挥岗位。[53]

罗德尼也许意在赏金，但他确实是一位技艺娴熟、有进取心、经验丰富的指挥官。然而，在滕斯托尔看来，他也是"当代战术家中最固执己见的一位"。罗德尼几乎没有受到法国理论的影响，尽管有人猜测他读过莫罗格的文集。[54] 尽管他熟悉豪和肯彭费尔特的体系，却与之毫无瓜葛。能干的首席上校沃尔特·扬一直为海军审计长监督着罗德尼，他在写给米德尔顿的信中说："我收到（肯彭费尔特的）信号手册并转交给了罗德尼爵士，这些手册会留在他身边很长时间，但他绝不会看上一眼。"不过，罗德尼确实对战术问题有相当的思考。他与豪一样主张集中化的指挥控制，但他选择使用现有的、熟悉的指令和信号系统。罗德尼对英国海军战术的主要贡献是集中兵力的理念：收紧战列线中各舰间距，甚至把战斗力最强的舰只编在一起，集中火力打击敌舰队之一部。[55]

12 月 27 日，罗德尼率领 20 艘战列舰护送两支运输船队从斯皮特黑德出发。战列舰中有 4 艘来自他自己的部队，余者隶属于海峡舰队的一个分遣队；两支运输船队一支去往西印度群岛，另一支去往被西班牙人围困的直布罗陀要塞。安全驶过布雷斯特和罗什福尔之后，西印度群岛船队转向向西，舰队则继续向南。1 月 8 日，罗德尼在菲尼斯特雷角水域偶遇一支西班牙运输船队，英军斩获甚丰：共掠得 54 门炮舰 1 艘、护卫舰 6 艘、运输船 16 艘。[56]

8天后，罗德尼的瞭望哨在圣维森特角水域东南方向发现一片风帆。这是西班牙派出拦截开往直布罗陀的英军救援船队的舰队。不幸的是，西班牙人在其他方面都很准确的情报并没有指出一支来自海峡舰队的强大分遣队也与罗德尼一同南下了。因此，当唐胡安·德兰加拉–瓦尔特（Don Juan de Lángara y Huarte）的9艘战列舰和2艘护卫舰发现英国舰队正绕过圣维森特角时，原本的猎手现在变成了猎物。

根据首席上校扬的记载，罗德尼因痛风发作躺在床上指挥战斗，扬一面拼力阻止西班牙舰逃跑，一面努力弥补"将军的病痛和其天性的优柔寡断"。发现敌舰后，扬的第一反应是发出全面追击信号，但罗德尼犹豫不决，直到西班牙兵力的劣势明显显现。扬发出追击信号后，又及时发出近战和在下风位作战的信号。

战斗于16时左右全面展开，至午夜后方才结束，故有"月光之战"（Moonlight Battle）之名。尽管"风大浪高"，双方舰船都有被吹向岸边的危险，英军舰长仍主动在夜暗中追击敌舰。战斗中一艘西舰爆炸，强烈的冲击波将另外两艘西舰推至岸边损毁，英舰俘获了其余4艘西舰。[57]

罗德尼的这两次胜利，再加上不久后其直布罗陀解困行动的成功，对西班牙打击沉重，但月光之战本身可资借鉴的战术经验不多。战斗展示了英国军舰的水平以及指挥官主动出击的能力，但罗德尼的胜利主要是因为西班牙人无论在质量上还是数量上都远逊英军。扬在战后给米德尔顿的信中写道："我完全赞同你的观点，面对兵力相近或占优之敌发出全面追击信号非常危险，特别是当其组成战列线或各舰相互靠近时。"[58] 如果解决英国海军战术问题的答案只是发出一个全面追击信号那么简单，拜伦在格林纳达就不会失败了。

扬将罗德尼描述成一个被动的英雄：一个谨小慎微犹豫不决的指挥官，只是在首席上校的好言相劝下才允许舰队追击。[59] 罗德尼起初并不信任部属的主动性，这反映在他即使卧床不起，也要在战斗中牢牢控制住部队的念头上。在后来的战斗中，包括 1782 年 4 月获胜的桑特群岛之战，罗德尼同样表现出这种理查德·豪式风格。

1 月 26 日，罗德尼抵达直布罗陀。这支庞大舰队的到来，再加上 20 余艘俘获的战舰和运输船，不仅改善了供给状况，而且鼓舞了被困守军的士气。之后，罗德尼率旗舰——90 门炮战列舰“桑威奇”号（*Sandwich*）和 3 艘 74 门炮覆铜战列舰——驶往西印度群岛，舰队的其他舰只和俘获舰船返航英国。3 月 17 日，罗德尼抵达巴巴多斯，并于几天后在圣卢西亚与背风群岛海军站的 16 艘舰船会合。[60]

罗德尼在背风群岛的对手是德埃斯坦的继任者、能干且精力充沛的德吉尚伯爵（Comte de Guichen）吕克-于尔班·迪布埃克西克（Luc-Urbain du Bouexic）。4 月，德吉尚率 23 艘战列舰和 3000 名士兵从马提尼克基地出发，欲将罗德尼从背风群岛引出，再掉回头去攻占巴巴多斯或圣卢西亚。

4 月 13 日，法军护送一支运输船队驶往圣多曼格岛（St. Domingue）。罗德尼闻讯后立即开始追击。4 月 16 日午时，英军瞭望哨发现德吉尚的部队仍在马提尼克下风处迎风前行。罗德尼发出全面追击信号，不为开战，而是更快拉近距离的明智之举。不过当天已来不及开战。双方舰队接近后，罗德尼发出横队信号。他设法在夜间与敌保持接触，以备 4 月 17 日黎明展开战斗。

1780 年春的这场战斗是罗德尼和德吉尚之间被拉乌尔·卡斯泰称为“经典作战样式”的完美案例的 3 次较量中的第一次。[61] 这三场战斗堪称整个风帆时代最传神的机动作战。

在 4 月 17 日的首场战斗中，罗德尼娴熟地调动舰队，从纵队到横队再到纵队，直至形成一个集中攻击法国舰队之一部的紧凑阵型。8 时 45 分左右，当英军准备从上风方向攻击法军时，德吉尚命令舰队背风掉转航向。受挫的罗德尼并不气馁，在双方都向北航行后，重又启动整个机动过程。到上午稍晚的时候，他再次形成集中攻击法军中央和后卫分队的态势。罗德尼打算利用英军的上风阵位，集中整个舰队打击法军战列线的后三分之二。被排除在外且处于下风位的法军前卫分队将无力施以援手。此时，罗德尼已接近实现一个“微型版的特拉法尔加”了。[62]

但通信和实施的问题依然存在。6 时 45 分时，罗德尼曾向舰队发信号表示要“攻击敌后卫分队”。4 个多小时之后，他觉得部属们应该能在这个框架内解读这一信号。11 时，罗德尼发信号命令舰队准备战斗；11 时 28 分，发信号命令后卫分队靠近中央分队；11 时 50 分，发信号命令执行《战斗指令》第 21 条。第 21 条内容很长，其核心内容是“编队各舰都要冲向根据双方所处态势判断必须由本舰攻击的敌舰”。最后，罗德尼发信号命令开战，接着又发信号命令进一步抵近作战。[63]

可惜的是，指挥英军前导舰——64 门炮战列舰“斯特灵城堡”号（*Stirling Castle*）——的罗伯特·卡基特（Robert Carkett）舰长忘记罗德尼的意图是集中兵力击敌后卫了。通常情况下，舰队作战都是前卫分队对前卫分队，中央分队对中央分队，后卫分队对后卫分队。因此，卡基特没有与已在其正横的法舰交战，而是向法军前卫分队前导舰冲去。英军战列线中的后续各舰也都照做了，其中包括前卫分队指挥官“醋酸”海德·帕克（Hyde “Vinegar” Parker）海军少将的旗舰。罗德尼难以置信地眼看着舰队原本紧凑的阵型逐渐拉伸，一上午的机动成果化为乌有。扬后来写道：“如果舰长们能领会‘桑威奇’号的信号和机动，这一天一定会无比辉煌。”[64]

许多历史学家将问题归咎于战列线。迈克尔·刘易斯指出卡基特“追求连续的战列线”；拉塞尔·韦格利则记叙了“对战列线的迷恋”。不过罗德尼的信号确实没有任何放弃战列线的意思。尽管罗德尼集中力量击敌一部的计划有悖成例，卡基特追击法军前卫的决定实际上违反了当时有效的附加《战斗指令》第 12 条，该条要求各舰舰长“从队列中心起，以舰队旗舰与其相邻舰的距离为标准，保持舰间距离”[65]。

也不能把所有的责任都归咎于卡基特。前卫分队其他各舰也都做出了同样的反应，包括帕克海军少将的旗舰——90 门炮战列舰“长公主”号（*Princess Royal*）。罗德尼密切注视的中央分队也出现了明显的混乱。战至最后阶段，法军后卫分队背风转向，罗利海军少将如法炮制地在 74 门炮战列舰“征服者”号（*Conqueror*）上指挥英军后卫分队。战斗结束后受到罗德尼责罚的罗利争辩说他认为：“你的意图就是主攻他们的后卫”。罗德尼则反驳说，“思考这一痛苦的任务属于我”，罗利需要做的无非就是“服从信号和命令”。[66]

罗德尼要为马提尼克战斗的执行不力负责。他没有向部属充分解释集中兵力的意图："罗德尼不是一个信任下级的人，他打算像个操练一班士兵的陆军中士那样指挥舰队。"罗德尼的医师和拥趸吉尔伯特·布兰（Gilbert Blane）爵士后来写道，罗德尼将军曾将其击敌后卫的意图"口述或书面周知舰队各位舰长"。但约翰·诺克斯·劳顿认为："如果布兰记得不错，如果罗德尼确实这么做了，我们只能说他完全没有表达能力。因为非常肯定的是，没有一个得到罗德尼如此解释的人，对罗德尼想让他做什么，或者想让他怎么做，有丝毫的概念。"[67]

从罗德尼手下其他人的通信中可以看出，他经常意图不明。扬多次提到罗德尼语焉不详。战争后期在罗德尼手下服役的塞缪尔·胡德爵士也时常搞不清这位总指挥官的意图。胡德曾告诉米德尔顿："的确，他的表达方式极其华丽、不同寻常，但没有多少实际意义。"[68]

罗德尼将自己在马提尼克岛的失利完全归咎于部属们没有"恰当地支持"自己的指挥官和国家。他威胁要对几名舰长处以撤职或军法审判，并在给海军部的信中痛批手下将领，这恶化了他们之间的关系。罗德尼并没有下多大功夫向部属解释自己的战术观点。例如，战后 4 个月，执行失误的前卫分队舰长之一、指挥 74 门炮战列舰"伊丽莎白"号（*Elizabeth*）的弗雷德里克·刘易斯·梅特兰（Frederick Lewis Maitland）爵士的一封信表明，他仍然不明白罗德尼在战斗中的意图。罗德尼的指挥风格没有改变，他继续强调要严格服从他的信号。为了确保遵行，他决定下一场战斗要像 1778 年豪与德埃斯坦作战时一样，从一艘护卫舰上实施指挥。罗德尼将像牧羊人一样驱赶羊群就位。[69]

5月6日，一艘抵达圣卢西亚的英国护卫舰带来情报称，退回到瓜德罗普（Guadeloupe）的德吉尚已重返海上。罗德尼立刻挥师南下德吉尚可能的目的地马提尼克。5月10日，瞭望哨在该岛下风方向发现法舰，罗德尼接敌准备战斗。在接下来的10天中，双方舰队再度上演了一幕海上巡游，重复了无数次蔚为壮观的编队机动。罗德尼一次又一次地试图迫敌交战，但老谋深略的德吉尚按照法军条令和他本人的具体命令，避免了所有可能导致全面开战的态势。5月15日和19日，双方舰队或至少是部分兵力有所交火，但当这种芭蕾舞式的战斗结束时，任何一方都没有舰船沉没或被俘。英军伤亡约200人，不少舰船遭重创；法军方面舰船损毁相当，伤亡人数略高。罗德尼准备再战一轮，但德吉尚却无心恋战，他在交火中失去了一个儿子，最终“在压力下崩溃了”。[70]

5月15日和19日的“战斗”表明，英军旧的信号系统和战斗指令可以有效运作，至少在不那么激烈的战斗中没有问题。1780年5月中旬，罗德尼带领他的舰队完成了任务，他没有理由抱怨舰长们的表现。不过，尽管双方舰队在近两周的时间里一直保持着接触状态，但是由于对方将领执意避战且应付裕如，他始终未能迫敌真正一战。而且，即使罗德尼能成功迫敌全面开战，他那僵化的指挥体系很可能会迅速崩溃。

例如，罗德尼使用的信号手册之一，即74门炮战列舰“蒙塔古”号（*Montagu*）舰长约翰·霍尔顿（John Houlton）的信号手册，现存于美国费城宾夕法尼亚历史学会。手册从中间翻开，两侧各有18页手工着色的彩旗插页。对每面旗帜而言，不同的悬挂位置对应不同的指令含义。一组将红色三角旗置于后桅顶的信号，将这种依赖视觉系统控制舰队行动的内在问题展现得淋漓尽致：挂出该信号时，旗舰一声炮响意味着各舰依次背风转向；两声炮响意味着各舰同时背风转向。但在旗舰也处于交战状态时，总指挥官又该如何传达其背风转向的意图呢？

回想一下，罗德尼计划从护卫舰上控制舰队的说法实际上得到了国王的赞扬，国王了解并赞同豪勋爵在这一问题上的观点。罗德尼于 5 月 13 日登上 36 门炮护卫舰“维纳斯”号（*Venus*），一直到 5 月 22 日舰队返回圣卢西亚。他发现航速较高的护卫舰可以沿着整个战列线自由航行，这既带来一定的优势，但也有明显的缺点。一旦射击开始，控制舰队将变得困难得多。只有从旗舰的后甲板上，指挥官才能感知战斗进程；只有在旗舰的后甲板上，指挥官才能抓住时机、率先垂范。就像 1782 年 4 月罗德尼在桑特群岛战斗中所做的那样。在扬上校写给米德尔顿的一封信中，其中的一些困难显而易见：

> 我在信中说我发过信号。这是与上将谈妥的，他离开后，在我认为有利时发出信号，我在准备发出信号的位置挂出信号旗让他看到；而且就这么做下去直到我发现他犯了错误，然后我写信给他说我不会对错误负责，我有其授权为自己辩护和发出信号，但我将重复他发出的任何信号并向其报告所有已知信息。
>
> ……我绝不赞同他去“维纳斯”号……我已经履职尽责了……虽然我的岗位需要我对这样一个摇摆不定、优柔寡断的人有极大的耐心。由于总是处于战列线的下风位，

因此他在护卫舰上毫无用处。敌人处于上风位，他根本无法做出判断；但他终于听从了我的劝告——将自己的护卫舰置于双方战列线之间，并在最后一次战斗中照做了。[71]

罗德尼爵士在一艘护卫舰上指挥完成了他的最后一场战斗。不过他还有另一场战斗要打，而且要赢。1782 年 2 月，他率 12 艘战列舰重返西印度群岛。这一大举增兵行动旨在改变海上力量对比，不过不是北美水域，因为康华里投降后殖民地局势已然无望，而是加勒比海，未被击败的德格拉斯伯爵的舰队仍在那里为所欲为。1782 年的英国在西印度群岛已经输不起另一次约克敦之败了。

无论作为一个自然人或是一位指挥官有什么缺陷，罗德尼是一个抱定决心迫敌交战并取得胜利的乐观主义者。桑特群岛战斗一个月前，他在给妻子的信中提及“坚持直至胜利是我的战斗信念”。[72]尽管他的健康每况愈下，但他似乎对困扰其他许多海军将领的担忧无动于衷。到达西印度群岛时，他获悉法军试图攻占巴巴多斯未果，但夺取了圣克里斯托弗岛（St. Christopher，又称圣基茨岛，St. Kitts）。接下来会是哪里？在罗德尼看来，毫无疑问是牙买加。

事实上，德格拉斯正在计划一次法西联合进攻，目标就是大不列颠加勒比帝国王冠上的这颗宝石。计划的初始阶段，德格拉斯的舰队将护送两支大型运输船队前往圣多曼格岛北岸的弗朗索瓦角（Cap François）。4 月 8 日，35 艘法国战列舰与入侵舰队和一支前往法国的大型运输船队一道离开马提尼克。

因护卫舰出色的情报工作，罗德尼获悉法军即将启航，遂于 4 月 8 日上午率 37 艘战列舰出海。英军一路向北追去，第二天就赶上了被大风和笨重的运输船队拖慢的德格拉斯舰队。胡德的前卫分队与法军后卫分队一交手，英军就将对方的64门炮舰“卡顿”号（*le Caton*）逼出战列线并使其受到重创。次日，法军继续北上，74门炮舰“热忱”号（*le Zélé*）与64门炮舰“伊阿宋”号（*le Jason*）相撞，致后者严重损毁。4月11日，英军瞭望哨发现了这两艘掉队法舰，罗德尼下令全面追击。急于避免损失的德格拉斯掉转航向赶来掩护。罗德尼叫停了全面追击，但继续追赶法军。是夜，“热忱”号又与德格拉斯的旗舰——104门炮舰“巴黎城”号（*la Ville de Paris*）——相撞，损失惨重。

第二天，1782年4月12日黎明时分，在位于多米尼克北端和桑特群岛之间的多米尼克海峡（Dominica Passage），双方舰队相距不过几英里。虽然风向和天气变幻莫测，如果德格拉斯继续坚持通过海峡，还有可能避免战斗。[73]但是，数量本来就不占优势的德格拉斯不愿放弃任何一艘损坏的战列舰。5时45分，德格拉斯发出信号，命令舰队组成左舷受风的战列线，向南驶往多米尼克。占有上风优势的法军，为挽救“热忱”号，不惜冒险一战。

看到法国舰队航向向南排成战列线，罗德尼意识到，如果能让自己的舰队穿越德格拉斯的航线，或能迫使法军交战。罗德尼不愿让胡德分队对阵状态完好的法军前卫分队，6时，他发出信号命令弗朗西斯·塞缪尔·德雷克（Francis Samuel Drake）海军少将的后卫分队居首，而让胡德充任英军战列线的后卫分队。各舰迅速执行这一十分不易的对换，英军战列线航向东北几近迎风，泰勒·彭尼（Taylor Penny）舰长指挥的74门炮战列舰“马尔伯勒”号成为前导舰。7时30分许，法军前卫分队在远距离上开火。彭尼继续抵近，

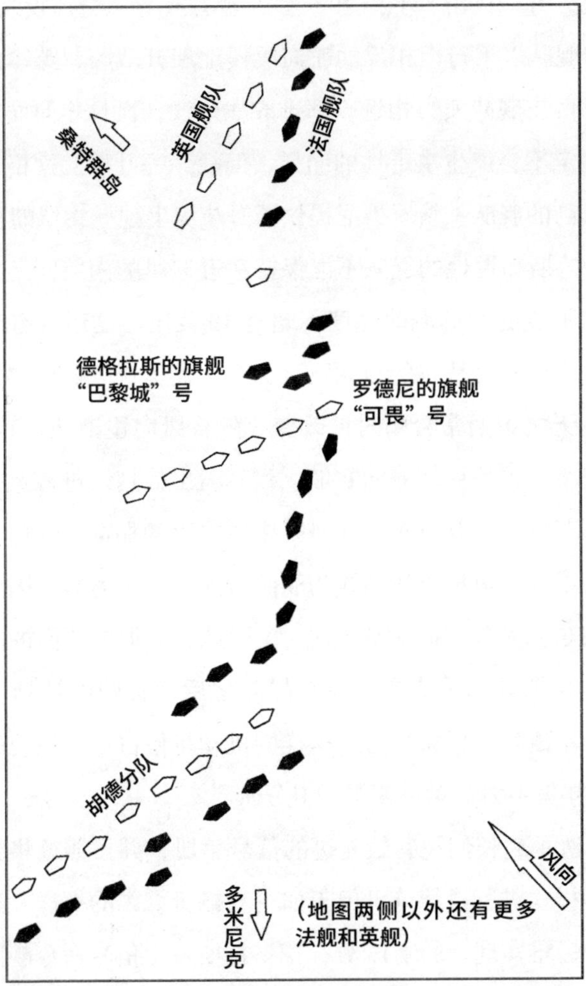

图 3　桑特群岛战斗，1782 年 4 月 12 日，11 时左右

▲　临近的多米尼克（在地图之外的南部）和迎面风迫使法军将航向从南转向西南，从而为罗德尼突破其战列线奠定了基础。德格拉斯不应该对风向的转变感到惊讶——风向通常是跟随太阳移动的方向顺时针变化。

但他意识到自己已无法抢占法军战列线的上风位，遂于 7 时 40 分转向向北，开始还击。不到 10 分钟，德雷克分队全部投入战斗。

双方舰队以平行但相反的航向缓慢地展开战斗，英军向北，法军向南。两支舰队实力相近，都排成战列线，而且相向而行，这样的交战注定不会产生决定性的结果，但战斗一开始，德格拉斯就无力控制自己的舰队，给罗德尼提供了海战史上独一无二的机会。

德格拉斯知道他的舰队不能保持在近迎风的南航向上。桑特群岛和多米尼克之间的海峡宽度不超过 10 英里，这还没有考虑各岛周围的浅水区，而法军的战列线至少有 5 英里长。德格拉斯还知道风向在一天之中通常会顺时针改变。随着风向逐渐从东转向东南，法军各舰将不得不更加偏向右舷，致其驶出战列线进入英军炮火范围。正如莫罗格在其海军战术研究中所警告的那样，这样的风向变化“最为不利，对排成战列线的舰队可能是一种考验，因为重建队形异常困难，尤其是面对敌人时”。因此，在形成向南的战列线之后，德格拉斯计划（或者至少在战斗之后声称曾经计划）调头北返，与英军战列线保持平行。这样的机动将使占据上风位的法军像 3 天前那样集中力量对付英军前卫分队。[74]

尽管法军舰长们拥有最先进的信号手册，并按照德格拉斯所预期的机动样式进行过演练，但正如莫罗格所警告的那样，这种机动在战斗中极难实现。8 时 15 分，德格拉斯发出信号命令舰队迎风转向掉头。当时前卫和中央分队均已进入战斗，各舰都未执行这一信号。很少有风帆时代的舰长愿意在敌人的猛烈炮火下迎风转向。德格拉斯试图让旗舰做出示范，但“巴黎城”号上层受损，机动困难。8 时 30 分，德格拉斯发出另一信号，命令各舰同时背风转向。

该机动应以旗舰一声炮响为信号开始。但“巴黎城”号正在交战，以其火炮向敌射击，各舰舰长——有些远在两英里以外——何以能分辨出哪一声炮响是开始转向的信号呢？不出所料，法军编队继续向南航行。8 时 45 分，沮丧的德格拉斯第三次发出信号，这一次是命令从最后一艘开始各舰依次背风转向。负责复示信号的护卫舰及时将其转达给战列线中各舰，但后卫分队指挥官无视这一命令。当时法军后卫分队与英军前卫分队正处于“步枪射程”之内——不到 200 码——通过将脆弱的舰尾掠过一列敌舰来完成 180 度的转向可没有什么吸引力。[75]

9 时稍后，风力趋缓并转向南，迫使法舰向右转向——直接对向英军炮火。由于风力太弱，2000 多门大炮的硝烟将双方舰队笼罩在浓厚的云雾中，战斗愈发混乱。法军队形出现了若干缺口，已不成其为战列线。10 时左右，罗德尼率部穿过其中一个缺口。紧接着，胡德率后卫分队穿过另一个缺口。法国舰队终被击溃。当天结束时，包括德格拉斯旗舰在内的 5 艘被俘法舰令罗德尼爵士的胜利大放异彩。[76]

尽管罗德尼的舰队取得了显著的胜利，但战后不久就出现了两个历史性的争议。第一个争议涉及是谁做出了穿越法军战列线的决策。这一行动被归功于罗德尼、首席上校查尔斯·道格拉斯爵士和约翰·克拉克（John Clerk）。克拉克是《海军战术随笔》（*An Essay on Naval Tactics*）的作者，该论文于战斗同年出版并为罗德尼所拥有。但是克拉克从未声称他的书激发了罗德尼的行动。在其著作的后一版中，克拉克详细地讨论了桑特群岛战役。至于道格拉斯，甚至连罗德尼的现代传记作家也普遍承认，他是这一行动的主要推手——纠缠着罗德尼直到他让步："好吧，好吧，随你的便。"[77]

可以肯定，罗德尼并没有突破法军战列线的计划。道格拉斯不久前曾在海峡舰队服役，海峡舰队的信号手册中有这样的指令，但罗德尼的却没有相应的编号。罗德尼通过旗舰示范而不是信号指挥编队机动。而且，在很大程度上，是法军战列线溃散在先，罗德尼突破在后。打乱德格拉斯战斗序列的是风，不是英国舰队的战术机动。此外，穿越法军战列线的决定也可能是一个错误。约翰·克雷斯韦尔（John Creswell）指出："罗德尼的旗舰及跟进舰只穿越至上风位的举动，使附近已遭重创的法舰有机会向下风位撤退。"尽管在桑特群岛战斗之后，突破战列线成了一种时尚，但海军将领们主要将其应用于从上风位抢占下风位、以防敌人脱离的战斗中。4月12日晨，罗德尼在下风位。突破法军战列线后，英军成了上风位，从而使法舰得以撤出。[78]

英军驶入上风位后，硝烟散尽，罗德尼发现两军已经脱战。他"还没意识到，法舰已经穿过英军战列线的几个大空当或绕过其南端驶向下风位"。罗德尼开始追击法舰，并在不少英舰上层已经严重损毁的情况下坚持整个舰队统一行动。下午，英军追上4艘法军战列舰，18时30分又俘获巨舰"巴黎城"号。德格拉斯与旗舰一同被俘，这是英军首次俘获敌军总指挥官。[79]

罗德尼的许多部属都认为，由于追击行动过于谨慎，英军错失了宝贵的机会。胡德写信给桑威奇称：

> 我的舰员刚刚登上德格拉斯的旗舰，乔治就发出停止信号。更令我惊讶不已的是，还要整夜迎风停航。当时，

有 20 艘敌舰距离我们不足 4 英里，有些甚至不足 2 英里。到了早上，敌舰都不见了，这真令人扼腕叹息。

在昨天的辉煌战斗中，我对我们的总指挥官失望之极。首先，在降下组成战列线信号后，他没有及时发出全面追击信号。如果不是这样的话，我们肯定能在黄昏前全部拿下敌人那 20 艘战列舰。

战斗次日，胡德就向其顶头上司提出了追击的问题。罗德尼答曰："行了，我们已经干得够漂亮了。"[80]

胡德不是唯一感到沮丧的人。罗德尼中央分队 74 门炮战列舰"加拿大"号（*Canada*）舰长威廉·康沃利斯（William Cornwallis）写了一首纪念这次战斗的诗，其中有这样一节：

在胜利的战场上，他被黑夜止住了脚步，
尽管遭痛打的法国人已经准备臣服。
如果舰队有一位当得起英国之名的统帅，
那二十五艘敌舰早就成了我们的囊中之物。[81]

罗德尼的医师吉尔伯特·布兰称，甚至罗德尼本人后来也觉得他应该赢得更大的胜利。布兰回忆道："我知道，他不怎么去想 1782 年 4 月 12 日的胜利。"[82] 此外，这些批评者的观点也反映出他们对英国海军盛行的指挥控制方法感到失望。激烈抨击格雷夫斯和罗德尼的胡德是其中的主要人物。康沃利斯的好友霍雷肖·纳尔逊是深受胡德影响的年轻舰长之一。1804 年，也就是特拉法尔加战斗的前一年，纳尔逊在给康沃利斯的信中提到桑特群岛战斗：

我从你那里得到了一些对我的海军生涯帮助极大的观念：只要我们足够坚持，我们总能打败法国人；所谓很难得到交战机会往往只是人们自己的想象，而不是事实本身；人们只有经过尝试才知道自己能够做到，因此宁可一战也不要谨小慎微。

因此，我在人生的那一时刻产生的印象从未动摇。但是，我亲爱的朋友，关于那次战斗，我相信，为赢取——如果继续坚持就会成为——我们国家有史以来最伟大的胜利，你已经竭尽全力了。[83]

※ ※ ※

美国独立战争的最后几年，集中指挥控制体系的地位在英国海军得到巩固，但法国海军却走上了不同的道路。格林纳达战斗时指挥法军前卫分队的叙弗朗对主流思潮提出了质疑。1781—1783 年执掌法国驻印度洋海军部队期间，叙弗朗在战略、战役和战术层面都采取了攻势。

被叙弗朗的进取精神所感染的历史学家，将其塑造成风帆时代伟大海军将领中唯一的法国人，与德勒伊特、霍克、罗德尼和纳尔逊等人齐名。法国海军史家更是如此。例如，卡斯泰将叙弗朗视为咄咄逼人的荷兰海军将领德勒伊特的传人，拉库尔-加耶则认为："叙弗朗是伟大水手中的完美典范。"拿破仑一世在圣赫勒拿岛（St.

Helena）流放期间得知了叙弗朗的壮举，不禁感叹："为什么他没有生活在我的时代？为什么我找不到像他那样的英才？我可以让他成为我的纳尔逊，我们的事业也会全然不同。我倾尽全力去寻找这样一个水手，却从未如愿。"[84]

尽管对叙弗朗有着太多的溢美之词，但他确实是一位不同寻常的法国海军指挥官。叙弗朗是法国第八代贵族，以大腹便便、不修边幅和欺压部属而臭名昭著。一位传记作者最近总结道："精力过人、狂躁、易怒、阶层歧视和好战是这个人的 5 个主要特征。1782 年 1 月，他出人意料地闯入孟加拉湾（Bay of Bengal），在崇拜他的印度水手中为自己赢得了'撒旦将军'的大名。"[85]

1781 年春，受命接掌印度洋海军部队的叙弗朗已在海军服役 38 年。1743 年，14 岁的叙弗朗加入海军，次年参加了土伦战斗。1747 年，叙弗朗在第二次菲尼斯特雷角战斗中目睹霍克摧毁了许多法舰——也包括他自己的——后被俘。

七年战争中，叙弗朗经历了更多的挫折。1756 年，他在梅诺卡岛战斗中随德拉加利索尼埃的舰队与约翰·宾作战，但是，按照卡斯泰的说法，法军未能扩大战果使其确信，摧毁敌舰队必须成为海军战略的目标。3 年后，叙弗朗在德拉克吕命运多舛的土伦分舰队旗舰——80 门炮战列舰"海洋"号（*l'Océan*）——服役。随博斯科恩舰队参加拉古什湾战斗时，叙弗朗所在舰和其他一些法舰表现英勇，却一无所获。受到重创的"海洋"号在葡萄牙海岸抢滩，后被英军放火焚毁，叙弗朗再度成为战俘。[86]

他获释后，法国人开始重审其海军政策，叙弗朗也进行了自己的重估。他并未与被卡斯泰视为法国海军"伪复兴"罪魁祸首的海军学院合作，而是结合历史文献，特别是那些探讨荷兰伟大海军将领德勒伊特战斗实践的文献，回顾自己与英军作战的职业经历。叙弗朗的结论是，法国的战略和战术方法"导致了无畏精神、理解能力、战场支援和战友情谊的瘫痪"。叙弗朗的最近一位传记作者罗德里克·卡瓦利耶罗（Roderick Cavaliero）指出："叙弗朗并不像一般法国人那样笃信秩序。他与霍克和博斯科恩等人观点一致——除非摧毁敌舰，否则所有海军行动都毫无意义。在海军训练中队考核新入列舰和新训水兵的海上实装演练中，他满腹牢骚。"[87]

美国独立战争初期的经历强化了叙弗朗的信念。他对德埃斯坦在罗德岛和格林纳达战斗中使用部队的方式不以为然，冠之以"进退失措""愚蠢、不可信赖"和"痛失良机"等字眼。[88]

1781年初，叙弗朗终于获得了独立的指挥权。他的职责包括保护盟友荷兰好望角（Cape of Good Hope）殖民地的安全，保护法国印度洋殖民地的财产，以及支持法国在次大陆的盟友、迈索尔（Mysore）统治者海德尔·阿里（Haidar Ali）。叙弗朗从布雷斯特起航，摆脱了法军条令的约束，决意在遥远的海战场上运用自己的战法。拉库尔-加耶写道，叙弗朗具有"主动精神"，这是"一个指挥官的首要品质，是最必要、最真实的特征，他正是因此而成为主帅的"。叙弗朗坚信，确保其众多目标得以实现的最佳途径，是寻获并摧毁敌对的英国舰队。毫无疑问，攻势战略要以舰队在战术层面的积极运用作为支撑。因此，在战斗中，"叙弗朗要求舰长们主动作为"，尽管他们"已经习惯于战列线的严格约束，凡事要等信号"[89]。

在接下来的28个月里，叙弗朗共打了6仗。每次战斗他都努力争取主动，集中全部兵力击敌一部。1781年4月16日，在普拉亚港

（Porto Praya），他突袭了一支由乔治·约翰斯通（George Johnstone）海军准将率领、实力更强、准备驶往好望角的英国海军分队。战斗十分艰苦，但没有决定性成果，不过英军因战损延误了两周航程，使法军抢先一步赶到好望角。1783年2月1日[①]，叙弗朗与海军中将爱德华·休斯（Edward Hughes）爵士指挥的英国印度洋分舰队在瑟德勒斯（Sadras）作战，这是双方5次战斗中的首次。叙弗朗发起进攻，但没有得到各舰的支持，双方在战斗中均一舰未失。1782年4月12日的普罗维迪恩（Providien）、1782年7月6日的尼加帕坦姆、1782年9月3日的亭可马里（Trincomalee）和1783年6月20日的古德洛尔（Cuddalore）情况也都一样。

人们为什么会对这些相对而言既无足轻重又缺乏成果的战斗感兴趣呢？叙弗朗的印度洋战役备受关注的原因，是其在海战史上的独特性质。首先是个人因素：这是一场双方总指挥官争夺战区制海权的对决，两军舰队为此先后5次交战。其次，交战本身具有非典型性，法军在战役和战术层面都采取了攻势。

但事实是，叙弗朗仍然未能取得他所追求的战果。虽然他的战略合理，战术倾向令人钦佩，但他无法完全落实自己的想法。他对部属的不支持越来越感到不满，甚至时常感到愤怒。但他为什么得不到支持呢？叙弗朗传记作者的结论是，他“未能让舰长们知道他对他们的要求是什么”。他期待那些对指挥官的战术思想只有最模糊理解的人表现出主动性，而这些思想明显背离了法国海军的基本

① 原文如此。经查阅相关资料，此战时间似应为1782年2月，这也与后文的逻辑相一致。——译者注

作战原则。叙弗朗对那些既不能与英国海军同行比肩，甚至也不是法国海军中最优秀、最聪慧的人期望过高。卡瓦利耶罗写道：“到最后一次战斗时，叙弗朗已经明白，只有存在已久的战术才适合他指挥的水兵。”[90]

尽管从巴黎派遣信使到印度要花一年的时间，叙弗朗还是没能完全摆脱法国海军战术集中化的控制力。1783 年 4 月 11 日，国王路易十六（Louis XVI）于上年 5 月下达的指示终于被送达在亭可马里的叙弗朗。对德格拉斯在桑特群岛战斗中被俘深感震惊的国王下令，任何法国海军将领在指挥 9 艘以上舰船作战时，都要将旗舰转移至一艘护卫舰，以便观察敌方和指挥己方的舰船机动。[91]

萨福伦对这一指示表示严重怀疑。他明白，总指挥官转移至护卫舰后，就无法通过旗舰动作的示范效应引导舰队，而只能依靠视觉信号实施指挥。但他服从了，或许是因为他已经认识到，他的舰长们没有自主行动的能力。[92]

1783 年 6 月 20 日，叙弗朗在“克娄巴特拉”号（*Cléopâtre*）护卫舰上指挥古德洛尔战斗，赢得了一场被普遍认为是战术意义上的胜利。但他“因为没有在战斗最激烈的时刻参与其中而深感失望，‘克娄巴特拉’号沿法军战列线无助地跑来跑去，没有信号可发，因为只有一个信号：抵近至手枪射程内交战”。叙弗朗宣称，从护卫舰上控制舰队，这是他“第一次也是最后一次尝试”。[93]

叙弗朗对海军思想的影响有限。如果他能大败休斯，法国海军或会重新考虑自己的战略和指挥理论。但在没有取得那种胜利的情况下，法国人仍然保持着他们的“几何学式思考”。英国方面，约翰·克拉克在其《海军战术》（*Naval Tactics*）中写入了叙弗朗的战例。纳尔逊在特拉法尔加战斗前读过这些章节，但那时他的进取精神和集中兵力攻击敌舰队之一部的意识早已根深蒂固。事实上，英国人对叙弗朗海战观念的影响远远大于叙弗朗对英国人的影响。正如卡瓦利耶罗所写："叙弗朗短暂的指挥巅峰时期最显著的特点是其英伦特色。"[94]

然而，从1782—1783年的印度洋战役中，可以得到两个指挥控制方面的重要教训。叙弗朗无法取得任何决定性的成果说明，分散式战术指挥控制无论有多少内在优势，都需要整个指挥链的全力投入和深刻理解。在海军日益走向集中化系统的时代，一个决意以不那么集中的方式实施指挥的将领，必须亲自向部属灌输思想，以确保他们理解并赞同自己的观点，无论是在战略、战役还是战术层面。如果部属缺乏经验和才能，无法在需要他们发挥主动的作战节点领会指挥官的意图，那么分散指挥控制方式也不会奏效。

对英国海军而言，直到美国独立战争结束，也没有出现安森或是霍克那样足以弥补豪和罗德尼的战例。尽管既有系统存在缺陷，大多数英国海军将领仍与海峡对岸的法国同行们一样，对基于信号的指挥方式的有效性笃信不疑。1786年10月，菲利普·巴顿（Philip Patton）海军上校在写给米德尔顿的一封信中承认，英军信号系统在"上一次战争的几乎每一次行动中都表现出令人痛苦的混乱和低效"。然而，对于像巴顿这样的军官来说，解决现有指挥系统的不足，靠的不是各级的主动性，而是发展更为复杂的视觉信号。巴顿本人就"全身心地"投入了这项工作，并设计出一本可与豪匹敌的手册。但1793年第二次英法百年冲突再起时，英国海军将领们用的依然是豪的1790年"改进版"信号手册。[95]

注 释

1. “启蒙运动是一种心态，而非一门科学和哲学课程。” Hampson, *The Enlightenment*, 146. N. A. M. Rodger, *The Wooden World: An Anatomy of the Georgian Navy* (Annapolis: Naval Institute Press, 1988), 346.

2. *The Letters and Papers of Charles, Lord Barham*, ed. John Knox Laughton, 3 vols. (London: Navy Records Society, 1907–1911), 1:309–313.

3. Castex, *De Ruyter à Suffren*, 98.

4. Ibid., 99–107; Lacour-Gayet, *La marine militaire sous le règne de Louis XV*, 229, 230–233.

5. 叙弗朗文，引用于 Castex, De Ruyter à Suffren, 258。

6. Tunstall, *Naval Warfare*, 123–125, 151–153. 如 David Steel, *A System of Naval Tactics; Combining the Established Theory with General Practice, and the Particulars with the Present Practices of the British Navy* (London, 1797), 其中包括对莫罗格和布尔代·德维尔于埃著述的选译。

7. Tunstall, *Naval Warfare*, 105, 117; *Barrington Papers*, 1:327–355. John Barrow, *The Life of Richard Earl Howe, K. G.: Admiral of the*

Fleet and General of Marines (London: John Murray, 1838), 71. 豪的系统包含 61 种昼间信号、15 种夜间信号和 7 种雾中信号。

8. Tunstall, *Naval Warfare*, 119, 127–128.

9. Ibid., 126–127.

10. Ibid., 129; Julian S. Corbett, *Signals and Instructions, 1776–1794* (London: Navy Records Society, 1908), 18. Corbett, *Fighting Instructions*, 233.

11. Tunstall, *Naval Warfare*, 130–131.

12. Corbett, *Signals and Instructions*, 108–115, 114.

13. Tunstall, *Naval Warfare*, 130–131. Creswell, *British Admirals*, 86–87. *Barham Papers*, 1: xlix.

14. John A. Tilley, *The British Navy and the American Revolution* (Columbia: University of South Carolina Press, 1987), 142–145.

15. Ira D. Gruber, *The Howe Brothers and the American Revolution* (New York: Atheneum, 1972), 311–314.

16. Geoffrey M. Bennett, "The Fleet-Flagship: A Problem of Naval Command," *Journal of the Royal United Service Institute* 81 (Aug. 1936): 601–611; ibid. (Nov.1936):761–769; Gruber, *Howe Brothers*, 316; Tilley, *British Navy and American Revolution*, 150–151. 豪的报告，17 Aug. 1778, PRO, Admiralty 1/488, #314。

17. Clowes, *Royal Navy*, 3:398–410. 注意，康华里部在约克敦投降人数仅有 7000。

18. Tunstall, *Naval Warfare*, 125.

19. 1780 年 5 月，英王乔治三世给桑威奇伯爵去信称："豪勋爵反复跟我讲，在战斗中，很显然应以一艘护卫舰为指挥所。" *The Private Papers of John, Earl of Sandwich, First Lord of the Admiralty*, 1771–1782, ed. G. R. Barnes and J. H.Owens, 4 vols.(London: Navy Records Society, 1932–1938), 3:212–213.

20. Mackesy, *War for America*, 104.

21. Ibid., 105.

22. Ibid., 190–192. Jonathan R. Dull, *The French Navy and American Independence: A Study of Arms and Diplomacy, 1774–1787* (Princeton: Princeton University Press, 1975), 108–112; G. Lacour-Gayet, *La marine militaire de la France sous le règne de Louis XVI* (Paris: Librairie Spéciale pour l'Histoire de la France et de ses Anciennes Provinces, 1905), 102–103.

23. Weigley, *Age of Battles*, 242. Jervis to George Jackson, 31 July 1778, in *Memoirs of Admiral the Right Honourable the Earl of St*. Vincent, ed. Jedediah Stephens Tucker, 2 vols. (London: R. Bentley, 1844), 1:67–68.

24. Mackesy, *War for America*, 229–232.

25. Clowes, *Royal Navy*, 3:433–340; Roderick Cavaliero, *Admiral Satan: The Life and Campaigns of Suffren* (London:I. B.Tauris,1994),38–41;Mahan, *Influence of Sea Power upon History*, 367–374; Tunstall, *Naval Warfare*, 162–164; Weigley, *Age of Battles*, 244–246; Creswell, *British Admirals*, 132–140; Castex, *De Ruyter à Suffren*, 245–251.

26. Creswell, *British Admirals*, 139–140. Corbett, *Signals and Instructions*, 52. Clowes, *Royal Navy*, 3:440, 437–438. 举杯致敬一说

确有其事，倡议者是叙弗朗。见 Cavaliero, *Admiral Satan*, 40。

27. Weigley, *Age of Battles*, 245. Castex, *De Ruyter à Suffren*, 249–251; Mahan, *Influence of Sea Power upon History*, 370–374; Lacour-Gayet, *La marine militaire sous le règne de Louis XVI*, 201–203.

28. Corbett, *Signals and Instructions*, 20. *Barham Papers*, 1:293. 1777 年，肯彭费尔特出版了一本名为 *Philotheorus* 的“原创颂词与诗歌”。Sidney Lee, ed., *Dictionary of National Biography*, 22 vols. (New York: Macmillan, 1908–1909), 10:1283–1284.

29. S. R. Shaw, “A General Staff System for the Navy?” U.S.Naval Institute *Proceedings* 77 (Aug. 1951): 824.

30. William Bell Clark and William Morgan, eds., *Naval Documents of the American Revolution*, 9 vols. to date (Washington: Naval Historical Center, 1956–), 8:484–486. Clowes, *Royal Navy*, 3:415. “编制”准将配有旗舰舰长为其掌管旗舰，据说没有旗舰舰长的准将会在舰上悬挂一面“十先令三角旗”。

31. Clowes, *Royal Navy*, 3:341. *Barham Papers*, 1:163–164.

32. Ibid., 320–21. 另见 Rodger, *Wooden World*, 17–19。

33. N. A. M. 罗杰确信，史学家们对肯彭费尔特太过“轻信”了。Rodger, *The Insatiable Earl: A Life of John Montagu, Fourth Earl of Sandwich, 1718–1792* (New York: Norton, 1994), 261. Corbett, *Signals and Instructions*, 24.

34. *Barham Papers*, 1:295. Corbett, *Signals and Instructions*, 29, 45–48.

35. *Barham Papers*, 1:301, 343, 345.

36. Ibid., 309, 着重号系本书作者所加。

37. Lacour-Gayet, *La marine militaire sous le règne de Louis XVI*, 231–294, 书中形容法军的战果“令人悲伤”。*Barham Papers*, 1:356–360；Clowes, *Royal Navy*, 3:509–510. 返航前，肯彭费尔特从运输船队中再夺五船。船队大部返回布雷斯特。

38. Corbett, *Signals and Instructions*, 43–49, 52; *Barham Papers*, 1:239. Clowes, *Royal Navy*, 3:540. Rodger, *Insatiable Earl*, 297–299, 书中谈到，英国海军舰体覆铜的做法，可能与诸如“皇家乔治”号等舰只解体，以及下一场战争中的 1797 年兵变间接相关。米德尔顿是舰体覆铜的倡导者，该技术能防止海洋生物附着导致航速降低，从而不必频繁入坞倾斜舰体进行清理。覆铜舰只可能会被延长海上部署时间——危机发生时就是这么做的。这样一来，舰员的压力陡增，进而引发兵变。相应地，对舰体的检查也会减少。此外，当时的人并不了解，舰体外覆铜皮与铁质紧固螺栓同时存在，会对铁产生严重的电解腐蚀效应，这或许是导致美洲战争最后几年若干舰只（其中包括“皇家乔治”号）解体的原因。后来采用了铜铁复合螺栓固定覆铜，这个问题才得以解决。

39. Barrow, *Howe*, 141.

40. *Barham Papers*, 1:330.

41. 从 1778 年到 1782 年，五年间英国与敌对的法国、西班牙和荷兰打了 20 场重大战斗。七年战争期间仅有八次重大战斗。从 1794 年到 1811 年，共有 17 次重大战斗。尽管海战几乎贯穿了整个第二次世界大战，但从 1939 年到 1945 年，也只有 21 场重大的舰队交战。至于“重大”的定义，我参照的是 Michael Sanderson, *Sea*

Battles: A Reference Guide (Middletown, Conn.: Wesleyan University Press, 1971), 9–15。

42. Corbett, *Signals and Instructions*, 52–53.

43. Tunstall, *Naval Warfare*, 172. Corbett, *Signals and Instructions*, 53. Mackesy, *War for America*, 421.

44. Don Higginbotham, *The War of American Independence: Military Attitudes, Policies, and Practice, 1763–1789* (Bloomington: Indiana University Press, 1977), 380; David Curtis Skaggs, "Decision at Cap Français: Franco-Spanish Coalition Planning and the Prelude to Yorktown," in *New Interpretations in Naval History: Selected Papers from the Thirteenth Naval History Symposium*, ed. William M. McBride (Annapolis: Naval Institute Press, 1998): 23–46.

45. Corbett, *Signals and Instructions*, 251, 54. Tunstall, *Naval Warfare*, 173.

46. 关于此次战斗记录，见 Sandwich, Private Papers, 4:183–186。

47. Tunstall, *Naval Warfare*, 175.

48. Tilley, *British Navy and American Revolution*, 255. Weigley, *Age of Battles*, 240. Lewis, *Navy of Britain*, 491.

49. Weigley, *Age of Battles*, 240; Tilley, *British Navy and American Revolution*, 255; Tunstall, *Naval Warfare*, 176. Mackesy, *War for America*, 424.

50. Corbett, *Signals and Instructions*, 54–55.

51. *Barham Papers*, 1:309.

52. 关于此次战役的战略及作战问题，见 Mackesy, *War for*

America, 420; Mahan, *Influence of Sea Power upon History*, 392。

53. David Spinney, *Rodney* (London: Allen and Unwin, 1969), 294–295, 284–288. Mackesy, *War for America*, 320; Donald Macintyre, *Admiral Rodney* (London: Peter Davies, 1962), 72–73.

54. 最近一位传记作者认为罗德尼追求赏金的名声被夸大了。Spinney, *Rodney*, 15–16. Tunstall, *Naval Warfare*, 157. Corbett, *Signals and Instructions*, 13. 与罗德尼一样，莫罗格也更偏爱集中化指挥。

55. *Barham Papers*, 1:72. Spinney, *Rodney*, 303–304; Corbett, *Fighting Instructions*, 212–214; Corbett, *Signals and Instructions*, 13–14.

56. Spinney, *Rodney*, 294–295. Mackesy, *War for America*, 322.

57. Mackesy, *War for America*, 322–323. Tunstall, *Naval Warfare*, 164–165.

58. *Barham Papers*, 1:66.

59. 斯平尼对此说法有争议，见 *Rodney*, 310。

60. T. H. McGuffie, *The Siege of Gibraltar, 1779–1783* (Philadelphia: Dufour, 1965), 57–62. Spinney, *Rodney*, 317.

61. Castex, *De Ruyter à Suffren*, 79.

62. Tunstall, *Naval Warfare*, 167.

63. Ibid., 165. Corbett, *Signals and Instructions*, 186.

64. *Barham Papers*, 1:54.

65. Lewis, *Navy of Britain*, 515; Weigley, *Age of Battles*, 247. 第12条引用于 Tunstall, *Naval Warfare*, 166。

66. Sandwich, *Private Papers*, 3:214–218.

67. Bennett, "Fleet-Flagship," 605. *The Naval Chronicle:*

Containing a General and Biographical History of the Royal Navy of the United Kingdom; with a Variety of Original Papers on Nautical Subjects, 40 vols. (London: J. Gold, 1793–1818), 25:402. Barham Papers, 1:1.

68. *Barham Papers*, 1:156–157.

69. Spinney, *Rodney*, 329. Tunstall, *Naval Warfare*, 167. *Barham Papers*, 1:100–107. Bennett, "Fleet-Flagship," 603–610.

70. Clowes, *Royal Navy*, 3:463; Castex, *De Ruyter à Suffren*, 97. Spinney, *Rodney*, 336.

71. Sandwich, *Private Papers*, 3:212–213. Bennett, "Fleet-Flagship," 607–608. *Barham Papers*, 1:61–62.

72. Spinney, *Rodney*, 391.

73. Lacour-Gayet, *La marine militaire sous le règne de Louis XVI*, 430, 书中称德格拉斯本来可以避免战斗，但 Spinney, *Rodney*, 395, 一书则辩称法军基本上已被逼入绝境，战斗无可避免。

74. Sébastien François, Vicomte Bigot de Morogues, *Tactique navale, ou, Traité des évolutions et des signaux: avec figures en taile-douce* (Paris: H. L. Guerin and L. F. Delatour, 1763), 40. Tunstall, *Naval Warfare*, 183.

75. Tunstall, *Naval Warfare*, 183; Mahan, *Influence of Sea Power upon History*, 487.

76. 关于罗德尼的官方战斗记录，见 *Letter-Books and Order Book of George, Lord Rodney: Admiral of the White Squadron, 1780–1782*, 2 vols. (New York: New York Historical Society, 1932), 1:357–362。

77. 关于克拉克，见 Creswell, *British Admirals*, 190–195; Tunstall,

Naval Warfare, 187–191；亦见 Spinney, *Rodney*, 427–428。关于英军突破法军战列线之前几分钟罗德尼旗舰甲板上的情况，见道格拉斯的说法，Macintyre, *Rodney*, 232–233; Spinney, *Rodney*, 398–399；以及 *Barham Papers*, 1:275–283。

78. Creswell, *British Admirals*, 171; G. Cornwallis-West, *The Life and Letters of Admiral Cornwallis* (London: Robert Holden, 1927), 122.

79. Spinney, *Rodney*, 402, 403.

80. 关于此次战斗及其中争议，见 Ken Breen, "Rodney: Les Saintes, 1782," in Grove, *Great Battles*, 87–94. Sandwich, *Private Papers*, 3:250–253。

81. Cornwallis-West, *Life and Letters*, 116–117.

82. *Naval Chronicle*, 25:404.

83. 纳尔逊 1804 年 12 月 30 日致康沃利斯信，收录于 John Leyland, ed., *Dispatches and Letters Relating to the Blockade of Brest, 1803–1805*, 2 vols. (London: Navy Records Society, 1899–1902), 1:xvi。

84. Lacour-Gayet, *La marine militaire sous le règne de Louis XVI*, 552. 拿破仑语，引用于 Cavaliero, *Admiral Satan*, xvii–xviii。

85. Cavaliero, *Admiral Satan*, xviii.

86. Castex, *De Ruyter à Suffren*, 212–213, 233. Cavaliero, *Admiral Satan*, 9, 15–16.

87. Castex, De *Ruyter à Suffren*, 235, 259, 260. Cavaliero, *Admiral Satan*, 18.

88. Cavaliero, *Admiral Satan*, 37–38.

89. Ibid., 60–63. Lacour-Gayet, *La marine militaire sous le règne de*

Louis XVI, 516. Castex, *De Ruyter à Suffren*, 290, 312.

90. Castex, *De Ruyter à Suffren*, 258. Cavaliero, *Admiral Satan*, 258.

91. Lacour-Gayet, *La marine militaire sous le règne de Louis XVI*, 541–542.

92. Ibid., 542.

93. Cavaliero, *Admiral Satan*, 235. Bennett, “Fleet-Flagship,” 609.

94. Castex, *De Ruyter à Suffren*, 329; 347. Cavaliero, *Admiral Satan*, 258–261.

95. *Barham Papers*, 2:371. 关于巴顿的信号系统“只能在舱内的桌上摆弄摆弄”，见 Tunstall, *Naval Warfare*, 192–193。

第六章

风帆时代之巅

The Zenith of the Age Fighting Sail

始于1793年的英法海军斗争，揭示了早在1789年巴黎大革命爆发之前就已显而易见的发展趋势。在美国独立战争之后的10年中，英法海军的状态反映了其各自国家的政治现实。尽管英国“输掉”了美国战争，但乔治三世的政体依然稳固，大英帝国迅速恢复。由于对部队在战争中的表现备感失望，英国海军的高官和将领们支持提升海军数量和质量的改革。英国海军1793年时的战备状态远超1778年。

在战术层面，改革精神体现在数字编号信号系统的持续发展。豪和他的竞争对手们致力于设计出一个更好、更可行的方案。1790年，英国海军的高级将领们最终采用了豪的修订版手册作为标准信号手册，不过仍然是非官方的。[1]

海峡对岸，法国海军在美国独立战争中的诸多胜利，提升了法国海军对王室的重要性。西蒙·沙玛（Simon Schama）写道：“在国王及其大臣们看来，法兰西帝国的未来系于海军，一个远至蔚蓝色天际线的辽阔的大西洋帝国，甚至可能是东方帝国。”为应对不可避免的下一场战争，1783年后，路易十六及其大臣们加强了海军力量。但法国的海军扩张计划很不平衡，受到“结构性弱点”的制约，而且是一个杂乱无章、管理不善、正在走向财政崩溃的国家所无法承受的。为使法国在陆上和海上都成为军事强国，王室“债台高筑”，反而削弱了海军的基础。[2]

1783年，法国海军改革的动力远不如七年战争失败之后的1763年强劲。海军改革与雅克-安托万·德吉贝尔（Jacques-Antoine de Guibert）和让-巴蒂斯特·德格里博瓦尔（Jean-Baptiste de Gribeauval）的陆军改革不可同日而语。滕斯托尔认为，战后法国的战术改革是一种“倒退”，1783年“《凡尔赛条约》（Treaty of Versailles）实际上终止了法国的战术发展，因为帕维永的体系似乎已经证明了自己的正确性”[3]。

仅有的一点改革势头也在1789年戛然而止了。大革命带来的政治和社会动荡对法国海军来说是灾难性的。在许多学者看来，形形色色的法国革命政权荒唐的反海军行为——约瑟夫·马特雷（Joseph Martray）称之为“意识形态的愚蠢”——使海军备受挫败。但其他一些人，如曾在大革命背景下研究过海军的威廉·科马克（William Cormack），不同意这种观点。至于海军历史学家们，马汉确实对大革命和帝国时期的法国海军政策制定者们斥责有加，但他也承认，他们的政府“如实地、必然地反映了那个时代的社会混乱”。滕斯托尔则认为，革命者对法国海军的影响非常有限。他写道：“革命战争开始时，法国人拥有一项伟大的资产，一种真正的战斗精神，这从他们毫不畏惧地面对豪在（1794年）6月1日战斗中的进攻就可以看出。随着时间的推移，这种精神逐渐被海军将领们消磨殆尽，他们未能得出一个对陆军来说再明显不过的结论——18世纪的四对方舞和足尖旋转已不再为他们所需。”[4]

不管人们倾向于对这场革命的影响作何解读，以下两个事实依然存在：与美国独立战争开始时相比，1793年，英国海军的战备状况更好，而法国海军较差。法国无力再像1778年那样，打一场居于主导地位的海上战争。在国内，法国被叛乱和内斗撕裂；在国外，欧洲主要君主国家——普鲁士、奥地利、沙俄和西班牙——的军队随时准备入侵。法国领导人并没有太过背离路易十六及其大臣们的海军政策，相反，局势迫使他们对边界尤为关注。到1800年局势稳定时，法国海军已经在战斗中损失了约30艘战列舰。[5]

※　※　※

对法国海军来说，与英国的战争开局非常糟糕。地中海舰队在保卫法国的爱国责任与效忠土伦反叛的公民政府之间左右为难。土伦当局宣布支持君主政体，并与宿敌英国结盟。这支政治上严重分裂并被大规模逃兵削弱的舰队于1793年8月投降。9月，以布雷斯特为基地的法国主力舰队在基伯龙湾发生兵变。在后来的8个月里，舰队高级指挥官们与国民公会（Convention）从巴黎派来解决问题的代表安德烈·让邦·圣-安德烈（André Jeanbon Saint-André）一道，致力于恢复舰队的忠诚和战备状态。[6]

1794年春，考验来了。4月，一支由100多艘运载食品和海军物资的商船组成的船队从美国向东穿越大西洋驶往法国。5月初，豪率领26艘战列舰护送几支英国运输船队驶过布雷斯特后，准备实施拦截。5月16日，为掩护从美国驶来的船队，布雷斯特舰队在维拉雷·德茹瓦约斯伯爵（Comte Villaret de Joyeuse）路易-托马（Louis-Thomas）海军少将率领下出海，让邦·圣-安德烈也在舰队旗舰——120门炮战列舰“蒙塔涅”号（*le Montagne*）上。1794年

5月，法国在失去土伦和发生基伯龙湾兵变之后，还能派出一支26艘战列舰的舰队，这是“革命政府的胜利”。[7]

5月28日晨，两军舰队互见。接下来的几天里，双方不停地实施机动并伴有零星战斗，豪一直试图占据有利阵位，维拉雷·德茹瓦约斯则将英军带离了运输船队。5月29日下午，在断断续续的战斗和机动中，一些英舰实际上以经典形式穿越或突破了法军战列线的后卫分队。[8] 但鉴于天色渐暗和海况恶劣，豪决定暂不发起攻击。6月1日拂晓，豪发现自己的阵位有利且处于上风，于是收紧队形，发出进攻信号。

7时16分，豪发出信号命令舰队组成左舷受风战斗队形。9分钟后，豪发出第34号信号：“占敌上风位后，总指挥官意在敌舰间穿越其战列线，从下风位交战。”在1790年版的信号手册中，豪摒弃了突破敌方战列线时依旧保持己方队形的模式，也就是罗德尼在桑特群岛战斗中突破德格拉斯舰队的方式。在豪的设计中，英军各舰将分别转向冲向敌方战列线，从其队形中永远都会存在的空当中穿过，同时对两侧敌舰施以纵穿射击。然后，英舰将在敌编队另一侧重组战列线，以下风位阻止敌军脱战。[9]

约9时25分，随着英军逐渐逼近法军，战斗正式展开。豪的旗舰——100门炮战列舰“夏洛特王后”号（*Queen Charlotte*）——在9时30分到10时间从一个空当穿过法军战列线，对两舷法舰实施了纵穿射击，但也遭敌左右还击。与此同时，只有6艘英舰效仿了旗舰的动作，其他各舰则在法军战列线上风一侧重新组成了战列线。

尽管如此，英舰的行动还是使法军陷于混乱，战列线也被冲散。维拉雷·德茹瓦约斯及其政治特派员很快失去了控制。（战场硝烟弥漫，以至让邦·圣–安德烈回到布雷斯特后提出，海军将领们应该在护卫舰上指挥部队。）[10] 战斗在法军旗舰周围逐渐演变成一对一的单打独斗，这非常有利于炮术和操舰占优势的英国人。战斗一直持续到 18 时稍过，此时大部分法舰已经撤出，还有 6 艘落在后面。英军舰队亦遭重创，豪因担心部队状况而没有下令追击。

运输船队安全抵达布雷斯特使法国成了这场战斗战略意义上的胜方。尽管英国海军集中兵力击敌舰队有其战略上的合理性，但运输船队才应该成为其关注的重点。[11] 从战术层面看，英军则是这场战斗的胜方。法军共损失战列舰 7 艘，其中 1 艘爆炸，6 艘被俘，伤亡约 5000~8500 人。英军伤亡约 1200 人，豪带领全部英舰连同那 6 艘战利品回到了港口。[12] 不过，法国的损失远不止几艘战列舰。考虑到巴黎不断恶化的政治局势，维拉雷·德茹瓦约斯未能击败豪，这进一步加剧了法国海军已很严重的分化。

豪有足够的理由为这一天的成就感到自豪。在滕斯托尔看来："豪勋爵的舰队是英国有史以来在战争爆发时状态最好的舰队，尽管按照他自己的标准，这支舰队既缺乏战术知识，也缺乏经验。"相较于英国其他的开局之战——土伦战斗、梅诺卡岛战斗和阿申特岛战斗，1794 年 6 月 1 日之战堪称"光荣"。豪出色地驾驭了自己的舰队，采用了独创的战术，这标志着迈克尔·刘易斯所称的"新混战派"取得了"某种程度上的胜利"。[13] 豪充分利用了夏日长昼，没有把时间过多地浪费在机动上，7 时 30 分之前，他就已经做好准备，不仅要打败，而且要摧毁法军。在他强加给法军的这场战斗中，由于已大量配置快速装填、近距杀伤力致命的大口径短炮——

卡伦式炮（Carronade），英军炮手的优势比以往任何时候都更加明显。

在“光荣的六月一日”战斗中，豪所运用的指挥风格，是他和肯彭费尔特在美国独立战争期间所追求的秩序和纪律与霍克所追求的“尽可能接近（敌人）”相结合的产物。霍克没有以教条的集中的方式指挥舰队，放弃了从护卫舰上督导部属投入战斗的理念。他接受近战造成的失控，信赖手下将领和舰长们的主动性，这是他在1778年罗德岛战斗中没有表现出的特质，当然也不符合肯彭费尔特的观点，即没有什么“可以留给舰长们随意处置”。尽管确有许多舰长并不那么让人放心，豪还是把如何突破法军战列线和突破后重新列队的处置权“留给”了他们。在为这一时刻做准备的过程中，豪一连数月都在与部属分享自己的想法，尤其是如何突破敌战列线的想法。甚至连舰队中的尉官们都清楚与法军交战时指挥官的意图是什么。[14]

这场胜利仍有缺憾。豪没有尝试集中整个舰队的力量打击法军一部，如果他只打法军中央和后卫分队，可能更为有利。尽管战前他努力解释了自己的意图，但26名舰长中只有7名响应了突破法军战列线的信号。一些舰长感到敌军队列中的空当太窄，无法穿过；另一些干脆就没有执行命令。个别舰长错误地理解了信号含义，查阅各舰日志可以发现还有一些舰长根本没有看到信号。如被手下一位尉官认为“可能是最愚蠢的人”、当时处在英军战列线中旗舰前序位置的80门炮战列舰“直布罗陀”号（*Gibraltar*）舰长托马斯·麦肯齐（Thomas Mackenzie），不但没有看到第34号信号，还在混乱中几度向豪的旗舰射击。豪也本可能表现得更有闯劲。事实上，当天色近晚，维拉雷·德茹瓦约斯重组队形时，在首席上校罗杰·柯蒂斯爵士的坚持下，豪召回了当时正要捕获两艘瘫痪法舰的英舰，使战利品得以逃脱。滕斯托尔写道："未能追击是豪的巨大失误，但是，就像罗德尼的情况一样，这是体力和精神上的极度疲惫所致。"[15]

出于各种各样的原因，既有政治或个人的，也有职业的，许多军官对豪的指挥提出了批评。一名不满的舰长卡思伯特·科林伍德（Cuthbert Collingwood）尤为激烈，其名字在战斗结束后没有出现在豪的公开报告中。"光荣的六月一日"战斗之后负责指挥海峡舰队海上行动（豪在岸上保留名义指挥权）的威廉·康沃利斯海军中将也是一位批评者，战后受到军事法庭审判的安东尼·詹姆斯·派伊·莫洛伊（Anthony James Pye Molloy）舰长是其朋友。豪的早期传记作家约翰·巴罗（John Barrow）引用一位年轻时曾随豪作战的佚名海军将领的话："六月一日战斗是那次战争的第一次全面行动，取得了许多辉煌的战果；如果这是最后一次战斗，我们就不会让任何一艘法舰返回港口。"巴罗的结论是，豪"强烈地感到他的许多舰长背叛了他"。[16]

当时正在地中海服役的霍雷肖·纳尔逊也听说了海军圈内对豪的批评。在一封常被引用的写给豪的信中，纳尔逊称其为"这个世界所造就的第一个、也是最伟大的海军军官"。但一封写给其同僚之父狄克逊·霍斯特（Dixon Hoste）牧师的信更能说明问题，纳尔逊在信中称："豪勋爵在管理舰队方面无疑是一位出色的军官，但仅此而已。"纳尔逊将光荣的"六月一日战斗"视为另一场桑特群岛战斗。1794 年，纳尔逊在给其兄弟的信中展望了未来在地中海可能与法国舰队的战斗，他写道："如果我们只取得豪勋爵那样的胜利，见好就收，退回港口，意大利必失无疑。"[17]

※ ※ ※

1793 年战争开始时，指挥 64 门炮战列舰"阿伽门农"号（*Agamemnon*）的霍雷肖·纳尔逊加入胡德勋爵指挥的地中海舰队。纳尔逊寻求灵感的对象不是罗德尼，也不是豪，而是胡德——一个有能力、积极进取的指挥官，尽管胡德作为下级时很让人头疼。

纳尔逊第一次自愿到胡德麾下服役是 1782 年秋天在纽约时。他更希望指挥一艘战列舰追随胡德到西印度群岛去打仗，而不是在赏金更高的美国海岸服役。年仅 24 岁却已当了 4 年舰长的纳尔逊给胡德的印象非常深刻。在把纳尔逊介绍给乔治三世的小儿子威廉·亨利（William Henry）王子时，胡德告诉他："如果他想问一些有关海军战术的问题……（纳尔逊）能告诉他的与舰队里任何一位军官一样多。"胡德待纳尔逊情同父子，两人建立了长久的友谊。战后胡德成了纳尔逊的政治导师，1801 年 10 月 29 日纳尔逊子爵进入上议院时，胡德是其介绍人。纳尔逊称胡德为"我所知道的最伟大的海军军官"，也是"英格兰引以为傲的最好的军官"。虽然他对胡德指挥能力的评价可能有些夸大其词，但纳尔逊钦佩胡德，并从他和他年轻的朋友威廉·康沃利斯那里接受了对罗德尼和豪等指挥官的负面评价。胡德认为罗德尼和豪的指挥风格束缚了他们所指挥的舰队。[18]

1794 年 11 月初，威廉·霍瑟姆（William Hotham）海军中将

接替胡德执掌地中海舰队。霍瑟姆的任期令人失望。他对土伦实施了“从未非常接近或有效”的远程封锁。他曾几次有机会迫使法军交战。1795 年 3 月 3 日，15 战列舰运载 5000 名士兵驶离土伦，作为入侵舰队的一部分开往科西嘉岛（Corsica）。3 月 13 日，霍瑟姆率 14 艘战列舰在热那亚湾（Gulf of Genoa）拦截了这支小舰队。霍瑟姆下令全面追击，英军开局不错。[19] 法军急于避战，但脱逃中 2 艘法舰——80 门炮战列舰“一切会好”号（*le Ça Ira*）号和“胜利”号（*la Victoire*）——撞在一起，致前者舰首和主中桅损毁。包括纳尔逊的“阿伽门农”号在内的几艘英舰一拥而上，包围了负伤法舰。当法军回过头来支援时，霍瑟姆重整队形，天色已晚。入夜后，法军试图脱离。74 门炮战列舰“监察官”号（*Le Censeur*）拖走了“一切会好”号，但混乱之中威力强大的 120 门炮战列舰“无套裤汉”号（*Sans Culotte*）与舰队失去联系。

3 月 14 日黎明时分，在距意大利热亚那附近海岸约 20 英里处，英军再次发起攻击，并集中兵力于“监察官”号和“一切会好”号。法军主力再度回援。上午的战斗一度异常激烈。由于力量已被削弱，又受部队运输船队所累，法军舰队最终撤出，被遗弃的“监察官”号和“一切会好”号只能听天由命了。英军俘获了这两艘法舰，纳尔逊的“阿伽门农”号拿下了后者。

战利品到手之后，纳尔逊登上霍瑟姆的旗舰，建议立即追击。霍瑟姆回绝道：“我们应该知足了，我们已经做得很好了。”这听起来很是像罗德尼在桑特群岛战斗之后给胡德的答复。毫不奇怪的是，纳尔逊的反应和胡德几乎一样。纳尔逊写道：“请相信，如果是我指挥舰队……整个法国舰队都会成为我的胜利果实，否则我会感到无地自容！”[20]

7月13日，在耶尔水域，霍瑟姆再度与法国舰队相遇。英军有23艘战列舰，法军只有17艘。在确定法军无意交战之后，霍瑟姆发出全面追击信号。整个上午直至下午，英军慢慢地占据了上风，前卫舰船开始与法军后卫交战。13时许，法军一艘74门炮战列舰降旗示降，但英军前卫舰船不予理睬，超越该舰继续追击。14时42分，风向变得对法军有利。霍瑟姆召回各舰结束了战斗，此举令舰队中的许多人“莫名其妙”。唯一的战利品——投降的74门炮舰——也在英军登临前爆炸了。纳尔逊后来写道：“霍瑟姆胸无大志，完全满足于每个月都能没有任何损失地平安度过。”就连霍瑟姆的同名侄儿也对他管理舰队的方式提出批评。[21]

1795年12月，海军上将约翰·杰维斯爵士从英国前来接掌地中海指挥权。杰维斯努力弥补因霍瑟姆管理松懈造成的部队战斗力损失。纳尔逊本来希望胡德能回来，不过他认为杰维斯是个“做事的人”，对他抱有好感。两人于1796年1月相识，迅速建立起了个人和工作关系。不久，纳尔逊写信回家说他“从未见过”一支“与约翰·杰维斯爵士的舰队相当”的舰队。[22]

不过，尽管杰维斯竭尽了全力，由于法国重新夺回科西嘉岛，拿破仑·波拿巴的军队占领了意大利北部，英国在地中海的地位不断恶化。11月，西班牙改变立场，向英国宣战。12月初，杰维斯已把其处境艰难的舰队带回直布罗陀，将当前战略重点从意大利转向伊比利亚半岛。[23]

※　※　※

1797年2月中旬，杰维斯率15艘战列舰抵达葡萄牙西南端的圣维森特角水域，准备拦截一支据他所知的规模更大的西班牙舰队，这支舰队从卡塔赫纳（Cartagena）驶出，已于2月5日通过直布罗陀海峡。圣瓦伦丁日（St. Valentine's Day）凌晨2时30分，杰维斯从一艘葡萄牙护卫舰的舰长——一位名叫唐纳德·坎贝尔（Donald Campbell）的英侨——那里得知，西班牙舰队已在上风方向约5里格①处。6时30分许，英军护卫舰发现西班牙舰队。不过，在清晨的大雾中，杰维斯在旗舰上仍无法看到。[24]

8时30分许，西班牙舰队开始从雾中隐约出现，当时英国舰队成两列纵队，航向东南，右舷受风，近迎风航行。[25]舰队上校罗伯特·考尔德（Robert Calder）爵士和本·哈洛韦尔（Ben Hallowell）海军上校来到旗舰100门炮战列舰“胜利”号（*Victory*）的后甲板，与杰维斯在一起。哈洛韦尔当时编外，后来他担任74门炮战列舰“快速”号（*Swiftsure*）舰长，跟随纳尔逊参加了尼罗河战斗。随着敌舰接连进入视野，考尔德不停地数着。从8艘战列舰数到20艘，然后是25艘。考尔德每一次报数，杰维斯都会镇定地回答：“很好，先生。”当考尔德最后喊道：“一共是27艘战列舰，约翰爵士！”杰维斯应道：“行了，先生，就这样吧！骰子已经掷出，即使有50艘，我也要干。”哈洛韦尔叫到：“没错，约翰爵士，没错。天啊，我们要痛揍他们一顿。”[26]

---

① 1里格=3英里。——译者注

西班牙舰队的主帅是唐何塞·德科尔多瓦（Don José de Córdoba）海军中将，其指挥能力与舰队的纪律和战斗条令一样令人生疑。西班牙舰船员额普遍不足，官兵训练水平低下。唐何塞是在其前任拒绝率领这支毫无准备的部队出海的情况下走马上任的。舰队的最终任务是到布雷斯特参加法国对英国的入侵行动，但当前任务是与 4 艘满载水银的商船会合，将其安全护送至加的斯。[27]

唐何塞的舰队排成三列杂乱无章的“纵队”，差不多就是一大群船只，大致平行地以东南偏东的航向，右舷受风航行。发现英国舰队后，唐何塞发出信号，命令舰队排成左舷受风的单列纵队。这一信号在西班牙舰队中引起混乱。英军前卫分队指挥官威廉·帕克（William Parker）海军少将的旗舰——98 门炮战列舰“乔治王子”号（*Prince George*）——的领航员约翰·威尔基（John Wilkie）称，西班牙舰队的机动是“如此之糟糕，以至于用水手的眼光来看，尽管他们数量占优，却足以让我们对胜利充满信心”。西班牙舰队依然成 3 组，航向转为西北，中央和后卫之间有一个缺口。[28]

对水银运输船队一无所知的杰维斯发现了这个缺口，决定加以利用，尽可能打击这支显然是西班牙主力的舰队。在 9 时 20 分到 9 时 50 分之间，他发出信号，命令前卫分队 5 艘英舰，再加上詹姆斯·索马里兹指挥的第 6 艘舰“奥赖恩”号，开始追击。10 时 57 分，杰维斯发出信号，让各舰“视其方便”在“胜利”号前后排成纵列队形，航向西南偏南。[29]

11 时 26 分，杰维斯发出第 40 号信号，表示他意在“穿过敌战列线”。该信号与豪 1794 年 6 月 1 日发出的第 34 号信号一致，只是在修订信号手册时调整了编号顺序。但杰维斯对这一信号的解读

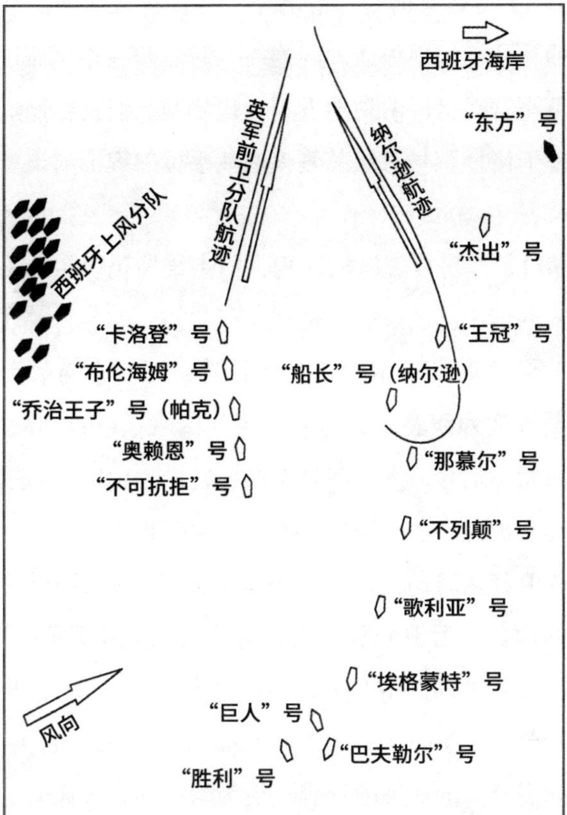

图 4　圣维森特角战斗，1797 年 2 月 14 日，12 时 50 分左右

▲　杰维斯发出迎风转向信号时，可能是由于硝烟的阻隔，英军战列线中排在旗舰后序的各舰都没有看到。纳尔逊指挥的"船长"号（*Captain*）由于在战列线外的西北侧，确实看到了信号，但他没有执行，而是命令本舰背风转向。纳尔逊意识到，英军后卫分队位置有利，可以支援帕克的前卫分队，抵御西班牙舰队可能的上风位攻击。

更倾向于传统的、可控的、长矛式的突破方法。托马斯·特鲁布里奇舰长指挥74门炮战列舰“卡洛登”号冲在最前面，险些与一艘大得多的西班牙三层甲板战列舰撞在一起。两舰相交而过，距离如此之近，英军官兵可以清楚地看到西班牙舰员们正在操炮，但他们很快就被“卡洛登”号双层舷侧火炮从手枪射程上射出的炮弹轰出了战位。[30]

英军穿过了西班牙舰队的队列，但杰维斯仍要想办法调整阵位来对抗一支两倍于己的舰队。他在中午之前一直保持着航向，并密切监视西班牙舰队的后卫分队，因其先是转向东南脱离，然后折回，向着英军战列线驶来，与舰队主体的联系已被切断。12时08分，杰维斯发出信号命令各舰依次迎风转向。由特鲁布里奇打头的前卫分队迅速执行，在杰维斯指挥下转向西北偏北。

英军前卫分队转向完成后，杰维斯的阵位开始显得有些危险。已经接近的西班牙后卫分队开始若有若无地突破英军的中央分队。上风方向，19艘西班牙战列舰，包括世界上最大的四层甲板136门炮一级战列舰“至圣三位一体”号（*Santísima Trinidad*），准备乘风冲向英军前卫分队的5艘战列舰。更为糟糕的是，风向已逆时针转了两个罗经点，迫使英军中央和后卫分队航向进一步偏向西南，远离了前卫分队。戴维·斯蒂尔（David Steel）在其战斗当年出版的海军战术研究专著中指出，这是“对排成战列线的舰队最为不利的风向变化”。他警告说：“队形通常需要调整，但难度很大，尤其是在敌人已出现时。”[31]

杰维斯到“胜利”号的尾楼甲板去观察旗舰后方的情况。就在他环视战场时，一艘西舰射中了他身边的一名海军陆战队员的头部。浑身溅满血液和脑浆的杰维斯向冲到其身边的人确认没有受伤，他只要求给他一个橙子用来漱口，然后镇定地继续观察。由于风向的改变，中央和后卫分队必须调整航向，而且越快越好，否则就会被迫脱离队列，远离前卫分队。西班牙舰队从下风方向的攻击似已结束，航向再次转向东南。杰维斯所在的英军中央分队现在可以安全地迎风转向了。他们将以接近迎风的航向，抢占西班牙舰队主力的上风位。如此一来，杰维斯不仅可以突破敌战列线，而且可以对其大部形成夹击态势。但是，在杰维斯完成机动之前，前卫分队的 5 艘英舰能挡住 19 艘敌舰吗？没有把握。杰维斯决定派位置最近的舰船——来自查尔斯·汤普森（Charles Thompson）海军中将以 80 门炮战列舰“不列颠”号（*Britannia*）为旗舰的后卫分队——前去增援帕克海军少将。考虑到英军前卫与后卫分队之间的相对位置，启动这一机动最有效的方法是指挥汤普森分队背风转向，在帕克分队的前方就位。但“胜利”号上没有发出这样的信号。

因为杰维斯未能发出“正确”的信号，这场为其赢得伯爵爵位的胜利被埋没了近两个世纪。[32] 即使是最优秀的海军历史学家也不去考虑信号手册的局限性，那场战斗的独特性，以及英国海军集中指挥系统的缺陷。在整个手册中，只有两个信号，即第 86 号和第 100 号，是杰维斯可以用来指挥舰队背风转向的，考虑 13 时前的战场形势，这两个信号都不适用。

第 86 号信号：“一声炮响，同时转向左舷受风。”但“胜利”号和其舰尾方向的几艘英舰都在与下风位的西班牙舰队交战，特别是西班牙的“东方”号（*Oriente*）战列舰，当时正沿着英军战列线逆向航行，试图找到突破口，此刻的一声炮响必将湮没在战斗的喧嚣之中。第 86 号信号是用于战前或战后舰队机动的，不适用于交战中。

第 100 号信号：“背风转向，从最后和最下风处开始，依次转至另舷受风。”这是用于战斗中的信号，但是刚刚从尾楼甲板回来的杰维斯没能看到队列中最后一艘英舰，也就是当时在旗舰后序约 3 英里处，由卡思伯特·科林伍德舰长指挥的“杰出”号（*Excellent*）。由于英军中央分队上空笼罩着一层烟幕。杰维斯明智地推断，如果他看不到“杰出”号，那么科林伍德也看不到“胜利”号。这种能见度问题在战斗中并不罕见。在正常情况下，部署在战列线非交战一侧的英军护卫舰会“复示”旗舰信号，将其转达至战列线中各舰。但是，由于左舷侧和右舷侧都有西班牙舰船，英军护卫舰在只好在队尾寻求安全。

在护卫舰无法发挥作用的情况下，杰维斯仍可以发出第 100 号信号，寄希望于最终能传至科林伍德处，这样科林伍德就可以开始机动了。但作为一位经验丰富的指挥官，杰维斯明白，沿着一列由 7 艘船组成、绵延 3 英里的纵队传递信号，可能需要 10 分钟到 15 分钟，而且任何一位舰长都不能失误。

因此，受制于信号手册的杰维斯并没有多少选择。最有希望的是让后卫分队前导舰，即汤普森的“不列颠”号率先开始机动，杰维斯能清楚地看到其后的 4 艘战列舰。12 时 50 分，杰维斯向“不列颠”号发出第 80 号信号——“依次迎风转向”；一分钟后，又向全舰队发出第 41 号信号，命令各舰“占领适当阵位，就位后依次进入战斗”。杰维斯希望汤普森能迎风转向，率领其分队支援帕克，然后尽最大努力合并成一列纵队。[33]

对杰维斯两组信号的反应凸显了在战斗中依赖视觉系统指挥舰队行动存在的问题。汤普森没有作出回应，依然保持在战列线中跟随着中央分队。舰首斜桅损坏和失火可能是汤普森未能做出反应的原因。如果真是这样的话，他没有发信号让分队其他舰船迎风转向就是渎职。现存文件无法证实汤普森是否看到了这个信号。无论真相如何，汤普森分队各舰，包括（尽管有相反的说法）科林伍德的“杰出”号，都跟着汤普森没有转向。[34]

杰维斯旗舰之后，只有霍雷肖·纳尔逊指挥的74门炮战列舰“船长”号执行了信号。纳尔逊的舰上当时正悬挂着海军准将燕尾三角旗，他不是汤普森分队的成员。当时“船长”号也没有完全在战列线中。纳尔逊的位置在杰维斯战列线的上风处，距西班牙舰队与英军前卫分队即将展开的战斗位置更近，同时也远离了英国战列线上空的浓烟。

纳尔逊看到了杰维斯的“依次迎风转向”信号，却命令自己的“船长”号背风转向。后来他解释说：“看到……敌舰队主力正试图从我们的后部通过，与下风处的西舰会合，我想，除非采取某种迅速的超常的措施，使之无法继续，直到杰维斯爵士（当时正在‘胜利号’上交战）察觉他们的企图，否则，他精心谋划的破敌之策就会失败。因此我下令背风转向。”[35]纳尔逊与舰队里的其他人一样，都了解信号手册及其局限性。他从杰维斯的信号中看出了“精心安排”的迹象，以非凡的主动性采取了相应的行动。纳尔逊从战列线最后面的两艘英舰——“王冠”号（*Diadem*）和“杰出”号——之间穿过，加入到帕克分队的战斗中。几位同僚舰长目睹了纳尔逊的行动，但没有人跟进。

当杰维斯带领中央分队驶向上风时，在纳尔逊“船长”号的支援下，帕克分队正与西班牙舰队主力殊死搏斗。英军以寡敌众，勉力支撑。在没有任何其他支援的情况下，纳尔逊和特鲁布里奇指挥他们的74门炮战列舰击败了“至圣三位一体”号和另外两艘三层甲板战列舰。杰维斯再次尝试调动后卫分队增援帕克。13时19分，他向全舰队发出第85号信号：“跟随前舰依次转向左舷受风，即以右舷受风背风转向。”由于只有汤普森分队保持左舷受风，这个信号的含义应该是显而易见的：背风转向，左舷受风航行，支援前卫分队。舰队还是未能如杰维斯所愿行动。74门炮战列舰“王冠”号背风转向加入了前卫分队，但“不列颠”号、74门炮战列舰“那慕尔”号和“杰出”号迎风转向，分别在“胜利”号前后并入战列线。

杰维斯夹击西班牙舰队的企图未能实现。7艘英舰不可能长期阻挡两倍于己的西班牙舰船。14时05分，杰维斯向全舰队发出近战信号，10分钟后又向当时正在“胜利”号前序的“杰出”号发出信号，命令科林伍德穿越敌舰队。

科林伍德反应迅速，在几乎不足手枪射程的空隙内猛冲了过去。科林伍德写道，“杰出”号与一艘西舰“贴得如此之近，人都可以从一艘舰跳到另一艘上。”在迫使112门炮战列舰“圣萨尔瓦多·德尔蒙多”号（*San Salvador del Mundo*）降旗投降后，科林伍德继续与正在猛攻纳尔逊的84门炮战列舰“圣尼古拉斯”号（*San Nicolas*）和112门炮战列舰“圣约瑟夫”号（*San Josef*）战斗。“杰出”号的射击距离如此之近，以致于炮弹“穿过了这两艘舰”。[36]

科林伍德来得太及时了。“船长”号已被打得惨不忍睹，前中桅和舵轮都不见了，索具也破碎不堪。但是当纳尔逊的朋友科林伍德向“圣尼古拉斯”号和“圣约瑟夫”号开火时，这两艘舰撞在了一起。纳尔逊看到了机会。他命令拉尔夫·米勒（Ralph Miller）海军上校迎风行驶并集合登舰小组。“船长”号很快就靠上了“圣尼古拉斯”号，纳尔逊手下刚刚得到提升、当时编外的爱德华·贝里海军上校带领第一批登舰队员抢占了对方的尾楼甲板。纳尔逊跟随一名士兵穿过尾舱舷窗，奋力冲向后甲板，正好看到贝里的一名舰员正在扯下西班牙国旗。当西班牙帝国的旗帜降至甲板时，“圣约瑟夫”号向这艘现在已经属于英国的军舰开火了。纳尔逊立即向米勒寻求增援，几分钟后，他带领“船长”号登舰小组穿过“纳尔逊一级战列舰登舰专利桥”，迅速拿下了第二个战利品[37]

到16时左右战斗结束时，英军已经俘获了4艘西班牙战列舰——74门炮1艘、84门炮1艘、112门炮2艘。索马里兹舰长实际上已迫使巨大的“至圣三位一体”号降旗投降，但在“奥赖恩”号赶来支援处境艰难的索马里兹时，这艘世界上最大的战舰逃脱了。[38]

虽然杰维斯只俘获了27艘敌舰中的4艘，并且未能截获水银运输船队，但鉴于双方力量悬殊，他的胜利十分重要，而且从战略和政治意义上看都来得非常及时。杰弗里·马库斯（Geoffrey Marcus）认为：“圣维森特角一战确实挽救了政府，或许也挽救了英国。”这场战斗彰显了英国的韧性以及西班牙海军的窘态。马汉对西班牙海军有如下描述：“掩盖其腐朽本质的面纱被揭开，同时被暴露给了（英国人），英国原本还担心自己没有像杰维斯和纳尔逊这样光彩夺目、才华横溢的海军将领。”斯潘塞勋爵从海军部写信给杰维斯称，人们“欣喜若狂，欢声雷动”。作为回报，政府加封杰维斯爵士为圣维森特伯爵（Earl of St. Vincent）。纳尔逊则于2月20日被晋升为海军少将，并在战斗的消息传回英国后荣膺巴斯勋章（Order of the Bath），成为家喻户晓的英雄。[39]

※ ※ ※

纳尔逊本来就坚信，依赖视觉信号所导致的集中指挥阻碍了舰队的战斗行动，1797年的圣瓦伦丁日战斗使这一信念更加牢固。在“船长”号的甲板上，纳尔逊目睹了他所认为的优秀主帅杰维斯由于信号手册的局限失去了对舰队的控制。纳尔逊并不是唯一意识到需要做什么的后卫分队舰长，但他是唯一愿冒职业风险做出反应的人。为什么会是这样？传统的答案是：因为太过教条地坚持了战列线战术。这么说在某种程度上是正确的。但问题的根子是，在一个集中化的体系中，舰长们需要指示；没有指示时，他们只能等待。

纳尔逊有了自己的部队后，摒弃了指挥官可以在战斗中控制舰队的想法。在他看来，制胜的关键是个体的主动，而不是管理。1799年尼罗河战斗后，他在写给斯潘塞勋爵的信中说：“这场战争的局势瞬息万变，一个军官几乎每时每刻都要考虑——我的上司会如何要求，他们知道我鼻子底下发生了什么吗？”[40]

尼罗河一战，纳尔逊为自己赢得了巨大的荣誉、爵位和埃玛·汉密尔顿（Emma Hamilton）的爱慕，并被历史学家誉为海军史上最好的作战指挥官。但为什么纳尔逊不但能摒弃当时盛行的信号，还能把自己的职业命运托付给部属们呢？答案可能在于他的宗教信仰及其反面——他反对当时的理性主义。简单地说，按照18世纪晚期的标准，纳尔逊不是一个非常理性或富有见识的人。福里斯特（C. S. Forester）在分析纳尔逊的信件时发现："他似乎没有受到任何非宗教的流行时尚的影响。"福里斯特的结论是："在所有的信件中都有一种强烈的宗教情感，我们可以毫不怀疑这种情感的真诚。"[41]

纳尔逊的祖父、父亲和兄弟都是圣公会牧师，他对宗教并不陌生。纳尔逊也有自己的宗教体验。17岁那年，他随"海豚"号（*Dolphin*）护卫舰从印度回国，因发烧而极度虚弱，"只剩一具骨架"。他后来回忆道：

> 我有一种深刻的感受，觉得自己永远都不能攀上职业的高峰。一想到必须克服的困难和并不强烈的兴趣，我心烦意乱。我不知道该如何实现自己的抱负。在漫长而阴郁的幻觉中，我几乎希望自己坠入大海。在那之后，我的体内突然闪现出爱国主义的光芒，将国王和国家奉为恩主。我的心因此而狂喜。我大叫道："那么好吧，我要成为一个英雄，不负天意，我将勇敢面对任何危险。"

据纳尔逊最早的一批传记作者说，然后，他的"脑海中"中出现了"……一个光芒四射的宝球……促其立身扬名"。最近的传记作家克里斯托弗·希伯特（Christopher Hibbert）将纳尔逊的顿悟描述为"一种突如其来的情感转变，就像在通往大马士革

（Damascus）的路上征服圣保罗（St. Paul）的那种感觉”。[42]

宗教信仰对制定海军战术有什么作用？也许没有。但是，如果能认识纳尔逊指挥才能的关键不是战术，而是乐于信赖部属的主动精神，那么，他对主观世界基本信仰体系的感悟，可能有助于解释他对客观世界指挥控制方法的把握。说到底，如果纳尔逊真的相信自己注定会成功，不管这种期望是基于对上帝的信仰还是对自己的信心，他一定也相信自己的部属同样也会成功。

纳尔逊终其一生——而不仅仅是到其传记第一章结尾——都是伯纳姆索普牧师的儿子，在那个时代，人们都寻求从混乱中恢复秩序，用理解取代信仰。他拒绝成规，追求互动：不是与全能的上帝，而是与自己的部属交流。1798 年，尼罗河战役之前，纳尔逊写信给基督教知识促进会，为自己的部属求取圣经和祈祷书。19 岁就追随纳尔逊参加 1801 年 4 月的哥本哈根（Copenhagen）战役，后又建立了伦敦水手教堂的乔治·查尔斯·史密斯（George Charles Smith）多年后回忆道："我们骄傲……能追随纳尔逊，这个舰队中唯一的救世主耶稣基督。"纳尔逊给汉密尔顿夫人的那封著名的信中充满了宗教色彩和意象。按照他的描述，特拉法尔加战役之前他在旗舰上与部属们的会面，与其说是一场作战会议，不如说更像是基督与使徒们最后的晚餐。"当我向他们解释'纳尔逊秘诀'时，那种感觉犹如触电。有些人流下了眼泪，所有人都表示赞同——'全新……非凡……明了！'从将官到其他军官，大家一遍遍喊道，'只要能逮到他们，我们就一定会成功！大人，你身边都是朋友，你的信任激励着大家'。这其中可能会有犹大式的人物，但大多数人都非常愿意听命于我。"[43]

当他人试图将混乱的战斗引向有序时，纳尔逊却试图将有序的战斗引向混乱。为赢得胜利，他不仅愿意放弃舰队的线式队形和决策的逻辑程序，而且愿意接受混乱，甚至是夜战的极致混乱。他人眼中的“乱战”，恰是纳尔逊眼中的别样和谐。在战斗中，他希望“出其不意和打乱”敌人。特拉法尔加战役之前，纳尔逊对一位朋友说：“他们不知道我想干什么，到时将有一场混战，这才是我想要的。”[44]

※　※　※

纳尔逊并不是英国海军中唯一甘冒混战之险的指挥官。1797年10月11日，在荷兰海岸泰瑟尔水道入口处以南的坎珀当（Camperdown）附近水域，亚当·邓肯（Adam Duncan）海军上将取得了风帆战舰时代最彻底的胜利之一。邓肯于1731年出生于苏格兰，因其6英尺4英寸的身材在同时代人中偏高而显得气度不凡。他的大哥在为东印度公司效力期间故去；二哥加入了英国陆军，詹姆斯·费尼莫尔·库珀（James Fenimore Cooper）的小说《最后的莫希干人》（*The Last of the Mohicans*）令其青史留名；亚当·邓肯15岁时加入了英国海军，常被称为“军中最优雅、最英俊的男人”。30岁时，邓肯成为一名海军上校。1762年8月，邓肯参加了最后一次进攻哈瓦那的行动，战后，除了舰长应得的赏金，他还染上了高烧，这使他经常要留在岸上休养，因而阻碍了他的职业发展。26年后，在他56岁时，邓肯终于成为一名将官。1795年，邓肯晋升为海军上将，同年斯潘塞勋爵任命他指挥一支仓促组建的舰队，在北海监视荷兰人。[45]

1795 年 1 月，法国完成了对荷兰的征服，并很快将其更名为巴达维亚共和国（Batavian Republic）。法国的当务之急是征服欧洲大陆，而不是打造一个海上帝国。荷兰倒向法国使其殖民地和商船队成了英国的囊中之物，英国充分利用了当时的形势，封锁荷兰海岸，夺取其船只和殖民地。[46]

在接下来的两年中，邓肯的舰队一直密切监视着泰瑟尔。封锁任务既令人厌倦，也十分困难，特别是 1797 年的严重兵变使邓肯在荷兰沿岸只能维持一两艘舰船在位。1797 年夏，当荷兰海军和运输船队整装待发，准备参加法国入侵爱尔兰的行动时，形势发展似乎到了极点。邓肯希望荷兰舰队能赶在冬季之前出航，这样英军就不必再在海上封锁一个冬天。在写给海军部斯潘塞勋爵的信中，邓肯指出，荷兰人除非"疯了"才会现在就"冒险交战"；只要有耐心，天气就会"帮他们的忙"。[47] 但荷兰人到底没有出航，大风使入侵计划被迫取消。

入秋之后，法国控制的巴达维亚政府命令其"大舰队"出海，希望能截住因疲惫不堪而处于劣势的英军舰只。荷兰指挥官扬·威廉·德温特（Jan Willem de Winter）海军中将清楚封锁部队的压力，但也了解自己舰队的缺点。双方数量大致持平。荷兰的战术理论发展完善，融合了德勒伊特的进取风格和法国式的信号体系与战斗队形。但自 1704 年以来，荷兰人从未打过一场大型海战。荷兰战列舰也没有像英舰那样在上层甲板配置大口径短炮，这种火炮在荷兰人传统上擅长的近战中杀伤力极强。但命令就是命令，德温特于 10 月 7 日率 16 艘战列舰从泰瑟尔起航，准备冒险一战，尽管只是在条件对其舰队极为有利的情况下。[48]

就在德温特起航前不久，已出海 19 个星期、舰员开始出现坏血病迹象的英国舰队返回雅茅斯（Yarmouth）补充给养，整修舰船。邓肯留下亨利·特罗洛普（Henry Trollope）海军上校指挥的一个小分队——74 门炮舰“拉塞尔”号（*Russell*）、50 门炮舰“金刚石”号（*Adamant*）和护卫舰“比尤利”号（*Beaulieu*）——继续监视荷兰。10 月 8 日夜，由于一名“状况不适合在舱面带班”的值更尉官的渎职，威廉·霍瑟姆舰长发现自己的“金刚石”号与荷舰的距离近得令人不安。霍瑟姆迅速从困境中脱身，并通知特罗洛普。特罗洛普马上派出一艘小型快船去雅茅斯向邓肯报警。[49]

传递特罗洛普报告的船只于 10 月 9 日上午抵达雅茅斯。11 时左右，风向东北，邓肯率 11 艘战列舰离港。当天稍晚和第二天，又有 3 艘舰船加入。10 月 10 日，德温特从一艘渔船主那里得到英军出海的消息，立即决定返回泰瑟尔的安全水域。德温特后来向邓肯坦承，其首选战略是留在港口，让英国舰队“一直悬在那里”，直到被严酷的冬季封锁行动拖垮，来年春季再“派一支优势舰队出海”。[50]

1797 年 10 月 11 日拂晓，英军分成两个不甚规则的编队，航向西稍偏南。理查德·昂斯洛（Richard Onslow）海军中将以 74 门炮战列舰“君主”号（*Monarch*）为旗舰，指挥前卫分队；邓肯则以 74 门炮战列舰“崇敬”号（*Venerable*）为旗舰，指挥舰队主力。日出前，邓肯将航向转至东北稍偏北，意图让舰队保持在荷兰舰队与泰瑟尔之间。7 时左右，英军瞭望哨发现西南偏南 6 英里到 7 英里处有 3 艘战舰，起初以为是 3 艘荷舰，但其中一艘发出英军内部信号，表明是特罗洛普的分队。特罗洛普随即又发出信号，报知附近有16艘战列舰组成的敌军舰队。邓肯于是驶向特罗洛普以便其归队，并于9时发出准备战斗信号。

9时33分，邓肯发出信号命令舰队组成右舷受风的战列线。当时风向西北稍偏北，因此航向在东南偏南到南之间的英国舰队是近顺风航行，而航向西北的荷兰舰队则是近迎风航行。鉴于双方的相对位置，如果邓肯心里有具体的攻击样式，拦截德温特应该非常容易。[51]

英军持续向南航行至10时12分，邓肯发出追击信号。但此举并不是像宾、安森和霍克那样，使用追击作为预定进攻的前奏，达到迅速接敌的目的。到了这个阶段，邓肯打算直接以“追击”开始交战。6分钟后，他又发出信号命令舰队“抵近后即占位开战。”

约半小时后，邓肯又改变了想法。在11时04分到11时23分之间，瞭望哨看到荷兰海岸后不久，邓肯试图将自己的舰队排成战列线，向各舰发出信号命令降帆“就位”，并令“崇敬”号后序各舰紧跟“旗舰航迹”，但为时已晚。11时25分，邓肯意识到自己的努力是徒劳的。他发出第36号信号，令“各舰独立驶向敌战列线并与各自目标交战”。11时29分,“崇敬”号发出信号，让舰队“向风转向，全帆受风”。由于风从西北稍偏北而来，“全帆受风”要求英舰以与风向交叉的航线向东北航行。邓肯的意图是集中力量对付荷兰舰队一部，而不是沿整个战列线全面开战。11时36分，他发信号命令前卫分队进攻敌后卫分队，11时37分，他又发信号命令自己所在分队与敌中央分队交战。

10分钟后，他再次改变了想法。旗舰上负责信号的军官威

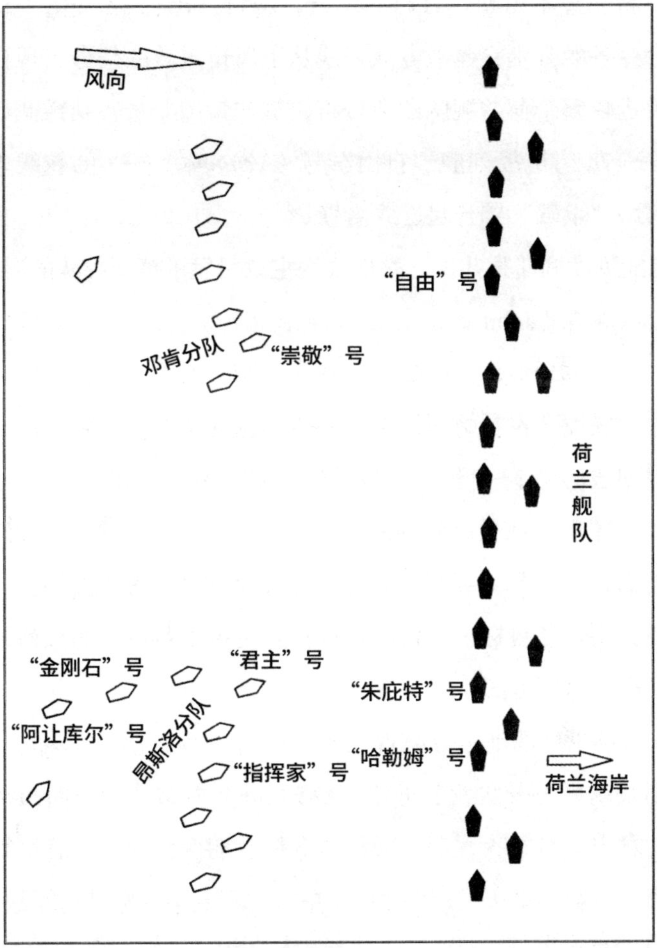

图 5　坎珀当战斗，1797 年 10 月 11 日，12 时 30 分左右

▲　风向以及东侧距岸过近使荷兰舰队处于不利地位。坎珀当战斗经常被拿来与特拉法尔加战斗进行比较，对比这两次战斗的标图就可以发现明显的相似之处。主要的不同之处在于，邓肯的行动更多的是出于急躁的情绪和交战的欲望，而不是基于事先与部属讨论过的深思熟虑的进攻方案。

廉·伦顿（William Renton）海军上尉回忆说："荷兰舰队迅速移向岸边，将军急不可耐。"11时47分，邓肯发出第34号信号，即豪勋爵命令各舰分别穿越敌方战列线从下风位进攻的信号。现在打定主意要进攻整个荷兰舰队的邓肯将旗舰"崇敬"号转到拦截德温特旗舰——74门炮战列舰"自由"号（*Vrijheid*）——的航线上。12时05分，"崇敬"号升起近战信号。[52]

低能见度和邓肯几次三番地改变主意引发了英国舰队的混乱。[53] 约翰·威廉森（John Williamson）舰长指挥的74门炮战列舰"阿让库尔"号（*Agincourt*）在战场上犹豫徘徊，始终未能目的明确地投入战斗。威廉·霍瑟姆同样未能领悟邓肯的意图，直到邓肯发出突破敌战列线的第34号信号，霍瑟姆后来写道："他做到了，他的勇敢和机智体现了他最高尚的品格。"所有舰长都明白第34号信号的含义，而且，正如伦顿后来对审判威廉森的军事法庭所说："每艘舰都是自主选择目标……每艘舰都自主突破了荷兰人的战列线，而荷兰人离得并不近。"[54]

昂斯洛指挥的前卫分队现在成了英军的后卫分队，率先对德温特战列线的后卫分队发起进攻。12时30分左右，荷舰向昂斯洛的旗舰"君主"号开火，但昂斯洛命令炮手们保留他们的装填得最仔细的第一波舷侧炮火。12时50分左右，"君主"号穿越荷军战列线，同时对左舷的74门炮战列舰"朱庇特"号（*Jupiter*）和右舷的68门炮战列舰"哈勒姆"号（*Haarlem*）实施了纵穿射击。几分钟后，邓肯率上风分队投入战斗，并在"崇敬"号穿越荷军战列线时对若干荷舰实施了纵穿射击。至少还有5艘英军战列舰穿越了荷军战列线，有效实施了纵穿射击，并在下风侧占领阵位。战斗很快变成了既混乱又激烈的近战。“崇敬”号发现自己深陷两艘荷兰 74 门炮战列舰的火力之中，其中一艘正是德温特的旗舰。

邓肯并未失去对舰队的控制，而是将控制权让渡了出去。在上午过度频繁地发送信号之后，他在 12 时 20 分到 15 时 05 分之间战斗最激烈的时段再未发出任何信号。[55] 他相信舰长们的主动性和良好的判断力，以及舰员的战斗素质。

74 门炮战列舰“指挥家”号（*Director*）舰长威廉 ·“邦蒂”· 布莱（William “Bounty” Bligh）写下了最为详尽的战斗记录，从该舰的战斗过程中可以看出，官兵们没有辜负邓肯的信任。当“指挥家”号在昂斯洛的“君主”号后相隔两艘舰的位置突破敌战列线时，“荷兰人退缩了，双方的舰船混在一起，所以有时需要非常小心，以免发生误射”。穿越荷军战列线的布莱继续前进，打哑一艘荷舰后紧跟着又进攻另外一艘。当意识到荷军后卫分队已被解决时，他发现“前卫分队那里需要一些兵力，因为我们看到 5 艘荷舰未受攻击，似乎完好无损”。他沿着荷军残存的战列线机动，直扑“自由”号，双方在 20 码的距离上相互炮击，“指挥家”号最终驶到一个致命的纵穿射击阵位：就在“自由”号舰首，几乎能碰到这艘旗舰。片刻之间，对方只剩下德温特一人还能站在甲板上。15 时 15 分左右，“自由”号降旗投降。[56]

战斗结束了，邓肯赢得了一场伟大的胜利，并因此获封伦迪男爵（Baron of Lundie）和坎珀当子爵（Viscount of Camperdown）。英军共俘获护卫舰 2 艘和 16 艘战列舰中的 9 艘，其中包括荷军旗舰。总指挥官德温特也一同被俘。此战人员伤亡惨重，主要原因是双方舰炮都是射向对方的船体而不是索具。英方亡 228 人，伤 812 人；

荷方亡 540 人，伤 620 人，另有 3775 人被俘。[57]

在进攻样式上，邓肯的坎伯当战斗与纳尔逊的特拉法尔加战斗有相似之处。两人的舰队都以两个分队突破对方战列线，俘获或摧毁刚好超过半数的参战敌舰。战斗全面展开后，两人靠的都不是信号，而是舰长的主动精神。两场战斗彰显了英国舰只及其舰员的战术优势。一首 1797—1798 年冬季流行于英国的歌曲唱道：

> 圣维森特揍了西先生，
> 豪伯爵他揍了法先生，
> 现在，英勇的邓肯又痛揍了荷先生。
> 任你西法荷串通一气，
> 英国也不会畏惧，
> 我们的水手会统统打败你。[58]

坎珀当战斗与特拉法尔加战斗也有明显差异。两位将领的指挥风格迥然不同。纳尔逊是计划分成两个分队进攻，并预先向舰长们解释了他的意图和预期。邓肯则是在某种程度上被自己的机动和信号搞乱了的情况下，才决定了进攻的方式。从邓肯对这场战斗的正式报告中也看不到任何预有计划的迹象：“当我们接近时，我发出信号让各舰降帆（11 时 02 分），以便收紧队形。我看到坎珀当与埃赫蒙德（Egmont）之间在敌下风处约 9 英里的陆地后，感到不能再耽搁时间，必须发起进攻，于是马上发信号命令向风转向，突破敌战列线，从下风位交战，各舰自选对手，这样，在敌人快速接近岸边的情况下，我挡在了他们与陆地之间。”[59]

尽管使用了豪突破战列线的信号，邓肯未经深思熟虑就把舰队投入到疯狂的混战之中，这很难说是标准的战术实践。一些同时代的人质疑其决定是否明智，这并不奇怪。战斗结束后回到英国的霍瑟姆“被一位高官秘密询问了这个问题”。霍瑟姆认为邓肯“既没有丰富的常识，也没有太多的专业知识或经验”。但霍瑟姆坚信 10 月 11 日这天根本没有时间去考虑“战术或是机动”。他解释说，由于已是晚秋，而且“离岸太近”，所以“仓促在所难免”。圣维森特的话或能反映那些怀疑邓肯是幸运多于聪明的人的观点，多年以后他回忆道：“邓肯勋爵的行动完全是打乱仗（既无计划也不系统），他是个勇敢的军官（但不懂战术，还对战术感到困惑），不考虑形式和秩序，只顾进攻，坚信通过树立英勇的榜样就能达到目的，他完全做到了。”[60]

邓肯的胜利，再加上杰维斯在圣维森特角和纳尔逊在尼罗河的胜利，证明英国握有绝对的近战优势。在法国大革命和法兰西帝国战争中，“法先生”“西先生”以及“荷先生”都无法与英国海军匹敌。

但是，一支刚刚从兵变中恢复的英国舰队，由一位“困惑”和“不懂战术”的将领指挥，还能击溃势均力敌的荷兰舰队，并赢得如此彻底的胜利，这对集中指挥控制体系意味着什么呢？毋庸置疑，改良后的视觉信号系统是一个巨大的进步，使海军将领们得以机动舰队进入战位。但是，试图在旗舰上掌控随后的战斗，仍能行之有效吗，还是适得其反呢？

1793—1798 年间指挥官们通过在战斗中使用信号手册所取得的一系列胜利，令海军部十分信服地正式批准印发信号手册。1798 年，在著名豪派人物詹姆斯·甘比尔（James Gambier）海军上校的指导下，进一步的修订工作开始了。1799年5月13日发行的两卷本新版“官方”信号手册，内容囊括了昼间、夜间和雾中信号及相应指令，各种突破战列线的想定，并且首次全面列出了英国海军带有个性化识别信号编码的舰船名录。[61] 但直到两年后，海军才有机会在战斗中测试新的信号手册。

※ ※ ※

英国海军的下一次重大行动是1801年4月在哥本哈根打击丹麦舰队。这次战斗证明了一个允许主动作为的体系，而不是新的信号手册的优越性。1798年尼罗河战斗胜利后，纳尔逊在地中海又逗留了两年多，指挥一场旨在阻止法国征服整个意大利半岛的时断时续的战役，并享受着情妇埃玛·汉密尔顿的陪伴。埃玛是英国驻那不勒斯宫廷使节威廉·汉密尔顿（William Hamilton）爵士之妻。1800年11月初，纳尔逊在汉密尔顿一家的陪同下，经由那不勒斯、维也纳（Vienna）、布拉格（Prague）、德累斯顿（Dresden）和汉堡（Hamburg）最终回到英国。在英国，纳尔逊所见所闻，到处都是公开的赞誉和爱戴，既有官方的，也有非官方的。[62]

当年冬，波罗的海爆发了一场酝酿已久的危机。1798年，几个波罗的海国家开始考虑采取武装中立立场，以武力拒绝英国舰只搜查其商船。1800年12月，在俄国沙皇保罗一世（Tsar Paul I）的鼓动下，俄国、瑞典、丹麦和普鲁士（Prussia）组成了第二次武装中立联盟（Armed Neutrality League），禁止与英国的贸易。[63]

决心以武力应对挑战的小威廉·皮特内阁，决定进攻联盟中实力最弱小、位置最暴露同时最具战略意义的成员——丹麦。如果英国能在解冻之前，也就是俄国和瑞典舰队无法出海时打败丹麦，联盟就有可能瓦解。海军部授命海军上将海德·帕克爵士为首，海军中将纳尔逊勋爵和海军少将托马斯·格雷夫斯为副，领军出征。舰队包括 18 艘战列舰，其中一些是"轰击舰"（装备迫击炮，可以轰击哥本哈根），以及载有威廉·斯图尔特（William Stewart）陆军中校指挥的一小队英军的运输船。

帕克前几年一直在牙买加，通过驻背风群岛部队舰船获得的赏金分成，积累了一笔财富。在斯潘塞勋爵看来，背风群岛驻军是"海军中最赚钱的"。帕克一直与美国人作对，当时美国规模不大的海军正在西印度群岛与英国合作，对法国进行着一场隐而不宣的海上战争。帕克的行为破坏了英国政府对饱受战争蹂躏的圣多曼格岛（海地，Haiti）的政策，这可能是他被提早召回的原因。[64] 然而，帕克在英国海军中享有很高的声望。在美国独立战争以及霍瑟姆执掌地中海舰队期间，帕克作为舰长为自己赢得了荣誉。在地中海时，相比之下，帕克倒算得上是个有闯劲人。无论他在牙买加的外交职责有多么失败，自己的部队却管理得很好。圣维森特勋爵亲自推荐帕克执掌波罗的海舰队（Baltic Fleet），尽管他从未指挥过如此大规模的兵力作战。

帕克不但未经考验，还心不在焉。回到英国后，已经 61 岁的帕克娶了坎珀当战斗中邓肯麾下的前卫分队指挥官理查德·昂斯洛爵士 18 岁的女儿为妻。一手揽着财富，一手挽着娇妻的帕克，对波罗的海的冬季之旅多少有些意兴索然。纳尔逊在给朋友托马斯·特鲁布里奇的信中写道："想想看，与那该死的凛冽寒风相比，能和年轻的妻子同床而眠，该有多美啊！"霍瑟姆海军上校同样认为帕克在那个冬天"精力分散"。即将开始的战役将会揭示，帕克属于这样一类人，他们"把自己的性格展现在同僚面前，而且，从其做下级时的情况来看，他们作为总指挥官有些令人失望"。[65]

恶劣的天气和帕克的动力缺失延误了舰队出航。3 月 18 日，英军抵近挪威最南端的林德斯内斯角（Cape Lindesnes），但 21 日才到达丹麦西兰岛与瑞典之间狭窄海峡的入口处。在那里，英国外交官通知帕克爵士，丹麦人准备一战；舰队领航员则警告他，有争议的水道很难通过。

尽管海军部的命令是进攻，帕克还是建议不进入海峡，而是等待伦敦的进一步指示，或是等待敌人前来进攻。然而，在纳尔逊的敦促下，他决定冒险出击，如果不打丹麦人，那么就要打俄国人。现在已经入春，纳尔逊知道，再过几周就会解冻，俄国和瑞典的舰队就能支援他们的盟友。[66]

又拖延了一周多之后，3 月 30 日，英军开始通过海峡，全程顺利。4 月 1 日，舰队驶过哥本哈根。英军没有像丹麦人所预期的那样，从北侧进攻停泊在哥本哈根和中沙浅滩（Middle Ground Shoal）之间狭窄水道内的丹麦舰队，纳尔逊提议从南侧进攻。巧的是，将英舰吹过海峡的北风，恰在此时开始转向，第二天成了南风。

按照纳尔逊制订过的最详细的作战计划，他将率领 12 艘战列舰、若干护卫舰和轰击舰从南侧进攻海峡，与此同时，帕克率其余舰只在北侧就位。丹麦军队计有两座要塞，装备有 68 门 24 磅和 36 磅火炮，20 艘火力不同的系泊舰只、武装驳船、浮动炮台和若干海岸炮台。纳尔逊分队将沿着狭窄的水道航行，此时导航浮标已被移除，然后像英军在尼罗河战斗中那样，面对丹麦军队，从队尾向前依次停船抛尾锚加斜缆。

9 时 30 分，纳尔逊分队起锚，35 分钟后，战斗开始。第一批进入水道的英舰按计划抛下船尾锚，在平射距离上向各自指定目标开火。当纳尔逊的旗舰——74 门炮战列舰“象”号（*Elephant*）进入水道后，他充分利用了信号手册，试图让落后的舰只加快速度，并警告其他舰只注意疑似的浅滩。然而，两艘英舰在中沙浅滩搁浅。纳尔逊发出信号，试图调整自己的队形，但最终不得不依靠舰长们的常识判断。在“象”号抛锚并开始射击之后不久，从 11 时 18 分到 14 时 30 分，纳尔逊没有发出任何信号。他站在甲板右舷，看着后序舰只陆续驶入水道。战斗很快白热化。格雷夫斯海军少将后来在给其兄弟的信中写道：“他们告诉我说，尼罗河战斗跟这也比不了。”[67]

纳尔逊分队浴血奋战时，海德·帕克爵士一直在他的旗舰——98 门炮战列舰“伦敦”号——的甲板上观察。战斗开始 3 个小时后，丹麦军队的火力似仍未减弱。帕克可以看到纳尔逊有 3 艘战列舰搁浅，另有几艘挂出了求助信号。帕克感到，混乱的场景中弥漫着灾难的气息。13 时，“伦敦”号发出被达德利·波普（Dudley Pope）恰如其分地称之为“海战史上最具争议的信号”——第 39 号信号，“停止战斗”。[68]

但是，帕克眼中混乱不堪、前景堪忧的战斗，恰恰是纳尔逊所追求的。4 天前，他曾向特鲁布里奇透露，丹麦沿岸水域的局势要求“不假思索就能做出最清晰的决定和最果断的行动”。此外，“在某些情况下，我们有时必须努力达成有规律的混乱，而且，这种表面的混乱肯定是在这种情况下所能采取的最有规律的方法”。正如尼罗河战斗那样，纳尔逊追求的是一种令人困惑的混战。与一直把部属蒙在鼓里，直到最后一刻才告之真相的帕克不同，纳尔逊战前就与舰长们讨论过自己的计划。他们了解他的意图，不会让他失望。当3艘战列舰搁浅造成英军战列线过短、无法完全覆盖丹麦舰队的队形时，爱德华·里乌（Edward Riou）舰长指挥自己的36门炮护卫舰“亚马逊”号（*Amazon*）和另外4艘火炮数量较少的舰只填补了这一空缺。[69]

大约就在帕克担心溃败而发出停止战斗信号的同时，纳尔逊觉察到受英军攻击时间最长的丹麦舰队战列线南端行将崩溃。事实上，在帕克发出信号后不到一个小时，丹麦防御体系的南翼和中部就被打垮了。纳尔逊还发现，尽管有几艘英舰搁浅或瘫痪，但一直在坚持战斗。[70]

13时左右，当纳尔逊在甲板上四下观察战场形势时，“象”号的主桅被击毁，碎片掠过他和身边的斯图尔特中校。纳尔逊对斯图尔特说：“在这样的激战中，今天随时都有可能成为我们任何人生命中的最后一天，但是我告诉你，我绝不会离开这里。”纳尔逊继续观察，信号军官走来指出帕克的旗舰挂出了第39号信号。舰队所有将官都必须向帕克确认收悉，并向各自的部属复示这一信号。

信号军官询问是否应该复示信号。纳尔逊的答复是：“不，只确认收悉。”信号军官回身向尾楼甲板走去，但纳尔逊又叫住了他：“第16号信号还挂着吗？”第16号信号是近战信号，在得到肯定的答复后，纳尔逊命令道：“注意，保持原样。”

斯图尔特注意到纳尔逊的情绪有些激动："这一点从他晃动右臂的残肢就可以看出来。"纳尔逊问他："你知道总指挥官旗舰上挂出了什么吗？第39号信号？"斯图尔特当然对信号一无所知，于是纳尔逊自问自答道："为什么？退出战斗，退出战斗！该死的，我绝不会照做！"

纳尔逊抓起一架望远镜，转向曾在阿布吉尔湾战斗中率先冲入海湾的旗舰舰长托马斯·福利说："你是知道的，福利，我只有一只眼睛，因此有时候我有权视而不见。"纳尔逊把望远镜举到那只失明的眼睛上，喊道："我真的看不见信号啊！"感到畅快的纳尔逊对所有能听到的人说："该死的信号。留着我的近战信号。这就是我对那些信号的回答！把我的信号牢牢地挂在桅杆上！"[71]

纳尔逊以坚定不移的榜样形象和直截了当的抗命让他的大多数舰长都留在了战场继续战斗。作为一名将官，格雷夫斯必须复示这个信号，但他等了15分钟，才在自己的旗舰——74门炮战列舰"反抗"号（*Defiance*）——的主中帆右桁端挂出第39号信号。"反抗"号在纳尔逊分队的最北端，从那个位置挂出的信号，帕克可以看到，但格雷夫斯后序各舰以及纳尔逊的"象"号都看不到。格雷夫斯同样无意撤出，他和纳尔逊一样，将近战信号继续保留在主桅上。但他的确认收悉信号可以被战列线中位于"反抗"号前序的"亚马逊"号护卫舰看到。尽管里乌舰长看到帕克和格雷夫斯都挂出了停止战斗信号，但他看不到"象"号的信号。就在里乌考虑该做何反应时，排在其前序的两艘护卫舰被砍断锚索"离开"了。13时15分，里乌也照做了。"纳尔逊会怎么看我们？"里乌如是说。3分钟后，当其舰尾朝向丹麦防线时，一发弹丸几乎把里乌轰成了两半。[72]

倘使纳尔逊分队服从了帕克的信号，灾难一定会接踵而至。纳尔逊在水道中位置虽然很危险，但那天下午冒着丹麦军队的炮火撤出只会更加危险。格雷夫斯战后写道：“帕克爵士在我们开战不到两个小时就发出停止战斗的信号，以为我们的舰队会全军覆没。但我们的小英雄自豪地说：‘我不会离开，除非赢得胜利，或是总指挥官派人当面命我撤出。’他说得对，如果我们在敌人投降之前停止战斗，我们早就都搁浅了，被消灭光了。”事实上，战斗结束后，纳尔逊的分队已经很难从水道中脱身。包括“象”号在内的许多英舰都搁浅了。[73]

13 时 30 分左右，丹麦军队的火力开始减弱，特别是其防线南端的舰只。约 30 分钟后，纳尔逊从不断减少的炮击中感到，丹麦人已无力再战，继续打下去无异于“一场屠杀”。由于硝烟的阻隔，他当时无法看到，超过四分之三的丹麦作战单元已经停止了战斗。14 时，纳尔逊向岸上送去一面休战旗；丹麦人接受了。战斗至此结束。[74]

哥本哈根战斗是一场血腥之战。获胜的英军伤亡 944 人，其中阵亡 256 人；丹麦方面伤亡 1035 人，其中阵亡 370 人。就此战的影响而言，俄国沙皇保罗遇刺的冲击几乎立刻压过了纳尔逊的胜利，并导致了联盟的崩溃。尽管如此，波罗的海之胜，再加上地中海地区成功将法国人逐出埃及的战役，虽已来不及挽救皮特内阁，却巩固了英国与法国新强人拿破仑·波拿巴谈判和平协议的地位。

1801 年 10 月 1 日，协议在伦敦草签，法国人和英国人都已精疲力竭。拿破仑需要时间巩固其政权。英国人也需要时间休养生息，因此，他们愿意接受皮尔斯·麦克西所称的“没有胜利的和平”。[75]

※ ※ ※

哥本哈根、坎珀当、尼罗河、圣维森特角，以及在某种程度上，光荣的 6 月 1 日之战，既彰显了英国的战术优势，也凸显了英国需要一种允许部属在战斗打响后主动行动、使这一优势得以充分发挥的更为灵活的体系。例如，在哥本哈根战斗中，如果纳尔逊认可总指挥官在旗舰上指挥全局的理念，英国舰队的后果将是灾难性的。海军部的大臣们认识到了这一事实。在获悉战斗细节后，他们召回了毫无思想准备的帕克，将舰队交给纳尔逊指挥。[76] 尽管如此，从 1801 年春一直到 1803—1804 年冬英法休战期间，集中化的趋势仍在继续。

在英国，信号技术的主要进步是 1803 年霍姆 · 波帕姆（Home Popham）爵士公布的视觉编码系统。波帕姆利用现有信号旗组设计了一个系统，允许舰船之间实施更详细的双向通信。他将自己的革命性系统定位于信号手册的补充，而不是替代。纳尔逊后来在特拉法尔加发出的著名的“英国期待……”信号，用的就是波帕姆的编码。[77]

在以往战争中备受打击的法国和西班牙海军军官在某种程度上更热衷于战术改革。1802 年，法国的奥迪贝尔 · 拉马蒂埃勒（Audibert Ramatuelle）出版了《海军战术基本教程》(*Cours élémentaire de tactique navale*)。拉马蒂埃勒的理论远比莫罗格的实用，但仍倾向于线式战术和基于信号的集中控制。作者将书题献给新任第一执政（First Consul）拿破仑 · 波拿巴，希望借此展现海战艺术的进步可与陆战艺术的进步相媲美。因此毫不奇怪的是，他更强调支持“行动”，而不是打击和摧毁敌舰队的重要性。[78]

1804 年，西班牙海军在马德里发表了滕斯托尔所称“有史以来最复杂的战术和信号文集之一”——《昼夜信号规定暨攻防理论》(*Tratado de Señales de Día y Noche, e Hipótesis de Ataques y Defensas*)。与拉马蒂埃勒的理论不同，这本文集的取向是进攻。书中大量列举了海战中可能出现的情形和应该采取的对策。文集还包含一个有效的信号系统和摘译的豪 1790 年版信号手册及相应指令。[79]

1803 年，当战争再度爆发时，英、法、西三国的舰队都在一场最重大、最致命的海战中检验了自己的新理论。已经成了拿破仑一世皇帝的波拿巴决心彻底征服英国，为此花了两年的时间来积蓄所需的兵力和条件。这一行为最终导致了风帆战舰时代最伟大的海战之一——特拉法尔加战斗。[80] 拿破仑早在这场发生于 10 月份的战斗之前就放弃了自己的入侵计划，这一事实经常被大量认为是纳尔逊拯救了英国的记叙者所忽视。拯救英国的并不是特拉法尔加战斗，而是英国海军两年多来的封锁和袭扰战役。这一战役——特拉法尔加是其巅峰之作——再加上英国在欧洲大陆构建新的反法联盟的外交努力，早已成功地阻止了入侵。从整体上看，这场战役以及其中的两次重大战斗——1805 年 7 月考尔德的菲尼斯特雷战斗和 10 月纳尔逊的特拉法尔加战斗——充分展现了集中指挥系统在战略、战役和战术层面的优劣。

1803 年 5 月，英国与法国战端重开，拿破仑立刻动了跨过海峡入侵英国的心思。他有充分的理由想要摧毁英国。法国在欧洲大陆的主要对手——奥地利、普鲁士、俄国和西班牙——都已风头不再，唯有英国依然故我，其战舰遍布法国沿岸，其外交官到处诱之以利，煽动建立新的反法联盟。在欧洲这位最后的恺撒大帝看来，英国就是当代之迦太基（Carthage），而法国则是新罗马帝国。1803年5月，《箴言报》（*Moniteur*）刊登了一篇皇帝御笔的匿名社论，其结尾写道：

> 欧洲静观，
> 法国备战，
> 历史秉笔，
> 罗马毁灭迦太基！

入侵准备始于1803年，尽管拿破仑尚需制订出详细的军事计划，所需资金部分来自向美国出售路易斯安那（Louisiana）所得。设想的规模令人震撼。法国皇帝希望在第一波次就运送超过10万军队和7000马匹越过海峡。[81]

1804年12月之后，西班牙成为法国反英战争的盟友，拿破仑因此有了一支庞大的舰队。他的计划是在法国海军和殖民地事务部长德尼·德克雷（Denis Decrès）海军少将参与下制订的，在1803—1805年间经历了无数次的反复。所有这一切都涉及众多大小舰队的协调行动：从布雷斯特、罗什福尔、费罗尔（Ferrol）、加的斯和土伦向英吉利海峡集结大量海军部队，掩护入侵行动。

根据1805年3月初形成的计划，奥诺雷-约瑟夫·冈托姆（Honore-Joseph Ganteaume）海军中将率领的布雷斯特舰队要避开英国的封锁，向南航行，解救被困在费罗尔的一支西班牙海军分队，然后穿过大西洋驶往西印度群岛。在那里，冈托姆将与1月份从罗什福尔启程的德比尔格·米西西（de Burgues Missiessy）海军少将会合。与此同时，皮埃尔-夏尔-西尔韦斯特·德维尔纳夫（Pierre-Charles-Silvestre de Villeneuve）海军中将的舰队将避开监视土伦的英国海军舰只，声东击西，先解加的斯的西班牙舰队之围，之后再驶向预定会合点马提尼克。德维尔纳夫将指挥这支超过 40 艘战列舰的舰队再次跨越大西洋返回欧洲。

拿破仑预期一直担心西印度群岛殖民地安全的英国人会追击，最终却发现猎物又折回到欧洲水域。德维尔纳夫的法西联合舰队将驶入英吉利海峡，驱散监视入侵出发港口的小股英国海军分队，掩护入侵部队运输船队出航。[82]

与之前腓力二世、路易十四和路易十六的入侵计划一样，拿破仑的计划也是从一个陆军而不是海军将领的视角制订的。毫无疑问，这份计划在皇帝的地图上看起来相当不错，但太过复杂。包括入侵舰队本身在内，将有 6 支相互独立的部队在地中海和大西洋上调动，但只有最初级的通信手段来协调行动。万一某支主要的法国海军部队未能逃脱封锁怎么办？如果天气太差无法实施入侵怎么办？这份计划忽略了许多被克劳塞维茨称为“阻力”的战争现实。拿破仑可能是历史上最成功的陆军将领，但他对海军和航海知之甚少，这一点在他处理 1805 年 7 月 20 日布洛涅（Boulogne）海军检阅时表现得淋漓尽致。当时，发现风暴来袭的海军指挥官准备取消活动，但拿破仑执意继续。拥挤的运输船进入海峡后不久，天空骤暗，船只被巨浪吞没，致 200~400 人丧生。[83]

正如拿破仑所料，英军并未视而不见。皮特于 1804 年 5 月重返首相权位，监管一项海军扩军和战备应急计划。海军部加强了对法国，以及 1804 年 12 月之后对西班牙的封锁力量。英国海军小型舰船对法国遂行积极的袭扰行动，以迟滞其入侵准备。与此同时，英国在欧洲大陆的外交官们一直在努力加紧建立一个新的联盟，即第三次反法联盟。

3 月初，拿破仑启动了其第六版计划，命令布雷斯特舰队和土伦舰队尽快起航。3 月 26 日，冈托姆准备率 21 艘战列舰从布雷斯特出发，祈盼着能有一阵大风，把威廉·康沃利斯海军上将吹回托贝。冈托姆的行动尽管早在预料之中，却仍让英军措手不及。康沃利斯正在英国，布雷斯特水域仅有 15 艘战列舰在位。冈托姆觉察到有机可乘，但没有自行采取行动，而是向巴黎发去一份情况报告，申请进攻许可。拿破仑拒绝了，理由是纯粹的“海战胜利”没有任何收益。拿破仑提醒这位海军将领：“你只有一个目标，那就是完成你的使命。只管出航，无需战斗。”机会错失了。原本有利的风向转为西风，英舰接二连三地返回阵位。冈托姆无论战与不战，都将无法避开封锁。[84]

尽管如此，3 月 30 日，土伦舰队的 11 艘战列舰起启航时，命运似乎很是眷顾皇帝的计划。德维尔纳夫不仅逃出了土伦，还躲过了纳尔逊。寄希望于猎物能试探着出港并冒险一战的纳尔逊，实施的是一种不过于靠近的近程封锁。当纳尔逊向东寻找法国舰队时，德维尔纳夫却向西去了。4 月 7 日，德维尔纳夫到达卡塔赫纳，那里有一支西班牙分队尚在待命出发。两天后，随着法国舰队逼近加的斯，海军中将约翰·奥德（John Orde）爵士指挥的英军封锁分队向北撤退，前往阿申特水域与康沃利斯会合。4 月 9 日下午，唐费德里科·卡洛斯·格拉维纳（Don Federico Carlos Gravina）海军上将率5艘战列舰驶出加的斯，与德维尔纳夫会合。当夜，这支法西联合舰队向西驶往马提尼克。[85]

德维尔纳夫的脱逃让纳尔逊陷入了与1798年尼罗河战斗前相似的困境。法国舰队在哪里？是向东，还是向西去了？直到4月18日，纳尔逊才得知法军已经西去并通过了直布罗陀海峡。他拼命追赶。5月8日，有情报称法西舰队已经从加的斯起航前往西印度群岛。纳尔逊立即驶往葡萄牙，进入拉古什湾，匆忙为横渡大西洋进行补给。5月12日，纳尔逊从葡萄牙起航，6月3日驶近巴巴多斯，得知德维尔纳夫的舰队确实在巴巴多斯群岛。

盟军舰队于5月14日安全抵达马提尼克，却发现米西西的罗什福尔分队已经返航。德维尔纳夫焦躁不安地等着冈托姆，他急于继续航行，急于把这次行动的责任移交给布雷斯特舰队的总指挥官。

但5月30日，一艘从法国来的护卫舰带来了新的指令——拿破仑的最新一版“最终”计划。皇帝现在指望由德维尔纳夫将入侵计划付诸实施。如果冈托姆在35天内仍不能赶到西印度群岛，德维尔纳夫就要先到费罗尔去解困那里的西班牙舰队，然后到布雷斯特赶走康沃利斯，最终于7月9日至19日之间在阿申特水域与冈托姆会合。拿破仑希望这支舰队于7月29日抵达布洛涅。[86] 在此期间，德维尔纳夫要充分利用法军在群岛水域暂时的海上优势，支援马提尼克和瓜德罗普（Guadeloupe），并征服圣文森特、安提瓜（Antigua）、格林纳达，如有可能，还要征服巴巴多斯——所有这一切都要在不迟于6月22日驶往欧洲之前完成。皇帝还保证说，没有必要担心纳尔逊，其舰队正在东地中海上游荡。

直到6月5日，部队和两栖作战装备装载才告完成。6月7日，法西舰队在安提瓜水域拦截了一支英国运输船队，俘获了全部15艘运输船。在审讯俘虏时，德维尔纳夫得知纳尔逊已经带着10余艘战列舰赶到群岛水域，他意识到，继续按原计划行动风险太大。他推测，1月份时曾追击米西西至群岛水域，现在仍留在加勒比的海军少将亚历山大·英格利斯·科克伦（Alexander Inglis Cochrane）爵士也带领其6艘战列舰加入了纳尔逊的行列。尽管这一推测不无道理，但却是错误的。法西盟军共有20艘战列舰。在最多占有微弱的数量优势的情况下，德维尔纳夫不愿冒险一战，并认为皇帝也会持同样观点，这一点他倒是想对了。在拿破仑一世时代，不能背离传统的法国理念——以牺牲一场特定的战斗为代价，专注于“行动”。德维尔纳夫返回马提尼克，卸下部队，于6月1日向费罗尔驶去。

6月12日，安提瓜岛水域，得知盟军舰队再度避开的纳尔逊非常失望。在无法确定德维尔纳夫的下一个目的地的情况下，纳尔逊选择了加的斯，于是向斯帕特尔角（Cape Spartel）驶去，并派出乔治·埃德蒙·拜伦·贝特斯沃思（George Edmund Byron Bettesworth）海军中校的“好奇”号（*Curieux*）18门炮单桅船带着信使和情报赶回英国。7月18日，纳尔逊的舰队看到了海角，并于两天后到达直布罗陀，“他在那里上岸……这是近两年来的第一次”。[87]

在穿越大西洋途中，贝特斯沃思发现法西联合舰队的去向比预期更加偏北，遂带着这一情况连同纳尔逊的报告一并于7月7日到达普利茅斯。贝特斯沃思飞速赶赴伦敦，于8日23时左右抵达海军部，却被告知海军大臣巴勒姆勋爵已经睡下，没有人会叫醒他。次日一早，贝特斯沃思终于见到了“暴怒”的大臣。来不及换下睡衣的巴勒姆立即草书一封非官方信函给康沃利斯，警告他法西舰队正在逼近，并指示他率罗什福尔分队前往费罗尔水域增援海军中将罗伯特·考尔德爵士的舰队，让考尔德到菲尼斯特雷角以西 30 里格到 40 里格处巡航。[88]

1805 年 7 月 22 日黎明，考尔德率领 15 艘战列舰冒着晨雾在菲尼斯特雷角西北约 39 里格水域向西南航行。11 时左右，“反抗”号瞭望哨在正前方发现了法西舰队。这支由 20 艘战列舰组成的联合舰队成 3 列纵队，航向东南偏东，当时风向西北偏西。[89]

太阳没能驱散清晨的雾气，整个下午考尔德都在旗舰——98 门炮战列舰“威尔士亲王”号（*Prince of Wales*）——上努力指挥着舰队。他费了好大的劲才把部队勉强组成的战列线机动到敌舰队与费罗尔之间。当天稍晚双方开始了零星的炮击，18 时左右战斗全面展开。在大雾和硝烟导致的混乱中，考尔德的大部分兵力与组成德维尔纳夫前卫分队的西班牙舰只交战，该分队最多能得到法军中央分队 3 艘舰的支援。20 时左右，两艘西舰降旗示降，25 分钟后考尔德发出信号停止战斗。

随后两天，双方舰队一直在附近进行修理，守卫着战利品和战损装备。考尔德本来有几次机会恢复战斗，但是，考虑到罗什福尔和费罗尔的 20 艘法西战舰已经脱离了封锁，便心满意足地撤退了。当日战斗，英军在数量少了三分之一的情况下胜出。考尔德部伤亡约 200 人；德维尔纳夫方面被俘 2 舰、1200 人，伤亡近 500 人。

考尔德爵士大胜法西舰队在英国并没有赢得多少喝彩。虽然以

18 世纪的标准来看那天的战果相当不错，但与哥本哈根战斗、尼罗河战斗和坎珀当战斗取得的压倒性胜利相比，仅俘获两艘敌舰实在是相形见绌了。更为糟糕的是，在入侵恐慌笼罩下的英国，考尔德未能摧毁德维尔纳夫的舰队，引发了人们对整个“行动”而不仅仅是一场战斗的普遍不满。公众批评和谣言四起最终导致考尔德爵士要求军事法庭为自己洗脱罪名，但结果却出乎他的意料。法庭虽然判其懦弱罪名不成立，但也谴责他未能恢复战斗。

考尔德当然不是纳尔逊；但是，正如圣维森特所言，“纳尔逊只有一个”。如果 7 月 22 日指挥舰队的是纳尔逊，毫无疑问，他会比考尔德走得更远。对考尔德这样一位试图用视觉信号控制舰队的将领来说，大雾确实是个障碍。但是对纳尔逊这样一位在阿布吉尔湾夜战中赢得胜利的将领来说，大雾很可能会被认为是以寡敌众的有利条件，更何况这支舰队的舰长们个个拼劲十足。

考尔德是一位有能力的指挥官，但无论在何种形势下，他都要掌控舰队的行动。1797 年圣瓦伦丁日战斗时，对纳尔逊脱离战列线的举动提出批评者，正是时任约翰·杰维斯爵士的舰队上校、谨小慎微的考尔德。海军史学家约翰·诺克斯·劳顿的结论是：“考尔德是个优秀的、普通的军官，对他的审判是依照他无法理解的标准进行的。”[90]

※　※　※

菲尼斯特雷角“行动”之后，德维尔纳夫退到维哥湾补充给养，留下两艘战损舰只。随后，西班牙分队驶向费罗尔，而法国舰队则去往科伦纳。德维尔纳夫在那里收到皇帝的进一步指令。联合舰队现在要先南下加的斯，解围被封锁的西班牙舰队，再北上比斯开湾，与扎沙里耶·阿勒芒（Zacharie Allemand）海军准将指挥的罗什福尔分队会合，然后前往阿申特，将英军封锁部队驱离布雷斯特，与冈托姆一道进入英吉利海峡。几天后，巴黎又传来另一份指令，拿破仑要求德维尔纳夫甩开加的斯，直奔比斯开湾，与已经出海的阿勒芒会合，再从那里直接驶往布雷斯特。

至此，德维尔纳夫已经不胜其烦，心力憔悴。他写信给海军部长、老朋友德克雷，毫无顾忌地直指“盲目、应该受到谴责、愚蠢的巴黎水手们”。他坦言：“我不想隐瞒自己的观点，我们绝无获胜的可能，我是如此沮丧，深陷其中而无力自拔。”[91]

坚信入侵计划注定要失败的德维尔纳夫决定无视拿破仑的最新指示，而是部分执行其前一项命令。法国舰队从科伦纳出发，赶走了考尔德，在费罗尔与西班牙舰队再次会合，向比斯开湾驶去。考尔德则立即退到了阿申特。德维尔纳夫在比斯开湾盘桓数日，三心二意地寻找阿勒芒，但没有找到。考虑到皇帝的指令现在已经没有任何意义，德维尔纳夫又向南驶去。这支联合舰队于 8 月 20 日抵近加的斯，击退了英军的小型封锁部队，于当晚进入港口。在这之后，尽管科林伍德海军中将只有 3 艘战列舰，但他还是尽职尽责地恢复了对加的斯的监视。次日清晨，当他向港口望去时，发现法西舰队“帆樯如林”。德维尔纳夫集结了 35 艘战列舰，但也把皇帝和他的“16.5 万大军扔在了布洛涅的悬崖上”。[92]

拿破仑入侵英国的机会已经错过。他用其帝国野心，再加上英国外交官的努力和英国补偿金的诱惑，巩固了新的反法联盟。奥地利和俄国已经开始动员。拿破仑别无选择：1805 年 8 月 29 日，驻扎在布洛涅的入侵部队拔营东去，向莱茵（Rhine）、乌尔姆（Ulm）和奥斯特利茨（Austerlitz）进军。

※ ※ ※

当德维尔纳夫在科伦纳研究其行动方针时，康沃利斯海军上将在布雷斯特水域也集结了 36 艘战列舰。8 月 14 日，从费罗尔北上的考尔德重新加入舰队；次日，除纳尔逊本人返回朴次茅斯，其麾下的大部分舰只也都到位。如果是一位谨慎的海军将领，在负有保卫英吉利海峡安全和将冈托姆的 21 艘舰船封锁在布雷斯特的重任的情况下，很可能会将部队集中部署于阿申特水域，但这不是“比利蓝”康沃利斯的风格。8 月 16 日，他主动将考尔德和 20 艘战列舰派回了费罗尔。[93]

拿破仑认为康沃利斯的决定愚蠢至极。[94] 现在，康沃利斯分兵后的舰队和考尔德的分遣队在数量上都要逊于冈托姆和德维尔纳夫的部队。但决意诱使法西舰队交战的康沃利斯坚信，冈托姆不会因此逃出布雷斯特，就像德维尔纳夫也不会因此而变得咄咄逼人一样。而且，即使法西联军真的发起进攻，在费尼斯特雷角以寡敌众时的考尔德难道没有坚守住吗？

事实验证了康沃利斯判断的正确性。冈托姆无法离开布雷斯特，德维尔纳夫进入比斯开湾后很快就南行了。康沃利斯派护卫舰紧盯着盟军的动向，他推测德维尔纳夫要去地中海，遂向考尔德发出新的指示，让其到加的斯与科林伍德会合。就这样，康沃利斯的自主行动促成了海上力量的集结，最终使其好友纳尔逊赢得了特拉法尔加战斗的胜利。

当有关德维尔纳夫去了加的斯而不是布雷斯特的报告送达巴黎后，怒不可遏的拿破仑把全部失望都发泄到了这个“卑鄙的懦夫”身上。[95] 9 月 16 日，皇帝向加的斯发出了新的命令，责成舰队返回地中海。第二天，他又下令由罗西利-梅罗斯伯爵（Comte de Rosily-Mesros）弗朗索瓦-艾蒂安（François-Etienne）海军上将取代德维尔纳夫。但直到 9 月 20 日，德克雷才写信给他的老舰长，伤心地通知他换将的消息。

9 月 28 日，德维尔纳夫接到拿破仑的指示，他一反常态，立即开始备航。毫无疑问，皇帝已经放弃了入侵英国的计划，这使他松了一口气。联合舰队共有 33 艘战列舰，其中法国 19 艘，西班牙 14 艘。后者的行动虽不完全听命于拿破仑，但也不想掉队，而是希望返回地中海，与仍在卡塔赫纳的部队会合。倘使西班牙人拒绝起航，德维尔纳夫也很难想到要撤走。考尔德的援兵已于 8 月 30 日到达加的斯水域，科林伍德海军中将现在共有 26 艘战列舰。[96]

德维尔纳夫舰队完成备航后，许多法国和西班牙高级指挥官的行动热情开始消退。加的斯谣言四起，称纳尔逊已经从英国带着援军赶到，英国舰队的规模现在更为庞大。10 月 8 日，在一场有争议的作战会议上，得到大部分将领支持的德维尔纳夫决定不理睬皇帝的命令，继续留在港内。[97]

英国舰队现在确实由纳尔逊指挥，他于 9 月 28 日与科林伍德会合，带来了 3 艘战列舰，其中包括 100 门炮战列舰“胜利”号。但英军至少在舰船和火炮数量上仍然落后于盟军。[98] 纳尔逊现在只有 27 艘战列舰。显然是出于同情而不是理智，他允许本应乘护卫舰的考尔德改乘三层甲板战列舰“威尔士亲王”号回国接受军事法庭调查；此外，托马斯·路易斯海军少将又带着 6 艘舰船前往直布罗陀补充淡水。纳尔逊一如既往地渴望战斗，他把护卫舰部署在近岸，让整个舰队隐蔽在水天线之后，希望以此诱敌出战。

但德维尔纳夫无意离开加的斯，直到 10 月 18 日，他接到报告称罗西利带着接掌指挥权的命令到了马德里。德维尔纳夫盛怒之下当即传令舰队准备起航，并且第二天就出发了。“尤里亚勒斯”号（*Euryalus*）护卫舰舰长亨利·布莱克伍德（Henry Blackwood）爵士发现法西舰队开始出港后，立刻向舰队发出信号。他在给妻子的信中写道：“此刻，敌人出来了，仿佛决心大战一场。”[99]

※　※　※

自 1803 年重新开始监视土伦以来，两年中，霍雷肖·纳尔逊一直在为这场即将到来的战斗做着准备。他所追求的不仅是胜利，而且是德维尔纳夫舰队的彻底毁灭。对纳尔逊来说，舰队总指挥官的职责“首先是在最有利的条件下将敌舰队引入战斗”。关于什么是有利的“条件”，他解释说：“我的意思是，尽可能快地逼近敌舰，而后一直缠住敌人，直到任务完成。”未来战斗的样式可能表现不一，纳尔逊始终关注最有可能保持不变的那些常量。时间显然是需要考虑的因素。在加的斯会合前不久，纳尔逊告诉理查德·基茨（Richard Keats）海军上校：“按照既有体系，一天时间怎么也不够用来机动两支舰队，打一场决定性的战斗。”为了加快节奏，纳尔逊规定将航行队形与战斗队形合二为一。纳尔逊不想将一天中的任何时间浪费在机动就位上。[100]

纳尔逊原计划将舰队分为 3 组，即由一个前出分队支持一个上风分队和一个下风分队，但兵力不足使其不得不回归两个分队的布局。他选择指挥上风分队，让老朋友卡思伯特·科林伍德指挥下风分队。10 月 9 日纳尔逊在给科林伍德的信中写道："亲爱的科尔，我们不能有一点嫉妒，我们只有一个伟大的目标，那就是消灭敌人，为国家赢得光荣的和平。"[101]

纳尔逊将像尼罗河战斗和哥本哈根战斗那样，以一种极端分散化的方式实施指挥控制。1803 年，他在一份战术备忘录中写道，自己"完全确信，我有幸指挥的将领和舰长们，知道我的确切目标——一场近战和决战所要达成的目标——在我没有发出信号时，能够弥补任何可能的缺失"。科林伍德将担负起最重要的责任，他将"在我说明意图之后，完全指挥自己的编队，向敌人发起攻击，并持续跟进，直至将其俘获或摧毁"。战斗当日上午，纳尔逊还授予经验丰富、长其 10 岁的"尤里亚勒斯"号护卫舰舰长布莱克伍德"空前绝后的自主权，可以随心所欲地以纳尔逊的名义行事"，以确保排在最后面的舰船能尽快投入战斗。[102]

纳尔逊的意图是集中兵力攻击法西联合舰队的中央和后卫分队，打一场混战，并通过直接突击德维尔纳夫的旗舰，瘫痪其集中指挥架构。英军下风分队——科林伍德分队——将从盟军战列线"后段约第 12 艘舰的位置（或对其方便的其他位置）"突破。纳尔逊将率上风分队从盟军"中央分队前第 2、第 3 或是第 4 艘舰的位置"突破其战列线，"直逼敌总指挥官，尽一切努力将其俘获"。在

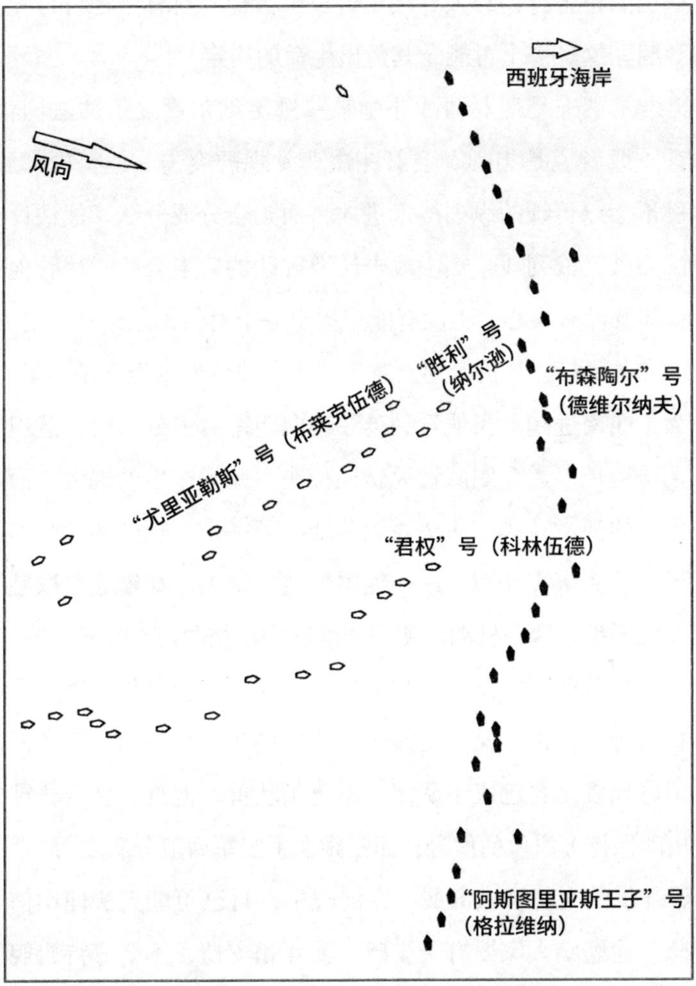

图 6　特拉法尔加战斗，1805 年 10 月 21 日，11 时左右

▲　纳尔逊的计划是两个分队（他自己的上风纵队和科林伍德的下风纵队）集中攻击法西联合舰队的后三分之二部分。法西联合舰队前卫分队的舰只将很难返回支援交战友舰。结果，他们甚至都没有尝试一下。

盟军前卫分队做出反应之前，战斗结局已定。为确保两个分队都能在最适当的位置打击敌人，纳尔逊决定由他和科林伍德各自充当本队前导舰。这是一个可能令其付出生命的决定。

德维尔纳夫是尼罗河战斗中唯一逃出纳尔逊之手的法国将领，他预计（或者说是担心）会有一次非常规的突击。他警告部属们，纳尔逊不会以传统的纵列战术进攻，而是会分成分队。他估计英军会尝试突破其战列线，集中攻击法西舰队的后卫分队。尽管他颇有洞见，却既没有决心，也没有能力提出一个对付纳尔逊战术的方案。虽然他准备要打，却仍希望能避免战斗，他贸然出海不是为了作战，而是为了向南逃跑。当他看到英军冲向盟军后卫分队时，意识到交战已无法避免，遂令舰队背风转向掉头。此举产生的混乱，而不是任何预有的战术安排，使法西舰队变成了一个不规则的、弧形的新月队形，然而事实证明，这一纯属偶然的结果，却给英军取胜平添了更大的困难。这一机动还使法西舰队中由格拉维纳指挥、有 12 艘舰船的观察分队成了队尾，相对处于上风，位置更加有利，既可对抗科林伍德的冲击，又可支援盟军舰队的中央。然而，这位西班牙将领困惑地发现自己成了队尾，不再是队首。他没有理会德维尔纳夫发出的保持上风位的信号，而是跟在了盟军后卫分队之后。[103]

德维尔纳夫曾告诫部属，在混战中，自己可能无法使用信号控制舰队。他勉励大家要有荣誉感，要互相支持，不要等待旗舰的信号。这些忠告很像是纳尔逊的口气，但试图通过临渴掘井来影响既有条令，就像现在这样在开战前夜才对一群完全被一个容不得半点主动性的高度集中化的体系所左右的舰长们，讲一番如此这般的话，无疑是徒劳的。

※　※　※

10月21日6时左右，纳尔逊和德维尔纳夫的舰队互见。法西舰队成一列不甚规整的纵队，右舷受风，航向西南偏南，位置在特拉法尔加角上风约12英里处，当时风向西北。英军的两个分队在盟军舰队以西约12英里处，航向北稍偏东。7时，纳尔逊发出信号，命令舰队准备战斗，并向东转向满帆航行。至8时，双方距离减为9英里。

德维尔纳夫可以看到英军的两个分队压向其中央和后卫分队。无论专业水平如何，德维尔纳夫有足够的经验判断出战斗已在所难免。10时左右，他命令舰队背风转向，航向东北，朝向加的斯方向。[104] 结果使队形变得更加混乱。由于风力较弱，法西舰队航速仅有半节，几经努力也无法完全形成战列线。

在顺风的情况下，英军以大约3节的航速推进，逐渐拉近了距离。对方转向之后，纳尔逊的“胜利”号旗舰率领其大致排成一列纵队的分队也将航向转为大致东北，既可能是佯攻盟军前卫分队，也可能只是在敌舰中搜寻德维尔纳夫的旗舰。科林伍德的旗舰——100门炮战列舰“君权”号（*Royal Sovereign*）——率领其排成横队的分队，试图尽快接近盟军战列线，并用豪在光荣的6月1日战斗中的样式实施突破。

11时30分左右，盟军舰队后卫分队向科林伍德分队开火。当时，纳尔逊已开始向敌最后冲刺，他用霍姆·波帕姆的编码发出信号表明自己的意图，“压向或突破敌战列线以防其进入加的斯”。[105] 11时40分左右，“君权”号在驶过两艘敌舰时开火。几分钟后，纳尔逊纵队前端进入敌火力范围。11 时 56 分，纳尔逊发出著名的信号——“英国期待每个人都恪尽职守”，接着又发出战后准备抛锚的信号——事后证明这是一个非常明智的预防措施。约 12 时 04 分，“胜利”号开始射击，纳尔逊又挂出虽无必要却极具个性的信号，要求进一步抵近作战。12 时 20 分左右，“胜利”号冲入，而不是穿越敌阵。自此开始，直到负伤倒在旗舰甲板上，纳尔逊再未发出任何信号。

考虑到此战的规模，英军对盟军舰队的行动相对迅速。13 时 45 分，德维尔纳夫的旗舰——80 门炮战列舰“布森陶尔”号（*Bucentaure*）——降旗投降。据纳尔逊旗舰日志记载：“零星射击一直持续到 4 时 30 分，当胜利的消息被报告给总指挥官、巴斯勋章骑士纳尔逊子爵阁下后，他因伤过重辞世。”[106] 英军俘获或摧毁了盟军 33 艘战列舰中的 18 艘，但除了 4 艘，所有战利品都在战斗结束后的狂风中失去了。

1805 年 10 月 21 日的特拉法尔加角战斗标志着新旧大陆海洋上一场为期 10 个月的戏剧性战役的结束。在史上最著名的海战中，史上最著名的海军指挥官纳尔逊勋爵，赢得了史上最彻底的海战胜利之一。但这是一场决定性的胜利吗？纳尔逊当然赢得了他所追求的“毁灭性”胜利，但这一胜利并没有给英国带来“光荣的和平”：反对拿破仑的战争仍又持续了 9 年。不过，法国的海军力量再也没有在战争中对英国构成过像样的挑战。

尽管描写特拉法尔加战斗的作品盈千累万，但许多话题仍然存有争议。纳尔逊在向法西舰队逼近时究竟计划了什么？如果科林伍德在战斗结束后执行了纳尔逊的抛锚信号，英军会不会更多地保住来之不易的战利品？是不是有些法国和西班牙指挥官失职，或是更糟，在混战开始后没有支援德维尔纳夫？

关于这场战斗，长久以来，有一点是显而易见的：纳尔逊的指挥控制方式，也就是他的“秘诀”，是赢得胜利的核心要素。信号手册不是纳尔逊制胜的关键。与尼罗河战斗和哥本哈根战斗时一样，“胜利”号旗舰投入战斗后，纳尔逊就停发了信号，让渡了指挥权。对部属的信任，再加上能事先向部属阐明自己对战斗可能如何展开的判断，使纳尔逊成了指挥艺术的大师。法国和西班牙海军有诸多战术缺陷，并且与英国海军的战术优势一样明显，但是，只有纳尔逊的指挥才华，才使他能将既有优势用到极致。

纳尔逊在“胜利”号甲板上的牺牲，完美展现了分散指挥系统的优势：在战斗的关键节点，海军历史上最有魅力的指挥官之一身受重伤、直至阵亡，对战斗的最终结果没有产生任何影响。纳尔逊将“胜利”号带上冲向法西舰队的终极航线后，他本人是否存在已经无关紧要。在第一个“特拉法尔加日”，纳尔逊的精神与英国战舰上的每一位海军将领和舰长们同在。

※　※　※

特拉法尔加战斗是风帆战舰时代最后一场值得关注的舰队“大战”，但反对拿破仑及其帝国的长期海军斗争并未就此结束。1805年10月以后，战争以封锁战和袭船战形式又艰难地持续了9年。就对指挥控制的研究而言，风帆战舰时代也不是结束于特拉法尔加战斗，而是22年以后的1827年10月20日。当时，监视希腊反抗奥斯曼统治的法国、英国和俄国联合舰队，在伯罗奔尼撒（Peloponnese）西岸小港纳瓦里诺（Navarino）攻击了一支锚泊的土耳其、埃及联合舰队。[107]

纳瓦里诺战斗联合舰队英军总指挥官、海军中将爱德华·科德林顿（Edward Codrington）爵士曾在特拉法尔加战斗中担任74门炮战列舰“奥赖恩”号舰长，是纳尔逊的崇拜者。1805年，新任总指挥官纳尔逊抵达在加的斯水域的舰队后，他在给妻子的信中写道：“纳尔逊勋爵来了！全军上下欢欣鼓舞。”科德林顿指出：“纳尔逊勋爵超人的亲和力把他与舰长们紧密地联系在一起。”这与科林伍德冷酷、严厉的微观管理风格形成了鲜明的对照。[108]

1827年2月，受命指挥地中海部队的科德林顿接手了一个复杂的巴尔干（Balkans）外交难题。英国公众对反抗伊斯兰教奥斯曼土耳其人严酷统治的基督教希腊人深表同情，但“东方问题”（Eastern Question）导致的复杂性使英国无法完全承认和支持他们。由于担心希腊的胜利可能导致奥斯曼帝国的崩溃，从而为俄国进一步入侵巴尔干半岛和近东打开大门，英国政府寻求妥协，试图达成一份休战协议。

在新的指挥岗位上，科德林顿展现了战略和战役主动，并效仿纳尔逊的战术风格。仍处于电报时代之前的英国政府，自然而然地给了地中海舰队指挥官们可观的自主权。震惊于土耳其准备加强其军队并大幅减少摩里亚半岛（Morea）人口——通过后来被称为“种族清洗”的方式——的报告，科德林顿决定阻止当时驻扎在纳瓦里诺的土耳其、埃及联合舰队。考虑到冬季封锁太过辛苦，科德林顿率舰队进入海湾，意欲迫使穆斯林舰队投降，否则就将面临灭顶之灾。土耳其人和埃及人不惜一战，一场大规模战斗随即展开。英法俄舰队共有 27 艘舰船，其中 11 艘是战列舰；土埃舰队有 65 艘舰船，大都是些小船，其中许多是武装运输船，只有 3 艘战列舰。

这是一场纳尔逊式的战斗。进攻前一天，科德林顿将高级指挥官召至旗舰，详述作战计划。会议结束时，他引用纳尔逊勋爵的话，大意是："只要能与敌舰靠在一起，任何舰长都犯不了什么大错。"[109] 战斗虽十分激烈，但远非势均力敌。一天下来，穆斯林方面只剩下 15 艘舰船。不过，在战术层面遭到惨败的奥斯曼人，却在战略层面获得了外交胜利。被希腊人视为英雄的科德林顿，成了英国外交部的替罪羊：为防止冲突扩大，英方谴责了科德林顿的行动，并为之道歉。纳瓦里诺战斗的胜利带给科德林顿的不是声誉，而是被召回，其漫长而杰出的职业生涯也令人沮丧地终结了。

科德林顿对纳尔逊战术方法多少有些肤浅的追捧在英国海军中并不普遍。纳尔逊的一系列胜利不但没有让集中指挥控制系统走向式微，自相矛盾的是，完胜法西舰队反而促进了向集中化正统观念的回归。在特拉法尔加战斗之后的 20 余年中，英国都无需再打一场舰队大战。[110] 纳尔逊的压倒性胜利使继续试验和改革的势头及迫切需要几乎消失殆尽。结果，英国人还是一如既往地迷恋信号和集中指挥方式。

朱利安・科比特爵士指出，英国海军未能"从整体上掌握纳尔逊的战术原则"。同时代人中很少有能了解其成功秘密者。那些将纳尔逊战术视为制胜关键的军官，试图通过在新版信号手册中加入特拉法尔加式机动——"以两列纵队突破敌战列线"，将纳尔逊的成功条令化，仿佛“纳尔逊秘诀”可以被简化成一个单纯的信号似的。另一些人则把注意力集中在他的进取精神和近战倾向上，推崇及时和迅猛的进攻，却未能意识到领导者魅力和个性化条令在这位将领的战法中所起到的核心作用。[111]

因此，在风帆战舰时代行将结束之时，不仅线式队形和战术，而且更重要的是，还有信号手册，继续主导着欧洲海军的思想。尽管工业革命带来了技术变革，下个世纪仍将是形式主义和集中指挥的天下。

注　释

1. Tunstall, *Naval Warfare*, 192–201; Corbett, *Fighting Instructions*, 252–268; Corbett, *Signals and Instructions*, 316–318.

2. Simon Schama, *Citizens: A Chronicle of the French Revolution* (New York: Vintage, 1990), 55, 60–61. William S. Cormack, *Revolution and Political Conflict in the French Navy, 1789–1794* (Cambridge: Cambridge University Press, 1995), 18–47.

3. Tunstall, *Naval Warfare*, 201–202. 关于陆军改革，见约翰·林恩（John A. Lynn）“En Avant! The Origins of Revolutionary Attack”，该内容载于 Lynn, *Tools of War: Instruments, Ideas, and Institutions of Warfare, 1445–1871* (Urbana: University of Illinois Press, 1990), 157;

R. R. Palmer, “Frederick the Great, Guibert, Bulow: From Dynastic to National War,” 该内容载于 Edward Meade Earle, ed., *Makers of Modern Strategy: Military Thought from Machiavelli to Hitler* (Princeton: Princeton University Press, 1943), 62–68; Rothenberg, *Art of Warfare in the Age of Napoleon*, 22–28。

4. Joseph Martray, *La destruction de la marine française par la Révolution* (Paris: Éditions France-Empire, 1988), 12. Cormack, *Revolution and Political Conflict*, 301; 另见 1–17. Alfred T. Mahan, *The Influence of Sea Power upon the French Revolution and Empire, 1793–1812*, 2 vols. (London: Sampson Low, Marston, 1892), 1:35. Tunstall, *Naval Warfare*, 202。

5. 见 J. Holland Rose, *Lord Hood and the Defence of Toulon* (Cambridge: Cambridge University Press, 1922); Mahan, *French Revolution and Empire*, 1:92。

6. Cormack, *Revolution and Political Conflict*, 173–214. 他写道：“1793 年土伦反叛是法国在整个革命战争中最为严重的灾难。” Ibid., 173, 215–241.

7. Ibid., 242.

8. Tunstall, *Naval Warfare*, 209.

9. Jackson, *Logs of the Great Sea Fights*, 1:12, 32. Tunstall, *Naval Warfare*, 207; Corbett, *Fighting Instructions*, 255–259.

10. Cormack, *Revolution and Political Conflict*, 285n.

11. 见 Weigley, *Age of Battles*, 316–317。

12. Cormack, *Revolution and Political Conflict*, 284–287. 见 Chris

Ware, "Howe: The Glorious First of June, 1794," 该内容载于 Grove, *Great Battles*, 95–104; Oliver Warner, *The Glorious First of June* (New York: Macmillan, 1961); Clowes, *Royal Navy*, 4:216–240; Mahan, *French Revolution and Empire*, 1:122–161; Cormack, *Revolution and Political Conflict*, 277–286; Jackson, Logs, 1:1–193。

13. Tunstall, *Naval Warfare*, 205. Lewis, *Navy of Britain*, 549.

14. *Barham Papers*, 3:309. Corbett, *Signals and Instructions*, 317. Warner, *Glorious First of June*, 50.

15. Barrow, *Howe*, 239. Jackson, *Logs*, 1:77–78; Warner, *Glorious First of June*, 50. Tunstall, *Naval Warfare*, 210.

16. Barrow, *Howe*, 240–242, 246; Warner, *Glorious First of June*, 91–101. Cornwallis-West, *Life and Letters*, 272–273.

17. Nelson, *Dispatches and Letters*, 2:369–371, 45–46; 1:494–495.

18. Ibid., 1:67–68, 68–70, 71, 73, 2:45–46; 1:483. Alfred Thayer Mahan, *The Life of Nelson: The Embodiment of the Sea Power of Great Britain*, 2 vols. (1877; New York: Greenwood, 1968), 2:160. 曾任胡德秘书，后任《海军编年史》编辑的约翰·麦阿瑟（John M'Arthur），于 1809 年出版纳尔逊的首部传记。James Stanier Clarke and John M'Arthur, *The Life and Services of Horatio Viscount Nelson: From His Lordship's Manuscripts*, 2d ed., 3 vols. (London: Fisher, 1840).

19. Clowes, *Royal Navy*, 4:267, 269–273.

20. Hood, *Letters*, 104. 纳尔逊 1795 年 4 月 1 日致妻子信及 1795 年 6 月 7 日致威廉·萨克林信，*Dispatches and Letters*, 2:25–27, 40–41。

21. Clowes, *Royal Navy*, 4:275–277. 纳尔逊语，引用于 Marcus,

Age of Nelson, 63.A. M. Stirling, *Pages & Portraits from the Past: Being the Private Papers of Sir William Hotham, G. C. B., Admiral of the Red*, 2 vols. (London: Herbert Jenkins, 1919), 1:80。

22. William James, *Old Oak: The Life of John Jervis, Earl of St. Vincent* (London: Longmans, Green, 1950), 60, 72–73, 85.

23. Spencer, *Private Papers*, 2:73.

24. Nelson, *Dispatches and Letters*, 2:333–334. Jackson, *Logs*, 1:201; *Memoirs and Correspondence of Admiral Lord de Saumarez*, ed. John Ross, 2 vols. (London: Richard Bentley, 1838), 1:167.

25. Jackson, *Logs*, 1:210; John Drinkwater, *A Narrative of the Battle of St. Vincent: with Anecdotes of Nelson, before and after That Battle* (London: Saunders and Otley, 1840), 71; Cesáreo Fernández Duro, *Armada Española*, 9 vols. (Madrid: Sucesores de Rivadeneyra, 1895–1902), 8:92–101; "The Battle of Cape St. Vincent," *Journal of the Royal United Service Institution* 59 (Nov. 1914): 324–329.

26. Christopher Lloyd, *St. Vincent and Camperdown* (New York: Macmillan, 1963), 63–64.

27. Ibid., 49–50; James J. Tritten, "Doctrine in the Spanish Navy," in James J. Tritten and Luigi Donolo, *A Doctrine Reader: The Navies of United States, Great Britain, France, Italy, and Spain* (Newport, R.I.: Center for Naval Warfare Studies, 1995), 82–84. 另见 A. H. Taylor, "The Battle of Cape St. Vincent," *Mariner's Mirror* 40 (Aug. 1954): 228–230. 水银被用于从银矿石中提取银。

28. Duro, *Armada Española*, 8:92–101. "Battle of Cape St.

Vincent," *Journal of the Royal United Service Institution*, 334.

29. Jackson, *Logs*, 1:200–213. 我所称之前卫及后卫分队，是基于各分队在 1797 年 2 月 14 日战斗中的位置，并非它们在舰队中的正式编成。查尔斯·汤普森中将的分队通常担任前卫分队，但当日处在英军战列线的后端作战。在这次战斗中，西班牙舰队的战斗序列也调转了。

30. St. Vincent, *Memoirs*, 1:256–257.

31. Steel, *A System of Naval Tactics*, 93–94.

32. 例如，见 Lewis, *Navy of Britain*, 552; Corbett, *Fighting Instructions*, 266。

33. 如需进一步了解，见 M. A. J. Palmer, "Sir John's Victory: The Battle of Cape St Vincent Reconsidered," *Mariner's Mirror* 77 (Feb.1991):31–46。

34. Geoffrey Bennett, Nelson the Commander (London: B. T. Batsford, 1972), 98; Mahan, *Life of Nelson*, 1:272; Lloyd, *St. Vincent and Camperdown*, 72; and Warner, *Nelson's Battles*, 23, 上述文献都称科林伍德背风转出战列线去支援其朋友纳尔逊。实际上，直至数小时后杰维斯下令，科林伍德一直没有离开战列线。

35. Nelson, *Dispatches and Letters*, 2:340–343; 344–347. 第二段引语出自 Drinkwater, *Narrative of St. Vincent*, 84。

36. Drinkwater, *Narrative of St. Vincent*, 77.

37. Ibid., 79.

38. Saumarez, *Memoirs and Correspondence*, 1:172–173; Lloyd, St. *Vincent and Camperdown*, 81.

39. Marcus, *Age of Nelson*, 80. Mahan, *Life of Nelson*, 1:231. Spencer, *Private Papers*, 2:95.

40. Michael A. Palmer, "Lord Nelson: Master of Command," *Naval War College Review* 41 (Winter 1988): 105–116. Nelson, *Dispatches and Letters*, 4:90–91.

41. C. S. Forester, *Lord Nelson* (Indianapolis: Bobbs-Merrill, 1926), 16.

42. Clarke and M' Arthur, *Life and Services of Nelson*, 1:23–24. Christopher Hibbert, Nelson: *A Personal History* (New York: Addison-Wesley, 1994), 15. 其他人所作传记，见 Oliver Warner, *Victory: The Life of Lord Nelson* (Boston: Little, Brown, 1958); Tom Pocock, *Horatio Nelson* (New York: Knopf, 1958); David and Stephen Howarth, *Lord Nelson: The Immortal Memory* (New York: Viking, 1989); Carola Oman, *Nelson* (London: Hodder and Stoughton, 1947)。

43. Gerald Jordan, "Admiral Nelson as Popular Hero: The Nation and the Navy, 1795–1805," in *New Aspects of Naval History: Selected Papers from the 5th Naval History Symposium*, ed. Department of History, U.S. Naval Academy (Baltimore: Nautical and Aviation Pub. Co. of America, 1985), 112. Nelson, *Dispatches and Letters*, 7:60–61.

44. Ibid., 7:241n.

45. Spencer, *Private Papers*, 2:178. Robert Duncan, Earl of Camperdown, *Admiral Duncan* (London: Longmans, Green, 1898), 336–337.

46. Mahan, *French Revolution and Empire*, 1:171; Bruijn, *Dutch*

Navy, 211–212.

47. Spencer, *Private Papers*, 2:187–188.

48. Camperdown, *Admiral Duncan*, 191–193; Tunstall, *Naval Warfare*, 219–221.

49. Stirling, *Sir William Hotham*, 1:34–35.

50. Spencer, *Private Papers*, 2:197–199.

51. Lloyd, *St. Vincent and Camperdown*, 139, 书中称邓肯知道自己要做什么，但战斗日志清楚地表明他并不知道，劳埃德书中重印的将军报告也证实了这一点。

52. Jackson, *Logs*, 316. 见 Tunstall, *Naval Warfare*, 221; Lloyd, *St. Vincent and Camperdown*, 140. Clowes, *Royal Navy*, 4:328 中给出的图示要精准得多。

53. “喀耳刻”（*Circe*）号护卫舰舰长彼得·霍尔基特（Peter Halkett）回忆称那一天“天气昏暗……时有狂风”。Jackson, *Logs*, 1:313.

54. Ibid., 1:309–342, 317. Stirling, *Sir William Hotham*, 1:137.

55. Jackson, *Logs*, 1:317.

56. Ibid., 282–288. 荷兰方面对此战的报告，见 Camperdown, *Admiral Duncan*, 270–284。

57. Clowes, *Royal Navy*, 4:324–332.

58. 引用于 Lloyd, *St. Vincent and Camperdown*, 165。

59. Ibid., 169–171.

60. Stirling, *Sir William Hotham*, 1:139, 237. St. Vincent, *Memoirs*, 2:281–282.

61. Tunstall, *Naval Warfare*, 227–231; Corbett, *Fighting Instructions*, 268–279.

62. Jordan, "Nelson as Popular Hero," 113–114.

63. Piers Mackesy, *War without Victory: The Downfall of Pitt, 1799–1802* (Oxford: Clarendon Press, 1984), 133–135. 第一次联盟建立于 1780 年美国战争期间。

64. Spencer, *Private Papers*, 3:285–286.Michael A. Palmer, *Stoddert's War: Naval Operations during the Quasi-War with France, 1798–1801* (Columbia: University of South Carolina Press, 1987), 61–62, 151–162.

65. Laughton, *Naval Miscellany*, 1:417–418.Stirling, *Sir William Hotham*, 1:258.

66. 见 Dudley Pope, *The Great Gamble* (New York: Simon and Schuster, 1972)。

67. Jackson, *Logs*, 2:98–99, 101–103.

68. Pope, *Great Gamble*, 406.

69. Laughton, *Naval Miscellany*, 1:424–425, 414–438. Tunstall, *Naval Warfare*, 234.

70. Pope, *Great Gamble*, 404.

71. Ibid.

72. Ibid., 411, 412–413. Jackson, *Logs*, 2:119–120.

73. Jackson, *Logs*, 2:101–103.

74. Pope, *Great Gamble*, 416–417. 关于停战协定，见 ibid., 431–473; Susan Harmon, "The Serpent and the Dove: Studying Nelson's

Character," *Mariner's Mirror* 75 (Feb. 1989): 43–52。

75. Pope, *Great Gamble*, 530. Mackesy, *War without Victory*, 204–205.

76. Jackson, *Logs*, 2:97.

77. Home Popham, *Telegraphic Signals; or Marine Vocabulary* (London: T. Egerton, 1803). Tunstall, *Naval Warfare*, 242–244.

78. Tunstall, *Naval Warfare*, 235–240. Audibert Ramatuelle, *Cours élémentaire de tactique navale* (Paris: Baudouin, 1802), vii.

79. Tunstall, *Naval Warfare*, 240–242; Tritten, "Doctrine in the Spanish Navy," 83–84.

80. Alan Schom, *Trafalgar: Countdown to Battle*, 1803–1805 (New York: Atheneum, 1990), 1.

81. 拿破仑语，引用于 J. Christopher Herold, *The Age of Napoleon* (New York: Dell, 1963), 209. Schom, *Countdown*, 37。

82. Schom, *Countdown*, 195–198.

83. Ibid., 97–99.

84. Ibid., 203, 205. Warner, *Nelson's Battles*, 157–158.

85. 西班牙人留下舰队主体，令英国人琢磨不停。

86. Schom, *Countdown*, 210.

87. Warner, *Nelson's Battles*, 167.

88. Clowes, *Royal Navy*, 5:110. *Barham Papers*, 3:258–259.

89. Clowes, *Royal Navy*, 5:111–118.

90. James, *Old Oak*, 96. *Barham Papers*, 3:272.

91. 德维尔纳夫语，引用于 Schom, *Countdown*, 241–242。

92. Oliver Warner, *The Life and Letters of Vice-Admiral Lord Collingwood* (London: Oxford University Press, 1968), 136. Schom, *Countdown*, 242.

93. Cornwallis-West, *Life and Letters*, 484–487.

94. Clowes, *Royal Navy*, 5:119.

95. Schom, *Countdown*, 295.

96. Warner, *Collingwood*, 140.

97. Schom, *Countdown*, 302–303.

98. Ibid., 304. 火炮统计，盟军 2568 门，英军 2148 门，前者有 16% 的数量优势。

99. 布莱克伍德语，引用于 ibid., 306。

100. Corbett, *Fighting Instructions*, 313–316. Nelson, *Dispatches and Letters*, 7:241n.

101. Warner, *Collingwood*, 144–145.

102. Corbett, *Fighting Instructions*, 316–320. 关于布莱克伍德的说法，引用于 Tunstall, *Naval Warfare*, 251。

103. Tunstall, *Naval Warfare*, 253.

104. 大多数战斗图示都标注西班牙舰队向北航行。Warner, *Nelson's Battles*, 191, 采用泰勒（A. H. Taylor）海军少将的说法，标注盟军战列线向西北航行，几乎完全迎风。根据“胜利”号日志，从午后开始，风向逐渐从西北顺时针转为西北偏北。在西北风中迎风行驶的战列线肯定不如东北偏北航向有利。

105. Jackson, *Logs*, 2:149.

106. Ibid., 185.

107. 见 C. M. Woodhouse, *The Battle of Navarino* (Philadelphia: Dufour, 1965)。

108. Jane Bouchier, *Memoir of the Life of Admiral Sir Edward Codrington*, 2 vols. (London: Longmans, Green, 1873), 1:51–52. Warner, *Collingwood*, 177; Piers Mackesy, *The War in the Mediterranean, 1803–1810* (London: Longman, Green, 1957), 100–101.

109. Woodhouse, *Navarino*, 106–107.

110. 纳瓦里诺的土耳其舰队对英国构不成像样的战术挑战。可以说，自特拉法尔加战斗之后，直到 1916 年的日德兰战斗，英国海军才算真正面对了一场称得上挑战的战斗。

111. Corbett, *Fighting Instructions*, 335–342, 336–338. Palmer, "Lord Nelson," 113–114.

第七章

蒸汽时代与第一次世界大战

The Age of Steam through the Great War

海洋历史学家霍华德·夏佩尔（Howard I. Chapelle）指出：“风帆战舰时代的结束既不是一朝一夕之事，也没有标志性的重大事件。”在法国大革命和法兰西帝国战争结束后的30年里，风帆战舰继续得到改进，并在19世纪40年代末达到了顶峰。新舰虽然吨位更大、结构更牢、火力更强，不过除去圆形的舰尾，整体上与其前辈并无二致。但是，当设计师、造船工和木匠们把风帆战舰打造成真正的艺术品时，工业革命的技术成果慢慢渗入了这个“木质世界”。甚至在纳尔逊勋爵严密监视着土伦和加的斯之时，蒸汽推进的船只已经往返于英国和美国的一些主要江河，罗伯特·富尔顿（Robert Fulton）等人更是开始了将蒸汽动力应用于战斗舰船的探索。1812年战争期间，美国人建造了由富尔顿设计的“迪莫洛格斯”号（*Demologos*）蒸汽动力护卫舰。该舰排水量2475吨、长156英尺、装备30门火炮，为安全起见采用了双体船结构，易受攻击的明轮被安置在左右船体之间。由于尚未完工战争就已结束，“迪莫洛格斯”号未能投入实战，并在设计师去世后更名为“富尔顿”号。19世纪20年代末，蒸汽推进的通信船进入英国海军服役。19世纪30年代，法国和希腊率先在实战中使用了蒸汽动力战舰，这些战舰大多配备由法国陆军少校亨利–约瑟夫·佩克桑（Henri-Joseph Paixhans）设计的新型爆破弹头。19世纪40年代，英国海军开始使用蒸汽炮艇，比如名声不佳的“涅墨西斯”号（*Nemesis*）。该艇排水量600吨，配备2门32磅旋座火炮，后曾在亚洲海域造成严重破坏。[1]

同样是在19世纪40年代，随着瑞典发明家约翰·埃里克松（John Ericsson）的螺旋桨推进器逐渐被世界主要海军所采用，向蒸汽动力转变的进程加快。夏佩尔指出："如果竞争对手只是舷侧明轮汽船，风帆战舰或能存在更长时间，但螺旋桨推进器的出现使辅助蒸汽机变得实用，这加速了帆船的终结。"[2] 到19世纪40年代末和19世纪50年代初，甚至连最大的战舰——护卫舰和战列舰——都使用蒸汽动力作为辅助动力，而在战斗中，则使用蒸汽动力作为主要动力。

工业革命对海军的影响绝不仅限于推进方式。舰船毕竟只是武器——主要是火炮，其目的是摧毁敌方舰船或土石要塞——的平台。拿破仑一世败落后，出现了一场无休止、无胜负的炮甲竞赛。之所以有这样的竞赛，完全是因为蒸汽机能够驱动装载更多武器的舰船。19世纪20年代，先进的工业和冶金技术铸造出更大的火炮，尽管仍然是前装式，但更科学的瞄准方式增强了其杀伤力。[3] 与此同时，法国研制出了“佩克桑”式爆破弹头火炮，这种火炮有可能把木制舰船轰成一堆碎片。尽管佩克桑炮在希腊独立战争（Greek War for Independence）、克里米亚战争（Crimean War）以及法国干预墨西哥行动中的效果被同时代的许多人夸大了，但世纪中叶的火力提升促使各国海军开始用铁板“包覆”木制舰船。1859年，法国首艘装甲蒸汽战舰——航速13节的“荣耀”号（*la Gloire*）——下水。1861年，英国人以长400英尺长、航速14节、装载38门68

磅舰炮的铁壳战舰“武士”号（*Warrior*）做为回应。

美国内战期间（American Civil War），南北双方都反映了海军所发生的革命性变化。联邦海军大量使用装备辅助蒸汽动力的木制战舰。臭名昭著的南方邦联劫掠船，如“亚拉巴马”号（*Alabama*），也是使用风帆航行，并在战斗中使用蒸汽作为辅助动力。这些舰船的主要武器是沿中线安装、能向两舷射击、有膛线的大口径旋座火炮。南方邦联还给许多木船，如“弗吉尼亚”号（*Virginia*），覆上铁甲，除去风帆，用于海岸防御。联邦海军则回应以铁甲舰和几种类型的铁质船体装甲“监视舰”（Monitor），这些“监视舰”上配置了安装在动力炮塔上的重型前装火炮。

这场炮甲之争更注重穿透力而不是爆破力。为了击败装甲，各国海军采用了口径更大、射程更远、精度更高、破甲能力更强的线膛炮，炮弹的设计则越来越聚焦于穿透装甲板。另一方面，膛线导致炮管更长，这在 19 世纪 60 年代促进了火炮向后膛装填机制的演变。

基于这些变化，在美国内战后的十年中，“现代”战舰开始出现。1872 年，意大利下水了拥有装甲甲板和梯次配置炮塔的“杜伊利奥”号（*Duilio*）。次年，英国列装的“毁灭”号（*Devastation*），为“未来战列舰确立了决定性的发展路径，甚至就连 1906 年具有革命性意义的名舰‘无畏’号（*Dreadnought*）也不过是该舰既定原则的终极延伸。”[4] 到该世纪末，“现代”战列舰的主线已经清晰可辨：钢结构、分舱制、蒸汽动力、大量使用装甲、后装式重型线膛主炮搭配轻型速射武器。

交战距离的增加使得各种采用拱形弹道的火炮几乎无法瞄准。

弹着分布的混乱也使得独立瞄准的火炮几乎无法校准。控制单一型号火炮齐射[5]的解决方案最终导致了首批全重炮战列舰的诞生，其中最著名者当属英国海军1906年2月下水的“无畏”号。这艘排水量1.79万吨的巨舰共有10门12英寸口径主炮，也是第一艘由蒸汽轮机推进的战舰。此后，尽管战列舰的吨位越来越大，航速越来越快，火力越来越强，但“无畏”号奠定的基本模式40年未曾改变。

工业时代的成果催生了一场船型和战术革命。乍看之下，舰队不过是风帆时代的现代版。钢制无畏舰取代了木制战列舰在战列线中的位置，装甲巡洋舰承担了护卫舰的袭船和侦察任务。但新的快速、致命、小型舰艇在战列线附近徘徊，伺机扰乱敌阵。

在这场革命中居于核心地位的是“自行”鱼雷。19世纪中叶，“鱼雷”一词指的实际上是在21世纪将被归类为水雷的武器——一种静止的，通过接触或遥控引爆的防御性爆炸装置。鱼雷在水下接近或紧靠船体爆炸时所能产生的潜在破坏力，促使各国海军寻找一种释放鱼雷主动攻击目标的方法。美国内战期间，联邦和南方邦联的海军都尝试过各种各样的手动或蒸汽动力移动平台，其中最著名的是南方邦联的“亨利”号（*Hunley*）潜艇。该艇装载一具安装在触杆顶端上的鱼雷，战果成败参半。19世纪60年代末，英国人罗伯特·怀特黑德（Robert Whitehead）改进了奥地利人的设计，制造了第一枚自主推进的“自行鱼雷”。

直到该世纪稍晚、有效的内燃机问世之前，释放新型自行鱼雷的首选方式是小型蒸汽动力快速水面舰船，也就是所谓的“鱼雷艇”。这些小型舰船能够“洞穿”并击沉一艘战列舰，这是风帆时代小型战舰从未拥有过的能力，其为海军战术增加了一个新的维度。为阻止这些危险的“闯入者”接近战列线，各国海军开发出了“鱼雷艇驱逐者”，也就是现代驱逐舰的前身；后来又开发出“轻型”巡洋舰，用于对抗装备了鱼雷且最终取代了鱼雷艇的驱逐舰。

到 1914 年第一次世界大战爆发时，各国海军已经呈现出新的形态。战斗舰艇普遍采用钢质结构和蒸汽动力。无畏型战列舰装备远程后装式线膛炮，新式小型战舰为舰队提供警戒和实施侦察。技术进步对海军战略、战役和战术领域的影响显而易见。

工业革命还极大地改变了战略地理格局。蒸汽动力缩短了巡航半径：风帆时代一次航行 6 个月的日子一去不复返了。海军现在需要更多的海外基地，尤其是燃煤补给站，这一因素削弱了战略与规划的影响，并加速了欧洲帝国主义长达几个世纪的霸权进程。由于新舰成本更高，舰队规模相应缩小。此外，工业革命还催生了两个新的非欧洲海上力量中心——美国和日本。两国海军的崛起促使英国在世纪之交寻求与美国的战略和解，并在 1902 年与日本正式结盟。

后勤保障距离的缩短还使蒸汽动力海军的行动面临诸多困难。现在要遂行类似法国大革命和法兰西帝国战争期间英国在布雷斯特水域那样的严密封锁，即使不是不可能的，也将非常困难。

在战术层面，新技术解决了老问题。将重型火炮安装于炮塔或炮座之上，使风帆时代战舰设计中与生俱来的棘手问题——舰船运动与火炮射向成直角——迎刃而解。新的无畏舰可以保护其脆弱的舰首和舰尾，并在首尾方向形成很强的战斗力，尽管指挥官们仍然倾向于将舰队排成纵队，以期最大限度地发挥火力。蒸汽动力还简化了舰队以线式队形机动的问题。海军指挥官不再需要依靠风力推进，也不再需要努力占领上风位。（当然，风向在战斗中仍有一定的重要性，最好能让风将烟雾吹离本舰的测距仪。）更宽的火炮射界允许在舰队级别上运用以前只能在舰与舰之间实施的对抗样式——纵穿射击。在蒸汽时代，可以集中火力击敌纵队之首的“跨越 T 字”战术得到普遍应用，而在风帆时代，由于安装在木制转向架上的甲板炮转动方向有限，这种作战样式根本不可能实现。

先进的工业技术被应用于海上之后，不但引发了新的战术问题，还加剧了既有问题。蒸汽动力既使舰队不再受制于风的变幻无常，也使战舰以更快的速度航行，虽然保持正确的位置因此变得更加困难。航速提升使两支敌对舰队相互接近的速度加快，新型后装式火炮的射程以英里而不是以码计，这两个因素的结合，使海军指挥官的决策窗口大幅收窄。目视距离内的敌军现在构成了直接的，而不是潜在的威胁。20 世纪的指挥官们不再有机会像纳尔逊在特拉法尔加战斗打响前那样，还能鸣笛让舰员们去享用一顿早餐。虽然在研发出有效的潜艇和飞机之前，海战仍然是二维的，而且舰队的主要作战单元依旧排列成纵队，但敏捷致命的鱼雷艇和驱逐舰却使 20 世纪初的海战变得复杂。任何战舰，而不仅仅是那些列入正规战斗队形的战舰，现在都有能力击沉最强大的无畏舰。

如果说新技术对海军指挥官的要求更高了，在指挥控制领域却没有提供相应的补偿。这种情况在战术层面的表现尤为明显。在战略和战役层面，电报彻底改变了海军指挥控制的格局，尽管速度很慢。海底电缆电报史无前例地让各国海军和政府机构对在遥远水域行动的海军部队实施指挥控制成为可能。

但是电报对海战的影响有限，而且更多的或许是心理的而不是实质的。曾指挥过美国亚洲分舰队的卡斯珀·古德里奇（Casper F. Goodrich）海军少将回忆道："海底电缆铺设之前，你在外面确实是个人物，之后你就彻头彻尾地成了电线那头一个倒霉的跑堂伙计。"[6]事实上，美国海军和其他主要海军的军官们在运用新技术方面行动迟缓，而且往往很不情愿。成本是一个因素，除了最紧迫的信息，所有信息仍通过邮件传递。此外，可靠性和安全性也存在问题。直到第一次世界大战前夕，拥有冗余电缆的全球电报网络才告建成，但那时无线电报已经提供了一种更可行——尽管也不安全——的替代方案。此外，由于既有海底电缆网络大部分为英国所控制，因此对大多数国家来说，在危机时期使用电报线路是有问题的。

滑铁卢（Waterloo）战役后的一个世纪里，海战相对较少，这让各国海军统帅机构几乎没有机会测试电报网络的可行性。在战略层面，电报电缆的存在使得海军总部和海军基地之间得以实现快速通信，但通常是通过陆上线路。美国内战期间，海军部从华盛顿通过电报线路与纽约、费城（Philadelphia）、波士顿（Boston）以及其他地区的海军基地达成通信联络。1898 年，西班牙–古巴–美国战争（Spanish-Cuban-American War）前夕，海底电缆电报得到了一次令人瞩目的战略运用。2 月 25 日，时任美国助理海军部长的西奥多·罗斯福（Theodore Roosevelt）使用英国海底电报线路，警告驻扎在香港的亚洲分舰队指挥官乔治·杜威（George Dewey）海军准将做好战斗准备。4 月 24 日，美国海军部又指示杜威从香港出发前往菲律宾群岛搜寻西班牙舰队。5 月 1 日，在一场一边倒的战斗中，杜威摧毁了马尼拉湾（Manila Bay）的西班牙海军部队。西班牙当局理所当然地拒绝了杜威使用其电报设施向华盛顿报告胜利及请求补给和增援。杜威切断了电缆，派船前往香港用英国控制的电报网络回传消息。[7]

虽然电报在战争的战略层面被证明是有作用的，但在战役层面则不尽然。舰队一旦离港，指挥官就不在电缆的直达范围内了。

克里米亚战争期间，电报首次应用于海军战役行动，当时英国、法国和撒丁岛在奥斯曼帝国与俄国的冲突中支持前者。英法两国迅速在战区内铺设了电报线路。1855 年 5 月，在“最早一批通过新铺设电缆传递到战地的信息”中，法国皇帝拿破仑三世在巴黎下令取消对塔甘罗格湾（Gulf of Taganrog）亚速港（Azov）的袭击计划。[8] 这种基于技术的微观管理行为无疑是战争史上的第一次。这一来自远方的干预也令法军总指挥官愤而辞职。

更值得关注的一次电报应用发生于美国内战期间，也与海军战役行动有关。1864 年 6 月 11 日，由约翰·安克拉姆·温斯洛（John Ancrum Winslow）海军上校指挥的联邦小型蒸汽风帆战舰“奇尔沙治”号（*Kearsarge*）在荷兰弗卢辛（Flushing）修理损坏的船体外覆铜板时，南方邦联的“亚拉巴马”号巡洋舰抵达法国瑟堡。第二天，美国驻法公使戴顿（W. L. Dayton）向弗卢辛发出电报，提醒温斯洛注意“亚拉巴马”号的出现。温斯洛认为自己必须封锁瑟堡，遂发电报到丹吉尔，指示乔治·普雷布尔（George H. Preble）海军中校率“圣路易斯”号（*St. Louis*）北上。6 月 14 日，温斯洛抵达瑟堡，开始监视行动。没等多久，6 月 19 日星期日黎明时分，拉斐尔·塞姆斯（Raphael Semmes）舰长率“亚拉巴马”号出港，不是逃跑，而是前来应战。这两艘势均力敌的美国战舰在法国人的注视下激战 90 分钟，温斯洛的“奇尔沙治”号最终将“亚拉巴马”号击沉。[9]

※　※　※

如果说有线电报在战略层面、无线电报在战役层面改变了海军的指挥控制，那么在海战革命风起云涌、经久不息的战术层面呢？19 世纪，海军的作战手段——舰船、火炮、动力和装甲——经历了巨大的变革。但与此同时，在指挥控制领域，却鲜见可与电报相提并论的技术进步相应地出现于战争的战术层面。

在技术迅猛变革带来的困惑中，海军指挥官们仍在努力探索能在战斗中控制舰队的途径。那一时期，战争既不频繁，又很短暂，只是偶有机会试验新的武器、战术和条令。因此，从实战中得到的经验教训少之又少，而且往往莫衷一是或相互矛盾。相反，和平给了海军军官思考专业和著书立说的时间。从纳瓦里诺之战到第一次世界大战的近一个世纪是海军著述的黄金时期，尤其是在战术层面。新一代海军学者倾向于避开严格集中化、依赖信号旗的指挥控制系统。19 世纪中后期，海军指挥官们开始转向，或者更准确地说，回归基于条令的——通常是个性化的——不那么集中的方法。而且，经过无数次的矩形、圆形、球形、斜形和其他队形的试验，指挥官们再次将纵队确定为标准战斗队形。

克里米亚战争和美国内战都没有涉及舰队甚至分队级别的战斗，因而对战术和条令的发展影响甚微。美国内战当然证明了蒸汽动力、螺旋桨推进器、铁甲和新型武器的重要性，但欧洲海军早已采用了这些技术。这倒不是说美国海军军官没有发展出自己的战术和条令。他们确实这样做了，尽管其内容主要是使用舰船攻击岸上的防御工事。

1864 年 8 月 5 日，戴维·格拉斯哥·法拉格特（David Glasgow Farragut）海军少将在亚拉巴马（Alabama）的莫比尔湾（Mobile Bay）战斗中指挥联邦舰队作战，展示了一种与新技术、成熟的条令以及分散指挥控制方式相适应的崭新的战术运用方式。法拉格特必须率领舰队沿狭窄水道通过南方邦联镇守莫比尔湾的摩根堡（Fort Morgan）。同纳尔逊一样，法拉格特事先与部属们讨论过自己的计划。由于他知道，抑或是他认为自己知道南方邦联的防御力量和位置，这个任务就不那么困难了。法拉格特不想把自己的命运交给信号人员。事实上，他很想在纵队最前方率先进入莫比尔湾，只是不情愿地把这个荣誉让给了“布鲁克林”号（*Brooklyn*）的舰长詹姆斯·奥尔登（James Alden）海军中校。奥尔登对港口非常熟悉，他的舰上装备有舰首炮和反鱼雷装置。[10]

法拉格特放弃队首位置的决定几乎使其输掉了这场战斗。当联邦舰队驶过摩根堡时，在纵队前方负责警戒的监视舰之一“蒂卡姆西”号（*Tecumseh*）撞上了鱼雷（水雷），不出几分钟就沉没了。奥尔登不确定自己是否出了水道，也不确定南方邦联的雷区是否向东延伸得比预期更远。接下来该怎么办？由于联邦舰队已经完全进入水道，折返绝无可能；考虑到能见度极其有限，任何诸如此类的尝试，都将导致暴露于摩根堡火力之下的灾难性“连环相撞”。奥尔登也没有时间向法拉格特请示了。尽管最初的计划出了差错，奥尔登还是应该继续前行。但是相反，奥尔登放慢了“布鲁克林”号的速度，并将“蒂卡姆西”号沉没的消息回传给旗舰“哈特福德”号（*Hartford*）。法拉格特将自己吊在了旗舰主桅左舷的索具上，这样就能在弥漫的硝烟之上观察，他指示发出信号，命令奥尔登继续前进。但慌张迟疑的奥尔登或许无法看到这个信号，反而下令主机倒车。法拉格特发现了即将发生的灾难：队列中的其他舰船，包括“哈特福德”号，正在浓烟中冲向“布鲁克林”号。在法拉格特指挥下，“哈特福德”号和相邻的“梅塔科米特”号（*Metacomet*）铁甲舰拼命向左转向，避免了相撞。法拉格特驶过“布鲁克林”号时，奥尔登警告说，进港航道被一排水雷锁住了。“管他什么鱼雷！”法拉格特高声喝道，然后他又朝下面的甲板喊道，“四声船钟，德雷顿（Drayton）舰长，继续前进。”[11]

当美国人忙于内战时，欧洲人正努力为其装甲不断增加的蒸汽动力舰船开发新的战术和条令体系。虽然19世纪中叶的战术手册依然保留了老式的纵列队形，但也纳入了各种横排队形，有些类似于桨船时代使用过的楔形，也就是倒V字队形。在摆脱风的影响之后，海军军官们设计出了一些精密的机动样式，使舰队能在转向的同时保持或改变队形。早在19世纪60年代战术家们就已经发现，更大的射界和更远的射程使对敌实施“跨越T字”成为一种有效的机动样式。[12]

奥意战争（Austro-Italian War）期间，1866年7月20日，蒸汽动力装甲舰船的新战术在亚得里亚海利萨岛（Adriatic Island of Lissa）水域得到首次检验。这场自纳瓦里诺战斗以来规模最大的海战是一场混战。如果说迅猛的技术变革使海军战术和作战理论普遍陷入困惑，那么意大利人的情况则是混乱不堪。1861 年，统一不久的意大利组建了一支海军——由撒丁岛、那不勒斯和托斯卡纳（Tuscany）三支古老但并不出色的海上力量的残余拼凑而成。意大利的舰员来自“不同文化”，也“没有共同的规范”。[13] 这次战斗几个月之前，这支海军才刚刚得到一本法国一流战术手册的译本，还来不及消化吸收。由于没有任何既定的作战原则或战术规范，舰队指挥官背负着巨大的压力。

60 岁的海军上将卡洛·佩利翁·迪佩尔萨诺（Carlo Pellion di Persano）伯爵既不是法拉格特，也不是纳尔逊。相反，这位意大利将领优柔寡断，被认为是海军历史上最糟糕的指挥官之一。[14] 佩尔萨诺是在政府直截了当的命令下才离开安科纳（Ancona）基地的。出海之后，他认定奥地利控制的利萨岛是封锁当时沿亚得里亚海向东南延伸的奥地利海岸的绝佳前沿基地。在没有明确的行动计划和登陆部队的情况下，佩尔萨诺率 28 艘舰船南下，于 7 月 17 日抵达利萨岛。他等了好几天才切断连接该岛与大陆之间的电报电缆。意军对该岛的炮击倒是相当有效，但奥军也重创了两艘意舰。7 月 20 日，佩尔萨诺准备让前一天乘两艘护卫舰抵达的 2200 人的登陆部队上岛。但天刚放亮，就在意军准备登陆时，佩尔萨诺的一艘侦察船出现在水天线上，并用信号报告西北方向有“可疑”船只。佩尔萨诺正确地推断出，由于电报电缆切断过迟，接到报警的奥地利舰队已经抵达，遂发信号命令舰队准备战斗。

尽管佩尔萨诺的部队在所有项目，即总吨位、铁甲舰、木制舰、火炮、弹重以及兵员的数量上都胜过奥军，但意军却陷入了困境。历史学家劳伦斯·桑德豪斯（Lawrence Sondhaus）指出：“奥

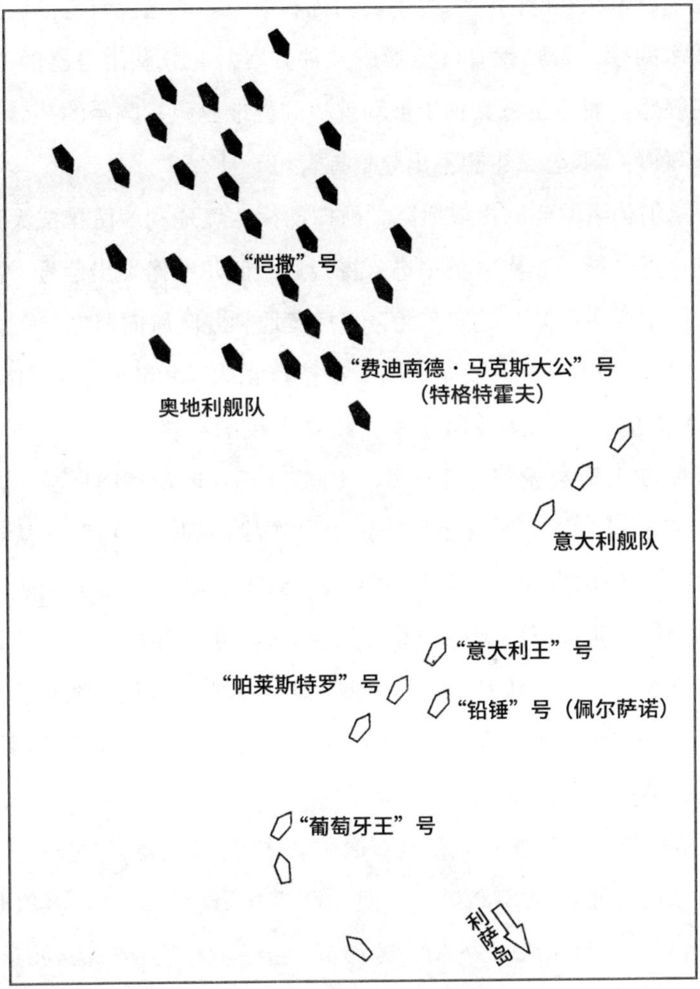

图 7 利萨岛战斗，1866 年 7 月 20 日

▲ 佩尔萨诺企图仅以其铁甲舰拦截整个奥地利舰队。特格特霍夫的舰船漆成黑色，全速（约 10 节）驶向队形不甚规则的灰色意舰。奥地利人一举压垮了意大利人，倒不全是因为后者寡不敌众，而是因为他们混乱不堪，指挥不当。

舰的火炮较弱，但意军的炮手欠佳。”已经执掌舰队数月的佩尔萨诺几乎没怎么花时间组织过舰员训练和演习。他也没有与部属讨论过战术问题，否则就有可能形成某种方案，充分利用自己的 11 艘木制舰船，而不是将其置于被动观战的境地。佩尔萨诺的一名部属后来写道：“我怎么也想不出总指挥官想干什么。”[15]

佩尔萨诺的舰队排成横队，航向西南；奥地利舰队排成大致相似的队形，航向东南。奥军进入视线后，佩尔萨诺发出信号，命令铁甲舰组成单纵队，航向东北，直插奥地利舰队航向前方。

39 岁的海军少将威廉·冯·特格特霍夫（Wilhelm von Tegetthoff）男爵指挥舰队冲向意军。闯劲十足的特格特霍夫明知自己的舰船和火炮数量都居于弱势，仍想打一场近距离肉搏战。与佩尔萨诺不同的是，他与舰长们讨论过作战计划，而且舰队从波拉（Pola）基地出发时就已经排成了战斗队形。特格特霍夫把舰队分成 3 个楔形队：第一队是 7 艘火力不如对手的铁甲舰；第二队是木制蒸汽舰船；第三队是轻型和小型舰船。奥舰抵近意军编队后，特格特霍夫只发了两个信号：“铁甲舰，冲锋，击沉敌舰。”然后是：“撞击所有灰色舰船！”[16]

特格特霍夫的雷厉风行恰有佩尔萨诺的优柔寡断与之呼应。随着奥军的楔形编队逐渐逼近，佩尔萨诺在最后一刻决定将旗舰从“意大利王”号（*Re d'Italia*）转移至“铅锤”号（*Affondatore*）。该舰刚从英国购入，装备两座 300 磅炮塔式前装炮和一个 26 英尺长的撞角，威力强大。“意大利王”号排在意军战列线第四艘的位置上，当其放慢速度实施转移时，排在前面的 3 艘舰继续前进，而排在后面的各舰则纷纷减速。结果，意军战列线出现了一个很大的缺口。更糟糕的是，意军舰长们并不知道总指挥官已经换舰，他的将旗依然飘扬在“意大利王”号上，于是他们继续等待，却再也没有看到“意大利王”号发出信号。与此同时，令佩尔萨诺大吃一惊的是，“铅锤”号上并没有一套完整的信号旗。

佩尔萨诺为什么会在最后一分钟决定易位不得而知。他的举动可能反映了当时关于正确指挥位置的战术思考。到19世纪60年代，许多海军军官开始怀疑视觉信号系统不够灵活，即使运用得当，也无法在战斗中有效控制舰队。蒸汽动力带来的高航速，要求决策反应更迅捷。

除使用信号，还有3种互不排斥的选项。指挥官们既可以像纳尔逊那样赋予部属更大的自主权，也可以像纳尔逊和科林伍德在特拉法尔加战斗中那样将旗舰置于队首引领编队。或者，还可以像理查德·豪和罗德尼在美国独立战争期间所尝试的那样，将旗舰转移至一艘速度更快的小型舰船，在战列线之外实施指挥。[17] 在利萨岛战斗中，特格特霍夫亲率奥地利舰队，把旗舰“费迪南德·马克斯大公”号（*Archduke Ferdinand Max*）排在第一个楔形队的顶端。战斗开始后，则基本上放手让舰长们自主决策。佩尔萨诺最初计划从战列线中心位置发出信号指挥舰队，这是风帆时代的标准范式。转移到“铅锤”号可能是想尝试豪的方法。另一种解释则是，他或许只是出于恐惧，此说有事实为证：拥有强大撞角的“铅锤”号在战斗中曾几次有机会撞击奥舰，却每每畏葸不前。无论如何，佩尔萨诺转换旗舰的决定欠妥，对意大利舰队来说，其结果被证明是灾难性的。

10时50分许，奥地利舰队从佩尔萨诺转移旗舰造成的缺口处突破了意军战列线。随之而来的是海军历史上最混乱的战斗之一。巨炮和 20 多艘蒸汽战舰冒出的滚滚浓烟很快就使亚得里亚海战场遮天蔽日，能见度充其量不过 200 码。[18] 佩尔萨诺在“铅锤”号上疯狂地发着信号，但毫无意义，因为所有没有被烟雾遮住视线的人都在盯着“意大利王”号。

战斗持续了近 30 分钟，两支舰队都没有获得明显的优势。尽管双方都消耗了大量弹药，但没有多少舰船被击中，而且被击中的舰只损坏也不严重。不过，当奥军集中兵力打击意军后队时，天平开始倾斜。奥地利老式 92 门炮木制战列舰“恺撒”号（*Kaiser*）一头撞向意大利铁甲舰“葡萄牙王”号（*Re di Portogallo*），虽未造成任何损坏，却震惊了舰上官兵。奥舰炮火还将意军装甲炮艇“帕莱斯特罗”号（*Palestro*）炸得熊熊燃烧。紧接着，奥军旗舰——“费迪南德·马克斯大公”号铁甲舰——又将美国建造的“意大利王”号舷侧撞出一个大洞，至其倾斜，瞬间沉入海底。未几，“帕莱斯特罗”号也爆炸沉没了。利萨岛战斗大局已定。佩尔萨诺退却了，特格特霍夫的舰队速度虽慢，且数量仍不占优，但他决意追击。最终，奥军亡 38 人，伤 138 人；意军损失两舰，伤亡近 800 人，其中阵亡者逾 600 人。

利萨岛战斗与舰首撞角密不可分。奥地利人的成功，特别是撞沉“意大利王”号，使撞击成为一种被普遍接受的海战战术，在某些场合还成为主要的战术选项，并影响了那个世纪后来的战列舰设计。威廉·麦克尔威（William McElwee）认为：“撞角已经废弃几个世纪了，绝不应当再被用于海军设计。利萨岛战斗反复证明了，除非部分瘫痪，任何舰船都能轻易地躲避撞击。”在麦克尔威看来，

“大国海军的高级军官”乐于接受撞角，这说明他们都“生活在脱离现实的幻境中”。[19]

就像历史上关于采用和保留战列线战术的争论一样，把19世纪中期的海军军官描绘成一群傻瓜未免太过轻率。当然，撞角绝不代表海战的未来。但19世纪60年代的海军军官怎么能理解这些？远在利萨岛战斗之前，新的推进技术已经让很多海军军官将蒸汽动力战舰与桨帆战舰相提并论——桨帆战舰采用冲撞战术。19世纪中叶，铁甲比火炮发展更快，这使得撞角仍有吸引力。美国内战和奥意战争都没有改变这种情况。此外，在利萨岛战斗中人们发现，尽管在实战中撞击敌舰极为困难，但用火炮击沉敌舰更为不易。按照麦克尔威的逻辑，海军军官们不仅要弃用效果不佳的撞角，还应该丢掉效果更差的火炮。[20]

撞角之争掩盖了更重要的指挥控制问题。特格特霍夫在利萨岛战斗中展示了分散指挥方式的持久可行性和有效性。他在战后写道：“这是一场混战，严格意义上的混战……我们一舰未失，堪称奇迹。”[21]相反，佩尔萨诺试图在战斗中控制舰队。

1866年以后，无论是1877—1878年的俄土战争（Russo-Turkish War），还是1877—1881年智利与秘鲁之间的太平洋战争（Chilean-Peruvian Pacific War），对战术问题感兴趣的海军军官们都所获不多。装甲压倒了火炮。撞角似乎成了一种可行的攻击方式，尽管很难实施。舰首撞角的致命性毋庸置疑。在和平时期统称为碰撞事故的撞击中，英国曾损失两艘战列舰，德国也损失过一艘。1893年，在风和日丽的地中海叙利亚沿岸，海军中将乔治·特赖恩（George Tryon）爵士发信号命令排成相距约1200码的两列纵队的舰队转向 180 度。“坎珀当”号（*Camperdown*）上的右翼纵队指挥官艾伯特·黑斯廷斯·马卡姆（Albert Hastings Markham）海军少将和旗舰“维多利亚”号（*Victoria*）舰长莫里斯·伯克（Maurice Bourke）都认为两个纵队之间的距离过近，不足以实施这一机动。但固执的特赖恩发信号斥责马卡姆道：“你还等什么？”两分钟后，“坎珀当”号一头撞入“维多利亚”号右舷，特赖恩与 358 名官兵沉入海底。[22]

具有讽刺意味的是，这一悲剧的主角特赖恩在当时是“自主航行”和“主动作为”的积极倡导者，是一位继承了弗农、安森、霍克和纳尔逊传统的海军将领。特赖恩坚信，在技术变革的大潮中，英国已经丧失了对战争现实的洞察，过度依赖视觉信号这一“彻头彻尾的邪教”。作为回应，特赖恩制定了一套他所称的“行动原则”，其核心正是部属的主动性和分散式指挥等既有理念。[23]

与纳尔逊一样，特赖恩坚信，指挥官在战斗中不能指望通过视觉信号控制舰队。战损、硝烟和现代海战的快节奏将使信号通信变得不切实际。由于航速超过 10 节，对视觉信号反应的滞后可能会达到 4 分。他强调：“分散指挥是舰队的核心要义。海军将领必须向舰长们阐明其总体计划，并在行动中主要依靠对部属忠诚度和主动性的信任来实现这些计划。”特赖恩喜欢简单的条令、简单的信号、艰苦而频繁的训练，以及在旗舰指导下的分队机动。他试图制定出一套制度，使“舰队在其指挥官手中可以自由、灵活、及时地向各个方向机动”。特赖恩因“维多利亚”号沉没罹难后，英国海军呈现出“反改革”倾向：在第一次世界大战之前的数十年中，视觉信号的支持者们占据了主导地位。“维多利亚”号的沉没也证明了撞击是一种有效的战术。[24]

直到 1894—1895 年的中日战争，火炮才开始在与装甲的竞争中胜出。1894 年 9 月 17 日，日本在鸭绿江（Yalu River）口打赢了一场远战，这场战斗展示了火炮，特别是速射炮的重要性。当时，迅速现代化的日本为实现帝国扩张与日薄西山的清朝围绕朝鲜半岛展开较量。中国北洋舰队（Beiyang Fleet）指挥官丁汝昌（Ding Ruchang）将军曾寄希望于重现奥地利在利萨岛战斗的胜利。丁将其 12 艘战舰排成一个楔形队，并像特格特霍夫一样采用了分散指挥方式。他并没有打算在战斗开始后指挥舰队的行动，而是指示舰长们“随同旗舰运动”。至于作战原则，丁的意图很简单：各舰始终以舰首朝向日舰。两艘战斗力最强的中国战舰，即 7500 吨的德国造战列舰“定远”号（*Ting Yuen*）和“镇远”号（*Chen Yuen*），各装备成斜线配置于炮座上的 4 门 12 英寸克虏伯炮，可同时前射或后射，但不能同时侧向射击。[25]

战斗并没有按照丁的计划展开。北洋舰队在 5000 到 6000 码的距离上开战，但几乎没有命中。丁发现，当“定远”号的 4 门火炮同时发射时，会引起上层建筑剧烈震动。事实上，开战约 20 分钟后，因所在飞桥垮塌，丁跌下甲板失去知觉，腿也断了。一位历史学家写道：“此后，中国舰队的凝聚力不复存在。”[26]

当日军纵队航向左偏，通过北洋舰队楔形队顶端时，北洋舰队各舰纷纷右转以保持“舰首朝向”（日舰）。但此举却打乱了楔形编队。那些原在楔形后缘的舰只现在领先于旗舰，无法再“随同旗舰运动”。随后，日本联合舰队的“快速分队”（Flying Squadron）调转航向，折回原来的航线，而本队则迂回到北洋舰队的右翼。丁陷入腹背受敌的境地。混乱中，北洋舰队两舰脱战（舰长后被斩首），一舰搁浅。至战斗结束时，北洋舰队共损失舰船 5 艘，伤亡逾千人。

鸭绿江口之战可资借鉴的教训很多，尽管当时看来并不明显。这是第一次发生在 2000 码到 3000 码这样远距离上的战斗，预示着海战新时代的到来。虽然海军火炮发射的炮弹往往无法穿透装甲，但会击碎舰船的非装甲部分。不过，海军炮手面临的问题是，他们发射的炮弹很少能击中目标。丁汝昌将军的指挥控制方法未能成功，主要原因是其条令不够充分，部属缺乏专业技能而且至少在两个案例中缺乏勇气。

日本的胜利也谈不上是集中指挥控制方式的成功。日本舰队的两个分队在开战之初排成一列纵队，但后来分开了，有时间隔达数英里。舰队总指挥官伊东祐亨（Yuko Ito）不是通过信号，而是通过预先制定的条令，来协调这两个分队的机动。这次战斗的参加者东乡平八郎（Heihachiro Togo）在 10 年后的日俄战争（Russo-Japanese War）中也采取了这样的指挥方式。日本舰队依靠速度和火力，并总是寻找对方编队的薄弱点。鸭绿江口战斗的指挥控制问题十分明显，再加上失败一方采用了楔形队，不可避免地导致海军指挥官们在对各种队形进行了数十年的试验后，最终走向海军学者韦恩·休斯（Wayne P. Hughes）所称的“战斗纵队的回归”。世纪之交的俄罗斯战术家斯捷潘·奥西波维奇·马卡罗夫（Stepan Osipovich Makarov）海军中将写道：“如果舰队不是排成纵队，我们无法想见一位海军将领该如何控制战斗。队形变换可以用信号来指挥，但只能是在战斗开始之前。在战斗中也可以使用信号，但只能是那些不很复杂的。”[27]

海军战术和作战理论领域仍存在许多不确定性。有识之士如马卡洛夫也对撞角情有独钟。特格特霍夫的楔形队战胜了佩尔萨诺的纵队，伊东祐亨的纵队战胜了丁汝昌的楔形队。马卡洛夫的结论是：“我们应该更多地相信常识，而不是完全不足以说明问题的战例。”[28]

1898年的美西战争（Spanish-American War）进一步充实了鸭绿江口战斗的经验教训。战争源于美国对西班牙古巴政策的不满，但冲突很快波及太平洋。1898年5月1日的马尼拉湾战斗和1898年7月3日的古巴圣地亚哥湾（Santiago de Cuba）战斗，美国海军都轻易取胜。在马尼拉湾战斗中，乔治·杜威海军准将的部队摧毁了7艘西班牙舰船，致200人丧生；美军仅因中暑亡1人。在古巴圣地亚哥湾战斗中，威廉·桑普森（William T. Sampson）海军少将的部队摧毁6艘西班牙舰船，致300余人丧生；美军同样仅亡1人。

这两场战斗都暴露出海军火炮的射击精度糟糕之极。与鸭绿江口战斗相比，杜威和桑普森与西班牙人交战的距离较近，但美舰的命中率依然很低，西舰则更差。如此不堪的炮术引发了对训练方法和测距与瞄准技术的重新审视。所有主要海军同时展开对新方法的探索，终于在新世纪之初催生了先进的火控系统，并最终引领了以“无畏”号为代表的全重炮战列舰的发展方向。

不管炮手有什么不足，杜威和桑普森都表现出一种指挥控制分散化的倾向。1860年代曾与法拉格特并肩作战的杜威在开战前一天与舰长们讨论了自己的计划，并在队首引领战列线进入马尼拉湾。

同样，桑普森也在监视古巴圣地亚哥湾行动中召见了各位舰长。为在西班牙人企图逃出美军在古巴东南部地面行动中迅速形成的包围时，努力将其消灭，他还发布了几份战术备忘录，其中最重要的内容是要求部属“尽快接敌交战”。后来的战斗演变成了一场经典式的“追逐”战，令人回想起18世纪英国海军在帕塞罗角和菲尼斯特雷角的胜利。

日本帝国海军的高级军官们没有从美西冲突中发现多少可资借鉴的经验。相反，他们选择从自己与中国的战争中汲取教训。日本海军作战计划的核心是条令和主动精神，以及采用倚重火力而不是撞击的纵列队形。[29] 他们有机会在与俄国——已经取代中国成为朝鲜和满洲（Manchuria）的主要力量——的帝国竞争中验证这些计划，1904年2月8日，日军在满洲最主要的不冻港——辽东半岛上的阿瑟港（Port Arthur，今旅顺港）——对俄国舰队发动突然袭击。

1904—1905年的日俄战争见证了电报第一次在重大海战中扮演重要角色。俄国和日本都使用了陆上和海底电缆以及新的“无线”电报系统。日本铺设了连接本土既有网络与朝鲜半岛和满洲新建网络的海底电缆。通过电报，联合舰队指挥官东乡平八郎可与东京的海军本部以及朝鲜半岛和满洲沿岸前进基地的各级指挥官达成直接联系。例如，1904年6月，监视主要俄占基地阿瑟港的日本海军部队指挥官通过陆上线路向东乡报警，称威廉·维特格夫特（Vilgelm Vitgeft）海军少将率一支俄海军部队即将离港；东乡及时收到消息，没有错过维特格夫特的行动。虽然日军主力一出现在水天线上维特格夫特就立即返港了，但对东乡而言，在战役层面使用电报的意义并未因此而弱化。在1904年8月的黄海战斗中，东乡最终抓住机会击败了维特格夫特的部队。[30]

随着日本海军牢固地掌握了制海权，地面部队也逐渐收紧对阿瑟港俄军的围困，俄国人将全部希望寄托在了波罗的海舰队的增援上。沙皇的海军统帅部从战前的计划、评估和演习中得出了关于对日战争的两个结论：最终结果可能取决于制海权；开战之初日本将在太平洋拥有对俄海军优势。破解之道是从波罗的海舰队派出一支强大的分遣队增援驻阿瑟港的分舰队，相应的准备于 1904 年春季开始。然而，几个月过去了，济诺维・彼得罗维奇・罗日杰斯特文斯基（Zinovi Petrovich Rozhdestvensky）海军中将的太平洋第 2 分舰队才准备开始这段艰险的航行，彼时，他本应在黄海战斗中增援的那支部队已经战败，这使其任务变得更加艰巨。

罗日杰斯特文斯基舰队史诗般的远征最终成了一次死亡之旅，传统电报和无线电报都在这一进程中发挥了关键作用。电报线路不断向圣彼得堡（St. Petersburg）和东京报告着俄国舰队的动向。罗日杰斯特文斯基进入太平洋后，双方的舰载无线电报装置变得重要起来。远东与圣彼得堡之间的电报通信使沙皇和海军统帅部能随时了解太平洋的事态发展。当舰队在非洲和亚洲沿途港口停靠补充燃煤、食物和淡水时，海军统帅部能将最新信息转发给罗日杰斯特文斯基。1905 年 1 月，罗日杰斯特文斯基通过电报得知阿瑟港已经陷落这一灾难性的消息——舰队现在必须前往符拉迪沃斯托克（Vladivostok）港，而这只能通过日军把守的狭窄水道才能实现。

1905 年 4 月，俄国舰队停泊于法属印度支那海岸的金兰湾（Canranh Bay），战役进入最后阶段。消息很快传到东京。日本外交官就他们所认为的法国的非中立行为提出抗议，东乡平八郎命令舰队做好战斗准备，并向监视通往符拉迪沃斯托克必经海峡的警戒分队发出通报。当时，双方都在部分舰船上配备了无线电报发射机和接收机。事实证明，俄军的装置非常糟糕，尽管显然不是百无一用。[31]

北上的罗日杰斯特文斯基截获了日军的无线通信。根据这些信息，他推测有 7 艘日军警戒舰船把守着日本与朝鲜半岛之间的对马海峡（Tsushima Straits）。情报虽然准确，但是作用有限。罗日杰斯特文斯基还正确地判断出其他通道肯定也是戒备森严。他选择从对马海峡的东航道通过，希望能让日军猝不及防，但也准备在迫不得已时硬闯过去。俄国舰队进入海峡后，日军警戒舰发现目标并用无线电报向东乡报警。[32] 得益于警戒舰对位置、航向和航速较为详尽且基本准确的报告，东乡将日本舰队调整到有利的拦截阵位。无线电报在战役层面上的运用，标志着海战新时代的到来。海军已经进入以太空间。

※ ※ ※

1905 年 5 月 27 日上午，当日本和俄国舰队在对马海峡相互逼近时，日军总指挥官所采取的几项行动表明，工业革命的成果尚未渗透到战争的战术层面。东乡命令所有日舰切断无线通信，升起了自己的战旗，然后，在特拉法尔加战斗发生一个世纪之后，发出了一个纳尔逊式的信号：“帝国存亡在此一战，所有人等务尽全力。”[33]

东乡决定关闭无线通信，与勒德分子（Luddite）对先进技术的抵触毫不相干。他明白，无线电报无论在战略和战役层面有什么优势，都不能解决战术层面的指挥控制问题。新设备太脆弱、太笨重、太容易出故障和受干扰。尽管自特拉法尔加战斗以来，海战的形态发生了显著的变化，但战术层面的指挥控制手段却几乎没有任何改变。当然，各国海军已经开发出更先进、更实用的视觉信号系统，但海军将领们仍在使用彩色号旗通信。

东乡平八郎或许是自纳尔逊以来最崇尚分散指挥控制理念的海军指挥官。他像纳尔逊一样明白自己无法通过悬挂信号旗管理战斗。为此，东乡给舰队的每一位将领和舰长都准备了全套的“作战计划”，而且比纳尔逊与部属分享的内容要详尽得多。东乡计划将舰队排成纵列队形作战——尽管每个由将官率领的分队都将独立机动，集中优势兵力攻击敌舰队之一部。分队指挥官在战斗中必须具备相当的主动性。东乡要求：“指挥舰队各部的军官，自行决定本部战术和火炮与鱼雷的使用。”[34]

近14时，战斗开始，至次日晨结束。不过，当日黄昏，因俄军丧失了8艘战列舰中的4艘，大局已定。东乡企图趁夜消灭俄国舰队，命令驱逐舰和鱼雷艇分队发起攻击。但这场有赖于分队指挥官和舰长主动精神的攻击却未能奏效。日军共发射鱼雷87枚，击中目标的仅有4枚。[35]尽管如此，俄军已经陷入绝境，次日一早，幸存俄舰大部投降。

对马海峡战斗是一场经典的歼灭战。俄军损失了38艘舰船中的29艘，包括全部8艘战列舰，伤亡近5000人。日军一舰未失，仅伤亡117人。东乡的胜利比纳尔逊的尼罗河和特拉法尔加战斗更为彻底，更具有决定性。对马一战几乎导致了俄国在远东的溃败，并奠定了日本在东北亚的主导地位。几个月之后，日俄战争结束。

※ ※ ※

鉴于技术的显著进步，从特拉法尔加战斗之后一个世纪有限的海战经验中，未能总结出多少明确的教训，尽管某些客观现实或发展趋势清晰可见。与风帆时代相比，蒸汽时代的海战节奏要快得多。由于获取机动性不再靠风，舰船航速显著提升，巨炮射程越来越远，决策速度因而备受关注。海战仍然是二维的，蒸汽装甲战列舰成为主角，不能加入战列线的鱼雷艇和驱逐舰成为舰队的重要组成部分。海战最终呈现出“兵种合成”形态。[36] 在这一时期规模最大的日俄战争中，东乡舰队以分队为单位独立实施机动和战斗，每个分队都有自己的战斗条令。对马之战当日即将结束时，东乡甚至允许两个主战分队分头行动，各自为战。但是，尽管有了这些进步，在 20 世纪的第一个十年，海军将领们仍然依赖有数百年历史的指挥控制手段——条令和视觉信号。因此，许多指挥官，特别是大多数成功的指挥官，都采用了分散指挥控制方式。法拉格特、特格特霍夫、伊东祐亨、杜威、桑普森和东乡平八郎都在很大程度上依靠战前传授给部属的条令和亲自在队首引领编队——通常是线式队形——进入战斗，并在战斗开始后放手让部属主动作为。

或许，法国战术分析家阿德里安·博德里（Adrien Baudry）海军上尉的著作《海战》（*The Naval Battle*），最能体现第一次世界大战之前那个时代的状态。该书的英译本出版于 1914 年。博德里写道，指挥官要对瞬息万变的战场形势迅速做出反应：“上下级之间的沟通需要时间、浪费时间、丧失时间。”他给出的解决之道是，确保“所有人都要了解，预先了解指挥官的计划。命令和信号应该仅仅是确认，或许是补充，但最多也只能是调整备忘录所体现的思想。这些思想已经被每个人反复咀嚼，完全成为自己所要付诸实践的东西”。他补充道：

> “备忘录”这个词是纳尔逊的。但叙弗朗、特格特霍夫和东乡平八郎与纳尔逊并无二致。他们都事先向舰长们阐明自己的意图。舰长们则因主帅预有计划而备受鼓舞。这些领导者中没有人会带着用信号指挥作战的观念投入战斗。超乎规则与条令、超乎个体行动与集团作战、超乎炮火与挫败，始终萦绕于战场的，是他们的思想。[37]

尽管如此，人类追求控制的天性依旧，并随着新技术在战略和战役层面的应用而进一步强化。在许多海军军官看来，战术层面可望取得相应进步的前景，将化解无线通信的所有缺陷：传播距离太短，而且取决于大气和天气条件；设备笨重、可靠性差、易受干扰和截获。吉卜林（Rudyard Kipling）1908年出版的短篇小说《无线》很能说明问题：一个使用自有设备的人窃听到两艘英国海军舰船之间无法达成无线电通信的情景。甲舰：“搞不懂你舰的信号。”乙舰：“信号无法理解。”那人告诉朋友：“他们正在抱怨……真可怜。你见过降神会吗？这有时候会让我想起那种场面——零乱的信息不知从哪儿冒出来——东一榔头西一棒子——完全不知所云。”但年复一年，随着设备变得更小、更可靠、通信距离更远，其战术应用前景也愈加乐观。1914年，美国海军少将布拉德利·菲斯克（Bradley Fiske）满怀信心地写道，无线电通信将“给指挥官提供一种纳尔逊不曾有过的下达命令的手段，而且这些命令必须得到服从”。改进的无线通信系统抵消了分散指挥控制方式显而易见的优势，集中派与分散派之间的辩论还将继续下去。[38]

从纯技术的角度看，菲斯克的预测绝不是盲目乐观。1914 年 8 月爆发的战争刺激了无线通信的进一步发展，就像陆上和海底电缆以及早期无线技术此前在战略和战役层面那样，这彻底改变了战术层面的指挥控制技术手段。

有关第一次世界大战起因——结盟体系、英德海军竞赛、德国霸权倾向、资本主义竞争的必然产物——的争论仍在继续。但直接起因是奥匈帝国（Austria-Hungary）大公弗兰茨·斐迪南（Franz Ferdinand）在波斯尼亚城市萨拉热窝（Sarajevo）遭塞尔维亚杀手刺杀。奥地利因塞尔维亚拒绝屈从其后续要求而宣战。随后是同盟国（Central Powers）与协约国（Allied and Associated Powers）之间一连串的宣战。前者包括奥匈帝国和德国；后者包括塞尔维亚、俄罗斯和法国，英国在德国入侵比利时后加入。奥斯曼帝国于 1914 年 11 月、保加利亚于 1915 年加入同盟国阵营。意大利于 1915 年、罗马尼亚于 1916 年、美国于 1917 年先后卷入与同盟国的战争。

1914 年 8 月 5 日，英国作为交战国实施了首批行动，“特莱科尼亚”号（*Teleconia*）电缆船定位、拖出并切断连接德国与世界大部分地区的海底电缆是其中之一。[39] 英国这一预料之中的行为给柏林（Berlin）带来的主要是愤怒而不是麻烦，彼时的德国正处于无线电报发展的最前沿，拥有战争所需的大功率发射机，可与遥远的基地，甚至是舰船和潜艇通信。

对德国而言，拥有先进的无线通信系统既是一件幸事，也是一个致命的弱点和可能的祸端。由于无线传输可以被截获，几乎所有大国都照例会对重要信息进行加密。1914 年末，隶属于所谓“40 号密室”（Room 40）的英国破译人员已经能够解读一些德国密码。各国对无线通信的依赖以及英国对密码破译的投入，成为影响第一次世界大战走向的重要因素。

“40 号密室”最著名的行动涉及臭名昭著的“齐默尔曼电报”。1917 年 1 月 17 日，英国海军截获并部分破译了德国外交部长阿尔弗雷德·齐默尔曼（Alfred Zimmermann）给驻华盛顿大使的电报。齐默尔曼在电报中向其通报德国即将恢复无限制潜艇战。德国知道这一行动很可能会导致美国的干预。齐默尔曼指示大使试探墨西哥是否愿意建立军事合作，联手对美。3 月 1 日，已经获得并破译出完整电文的英国向美国通报了这一信息。由于德国在电报中承诺帮助墨西哥夺回曾经由其控制的美国西南部领土，使原本多少有些不情愿的伍德罗·威尔逊（Woodrow Wilson）总统和相当一部分美国民众转而相信，美国应该参战。[40]

“40 号密室”还有许多不那么出名的重要贡献。海战场的情况尤其如此，因为德国在海上严重依赖无线通信。德国潜艇，也就是那些令人生畏的 U-boat，装备当时最优良的无线电设备，能在距总部 300 英里之遥发送和接收信号。相比之下，英国潜艇的无线电发信距离仅有 50 英里到 60 英里。因此，在攻击协约国航运方面，德国潜艇不仅被证明是有效的，而且，用历史学家帕特里克·比斯利（Patrick Beesly）的话来说，也是“喋喋不休”的。[41]

无线电通信是德国 1917 年 2 月开始的无限制潜艇战取得成功的关键。与 1939—1945 年的战争相比，这一由德国潜艇司令部实施的集中控制还很有限。在后来的冲突中，德国将使用无线电引导潜艇达成“狼群”式的战术集中，克服护航运输队的防御。在第一次世界大战中，德国潜艇寻求的还只是战役集中。先进的无线电技术使德国潜艇能将有关航运密度和协约国巡逻兵力的信息报告给上级。因此，德军能将潜艇部署到最有希望取得成功的水域。

“40号密室”截获并破译了很多这样的报告，但协约国海军缺乏在最重要的战术层面充分利用这种情报的技术手段。第一次世界大战时的反潜护航舰艇充其量只装备了原始的水听器和深水炸弹。在20世纪30年代和20世纪40年代声纳、雷达以及更好的武器出现之前，护航舰艇对德国潜艇构成的威胁一直是聊胜于无。尽管如此，“40号密室”的破解工作在战役层面还是取得了实质性的成果。无线电能让德国人集中潜艇兵力，无线电拦截也能让英国人避开这些集中。通过破译收集到的情报使英国能够甄别出德国潜艇集中的水域。1917年春末，协约国开始采用由战斗舰艇伴航商船的护航运输队制度后，英国海军部就可以利用这些情报和改进的无线通信网络来改变护航运输队的航线。每个护航运输队至少包括一艘配有无线电设备的舰只，也就是指挥官的旗舰。当航线无法改变时，海军部就会派出反潜舰艇与航线必须通过已知有大批德国潜艇巡逻航道的护航运输队会合。此外，破译信息还能反映出德国潜艇从北海进入大西洋的航线，使协约国得以在这些航线上部署重兵巡逻，并经常实施布雷行动。

1917年和1918年的德国潜艇战役标志着海军指挥控制方式的重大变化。无线电报使德国史无前例地能在协调——也就是集中控制——破交战中获益。具有讽刺意味的是，这种协调在很大程度上被对冲掉了，这倒不是因为潜艇指挥官不再享有任何自主权，而是因为指挥控制方程式中的一个新增因素：依赖电子信号的集中指挥系统易遭截获和破译。通信过程变得危险起来，这是悬挂信号旗的时代未曾有过的。

因此，无线通信是一柄众所周知的双刃剑，而且不仅仅是对潜艇。1916 年 5 月 31 日和 6 月 1 日两天，德国公海舰队（High Seas Fleet）在日德兰浅滩（Jutland Bank）附近水域险遭灭顶之灾，主要原因就是在战略和战役层面对无线电的依赖。但同样是无线电设备，两次帮助德国无畏舰逃脱了数量上占优势的舰队。

1916 年，公海舰队在无线通信技术上占尽优势。德国水面舰艇配备的连续波无线装置能在多个波长上可靠工作，这是大型舰队在战斗中有效实施战术通信的必要条件。直到当年底，英国大舰队（Grand Fleet）才开始接收类似的装备。日德兰战斗时，英国军舰使用的是火花发射机，这种装置可以较好应用于舰队各单元间的战役通信，但易受干扰，非常不适于战术通信。[42]

德国装备虽精，但在使用上却有失审慎。其密码简单且很少更换，对待通信安全更是漫不经心。甚至在港内，舰艇都使用无线电进行日常通信。比斯利写道，德国人“过度且毫无必要地使用无线通信，导致了自身的不安全。他们之所以陷入这种局面，部分原因是其发射机太过优异，不仅优于英国的，而且优于德国人自己的预期”。[43]

1916 年春，新近接掌德国公海舰队的赖因哈德·舍尔（Reinhard Scheer）海军中将决定在北海采取更具进攻性的姿态，以削弱英国的无畏舰优势。德国人用无线网络启动了他们的计划，“40 号密室”的英国破译人员很快就觉察到这一苗头。5月中旬，在远离商船航线的北海海域开始有德国潜艇活动，预示着可能的舰队行动。5月30日晨，英国截获并破译了舍尔命令公海舰队当晚在亚德（Jade）河口外锚地集结的电报。几分钟后，驻比利时布吕赫（Bruges）的德国潜艇部队无线电台向所有潜艇发出警告，称舰队将于5月31日和6月1日出海。[44]

5月30日下午，对德国电文的破译工作仍未完成，英国无法掌握舍尔计划的细节。然而，既有情报足以使英国海军部确信，必须对德国在北海的任何动向施以先发制人的行动。13时20分，海军部通过伦敦到苏格兰斯卡帕湾（Scapa Flow）的陆上安全线路发出电报，警告大舰队总指挥官、海军上将约翰·拉什沃思·杰利科（John Rushworth Jellicoe）爵士：德国舰队可能在第二天出击。17时28分，海军部命令杰利科备航；在掌握了更为详细的情报后，又于17时55分发电：“德军计划明日开始行动，从东航道经霍恩斯礁（Horns Reef）灯船出发。行动似将持续至5月31日和6月1日。你部应集结于朗福蒂斯浅滩（Long Forties）以东，以备不测。”19时30分，杰利科指示在克罗默蒂湾（Cromarty）的第2战列舰分舰队“准备就绪立即出发”，次日与舰队主力会合。19时37分，杰利科又向在罗赛斯（Rosyth）的战列巡洋舰分舰队指挥官比提（David Beatty）海军中将下达了同样的命令。比提应于5月31日14时到达舰队主力以南的指定位置。如果未遇德国舰队，则掉头向北，与舰队主力会合。集结完毕后，整个大舰队将“驶向霍恩斯礁”。[45]

海军部命令杰利科起航的决定实属万幸。舍尔已在3个英国基地外围部署了十七八艘潜艇。由于是在夜间航行，杰利科不仅避开了舍尔旨在削弱英国舰队的攻击，而且还没有被德国潜艇发现，德国潜艇因此未能通过无线电警告舍尔敌人已经出航。22 时，充分意识到依赖无线通信固有危险的杰利科指示舰队："除非发现敌人或回复上级，停止一切无线电报通信。"[46]

仍在亚德河口的舍尔并不知道自己的计划已经落空。他的作战理念对电报和无线通信太过依赖。公海舰队原计划沿丹麦西海岸向北驶入斯卡格拉克海峡（Skagerrak）至林德斯内斯角。舍尔推测丹麦或挪威会通过有线或无线电报向伦敦报告舰队的动向，英国则会据此做出反应。当大舰队从 3 个主要基地出发时，设伏的德国潜艇就会袭击杰利科的几艘无畏舰，并通过无线电向舍尔报告英军出动的消息。此后，舍尔将按照齐柏林飞艇（Zeppelin）无线电侦察报告的指引，进入预定位置，集中整个公海舰队打击规模占优的杰利科舰队一部。然而，当弗朗茨·冯·希佩尔（Franz von Hipper）海军中将的侦察部队终于在 5 月 31 日凌晨 1 时起航时，英国舰队已经出海 3 个小时了。恶劣的天气也使齐柏林飞艇未能升空。

无线通信既让英国得到了战略优势，也塑造了双方舰队的作战程序。正确运用航行队形和作战队形的问题在风帆时代就一直困扰着指挥官们，进入蒸汽时代后变得愈发严重起来。纵队，长期以来一直是首选的战斗序列，但对一支尚未与敌接触的舰队来说，则是一种很不灵活的队形。大多数指挥官使用不同的航行队形，将舰队分成不同的分队，而且其部署方式可以保证当敌人在水天线上出现时，可以迅速组成战列线。但是，随着海军火炮射程的增加，在目视发现敌军舰队的距离上通常就可以开战了。一支舰队试图在已经交火的情况下，从若干分列纵队转换成单纵队战列线，在很可能是最关键的最初几分钟里，会陷入明显的劣势。

解决的方案之一是直接以战斗队形航行，这也是规模相对较小的德国舰队所采用的方式。英国的方案则是在足够远的距离上前置警戒兵力，发现敌人后让舰队主力有时间转换队形。德国有时也采用这种方式。英国大舰队需要的队形转换时间大致在 20 分钟到 25 分钟。由于双方舰队相互抵近时的叠加速度在 40 节以上，而且都装备了射程超过 10 英里、能发射穿甲爆破弹头的巨型火炮，警戒兵力——在日德兰分别由各自的战列巡洋舰分队担任——必须前置于舰队主力 30 英里以上，这远远超出了视距范围。因此，双方舰队在日德兰的队形部署都离不开无线通信。

然而，无线通信并没有为杰利科的战术困境提供解决方案。假使一切顺利，杰利科截住公海舰队，他将面临一个难题。如果杰利科实现了自己的目标——在与德国舰队遭遇之前集结起舰队，那么，他也就挫败了舍尔的企图——集中整个公海舰队打击大舰队之一部。但是，在这样的情形下，舍尔很有可能会撤出，而不是冒劣势之险一战。因此，在战术层面上，杰利科遇到了一个曾经困扰风帆时代指挥官一个多世纪的问题：当一支舰队已经部署成可有效战斗但不便于机动的战列线时，如何才能迫使准备撤出的敌人与之交战。

日德兰战斗前夕，英国海军指挥官们还没有就战术、条令或指挥控制哲学达成共识，这在舰队最高层表现尤甚。记者兼海军预备役军官菲尔森·扬（Filson Young）战争初期曾在比提手下服役，他认为：“杰利科与比提代表着截然相反的海军思想流派。”杰利科处事谨慎，尽管嘴边经常挂着分散派的词汇，但在内心深处却执着于集中控制；更富进取精神的比提在英军高级指挥官中与特赖恩最为相似，是一个典型的分散派人物。扬指出，比提“在‘On boots’被作为一个‘队形变换’信号由旗舰发给舰队之后不久，就致力于清除诸如此类煞费苦心的信号，让个体与集体职责各归其位。简而言之，就是要恢复和激发一直被海军部政策所压抑的主动精神。而且最具革命性的是，他坚持在所有情况下都要允许主动，而不是像顺势疗法中的危险药物一样按剂量发放”。[47]

1915年2月，比提修订了面向所属部队全体舰长的条令——《战列巡洋舰舰队命令》(Battle-Cruiser Fleet Orders)。命令引用上一场“大战”，即1793—1815年英法战争的教训，指出：“巡洋舰和战列巡洋舰舰长要想取得成功，必须在很大程度上拥有主动精神、资源、决心和无所畏惧的责任感。”基于个人经验和历史研究，比提深知由旗舰指挥一支大型舰队的行动非常困难，他告诫部属们：“因此，舰队总指挥官需要舰长充分利用所有信息，迅速掌握局势、判断上级意图，自主决定在无法预见的情况下该如何行动，下定决心、全力以赴地投入每一场战斗。”比提强调：“各舰绝不能认为没有信号就意味着任何具体行动都不会得到旗舰的批准；相反，这种情况通常表示，舰队总指挥官需要各舰采取一切必要的行动，而不必等待命令。”[48]

1918年初接掌大舰队后，比提在某种程度上变得比指挥战列巡洋舰队时谨慎了，但其基本指挥理念并未改变。他修订了杰利科的《大舰队战斗命令》(Grand Fleet Battle Orders)，并象征性地更名为《大舰队战斗指令》(Grand Fleet Battle Instructions)。在这份新的、略有缩减的文件中，比提对其所称“分散指挥”有如下阐述：“进入战斗后，指挥作战舰队分舰队和分队的将领有充分的自主权，在与总指挥官保持总体一致的基础上，独立地调动其分舰队或分队。”[49]

比提的指挥风格与蒂尔皮茨、舍尔和希佩尔更为相似，而不是杰利科。1890 年代德国启动海军建设时，曾试验过多种编队队形、战术和指挥模式，并最终将纵队作为主要的战斗队形，以中队、分队为单位，采用具有纳尔逊风格的战术和指挥控制模式。[50] 德国海军扩张的核心人物阿尔弗雷德·冯·蒂尔皮茨（Alfred von Tirpitz）海军上将在回忆录中写道：

> 总指挥官将整个舰队作为一个战术单位加以领导的天性只适用于某些特定的情况。反之，往往只有在中队指挥官享有相当的独立性时，舰队才会有上乘的表现。舰队规模越大，集中起来就越难驾驭，其行动会变得更加笨拙，总指挥官很容易被锅炉排烟、雨水，特别是炮火硝烟所阻碍，无法评估舰队各单元的状态。这是我们决定将中队作为战术单位的最重要原因，这样，也就赋予了中队指挥官和相应规模的编队领导“相机行事”的权力。

蒂尔皮茨认为德国战术远比英国海军更为先进；英国“战术落后”是因为其自特拉法尔加战斗后，已经享有一个世纪的规模优势。相反，自知在数量上无法与英国匹敌的德国海军，只能寻求建造更好的舰船、开发更优的战术，这一切都在日德兰战斗中表现得淋漓尽致。[51]

蒂尔皮茨关于英国“战术落后”的观点不无道理，但在日德兰战斗中影响杰利科运用舰队的还有其他一些因素。他不像安森、霍克、豪、圣维森特和纳尔逊等前辈那样，信任英国海军舰船和舰员的战术优势。1916 年春季的总体战略形势也只能让让杰利科慎之又慎。最后，还有“无线”的问题。

德国海军的无线技术居于领先地位，也是首批尝试使用无线通信对舰船实施战术控制的海军之一。但这一努力尚未成熟，最终导致了“大量的资金消耗”和“无尽的技术难题”。[52]但如此结局对德国海军未必不是一种福音，因为他们不得不更多地依靠灵活的战术和传统的指挥控制手段。无线电工业生产出更先进的装备后，德国海军将其引入舰队，作为对既有指挥控制方式的补充，而不是替代。

英国在开发有效的海军无线通信设备方面的滞后，使之未及经历德国那样的挫折，因而继续把无线通信视为解决指挥控制问题的灵丹妙药。历史学家阿瑟·马德（Arthur Marder）认为，无线通信技术的出现“强化了个人的控制，进一步压缩了下级主动作为的空间”。对日德兰战斗的指挥问题有深入研究的安德鲁·戈登（Andrew Gordon）认为，无线技术在英国舰队中的普及造成了一种“隐性的影响”。英国海军中尽是崇尚极端集中化的军官。戈登指出：“他们本来就是些信号瘾者，对无线通信的热衷与新技术的作用距离同步增长。”菲尔森·扬的结论可能反映了比提的思想：无线通信“对战斗环境的改变超越其他任何事物，这意味着从自主行动到高度集中统一的脱胎换骨”。[53]

第一次世界大战前夕指挥英国主力舰队的海军上将乔治·卡拉汉（George Callahan）爵士反对这种集中化的倾向。他在只有两三页的战前指示中指出："在执行舰队总指挥官的意图时，分舰队、分队或小队的指挥官应对其直接控制下的舰船享有广泛的自主权。"卡拉汉只打算控制舰队中他本人所在的分队："在服从舰队下达的总体指示或我所下达的其他命令的前提下，舰队其他部分或分舰队的控制权必须下放给各自的指挥官。"[54]

1914 年 8 月接替卡拉汉的杰利科给舰队带来了一种有些混乱的战术理念。他起草了冗长的《大舰队战斗命令》，大概有 70 页之多。在日德兰战斗一周前发布的命令中，杰利科指出，在混乱的战斗中，他可能无法控制整个舰队，"因此，有必要尽可能地下放指挥权，指挥分舰队的海军中将在总体上与总指挥官的行动保持一致，并符合其已知意图的前提下，拥有自主指挥所辖部队的权力"。但在戈登看来，这样的表述纯属"陈词滥调"，并不是一个分散派的真实态度。在接下来的一节中，杰利科就自相矛盾了："无论处于何种情况，'无畏'舰队必须作为一个整体集中在一起，应当避免一个分队或分舰队攻击敌战列线一部的企图，因为这样的企图容易导致进攻舰船的孤立，而且，只要双方舰队在大致相同的航向上交战，各分舰队就应该形成一条战列线。"杰利科充分认识并且承认，在战斗中试图使用视觉信号掌控舰队的固有问题，但他"希望无线电报的使用能在很大程度上克服信号通信存在的困难"。[55]

如果说杰利科的指挥方式相当传统，那么战术呢？在风帆时代，英国海军中较为成功的将领，无论是集中派还是分散派，都积极寻求近距离作战，以充分发挥英国舰船和舰员的质量优势。杰利科对自己的部队缺乏同样的信心，因而在其最重要的决策中采用了一系列防御性战术——与德国舰队在远距离而不是近距离上交战。[56]

一些历史学家认为杰利科回避近战的决定是一个错误，几乎抵消了其数量上的优势。在日德兰打一场近战可能对已经拥有更好的舰船和舰员的德国有利。近战势必提高双方的命中率，但正如战斗所显示的那样，建造精良的德国战舰只能被打到投降，而英国战舰则有被击毁爆炸的可能。比提经过战斗确实改变了主意。在1915年2月的多格浅滩（Dogger Bank）行动中，比提以宏大的纳尔逊风格发出信号，让各舰“抵近敌人”和“紧贴敌人”，按照菲尔森·扬的说法，这些信号“再更简单不过地表达了他的战争观”。但1918年接掌大舰队后，比提不再追求近战，而是规定舰队的交战范围不得“少于1.6万码”。[57]

英国大舰队第4战列舰分舰队指挥官、1914年12月马岛群岛（Falkland Islands）战斗胜利的参与者、海军中将多夫顿·斯特迪（Doveton Sturdee）爵士是同时代舰队内部对杰利科最直言不讳的批评者。马德指出，通过研读历史，斯特迪坚信，“尽管单纵队战列线是很好的防御队形，但英国历史上从未以这种队形赢得过一场战斗，分队战术才更加有效”。斯特迪还质疑杰利科战术原则的其他几个方面是否明智，例如，在应对敌舰鱼雷攻击时，舰队要转向背敌而不是迎敌，斯特迪认为这将导致己方脱离战斗。1915年和1916年间，“异教首领”斯特迪在几封信中表达了自己的担忧，后又在一篇论文中详述了自己的战术原则，并建议召开一次将官会议讨论战术问题。杰利科拒绝召开这样的会议，驳回了斯特迪的建议，并斥责其行为给舰队带来了“争议”，削弱了信心。斯特迪后来写道："总指挥官命令我永远不要讨论或试图通过将舰队编成分队达到集中优势火力于敌舰队之一部，从而击败敌人的目的。就这样，在总指挥官更换前，战术推演被叫停了。"[58]

考虑到总体战略形势，杰利科的谨慎和保持控制的愿望或许是完全恰当的。他知道自己是"唯一可能在一个下午输掉这场战争的人"。即使杰利科击溃了德国舰队，协约国方面的获益也是微乎其微，然而失败的代价却是灾难性的。诚然，杰利科不是纳尔逊，但其手下也没有特鲁布里奇、贝里、哈迪、福利和科林伍德那样的舰长；再者，舍尔和希佩尔既不是德维尔纳夫和德格拉斯，公海舰队也不是风帆时代经常被英国海军痛击的法国和西班牙海军。杰利科面对的是自英荷战争以来英国海军指挥官绝少见到过的情形——一支质量占优的舰队。韦恩·休斯对形势的概括言简意赅："杰利科没有任何契合纳尔逊进攻精神的战术主动权。鉴于1916年时武器的性能，即使在理论上也很难想象能有这样的主动。"[59]杰利科只有数量上的优势——更多的舰船和更多的火炮。为了充分发挥这一优势，他必须集中运用自己的舰队。否则，英军将面临失败和将整个协约国拖入灾难的风险。

如果说杰利科认定自己缺乏迫使对方与之决战的战术手段——这可能是对的——那么无线通信或许能在战役层面为他的困境提供一个解决方案。英国海军部原本可以更好地利用从截获的德国通信中获取的情报，将大舰队的集结位置从霍恩斯礁以东改到更远的东南方向。杰利科也可以自己选择一个能在开战之前，而不是战斗期间，插入舍尔与其基地之间的位置实施集结。1915年2月，在多格浅滩的战列巡洋舰作战行动之前，海军部同样未能充分利用"40号密室”的情报，将比提调往德军西北的拦截阵位。这使得后来比提将舰队插入德军与其基地之间的企图未能成功，让德军逃脱了。比提因此指责海军部没有将其引导至更南和更东的位置。比提在日德兰战斗之后怪罪的是谁——如果有这么一个人的话——不得而知，但值得注意的是，在 1918 年 1 月的《大舰队战斗指令》中，他曾告知部属，如果德军再次出动，他将“尽力把舰队部署在敌军与其基地之间”。[60]

尽管英国海军部和杰利科本人都没能在战役层面充分利用好已有的信号情报，但英国对德国无线通信的拦截表明，双方仍有可能于 1916 年 5 月 31 日发生一次舰队大战。当天上午稍晚，当杰利科的部队驶过北海时，海军部作战局长托马斯 · 杰克逊（Thomas Jackson）海军少将到“40 号密室”询问无线电测向站是否确定了 DK（德国公海舰队旗舰呼号）的位置。杰克逊得到的回答是威廉斯港（Wilhelmshaven）。他回到办公室给杰利科起草了如下电文：“没有敌军确切消息。他们今（周三）早备航。舰队料已启航，但方向信号显示，格林尼治时间 11 时 10 分，旗舰位于亚德。显然，无法实施空中侦察导致了他们的延误。”[61]

德国舰队当然已经出海，“40 号密室”对此了如指掌。杰克逊严重误读了自己听到的回答。无线电测向站确实报告“DK”位于亚德，但这只是因为德军在舍尔出海时，会照例将其旗舰呼号转至威廉斯港的发信台。这对“40 号密室”来说并不是什么秘密，对杰克逊来说却是，他对破译人员的工作一向不以为意。“40 号密室”对杰克逊发给杰利科的电报也是一无所知。

12 时 48 分，杰利科收到这份误导性的报告。战斗似乎转瞬间就变得不那么迫在眉睫了。由于德军的滞后可能需要英军在海上多消耗一天，为节省燃料，杰利科放慢了舰队的速度。结果，他比预定时间晚了约一小时，并且在战斗打响时，与比提的距离又多出了15海里。而且，几个小时之后，当比提最终与公海舰队接触时，杰利科是在对“40号密室”情报准确与否没有多少信心的情况下进入战斗的。

14时20分，英国“该拉忒亚”号（*Galatea*）轻巡洋舰挂出“发现敌舰”信号，同时向杰利科和比提发出无线电报：“紧急。发现两艘巡洋舰，疑似敌舰，方位东南偏东，航向不明。”日德兰战斗就此展开。英军看到的实际上是两艘驱逐舰，属于希佩尔战列巡洋舰部队的侦察兵力。正在准备转向北上与杰利科会合的比提重新部署了自己的驱逐舰，并于14时32分发出信号，命令舰队转向东南，插入德军与其基地之间。尽管无线电静默已经被打破，比提还是只使用了信号旗，而由海军少将休·埃文–托马斯（Hugh Evan-Thomas）爵士指挥、战前刚刚配属给比提的第5战列舰分舰队的新型燃油快速战列舰却没能看到。虽然他收听到了“该拉忒亚”号发现敌舰的“紧急”报告，也可以看到其他英舰都在驶向东南，但当时已经开始向北转向的埃文–托马斯仍然继续着自己的行动。也许再没有例子能如此充分地揭示出一个过于集中化的指挥控制系统的固有问题了，这样的完全系统剥夺了下级指挥官的主动权。结果，这4艘最有战斗力的战列舰太过偏向西北，无法及时支援比提。[62]

当希佩尔与比提的部队对阵，并最终演变成所谓的“南奔”时，德军侦察舰船一直使用无线通信保证舍尔的信息通畅。约13

时45分，北上支援其战列巡洋舰的舍尔收到无线电报告，称航向东南的希佩尔正在被快速、重型舰只追击，于是他改变航向，赶往西北。由于德国舰队已经部署成战列线，舍尔打算将比提诱入德军两列战列线的火力之间。[63]

尽管英军在毁灭性的攻击和爆炸中损失了两艘战列巡洋舰——“不倦”号（*Indefatigable*）和“玛丽王后”号（*Queen Mary*），但是，直到近16时，比提一直紧追不放，并不断拉近与希佩尔的距离。15时54分，英军第2轻巡洋舰分舰队指挥官威廉·埃德蒙·古迪纳夫（William Edmund Goodenough）海军准将的旗舰“南安普敦”号（*Southampton*）遇到了德国舰队。古迪纳夫用探照灯和无线电报告了这一情况。[64] 比提迅速做出反应，发出信号命令整个舰队转向西北，朝向了杰利科所在位置。但第5战列舰分舰队又错过了视觉信号，并可能因德军干扰未能收到“南安普敦”号的无线电报告。刚刚赶上舰队投入战斗的埃文-托马斯看到比提率战列巡洋舰向北驶来，却仍然保持航向向南，直至比提的旗舰——“狮子”号（*Lion*）战列巡洋舰——与其交错时，直接向其发出旗号。

于是，“北奔”开始了，现在是英军在前，德军战列巡洋舰和公海舰队主力在后，一起驶往大舰队方向。在“南奔”过程中，杰利科不像舍尔那样信息通畅。从15时59分收到比提的无线电通信，称自己已经与敌交战开始，到16时38分收到“南安普敦”号的报告为止，杰利科未从“侦察”部队得到任何信息。[65] 16时45分，杰利科收到比提发来的一条残缺不全的电报信息，称德军在西南方向，但没有提供具体航向。在接下来的一个小时中，杰利科仍未得到多少信息，还是无法确定南方的情况，最重要的是，舍尔的舰队正从哪个方向、以什么队形接近。

18 时左右，杰利科旗舰“铁公爵”号（*Iron Duke*）的瞭望哨向南已经可以看到比提被爆炸水柱包围着的旗舰“狮子”号。突然出现的战列巡洋舰——而且显然是被追得很紧——令杰利科大为吃惊，他盘算着比提在南方至少还有 10 分钟到 15 分钟航程的距离上。双方舰队现在正以每分钟半英里的速度相互逼近，而英军大舰队仍然成 6 列纵队，每列 4 艘，列间隔 5 英里的队形，杰利科必须决定在什么时间、以什么方向组成战列线。18 时 01 分，他通过无线电询问比提：“敌战列舰队何在？”暂时无法看到德军舰队主力的比提 5 分钟后才回复道：“敌战列巡洋舰方位东南。”但舍尔的战列舰队呢？18 时 10 分，杰利科重复了他的问题，又是一段漫长的等待，比提回复：“已看到敌战列舰队，方位近西南偏南。”[66]

杰利科感觉自己只有几分钟的时间来做出一个关键性决定。他尚未看到舍尔战列线的队首，只知道德国舰队在西南偏南的某个位置、比提的火炮射程之内。但到底有多远，航向如何？杰利科盯着罗盘看了不到半分钟，命令舰队信号官：“悬挂等速三角旗，航向东南。”这一信号指示大舰队先左转编队，航向大致东北，但最左列纵队的首舰在队形变换完成后，将率先转向东南。[67]

向北追赶比提的舍尔即将进入一个陷阱。杰利科正在公海舰队的航路上部署一个巨大的弧形。对德国舰队的 T 字跨越态势已经形成。很清楚这一战术局面的舍尔一面下令驱逐舰实施鱼雷攻击，一面指挥公海舰队实施“紧急战斗回转”（Gefechtskehrtwendung）——一种从战列线末舰开始的 16 个罗经点 180 度右转。[68]

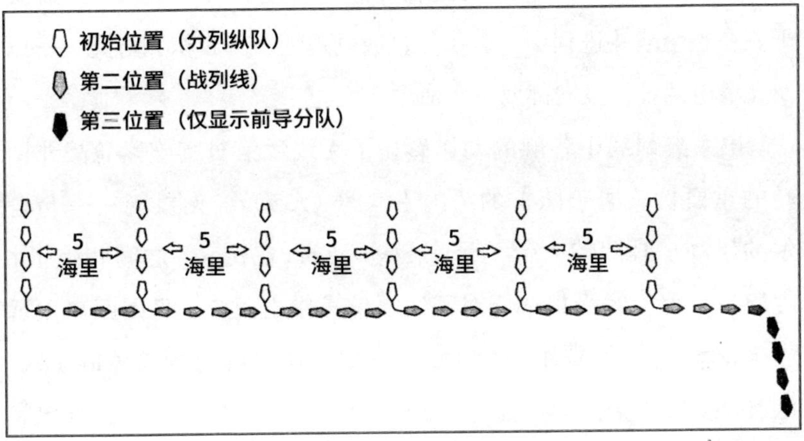

图 8　日德兰战斗，杰利科的队形变换，
1916 年 5 月 31 日，18 时 11 分左右

▲　英国舰队的规模太过庞大，无法像德国舰队那样直接以战斗队形航行。为此，英军以分列纵队航行，各分纵队间保持足够距离，以便能迅速地转换成战列线。前导纵队首舰完成 90 度转向后，即可根据信号改变航向。后续各舰将依次航行至前舰转向点转向。在日德兰战斗中，左翼分队引导各分纵队转向东北组成战列线，并在 6 个分纵队全部完成编队转向动作后，再引导整个战列线转入东南航向。

紧急战斗回转是一种危险的机动样式。末舰错失信号造成延误，或是低能见度引发碰撞的可能性很大。在研究这场战役的历史学家看来，德军实施这一机动的能力表明他们在战术上优于英军。毫无疑问，他们在战术上处于领先地位，因为在机动过程中，一名德军舰长的主动作为发挥了至关重要的作用。但仅凭战术技能尚不足以确保信号的迅速执行。舍尔 16 艘舰组成的战列线长达 6~7 英里。战场能见度很低，并且越来越差。逾百艘燃煤舰船向空中喷出浓烟。假使德军没有可靠的连续波无线电设备，依靠视觉信号指挥如此复杂的编队机动，并且是在交战中高速航行的编队，纯属蛮干。在整个战斗进程中，舍尔一直通过视觉——旗帜和灯光——以及无线电两种手段向部属发布命令。[69]

德军战列线中各舰的动作彰显了无线通信对实施紧急战斗回转的重要性。居于队首的“国王”号（*König*）无畏舰——与舍尔的旗舰“腓烈特大帝”号（*Friedrich der Grosse*）之间相隔了6艘舰——因天线受损未能对无线电信号作出回应，且因距离太远也未能辨认出信号旗。[70]相反，约翰内斯·雷德利希（Johannes Redlich）舰长指挥的“威斯特法伦”号（*Westfalen*）——排在旗舰之后的第8艘舰——收到了无线电信号，率先开始了回转机动。

“威斯特法伦”号并不是德军战列线的末舰，但雷德利希自主决定启动紧急战斗回转。在“北奔”过程中，公海舰队第2分舰队的6艘前无畏型战列舰被更现代化的德国战列舰甩开，因而在第1分舰队的末舰“威斯特法伦”号与第2分舰队的首舰“德意志”号（*Deutschland*）之间出现了一个大约1.5英里长的空当。随着交战双方的距离迅速拉近，雷德利希深知时间变得生死攸关：等待第2分舰队各舰转向毫无意义；考虑上述空当的存在，也没有明显的碰撞风险。雷德利希没有等待第2分舰队末舰“汉诺威”号（*Hannover*）开始动作，而是指挥“威斯特法伦”号自行启动回转，舰队其他各舰则相继跟进。

当晚，舍尔又两度命令舰队实施紧急战斗回转，一次是为了绕过英军战列线的末端，另一次则是为了再次将舰队从不利战术位置中撤出。如果没有无线电，没有部属展现出的主动作为而不是盲目

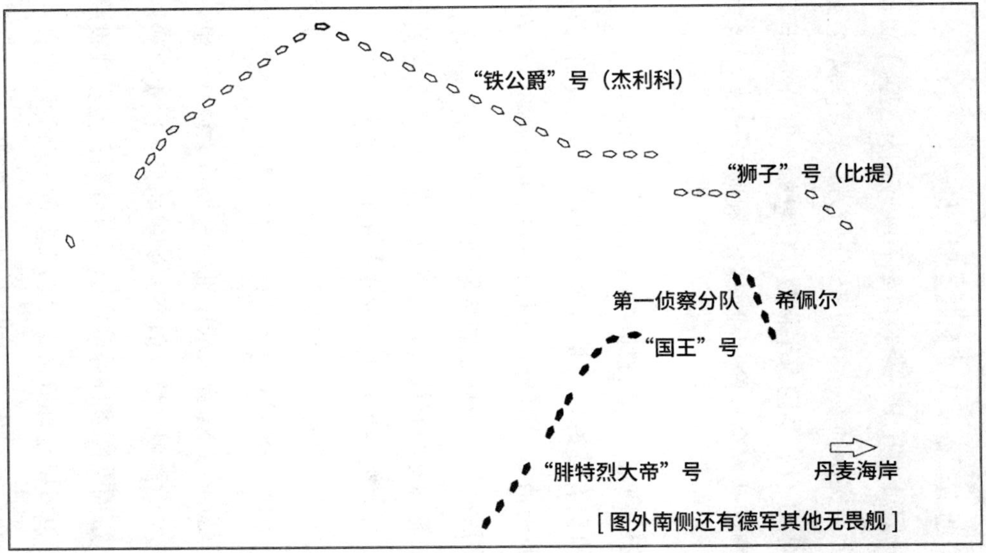

图 9　日德兰战斗，1916 年 5 月 31 日，18 时 30 分左右

▲　杰利科的机动在舍尔的航路前方构成一个巨大的弧线，使德舰驶入英军整个战列线的火力范围中。本图显示了舍尔下令实施紧急战斗回转前双方无畏舰的相对位置。没有紧急回转，德军将陷入灾难。

服从，这些黄昏中的后续机动几乎不可能完成。

入夜后，双方舰队在黑暗中四下搜寻，都想避免夜间作战。英军试图拦在舍尔与其基地之间；德军则辗转摸索，想找到一条穿过英国舰队的安全通道。德国人一如既往地“健谈”，“40 号密室”截获并破译了部分信息。其中一条是舍尔召唤齐柏林飞艇于次日晨到霍恩斯礁水道上空实施侦察。21 时 55 分的另一条则显示公海舰队准备返港。22 时 41 分，英国海军将截获信息摘要发给杰利科：“晚 9 时 14 分，德国舰队奉命返航，战列巡洋舰殿后，航速 16 节，航向 149 度。”[71]

根据德军的航向信息，杰利科可能已经推断出舍尔正驶向霍恩斯礁水道。但他仍有疑虑：一是对舍尔的航线；二是对“40 号密室”提供情报的价值——因为之前他曾被告知德国舰队仍在亚德。结果，杰利科将舰队推向更西，完全偏离了拦截位置。就像杰利科在得知海军部未能用好既有情报时的反应一样，历史学家们也只能感叹，如果将舍尔要求齐柏林飞艇侦察的消息转给杰利科，结果又会怎样。蒙巴顿（Mountbatten）勋爵后来的结论是，海军部的失误让杰利科未能赢得第二个“光荣的六月一日”。[72]

日德兰战斗是第一次世界大战中唯一一场重大海战，也是历史上唯一一场大规模无畏舰之战，但令人失望的是，这次交战不具有决定性。在战术层面德国宣称并确实赢得了胜利；但在战役层面英国挫败了德国，也可以宣称取得了更为重要的战略胜利。日德兰战斗之后，海上局势没有变化，英国对德国的封锁没有动摇。但在海军军官、历史学家和分析人士中，这场战斗常常引发关于杰利科和比提的领导能力，关于交战距离、分队战术、编队队形、侦察通信，以及关于驱逐舰、潜艇和空中侦察的作用等争论。日德兰的“战争迷雾”尤为浓重，集中派与分散派界限分明，新的指挥控制方式在战争的各个层面得到应用。

杰利科面对的“战争迷雾”如此厚重，他简直就像是在蒙目而行。作为一名战术指挥官，他努力用18世纪的指挥控制手段打了一场20世纪的战斗。1934年3月，杰利科参加了一个基于德国和英国记录的日德兰战斗研讨会。听完会议发言之后，杰利科表示自己生平第一次对这场战斗有了一个清晰的认识。蒙巴顿勋爵说，杰利科“拿起一块抹布，在代表4艘德军前导战列舰的模型周围围成一个圆圈。他说，德军有22艘战列舰，但他看到过的从来没有超过3艘或是4艘……也不清楚这些战列舰都在哪里，都在干些什么”。[73]

日德兰战斗表明，无线电报已经改变了海战的面貌。对无线电报过度和毫无顾忌的依赖将舍尔引向了战略和战役性毁灭的边缘——5月31日傍晚，他发现自己面对的是严阵以待的大舰队。但同样是无线电报，又让德国舰队以紧急战斗回转机动逃出了英军的陷阱。值得注意的是，海军开始使用有效的无线电报设备的同时，也开始了信息拦截和破译、无线电测向、通信干扰，以及经常性的无线电静默行动。到1916年春，海战已经进入电磁频谱领域，即后来所称的信号情报、流量分析、电子对抗和发射控制。

本次战斗的一个重要教训，是英军未能用好通过截获德军信息获得的情报。长期以来，海军统帅机构和海军指挥官们必须用情报对战略和战役计划加以统筹。但在日德兰战斗中，指挥官首次拥有了尽管形式有限却具有潜在战术重要性的近实时情报。

这场战役还表明，技术进步并未解决集中派与分散派之间的长期争论。德国人成功地将一项新技术应用于一种灵活的分散指挥系统。尽管以比提和斯特迪为代表的指挥官们主张采用更加纳尔逊化的体系，杰利科麾下的英军依然缺乏有效达成舰间战术通信的无线设备，只能依靠视觉信号和高度集中的模式。

注 释

1. Howard I. Chapelle, *The History of the American Sailing Navy: The Ships and Their Development* (New York: Norton, 1949), 478. Stephen Howarth, *To Shining Sea: A History of the United States Navy, 1775–1991* (New York: Random House, 1991), 120.

2. Chapelle, *American Sailing Navy*, 478.

3. 1813年6月1日，英国38门炮护卫舰“香农”号（*Shannon*）在波士顿水域对阵火力大致相当的美国护卫舰“切萨皮克”号（*Chesapeake*），赢得速胜。这是舰炮瞄准方式进步的明证。霍华德·道格拉斯爵士（Sir Howard Douglas）1820年出版的文集《海军炮术》（*Naval Gunnery*）对此也有论及。

4. William McElwee, *The Art of War: Waterloo to Mons* (Bloomington: Indiana University Press, 1974), 265.

5. Robert L. O'Connell, *Sacred Vessels: The Cult of the Battleship*

and the Rise of the U.S. Navy (Boulder: Westview, 1991), 106–107.

6. 古德里奇语，引用于 William N. Still Jr., *American Sea Power in the Old World: The United States Navy in European and Near Eastern Waters, 1865–1917* (Westport, Conn.: Greenwood, 1980), 13。

7. William Reynolds Braisted, *The United States Navy in the Pacific, 1897–1909* (Austin: University of Texas Press, 1958), 24–27. 关于英国在电报网络领域中据统治地位的情况，见 Paul M. Kennedy, "Imperial Cable Communications and Strategy, 1870–1914," *English Historical Review* 86 (Oct. 1971), 728–752。

8. Clowes, *Royal Navy*, 6:543.

9. John M. Ellicott, *The Life of John Ancrum Winslow: Rear Admiral, United States Navy* (New York: Putnam, 1902), 188–190.

10. Charles Lee Lewis, *David Glasgow Farragut*, 2 vols. (Annapolis: U.S. Naval Institute, 1941–1943), 2:264. 关于纳尔逊与法拉格特之对比，见 William N. Still Jr., "David Glasgow Farragut: The Union's Nelson," 该文收录于 James C. Bradford, ed., *Captains of the Old Steam Navy: Makers of the American Naval Tradition, 1840–1880* (Annapolis: Naval Institute Press, 1986), 166–193。

11. Lewis, *David Glasgow Farragut*, 269; Alfred Thayer Mahan, *Admiral Farragut* (New York: Appleton, 1892), 277–278.

12. Giuseppe Fioravanzo, *A History of Naval Tactical Thought*, trans. Arthur W. Holst (Annapolis: Naval Institute Press, 1979), 118–210, 128–130.

13. Luigi Donolo, "The History of Italian Naval Doctrine," in

Tritten and Donolo, *Doctrine Reader*, 102.

14. Jack Greene and Allesandro Massignani, *Ironclads at War: The Origin and Development of the Armored Warship, 1854–1891* (Conshohocken, Pa.: Combined Publishing, 1998), 235–236.

15. Lawrence Sondhaus, *The Hapsburg Empire and the Sea: Austrian Naval Policy, 1797–1866* (West Lafayette, Ind.: Purdue University Press, 1989), 255, 549.

16. John Van Duyn Southworth, *The Age of Steam: The Story of Engine Powered Naval Warfare, 1783–1936*, 3 vols. (New York: Twayne, 1970), 3:94–95.

17. Fioravanzo, *Naval Tactical Thought*, 135–136.

18. McElwee, *Waterloo to Mons*, 257–263.

19. Ibid., 263, 271.

20. 自 1868 年明治维新开始扩张的日本帝国海军，在利萨岛战斗后接纳了西方海军的一些理念，其中也包括撞角。日本人甚至给舰只装上竹制护板，用以演练撞击。见 David C. Evans and Mark R. Peattie, *Kaigun: Strategy, Tactics, and Technology in the Imperial Japanese Navy, 1887–1941* (Annapolis: Naval Institute Press, 1997), 35–36。

21. Sondhaus, *Hapsburg Naval Policy*, 256.

22. Southworth, *Age of Steam, 116–117*. Tritten, "Doctrine and Fleet Tactics in the Royal Navy," 载于 Tritten and Donolo, *Doctrine Reader*, 21。

23. 关于特赖恩对其战术条令的说明，见 Andrew Gordon, *The Rules of the Game: Jutland and British Naval Command* (London: John Murray, 1996), 195。

24. Ibid., 195, 295–314, 620–621.

25. S. C. M. Paine, *The Sino-Japanese War of 1894–1895: Perceptions, Power, and Primacy* (Cambridge: Cambridge University Press, 2003). Robison, *History of Naval Tactics*, 741. Evans and Peattie, *Kaigun*, 39.

26. Paine, *Sino-Japanese War*, 180. 引自 Southworth, *Age of Steam*, 133。

27. Wayne P. Hughes, *Fleet Tactics Theory and Practice* (Annapolis: Naval Institute Press, 1986), 65–69. 另见 Evans and Peattie, *Kaigun*, 48. S. O. Makarov, *Discussion of Questions in Naval Tactics*, trans. John B. Bernadou (Annapolis: Naval Institute Press, 1990), 246。

28. Makarov, *Questions in Naval Tactics*, 291, 300.

29. Evans and Peattie, *Kaigun*, 50–51.

30. Julian S. Corbett, *Maritime Operations in the Russo-Japanese War, 1904–1905*, 2 vols. (Annapolis: Naval Institute Press, 1994), 1:302–309.

31. Ibid., 2:185–86, 209. 另见 Evans and Peattie, *Kaigun*, 116。

32. Corbett, *Russo-Japanese War*, 2:216, 219–220, 223, 231, 237.

33. Ibid., 2:239.

34. Ibid., 1:474–491, 503–524; 2:478. Evans and Peattie, *Kaigun*, 74–79. 东乡平八郎的作战命令可从 www.russojapanesewar.com/instruct.html 查阅到摘译内容。该网站系日俄战争研究会之杰作。

35. Corbett, *Russo-Japanese War*, 2:310.

36. 见 A. Baudry, *The Naval Battle: Studies of the Tactical Factors* (London: Hugh Rees, 1914), 367。

37. Ibid., 200–201.

38. Rudyard Kipling, "Wireless" (1908), in *Traffics and Discoveries* (London: Macmillan, 1925), 239. 菲斯克语，引用于 Robison, *History of Naval Tactics*, 833。

39. Patrick Beesly, *Room 40: British Naval Intelligence, 1914–1918* (New York: Harcourt Brace Jovanovich, 1982), 2.

40. Ibid., 204–224.

41. Guy Hartcup, *The War of Invention: Scientific Developments, 1914–1918* (London: Brassey's, 1988), 128. Beesly, *Room 40*, 30.

42. Hartcup, *War of Invention*, 127–128.

43. Beesly, *Room 40*, 28–31.

44. Ibid., 152.

45. *The Jellicoe Papers: Selections from the Private and Official Correspondence of Admiral of the Fleet Earl Jellicoe of Scapa*, ed. A. Temple Patterson, 2 vols. (London: Navy Records Society, 1966–1968), 1:254, 253–259.

46. 引自 Holloway H. Frost, *The Battle of Jutland* (Annapolis: U.S. Naval Institute, 1936), 126。

47. Filson Young, *With the Battle Cruisers*, reprint ed. (Annapolis: Naval Institute Press, 1986), 33, 95–96.

48. *The Beatty Papers: Selections from the Private and Official Correspondence of Admiral of the Fleet Earl Beatty*, ed. Brian McL. Ranft, 2 vols. (London: Navy Records Society, 1989–1993), 1:250, 258.

49. Ibid., 459.

50. Alfred von Tirpitz, *My Memoirs*, 2 vols. (London: Hurst and

Blackett, n.d.), 1:53–54. 德国关于第一次世界大战海上作战的官方史料，将日德兰战斗中舍尔的作为与特拉法尔加战斗中的纳尔逊相提并论。见 V. E. Tarrant, *Jutland, the German Perspective: A New View of the Great Battle, 31 May 1916* (Annapolis: Naval Institute Press, 1995), 151。

51. Tirpitz, *My Memoirs*, 1:53–54; 另见 Gordon, *Rules of the Game*, 396. Tarrant, *Jutland, the German Perspective*, 55。

52. Ibid., 37n.

53. Arthur J. Marder, *From the Dreadnought to Scapa Flow: The Royal Navy in the Fisher Era, 1904–1919*, 5 vols. (London: Oxford University Press, 1961–1970), 3:19. Gordon, *Rules of the Game*, 355. Young, *With the Battlecruisers*, 77.

54. Gordon, *Rules of the Game*, 382. Marder, *Dreadnought to Scapa Flow*, 3:19–20; Richard Hough, *The Great War at Sea*, 1914–1918 (Oxford: Oxford University Press, 1983), 270.

55. *Jellicoe Papers*, 243, 244, 着重号系本书作者所加。Gordon, *Rules of the Game*, 397. 值得注意的是，一支规模如此之大的舰队的指挥官，居然表示“希望”无线电设备能使自己对整个舰队的控制程度达到其本人认定的至关重要的水准。

56. *Jellicoe Papers*, 244.

57. Hough, *Great War at Sea*, 272–273. *Beatty Papers*, 1:218, 458; Young, *With the Battlecruisers*, 117.

58. Marder, *Dreadnought to Scapa Flow*, 3:30–32. 斯特迪语，引用于 ibid., 31。

59. Hughes, *Fleet Tactics*, 81.

60. Young, *With the Battlecruisers*, 139. *Beatty Papers*, 1:457.

61. Beesly, *Room 40*, 154–146; Marder, *Dreadnought to Scapa Flow*, 3:41–44; *Jellicoe Papers*, 1:260.

62. Marder, *Dreadnought to Scapa Flow*, 3:51. Frost, *Jutland*, 155.

63. Reinhard Scheer, *Germany's High Seas Fleet* (New York: P. Smith, 1934), ch. 10.

64. Marder, *Dreadnought to Scapa Flow*, 3:61–62.

65. Ibid., 81.

66. Ibid., 85.

67. 引用于 ibid., 95。

68. Tarrant, *Jutland, the German Perspective*, 136–138.

69. Beesly, *Room 40*, 30, 该书引证了德国海军少校克莱坎普（Kleikamp）1934 年的论文《无线电侦察对 1914—1918 年北海海战的影响》，该论文现存于斯图加特的当代历史图书馆。Tarrant, *Jutland, the German Perspective*, esp. 281–283.

70. N. J. M. Campbell, *Jutland: An analysis of the Fighting* (Annapolis: Naval Institute Press, 1986), 149.

71. Marder, *Dreadnought to Scapa Flow*, 3:150–151. Beesly, *Room 40*, 161. *Jellicoe Papers*, 1:260.

72. Earl Mountbatten of Burma, "The Battle of Jutland: An Appreciation Given at the Annual Jutland Dinner in H.M.S. *Warrior* on 25 May 1978," *Mariner's Mirror* 66 (May 1980): 107.

73. Ibid., 102.

第八章

从 1918 年到第二次世界大战结束

From 1918 throught the Second World War

第一次世界大战中为数不多的海战预示了即将到来的巨变。1918 年时，海战已经有了 3 个维度——除了水面，空中有飞机，水下有潜艇。世界各国的军队中都不乏航空和潜艇的拥趸，但这些有识之士的愿景往往还很幼稚。与之相对的，则是一群冥顽不化的战列舰中心论者。

有关海军指挥控制问题的争论仍在继续。战争表明，工业革命的成果终将重塑海军指挥控制“技术”——这个词现已变得名副其实。无线电报在海军战略、战役，有时甚至在战术层面发挥了重要作用。但是，即使新技术未来能够提供更好的控制，技术进步同时也给最高指挥官带来了额外的负担。20 世纪海上指挥的压力远比风帆时代大得多。舰队行动速度更快，覆盖海域更广，构成更为复杂；不同兵种尺短寸长，其攻击范围在一个世纪前是根本无法想象的。虽然指挥技术有所进步，但由于指挥官决策窗口的收紧，其成效被抵消殆尽。面对这些艰巨的挑战，指挥技术是否能最终为控制问题提供一个解决办法仍未可知。

战争期间，集中派和分散派的尖锐对立一如既往，在英国大舰队中，以杰利科和比提的不同模式为代表，表现得淋漓尽致。两人在北海各有一次没有决定性成果的战斗，即 1915 年比提指挥的多格浅滩战斗和 1916 年杰利科指挥的日德兰战斗，显然都无法为本人的指挥哲学提供足够的实践支撑。

一些国家的海军通过研究1914—1918年的战争，思考海战的未来，试图梳理出一个逻辑清晰的基本作战原则和一种合乎实际的指挥控制方法，这其中也包括美国海军。美国和美国海军一直处在无线技术发展的最前端，很早就认识到无线技术作为指挥控制方程式中的新元素所蕴含的潜力。[1]

分散指挥控制方式最旗帜鲜明的支持者是当时在罗德岛纽波特（Newport）美国海军战争学院（Naval War College）任职的达德利·诺克斯（Dudley W. Knox）海军中校。华盛顿特区海军大院的诺克斯海军历史中心保存着有关诺克斯的生动史料。他发表过的一些讨论指挥和理论问题的文章，影响了参加并赢得第二次世界大战的那一代美国海军军官。

这些开创性文章中的首篇发表于1913年3月的《美国海军学会会刊》(*Proceedings*)。基于对海军专业知识和历史经验的融会贯通，诺克斯认为，“现代”海战将是“一场变幻莫测的大戏”，“主动和果断”几乎是“对从最高层到最低层指挥官一以贯之的要求”。他警告说：“无论是视觉信号、无线通信，还是书面或口头指令，无论是单独使用还是综合运用，都不足以达成协调一致，即大型舰队在现代条件下所要求的统一行动。”诺克斯认为，实现协调一致需要这样一种制度，即将总体指示下达后，交由训练有素、具备相应理论素养、能够并准备主动作为的部属具体实施。他指出，这一模式是指挥官取得成功的秘诀，其典型代表，在海上是霍雷肖·纳尔逊，在陆上则是伟大的普鲁士指挥官毛奇（Helmuth von Moltke）。诺克斯抨击海军对“高度集中化的权威机构”的依赖，称这不可避免地导致了“包罗万象的冗长命令”。他坚信，这种制度阻碍了初级军官独立行动能力的养成，若干年后，他们将完全丧失主动精神。诺克斯呼吁建立一个统一的、明白无误的、不断发展的海军理论体系，并由官方明确“上下级之间的关系取决于‘部属的主动性’”。[2]

1914 年初，诺克斯在其第二篇论文中引用了英国军事历史学家亨德森（G. F. R. Henderson）的话作为“座右铭”：“智慧的合作远比机械的服从更有价值。”在这篇侧重历史研究的文章中，诺克斯深入分析了纳尔逊的历次战斗，特别指出这位著名海军将领对部属的主动性笃信不疑。但诺克斯也强调：“在各单元指挥官得到相应的教育、训练和条令灌输之前，不能毫无顾忌地允许他们享有诸多单元自动联合行动所需的主动权。”[3]

第一次世界大战前夕，诺克斯发表了第三篇文章，以利萨岛战斗和对马海峡战斗为例支持自己的论点，即采用一种依靠条令和主动作为而不是信号达成统一行动的指挥体系。文中写道：“在战斗中指挥舰队，信号是一种糟糕的手段，远不如计划与部属的集体智慧相结合所产生的协调效应。”[4]

在 1915 年发表的第四篇论文中，诺克斯详述了人的因素在战争中的突出地位。文中写道：“有别于行政管理的卓越领导或曰指挥能力，显然是军事行动取得成功的基本条件。”但是，他感叹道：

> 不知何故，美国海军…从未认真地向军官进行过条令灌输，从而为在战斗中做出理性决策打下基础。由于海上时间因素的极端重要性，海军在这方面的失败就更加令人

关注。对我们而言，“时间就是一切”比对纳尔逊更甚，他的显著成功主要源于下级指挥官中普遍存在的高度理解，纳尔逊的条令灌输使这种理解成为可能。[5]

诺克斯是成就了美国海军即将呈现的主流氛围，还是仅仅反映了这样一种氛围，尚不得而知，但他的影响力毋庸置疑。他的第二和第四篇文章赢得了海军学会（Naval Institute）的有奖论文竞赛，收录于后来成为海军作战部长（CNO）的哈罗德·“贝蒂”·斯塔克（Harold J. “Betty” Stark）海军上校为海军战争学院选编的阅读材料中，成为两次世界大战期间学员们的必读内容。[6]

至少有一位优秀学员的著述反映了诺克斯的观点。1933 年 5 月，威廉·哈尔西（William F. Halsey）在一篇论文中指出，在战斗中赢得胜利者将是“指挥更有力、训练更有素的舰队”。哈尔西的指挥理念与诺克斯如出一辙。他写道：“总指挥官必须通过一个或多个计划向部属传达其意图，这些计划将任务分配给部属。要赋予部属执行任务的自主权。作为部属，其指导思想必须是，我的行动一定要支持这个计划。”哈尔西强调，必须对部属进行条令灌输，并经常与他们召开会议，以确保他们了解指挥官的意图。他总结道：

在这个通信既方便又快捷的时代，对指挥官干预部属独立行动的诱惑非常之大。根据既有信息，很容易对遥远战区的情况做出判断，也很容易完全判断失误。在现场的人可能掌握了指挥官无法获得的信息，这会给人一种截然不同的画面。对部属，必须做到用人不疑，疑人不用。指挥官应向部属提供所有已知信息，并将任务交给在现场的人自行完成。干预可能招致灾难。同理，在现场的人必须行动起来，立刻行动起来，永远都不要犯等待命令这一不可原谅的错误。[7]

诺克斯通过其著述，帮助美国海军将矛头指向了集中派。美国海军1924年《战争指南》手册的前言，很可能出自诺克斯之手：

各级指挥官谨记，战时，他们不可能像在和平时期的演习中那样控制部队。放权势在必行，因此，必须利用一切机会训练部属，使他们在不得不背离或改变执行既有命令的方式时勇于担责，同时必须让他们懂得，这种背离或改变必须基于当时的具体情况做出。必须教育所有军官独立思考，并在服从总体指示和公认原则的情况下独立行动。

总指挥官、战术指挥官、在场的高级军官或其他主管当局可酌情改变兵力的配置、行动的性质或任何基于标准程序的运动，以符合当时的条件。

但是，兵力配置或实施程序的改变应在总体上符合总指挥官或其他上级当局的计划，并应促进部队的任务完成。[8]

1924年的《战争指南》也反映了从日德兰战斗中汲取的所谓“比提经验”，要求美国海军部队进行“果断的进攻”，并在条件允许时，努力摧毁敌人的舰队。较大规模部队的指挥官可以将其部分兵力用作分遣队，以促成交战，集中兵力打击敌战列线之一部。指南的“鱼雷威胁”一段明显反映出积极进取和后日德兰特征：遭敌舰攻击时，美舰应朝向威胁方向，而不是像杰利科在日德兰战斗中那样，依照其条令，背向威胁方向。[9]

在战役和战术通信方面，美国从英国所学甚丰。1924 年指南强调了“减少无线电通信……直至完全的无线电静默”。[10] 通过战时与英国海军的合作，美国高级指挥官了解到，德军对无线电肆无忌惮的使用不但会暴露其意图，有时还会暴露其位置。为确保在没有无线通信的情况下统一行动，美军作战舰队被部署成一系列同心圆，这样不仅可以达成所谓的纵深防御，更重要的是，可以用视觉信号——旗帜或灯光——实现舰间通信。因此，舰队在保持无线电静默的同时，仍能向总指挥官提供优于杰利科在日德兰战斗中所获的有关抵近之敌的规模、位置和相对方位等信息。

保持无线电静默的要求、分遣队的运用以及分队指挥官可能的自由行动，都使训练和条令受到重视。第 3003 段指出：“当需要抓住机会获得战术优势或避免战术劣势时，应要求中队或分队指挥官采取主动。”虽然下级指挥官被允许有一定程度的行动自由，但他们也应该对总指挥官的总体作战计划保持“忠诚”。[11]

美国海军或许为再打一场日德兰式的终极大战做了充分的准备，但已经毫无意义，无畏舰时代正迅速走向谢幕。1939 年战争再次爆发时，飞机（包括飞机赖以运行的航空母舰）和潜艇成了海战场的主宰。

两次世界大战之间，在华盛顿、伦敦、柏林、东京、罗马、巴黎和其他一些国家的首都经常就海军预算、兵力结构、作战原则和战术爆发激烈的辩论。大舰巨炮的支持者控制了各主要海军，面对海战中已清晰可辨的新方向，他们反应迟钝，往往令人痛苦不堪。这种顽固不化阻碍了新型武器平台以及相应战术和条令的发展。然而，许多新武器支持者的观点往往又言过其实，或者至少是不够成熟。尽管美国空中力量倡导者威廉·“比利”·米切尔陆军准将（William “Billy” Mitchell）言之凿凿和引人入胜，但是 1921 年时陆基飞机还没有对军舰构成严重威胁。

潜艇发展的历史提供了一个关于如何对待新技术这样一个重大问题的极佳案例。在两次世界大战间的几十年中，世界各大海军都把潜艇视为旁门左道。如果阿道夫·希特勒在 20 世纪 30 年代中期就开始实施大规模的潜艇建造计划，那么第二次世界大战初期的大西洋之战很可能会是另外一种结局。事后来看，希特勒不愿意支持这一计划是愚蠢的。但他的决定必须放在他为第三帝国勾画的国家政策的大背景之下加以考虑。希特勒策划的是一场主要在欧洲大陆进行，通过一系列迅速的、（对德国人来说）代价较小的战役获取胜利的战争。他为什么要把稀缺的资源投入到潜艇这种只有在长期的消耗战中才有价值的武器系统建设中呢？

同样，日本也因没有在太平洋实施潜艇破交战的准备而遭到诟病。否则，在那场始于 1941 年 12 月的漫长消耗战中，他们的处境或可更好一些。但是，日本的战略设想的是一场短暂的战争，这是其潜艇力量建设的需求基础。战争头一年，遂行舰队支援任务的日本潜艇击沉或重创了几艘美国航空母舰和一艘战列舰。[12]

美国海军的潜艇发展也很缓慢，但与德国和日本的情况一样，这种缓慢完全是国家政策所致。美国曾誓言不使用潜水器袭击航运，这种“残忍的”德国行为在1917年遭到美国的谴责。

两次世界大战之间，各国海军在发展航空母舰方面同样行动迟缓。在第一次世界大战中率先使用航母的英国海军，1918年后未能保持其领先优势。但第二次世界大战期间，英国，或者从更广泛的意义上看，盟国，在欧洲战场对大型航空母舰的需求非常有限。此外，航母发展的滞后在很大程度上是因为舰载机相较于陆基飞机的落后。到第二次世界大战前夕，航母才发展成为一种成熟的武器系统。到1940年，日本和美国海军才开始部署威力强大、装备精良、实用、现代化的单翼航母舰载战斗机，分别是日本三菱公司的A6M2“零”式（Zero）和美国格鲁曼公司的F4F-3“野猫”式（Wildcat）。

不管对潜艇和航母的接受来得多么缓慢，各国海军对这些平台的发展和日益提升的重要性都了若指掌。两次世界大战之间，各国海军都在努力探索将这些新型武器系统纳入整个作战理论和战术体系。与19世纪的情况相似，和平时期突飞猛进的技术变革使条令和战术的发展成了一种猜谜游戏。美国海军1934年发布的1924年之后首部新版战争指南反映了海战性质的不断变化。毫无疑问，排成战列线的无畏舰是舰队战斗力的核心。考虑到在役战列舰和航空母舰的数量对比，以及舰队航空兵有限的作战范围和打击能力，这并无不妥。但美国海军对航母的预期远不止侦察角色。在舰队行动中，航空母舰飞行中队被赋予侦察、打击和空中战斗巡逻任务，这些此后都成为航母飞行部队的基本作战任务。战斗机要摧毁接近舰队的敌机，实施空中警戒以防止敌军侦察或实施空中打击，为轰炸机和鱼雷机中队护航。轰炸机和鱼雷机的任务是打击敌战列线、分遣队和航空母舰。[13]

尽管舰载和机载无线电技术不断改进，美国海军还没有屈从于使用无线电集中指挥和控制舰队的诱惑。无线通信——现在被称为无线电，要“保持在符合形势需要的最低限度”，而完全的“无线电静默”将“在需要时强制实施”。1934 年版指南还保留了 1924 年版有关要求主动的前言。第五章第五节中包含如下段落：

> 下级指挥官可能会发现自己面临意想不到的形势，上级指挥机构下达的命令中没有预见或没有涉及这种形势，需要在与上级沟通和接受指示之前采取行动……这种形势可能就是紧急事态。下级必须充分了解其重要性，并判断是否能够完成所承担的任务。如果认为任务可以而且必须执行，则可能不得不为完成任务制订一个不同的计划。如果判断应当转而承担一项新的任务，则所选任务必须对上级的总体计划有所推进。[14]

不过，尽管官方指南有如此表述，随着 20 世纪 30 年代接近尾声，欧洲和亚洲战争阴云密布，人类掌握控制的天性——由于无线电技术的进步变得更加容易实现——开始威胁到美国海军富于主动精神的传统和实践。针对这一趋势，1941 年 1 月 21 日，时任美国舰队总司令欧内斯特·金（Ernest J. King）海军上将在全海军范围内发布了一份有关“行使指挥权”的备忘录。金写道：“多年来，我一直担心这种日趋严重的倾向——现在几乎成了‘标准做法’——将官和各级编队指挥官向部属下达命令和指示时，阐述该

‘做什么’与‘如何做’的程度和细节实际上已经使‘军种习惯’与指挥的基本要素——‘部属的主动性’背道而驰了。”[15]

金在第二次世界大战期间任美国海军作战部长。提及“部属的主动性”显示出金与诺克斯的一脉相承，诺克斯在 1913 年发表的文章中首次使用了这一表述。1911 年，还是一名年轻上尉的金在大西洋舰队总司令的参谋班子中首度与诺克斯共事。金、诺克斯和亨利·亚内尔（Harry E. Yarnell，时为海军少校）对军事历史有着共同的兴趣，经常阅读和讨论有关战争理论和实践的著作。后来，晋升为海军少校的金在 1913—1914 年担任《海军学会会刊》编辑，期间恰逢诺克斯的 3 篇重要论文在该刊发表。近 30 年后，在战争即将爆发之时，金把诺克斯的语录奉为海军的座右铭。[16]

※ ※ ※

第二次世界大战是人类历史上最大规模、最具破坏性的冲突，也是一场遍及陆地、空中和海洋的战争。地面和空中力量主宰了欧洲战场，但盟军海上力量发挥了决定性作用。没有大西洋之战的胜利，就不会有欧洲第二战线。如果盟军败于海上，对俄国前线产生的冲击将是巨大的。德国获胜，谈判平局，乃至苏联红军“解放”整个欧洲大陆，其后果都无法估量。北非、中东、南亚和东南亚的战役同样严重依赖海军。在太平洋战场上进行的战役则主要是一场海军之间的较量。

鉴于这场冲突的全球属性，通信，特别是无线电传输，成为有效遂行战争的关键因素。在太平洋，美军潜艇经常在远离基地超过

1000英里的水域作战。1942年5月到6月，日军力图在太平洋中部与美决战，其战线超过1500海里，北起阿留申群岛（Aleutians），南至中途岛（Midway）和夏威夷群岛（Hawaiian Islands）。没有无线电，控制和协调部署在遥远战区的大量部队，即便不是不可能的，也将非常困难。

通信能力的提升并非毫无代价。无线电时代的到来助长了各国海军集中派的势力，为之提供了一种他们所寻求的新的、有时是令人窒息的控制手段。曾有人说："总司令可以使我成为将军，但只有通信才能让我发号施令。"[17] 然而，许多指挥官发现，在被"战争迷雾"笼罩的快节奏战斗中，无线通信的战术运用并不总是能很好地解决控制问题。此外，与第一次世界大战时的情况一样，无线传输会被拦截、解码和破译，因此依赖无线电达成通信和控制存有致命的弱点，

考虑到第二次世界大战中海战的宏大规模，全面讨论1939—1945年间的海军指挥控制问题超出了本书的范围。有鉴于此，本章各节将重点介绍一些能很好地说明通信能力技术水平、集中派与分散派的长期争执以及两种海上指挥控制方式优劣的战役。正如金所宣称的那样，在太平洋战区，美国海军非常信任战术指挥链中各级部属的主动精神。这种信任在许多战役和战斗中得到了丰厚的回报，如1943年的西南太平洋巡洋舰-驱逐舰作战行动，但也在1944年10月解放菲律宾的开局之战——莱特湾（Leyte Gulf）战斗——中，险些让美军付出惨重代价。相反，欧洲战场耗时最长的战役——大西洋之战——彰显了新通信技术的战役和战术能力，不过也再次证明了这类系统易遭密码破译。在地中海战区，安德鲁·布

朗·坎宁安（Andrew Browne Cunningham）海军上将则证明了纳尔逊精神在英国海军中得以延续。

※ ※ ※

1941年12月至1945年9月间美国海军在太平洋战区的作战行动不仅是历史上最伟大的海上战争，也是由一支自觉致力于分散指挥控制的海军实施的为数不多的海战之一。这倒不是说，从华盛顿到广袤的西太平洋，美军指挥链中的每一位指挥官都是全心全意的分散派，或者说，美国海军的指挥控制方式取得了完全的成功。美国海军军官一直试图在既有通信的合理运用与适得其反的过度依赖之间求得平衡。此外，在莱特湾战斗中，分散指挥系统几乎给美国海军酿成一场灭顶之灾。

太平洋战争的高风险以及珍珠港（Pearl Harbor）惨败后美国海军指挥官承受的巨大压力，意味着集中化的诱惑始终存在。甚至连分散指挥最热心的支持者也显露出试图影响部属行为的苗头。例如，海军上将金和哈尔西——前者关于主动性的认识已在上文中引用——干涉部属工作都是出了名的。

1942年初，金成为美国海军职位最高的军官，任美国海军作战部长、美国舰队总司令，以及美国参谋长联席会议（U.S. Joint Chiefs of Staff）和盟军联合参谋部（Allied Combined Chiefs of Staff）成员。金对分散化的承诺尽管斩钉截铁，却往往是理论多于实际。事实上，1941年他之所以起草了那份关于“部属的主动性”的海军备忘录，是因为意识到自己已经蜕变成一个过分的集中派，他不愿放手让部属履行明白无误的岗位职责。在整个战争期间，他非常乐于向自己的主要部属提建议、作指示，特别是对战时美军太平洋海域总司令（CINCPOA）兼太平洋舰队总司令（CINCPAC）切斯特·尼米兹（Chester W. Nimitz）海军上将。例如，金不顾尼米兹的反对，坚持在1942年4月对日本实施“杜立德空袭”（Doolittle Raid）。战争第一年，金曾多次直接联系在西南太平洋作战的美军部队。[18]

战争初期，尼米兹也曾忍不住把手伸得过长。1942年1月，尼米兹命令位“企业”号（*Enterprise*）航母的哈尔西海军少将率特混部队突袭日本控制的中太平洋马绍尔群岛（Marshall Islands）。因对日军防御情报掌握有限，尼米兹明智地仅向哈尔西下达了原则命令。哈尔西的参谋人员制订了详细计划，并随作战行动的展开加以调整，一直保持着严格的无线电静默。金从华盛顿向尼米兹施加的压力越来越大，要求他采取积极主动的行动；在珍珠港焦急地等待着突袭行动报告的尼米兹得不到任何消息，遂给哈尔西发了一条电文，让哈尔西“善用形势”，“扩大”行动，“延长”对相关岛屿原定一天的打击。正如哈尔西和尼米兹的传记作者波特（E. B. Potter）所写：“尼米兹将军从来没有驾驶过飞机，指挥过航空母舰，也没有参加过战斗，现在，他正在告诉海军航空母舰部队的高级指挥官哈尔西将军该如何打这一仗。”[19]

哈尔西含蓄地冷处理了这些指示。波特就此评论道：“幸好哈尔西处于无线电静默状态，否则，他可能会用或多或少的官方语言斩钉截铁地回一声‘闭嘴！’太平洋总司令的电报似乎激怒了他。从1935年就开始指挥航母部队的哈尔西觉得自己用不着尼米兹的指导就能完成任务。”1942 年 3 月突袭威克岛与马库斯岛（Wake and Marcus Islands）时，哈尔西再度实施了严格的无线电静默。尼米兹得到的少量信息全都来自截获的日军通信。波特认为哈尔西的做法“就像是美国内战时期的将领们为防止华盛顿的干扰而故意切断电报线路一样”。[20]

与金不同的是，尼米兹从这些早期的行动中汲取了教训。波特写道：“尼米兹发现了问题。自那时起，他一直坚持，一旦下级指挥官按照经批准的作战计划开始行动，绝不再就如何执行这一任务下达任何指示或发表任何意见。”[21] 这种不干涉的分散指挥方式令尼米兹在整个战争中获益匪浅。那些成功的指挥官，如哈尔西，都获得了晋升，担负起更大的责任；而那些失败的指挥官，如罗伯特·戈姆利（Robert L. Ghormley），则被解除了指挥权。

尽管有金的备忘录，在整个太平洋战区指挥链中，对信任“部属的主动性”仍是见仁见智。有些指挥官不能或不愿下放职责。鉴于海战的快节奏，这些指挥官往往会处于极其不利的境地。幸运者如尼米兹，还有机会改正；不幸的人则没有。

阿利·伯克就是幸运者之一。1943 年初，伯克受命指挥第 43 驱逐舰分队，不出半年便赢得了“31 节伯克”的美誉。伯克后来担任过海军“快速航母”部队司令马克·米彻尔（Marc A. Mitscher）的参谋长，在战后海军力量、结构和战略的构建中发挥了重要作用，并在艾森豪威尔（Eisenhower）和肯尼迪（Kennedy）政府时期史无前例地连任 3 届海军作战部长。伯克是致力于分散指挥控制的战术指挥官的典型人物，他指挥的“小海狸”（Little Beavers）分队令人回想起纳尔逊及其兄弟帮。

伯克与纳尔逊的海军生涯相隔了近一个半世纪。在此期间，海战经历了翻天覆地的变化。相较于纳尔逊时代，第二次世界大战时的舰船更大、更快、装备更精良。无线电取代信号旗成为主流通信手段。战术也在不断演进，光学和雷达技术使火炮和鱼雷的射程从几十码拓展至数千码。尽管战争技术变化巨大，但舰船仍然只是人类的工具，伯克与纳尔逊面临着同样的问题——指挥。两人所采取的领导方式，都不更加集中权力和更加依赖通信，而是分散权力和依赖条令：不是正式的、官方的条令——无论是英国海军的《战斗指令》，还是美国海军 1942 年颁行的《理性军事决策》——而是指挥官战时制定的非正式、个性化条令。[22]

伯克成名之时，距离、火炮和烟囱排放的烟雾乃至夜暗都不再对实施指挥有所妨碍。无线通信的即时性和灵活性远胜于视觉通信，从而显著提升了指挥功能集中化的可能。第二次世界大战初期，指挥美国水面舰艇部队的那些人认为，舰对舰无线电通信，再加上无论昼夜都能提供敌我双方清晰图像的新型雷达设备，将使他们在战斗中指挥到舰。然而，在 1942 年和 1943 年的所罗门群岛夜战中，美军却被更加善战的日军击败。新技术无法与日军更优越的训练和作战原则相匹敌。混乱的夜战令“战争迷雾”更加厚重，美军沉没的舰船实在太多，竟让战场得到了“铁底海峡”的恶名。

许多美国海军军官没有意识到的是，技术进步既催生了雷达和无线电话——这原本可以解决 1805 年就已存在的指挥控制问题，也造就了远程火炮和鱼雷。指挥官的整个决策框架已然改变，而且相当彻底。在风帆时代，目视发现敌舰队后还能鸣笛通知舰员用餐的情形可谓司空见惯，因为接敌开战可能需要几个小时。以特拉法尔加为例，战斗在双方舰队互见 6 个小时之后方才打响。相比之下，伯克在其第一次实战，即 1943 年 3 月的库拉湾（Kula Gulf）战斗中，得到首次雷达接触后仅犹豫了 90 秒就下令实施鱼雷攻击。事实证明，如此短暂的犹豫已经足以导致失利，即使不是失败。

伯克意识到“在战斗中根本没有时间下达命令”。与纳尔逊一样，他的结论是，在战斗中，“旗舰的损伤可能会使命令无法下达，抑或是对特混部队指挥官的影响太大……使之无法确定最合适的时间实施……攻击，还可能使旗舰的功能弱化。”伯克曾告诫一名下级军官，一个糟糕的军官和一个优秀的军官之间，差距“大约是 10 秒钟”。[23]

伯克和纳尔逊都发现，集中化会在部属中产生困惑、犹豫和不作为。纳尔逊看到约翰·杰维斯爵士在圣维森特角错失行动时机；伯克在库拉湾感觉时机正在流逝。正如伯克所言，时间是“唯一不可再得之物”。两人都主张尽量不浪费一分一秒。纳尔逊坚持尽快与敌交战，将航行队形与战斗队形融为一体，否则“与敌交战的机会可能丧失”。[24] 哈尔西恰如其分地把圣乔治角（Cape St. George）战斗，也就是伯克指挥“小海狸”分队的最后一场战斗，称为“太平洋的特拉法尔加”。[25] 这种比较不无道理，因为伯克的分队的航行队形就是准备与敌交战的队形。伯克坚信，接敌后最好“一有机会就全力攻击”。他指出，历史告诉我们：“运气往往与勇气同行。”虽然伯克无法预见战斗的具体形态，但其作战原则经受了考验：“置敌于进退维谷之境，这样，无论其何去何从，都难逃一劫。”[26]

伯克意识到，集中化是指挥官天生的欲望，他们需要“勒住缰绳”。另一种选择，也就是依靠部属的主动性，考虑到一旦出错就会有“灾难性后果”，做到这一点“不能仅有一般意义上的信心，还需要有信念”。尽管如此，伯克认为后者才是更好的选择：“（指挥官）都知道，下级没有旗舰所具备的认识和信息，然而，这场战争和其他战争已经过去的战斗都表明，成功源于受过充分条令灌输的部属的主动行动。如果确实如此，问题也就迎刃而解了，即，教会部属在相似的情况下如何像特混部队指挥官那样做出反应和采取行动。”[27]

终其一生，伯克对主动性的看法都没有改变：“有些海军军官……总是喜欢到处插手，以确保事情是……按照自己的方式处理的，总是喜欢指挥一切。这倒也行得通……只要通信手段和当事者能力足够。但如果他什么都不用说，人们就会自然而然地去做自己认为最好、别人也认为是最好的事情，那么这种方式就不那么有效了。”[28]

对伯克而言，胜利是“在非常不利的条件下”运用“简单原则”的结果。不出海时，他每天都要与“小海狸”分队的部属们开会。会上，伯克与舰长们交换信息和想法，并为下一次战斗制定指导原则。伯克还定期与上级会面，以确保他们了解自己在战斗中会做些什么。他强调事先掌握“在不同情况下你会做些什么”的重要性。伯克对奥古斯塔皇后湾（Empress Augusta Bay）战斗有如下评论：“鱼雷攻击时没有命令。整个行动都是基于条令实施的。非常幸运的是，用于解释条令的一个案例与那天夜间的实际情况极为相似。”[29]

比较纳尔逊与伯克的思想和方法可以看出，这两位成功的指挥官从他们早期的战斗经历中汲取了极为相似的教训。他们都避免集中指挥方式，并相信下放权力——分散指挥——是提升战斗力和取得胜利的最大希望。他们这么做时，备受欢迎的通信技术似乎都在向人们展示着一个更加集中化的前景。

※ ※ ※

尼米兹、哈尔西和伯克等美国海军指挥官在战争最初两年的经验证明了两点：一是对融入空中、水面和水下作战经验教训以及诸多新型武器系统能力的新作战条令的需求；二是分散指挥控制系统的重要性。1943 年夏，在准备跨越中太平洋去赢得战争的美国海军中，充满着对新作战条令的思考，但在战时环境中，这些概念的发表非常缓慢。然而，诺克斯的“部属的主动性”原则仍然是美国海军作战条令的核心。

美国海军最著名的战时条令手册也许是 1943 年 6 月颁发的《太平洋舰队当前战术命令与条令》(*PAC–10: Current Tactical Orders and Doctrine, U.S. Pacific Fleet*)。文件包括大量有关巡航与战斗指令以及潜艇、两栖兵力和空中进攻行动指导内容的章节，其前言明确指出：“PAC–10 无意也不应被理解为旨在剥夺行使战术指挥权的军官对其所属部队下达专门指示时享有的主动权……最终目的是在不对灵活性造成不可接受的损害的前提下，达成基本的一致。”在出现有利时机且对该时机的利用不会危害任务时，在该时机对于高级指挥官“可能不够明显”时，在“时间紧迫或通信受限，无法上报和等待指示”时，战术指挥官要把握主动，发起“临时进攻”。[30]

这种对“部属的主动性”原则的坚持并不仅限于太平洋舰队。1944 年 11 月发布的《美国海军战争指南》（*War Instructions, United States Navy*）就分散化而言力度更大。作为一部出版于世界大战期间的指南，其理论性令人称奇，开篇的《海军力量中的人文因素》一章，很可能由一位专业史学家或理论家主笔，甚或就是出自达德利·诺克斯斯之手。《战争指南》指出，成功的指挥官拥有“负责任的勇气”“果断的性格”“理性的判断”以及“主动精神，理解和利用新形势的能力”。第 213 节直接论及主动性的运用：“下级指挥官可能会发现自己面临一种在上级指挥机构下达的命令中没有预见或没有涉及的形势，需要在与上级沟通和接受指示之前采取行动。因此，该下级必须确定其承担的任务是否能妥善因应新的形势，从而对上级的总体计划有所推进。如果没有，则选择一个符合上述条件的新任务。”[31]

1944 年 10 月 23 日至 26 日，美国海军在莱特湾及其附近水域赢得了世界历史上规模最大的一场海战，新战争指南的颁布恰是仅仅几周之后的事。如果说美国海军在太平洋的成功彰显了分散指挥控制系统的优势，那么莱特湾战斗则揭示了这种系统的危险性，即使指挥战斗的是尼米兹和哈尔西这样既精明又富有经验的人。

对美国和日本来说，菲律宾群岛之战是太平洋战争的关键一役。对美国而言，征服菲律宾既是军事上的胜利，更是政治上的胜利。台湾或许是一个更有意义的军事目标，但菲律宾这个 1942 年初被日本夺占的美国领地的解放和道格拉斯·麦克阿瑟（Douglas MacArthur）将军的“重返”，将成为美国力量和决心的有力象征。对日本而言，美国的胜利将使其与南方的资源隔绝，尤其是维持经济运转以及帝国海军出海所必需的石油。美国一旦夺回菲律宾，日本就在劫难逃了。

美国的菲律宾计划需要两支主要的盟军部队协同行动：西南太平洋地区盟军最高指挥官麦克阿瑟陆军上将所部和尼米兹海军上将所部。麦克阿瑟负责在菲律宾中部莱特岛的主要登陆行动，其陆军部队将由托马斯·金凯德（Thomas C. Kinkaid）海军中将指挥的美国第 7 舰队负责运输和支援。第 7 舰队拥有大量两栖和支援舰船，包括 20 余艘有“吉普”航母之称的小型护航航空母舰，此外还有一些老旧的战列舰，但这些老舰速度太慢，跟不上集中于哈尔西第 3 舰队的快速航母。哈尔西向位于夏威夷的尼米兹负责，负有两项主要的、可能相互冲突的职责。他领受的作战命令是“掩护和支援西南太平洋的部队，协助夺取和占领菲律宾中部的目标”。但同时他又被要求：“如有机会或能创造机会摧毁敌舰队主力，则此种作战行动成为首要任务。”[32]

尼米兹给哈尔西的命令既不含混也不矛盾。这些命令只是总体性的，是计划人员在行动开始几个月前，情况还无法完全被预见时拟就的。这些命令再加上尼米兹的分散指挥风格，给了哈尔西不同寻常，但也是太平洋舰队所必需的自由裁量空间。事实上，如果有机会对日本舰队施以毁灭性的打击，哈尔西肯定会抓住不放。和大多数美国高级海军指挥官一样，他迫不及待地想要一场太平洋上的“特拉法尔加战斗”——与日本主力舰队的巅峰对决。此外，作为航母将领，“公牛”哈尔西非常沮丧：尽管在航空兵部队身居高位，却错过了珊瑚海（Coral Sea）、中途岛以及最近在菲律宾海的航母大战。在菲律宾海战斗中，雷蒙德·斯普鲁恩斯（Raymond A.

Spruance）海军上将因未能击毁日本的航空母舰而在海军中备受争议，这也成了促使哈尔西甘冒更大风险消灭日本航母部队的一个因素。此外，哈尔西的战时经验使其坚信，航空母舰，而不是战列舰，才是新时代的超级战舰。这为不久之后的所谓“牛奔”埋下了伏笔。

日本的计划——在保卫菲律宾的同时给美国海军和两栖部队致命一击——也是深思熟虑的，尽管本质上是在孤注一掷。日军准备动用其武库中的所有可用之物，不惜一切：航空母舰、装备18.1英寸巨炮的“大和”号（*Yamato*）和“武藏”号（*Musashi*）超级战列舰，乃至冲向美国舰队的神风特攻队飞行员的生命，都将毫无保留地用于阻挡美军前进的最后一战。部分是出于谋划，部分是出于运气，日军赢得了些许优势，达成了相当的突然性。美军通过密码破译获悉日军正在策划一次重大的反攻行动。但与大西洋上的德军不同，日军在战役层面严守无线电静默，致使美军错失了很多细节。日军的进攻至少在所有军事结构的最薄弱处——部队结合部——给了美军一定程度的打击。日本的计划者还像武术大师一样成功地让美军失去了平衡，从而使实力较弱的日本舰队扳倒了实力较强的对手。

10月17日，首批美军在莱特岛登陆后，日本迅速最终确定了其计划。计划的海军部分包括3支主要部队。小泽治三郎（Jisaburo Ozawa）海军中将的北方部队，包括若干航空母舰和警戒兵力，将从濑户内海（Inland Sea）向南驶往吕宋岛（Luzon）以东阵位。小泽的航母上几乎没有飞机，意在将美国第3舰队的航母引出莱特湾。与此同时，志摩清英（Kiyohido Shima）海军中将的南方部队将从琉球群岛（Ryukus）出发，经台湾和吕宋以西，溜过苏禄海（Sulu Sea），与西村祥治（Shoji Nishimura）海军中将从新加坡出发的几艘战列舰会合，然后准备经苏里高海峡（Surigao Strait）从南方进入海湾。栗田健男（Takeo Kurita）海军中将实力最强的第一游击部队，即中央部队，将从新加坡附近的林加锚地（Lingaa Roads）出发，经巴拉望水道（Palawan Passage）驶往莱特岛，经圣贝纳迪诺海峡（San Bernadino Strait）从北方进入海湾。

10 月中旬的莱特岛登陆标志着美国解放菲律宾计划的加速，这是哈尔西自主行动的结果，他已于 1944 年 8 月 26 日从斯普鲁恩斯手中接掌了第 3 舰队的指挥权。[33] 哈尔西从第 3 舰队第 1 航母部队，即第 38 特混部队司令马克・米彻尔海军中将处了解到，日军在菲律宾群岛南部的空中力量弱于预期。于是，哈尔西没有按计划留在南部掩护帕劳群岛（Palaus）的两栖作战，而是自行将第 3 舰队移向更北。他相信金凯德的第 7 舰队足够强大，可以确保登陆行动的安全。9 月 12 日至 13 日，第 38 特混部队的飞机袭击了菲律宾中部的机场，以仅损失 8 架飞机的代价，在空中和地面摧毁日军飞机 200 余架。哈尔西及其参谋人员现在确信日本在整个菲律宾群岛的防御都很薄弱，建议尽快实施入侵。尼米兹和麦克阿瑟同意哈尔西的建议，并按指挥链向上级做了报告。在魁北克开会的联合参谋部接受了哈尔西的建议，入侵日期从 12 月 20 日提前至 10 月 17 日。[34]

10 月中旬，第 38 特混部队的飞机开始打击吕宋岛的日军防御体系，为入侵做准备。美军再次发现对手的防空能力弱于预期。10 月 17 日莱特岛登陆开始时，第 3 舰队位于吕宋岛以东的掩护阵位。求战心切的哈尔西等待着侦察机和潜艇有关日本舰队位置的报告。

10 月 23 日，首份发现目标的报告送达哈尔西处。美国“海鲫”号（*Darter*）潜艇发现了属于栗田第一游击部队的舰船。当天及次日，“海鲫”号和后续赶到的“鲦鱼”号（*Dace*）一道伏击了日军，共击沉重巡洋舰 2 艘，击伤 1 艘。24 日，哈尔西的侦察机在锡布延海（Subuyan Sea）找到了栗田的部队，很快又在苏禄海发现了日军南方部队。米彻尔的航母向这两支日军发起攻击，同时抵御着神风特攻队和来自吕宋岛机场的常规空袭。日军重创了“普林斯顿”号（*Princeton*）轻型航母。美军集中兵力猛攻实力最强的栗田部队，击伤重巡洋舰 1 艘，并击沉了“武藏”号超级战列舰。

到下午 3 时许，侦察机报告显示，栗田显然是被 4 艘重巡洋舰和巨无霸“武藏”号的重大损失所伤，已经调转了航向。哈尔西认为栗田改变航向只是暂时的，他相信日军还会回过头来，并企图在夜暗的掩护下穿过群岛。作为一项应急措施，哈尔西于 15 时 12 分发布了他所称的“战斗计划”：如有必要，将组建第 34 特混部队，下辖 4 艘战列舰、2 艘重巡洋舰、3 艘轻巡洋舰和 14 艘驱逐舰，由威利斯·李（Willis A. Lee）海军中将指挥。被列为收件人的金和尼米兹都收到了这则电文。金凯德也收到了上述消息，他的无线电操作员正秘密监听第 3 舰队的无线电频率，因为麦克阿瑟坚持应对指挥链抱有起码的尊重，不允许哈尔西和金凯德直接通信。[35]

哈尔西相信自己已经平安度过了危机。美国战斗机的空中战斗巡逻已经击退来自吕宋岛的空袭。虽然损失了“普林斯顿”号，但高速航空母舰部队仍然完好无损，其舰载机联队随时可以战斗。栗田已经调转航向，如果他再次东袭，哈尔西将用第 34 特混部队回击。在南翼，第 7 舰队的老旧战列舰完全可以阻止日军南方部队通

图 10　莱特湾战斗，1944 年 10 月 23 日至 25 日

▲　莱特湾战斗是历史上规模最大、影响最广的海战之一。有两方面的原因使日军险些赢得胜利。首先，他们将哈尔西置于两难境地，使之选择错误。其次，他们击中了美军的软肋，也就是第 3 和第 7 舰队的结合部。

过苏里高海峡。但是，令哈尔西及其参谋人员感到不解的是，小泽的航空母舰在哪里呢？日军显然已经发起了一项重大的行动，一项重大的海军行动必须包括航空母舰。

17 时刚过，哈尔西的侦察机在恩加尼奥角（Cape Engaño）以东 180 英里处发现了小泽的北方部队。哈尔西突然意识到自己正面临着一个艰难的抉择。在他看来，他可以保护圣贝纳迪诺海峡（San Bernadino Strait）免受栗田的袭击。但他“否决”了这一方案，因为这将使自己的舰队被动地处于两支逼近的敌军之间。此外，在这种情况下，航程更远的日本航母舰载机就会比美国军舰占优势。另一种选择是分出部分兵力组成第 34 特混部队，令其向南去保护圣贝纳迪诺海峡，他本人则率领航空母舰向北去迎击小泽。但这个方案也被哈尔西“否决”，因为这是一种“顾此失彼”的做法，既可能使第 34 特混部队暴露于日军的空袭，也会使快速航母失去战列舰提供的防空保护。他最终选择放弃保护海峡，率第 3 舰队全部兵力北上迎击小泽。哈尔西的理由是，向北机动“保持了舰队的完整性，既可使自己握有主动，又可能最大限度地出其不意。即使日军中央部队乘机突入圣贝纳迪诺海峡向莱特湾挺进，也只能……打了就跑。”他后来写道：“打击北方部队是一个艰难的决定，但基于当时的形势和所掌握的信息，在同样的情况下，我还是会如此决定。”决心下定后，哈尔西指着海图上的一处位置点对其参谋长罗伯特·“米克”·卡尼（Robert B.“Mick”Carney）海军少将说：“这就是我们要去的地方，米克，向北开进。”[36]

当第 3 舰队以 16 节航速向北推进时，美军夜间侦察机再次发现栗田的游击部队正向东驶往圣贝纳迪诺海峡。但哈尔西已经下定决心冲向日军航母部队。20 时 24 分，他用电文将这一信息直接发往金凯德，同时抄送尼米兹和金，并补充道："正率 3 个编队向北，拟于黎明攻击敌航母部队。"哈尔西的电文意在警告金凯德第 3 舰队没有防守海峡，但对金凯德和尼米兹来说，"3 个编队"似在暗示第 34 特混部队已经组成并留了下来，而哈尔西正率第 38 特混部队的 3 个航母编队北上。[37]

哈尔西挥师北上，日军游击部队和南方部队则在向莱特湾进发。由于美军空袭后栗田调转了航向，导致游击部队大大落后于原计划。但 10 月 24 日晚，南方部队强行通过苏里高海峡的企图未获成功。在美国海军最后一次重大水面作战中，杰西·B. 奥尔登多夫（Jesse B. Oldendorf）海军少将的部队击沉日军战列舰 2 艘、巡洋舰 2 艘、其他舰艇若干，赢得了美国海军历史上最彻底的胜利之一。

栗田在哪里呢？来自侦察机的报告称其正向东航行，但哈尔西和他的高级助手们仍然相信向北航行才是合理的。当晚，疲惫不堪的哈尔西睡下了。并不是所有人都像哈尔西那般肯定。时任马克·米彻尔参谋长的阿利·伯克海军准将担心，日军在菲律宾海失利后，肯定知道小泽的 4 艘航母太弱，根本不是第 38 特混部队 16 艘航母的对手。如果是这样的话，为什么日军的航母要南下呢？伯克断定这些航母是吸引哈尔西离开莱特湾北上的诱饵。他叫醒了米彻尔，米彻尔听了他的说法后答道："我觉得你是对的，但我无法知道你是不是对的。"米彻尔认为哈尔西与伯克握有同样的信息，因此他不想插手。拟议中的第 34 特混部队司令威利斯·李与伯克的想法类似，他向哈尔西的参谋人员表达了自己的担忧，但毫无效果。卡尼和第 3 舰队参谋班子的其他成员已经考虑过并且排除了日本航母是诱饵的看法，当天傍晚时分，哈尔西手下能接触到截获电文的几名情报军官也提出过这个问题。卡尼拒绝叫醒正在沉睡的哈尔西。[38]

在夏威夷的尼米兹也很担心。与金凯德一样，他一开始也以为哈尔西组建了第34特混部队。但他安排好空中掩护了吗？尼米兹需要更多的信息，不过一想到早先与哈尔西打交道的经历，就不再想插手了。他焦急地等待着，监视着第7舰队和第3舰队的无线电通信。奥尔登多夫在苏里高海峡获胜的报告多少缓解了紧张的气氛。但为什么没有威利斯·李的报告呢？就在情况不明令尼米兹备受折磨之时，他收到了金凯德询问哈尔西第34特混部队是否在守卫海峡的电文。夏威夷方面开始并愈发地怀疑，根本就没有第34特混部队。[39]

尼米兹审查了往来电文之后，向其助理参谋长伯纳德·奥斯汀（Bernard Austin）海军上校求证所有相关电文是否均已入档。奥斯汀做了肯定的回答，并问尼米兹是否在寻找什么具体的东西。尼米兹说，似乎没有明确的迹象表明第34特混部队已经成立，并守卫着圣贝纳迪诺海峡，这一事实令其“非常担心”。奥斯汀答道：“是的，将军，这一点在电文中并不清楚，还有几个人对此也有疑问。”尼米兹把奥斯汀打发走后又两次召其询问通信情况。最后，奥斯汀建议尼米兹直接询问哈尔西。按照其传记作者的描述，尼米兹“想了一会儿，然后给了奥斯汀一个意料之中的答复——他不想发出任何电报，直接或间接影响负有职责的战术指挥官对其部队的战术运用”。[40]

尼米兹在夏威夷苦等着消息，栗田则率领游击部队通过圣贝纳迪诺海峡进入了莱特湾。日军在为一路平安而喜不自胜的同时，还是惊讶于这个海峡竟然毫无防御。难道是美军设下了某种埋伏？当瞭望哨最初看到南方出现的舰船——克利夫顿·斯普拉格（Clifton A. F. Sprague）海军少将指挥的第 7 舰队第 3 特混部队的护航航母和驱逐舰——时，从来没有近距离看到过美国航母的日本人还以为这些“吉普”航母属于哈尔西的舰队。栗田猛扑向南，一场激烈而混乱的战斗就此打响。斯普拉格的小舰不顾一切，英勇奋战，驱逐舰以其 5 英寸火炮和鱼雷与巨兽“大和”号的 18.1 英寸重炮战作一团。[41]

不但金凯德和哈尔西的旗舰都收到了斯普拉格的呼救，夏威夷的太平洋舰队司令部也收到了。一名助手把金凯德发给哈尔西，要求威利斯·李的第 34 特混部队提供支援的电文交给了尼米兹。哈尔西答复会派 3 个航空母舰编队中的一个南返攻击栗田，但对威利斯·李的战列舰却只字未提。那么，第 34 特混部队到底在哪里？听了奥斯汀的建议，尼米兹认为该让哈尔西做出某种澄清了。

为使破译更加困难，美国海军的密码电报在开始和结尾都含有无实际意义的混码。因此，尼米兹质询哈尔西并抄送金和金凯德的电文是这样的：“火鸡跑到水里 GG 第 34 特混部队在哪里重复在哪里 RR 全世界都想知道。”[42] 双辅音字母之前和之后的部分都是混码，译电员应予删除。

但是，在哈尔西的“新泽西”号（*New Jersey*）旗舰上，一种危险的气氛正在形成，在这种气氛中很容易出错。约 10 时，哈尔西收到了金凯德令人不安的消息：“我部情况危急。快速战列舰和空中支援可能会阻止敌人摧毁轻型航母并进入莱特湾。”[43] 就在哈尔西揣摩金凯德电文的含义时，旗舰无线电室译出了尼米兹询问第 34 特混部队的电文。但混乱之中，一位译电员把电文从无线电室呈递给舰队司令时却没有去掉混码“全世界都想知道”，这也许反映了当时一直困扰着哈尔西及其参谋人员的第二个想法。

哈尔西显然忽略了电文结尾双辅音字母后面的内容是混码这一事实，立刻就崩溃了。战斗的紧张疲惫，电报的讥讽语调，再加上得知金和金凯德都是抄送对象时感受到的屈辱，令哈尔西再也无法承受。他把军帽甩到甲板上，“哭出声来”。卡尼冲到他的身旁，高声喝道：“行了！你到底怎么了？振作起来！”哈尔西派出由快速战列舰组成的第 34 特混部队，并由其 3 个航母编队之一掩护，南下支援斯普拉格，米彻尔的第 38 特混部队则继续北上消灭小泽的北方部队。[44]

“牛奔”就这么结束了，现在开始的是向南驰援，一场哈尔西注定要输掉的行动。栗田或许从未想过自己真能到达莱特湾，所以心理上并没有做好充分利用这一天赐良机的准备。混战之中，面对斯普拉格小舰和飞机的殊死抵抗，栗田没有给美军造成多大损失就撤出了，此时哈尔西的援军尚在途中。

莱特湾战斗的几近溃败与其说是各自为战的恶果，不如说是分散指挥控制系统的缺陷所致。尽管尼米兹十分关注菲律宾的情况，但他从根本上反对干涉部属的既定行动。哈尔西的表现凸显了基于部属主动性的系统所固有的危险。部属在行使主动时既可以做出正确的决定，也可能做出错误的决定。在 1942 年初的航母突击行动和当年稍晚以及来年惨烈的所罗门群岛战斗中，每每相信哈尔西判断的尼米兹从来都没有失望过。1944 年 8 月至 10 月间，在入侵的准备阶段，哈尔西主动作为，表现良好。事实上，如果不是哈尔西甘愿违背命令，甚至在 1944 年 12 月之前都不会有莱特岛的登陆。但 10 月 24 日那天，哈尔西的选择是错误的。幸运的是，同样主动作为的栗田也犯了类似的错误，过早地撤出了莱特湾。

※ ※ ※

美军因担心对无线电太过依赖，决意允许下级指挥官在一种分散化的指挥控制系统中享有相当的自主权，就在他们如此这般地为太平洋战争做着准备时，德军开始了第二次世界大战中欧洲战场最主要的海上战役——大西洋之战，他们采用的是一种高度集中化的体系。德国很清楚英国在第一次世界大战期间因无线电拦截和解码、无线电流量分析以及无线电测向能力所获得的优势。然而，纳粹海军仍然倾心于严重依赖无线电的、更加集中化的海军指挥控制方式。

德国潜艇战的背后推手是卡尔·邓尼茨（Karl Dönitz），他在第一次世界大战时任潜艇艇长，1918 年底在一次攻击英国运输船队的行动中曾失去过自己的潜艇。[45] 战时经验令邓尼茨确信，单独行动的潜艇在与护航运输队的对抗中处于明显的劣势。两次世界大战之间所开发的潜艇探测技术，即声纳（英国人称“ASDIC”），使潜艇的胜算进一步降低。在第二次世界大战前几年开始执掌德国潜艇部队的邓尼茨认为，对付护航运输队的方法是在敌军附近集结一群潜艇，并在夜间浮出水面发起攻击，从而使护航舰艇的声纳趋于无用。德国人将这一新概念命名为“艇群战术”（Rudeltaktik）——也就是后来在英美圈子里被称为“狼群”的概念。

邓尼茨的计划很简单。他会在通往英国的航路上部署大量潜艇，形成一条警戒线。当其中的一艘潜艇发现护航运输队时，会用无线电报将相关信息，即规模、护航力度、航向和航速等，发回控制中枢——德国潜艇部队司令部。司令部据此引导警戒线上的其他潜艇，以及周边的任何潜艇机动至拦截阵位。艇群在该阵位集结后开始攻击。从各个方向实施的夜间水面攻击会令护航舰船陷于混乱，应接不暇，使潜艇有机会摧毁其“猎物”——向英国运送补给的商船。

无线电报是实施“艇群战术”的关键。英国情报历史学家欣斯利（F. H. Hinsley）认为，德国“潜艇司令部开发了一个通信网络，就其复杂性、灵活性和有效性而言，在军事通信史上可能是无与伦比的”。无线电既使得潜艇能够把必要的信息传回司令部，也使得邓尼茨能够指挥潜艇集结成群。[46]

邓尼茨知道对无线电的依赖会给其策划的行动和每一艘潜艇带来危险，因为无线传输易遭分析、测向、拦截和解码。但他也相信自己的运作方式可以避免这些危险。因为潜艇发给司令部的少量信息通常都是标准格式，电文可以压缩成简语，传输非常短暂，能够挫败英国的测向和信号分析。德国还为潜艇开发了强大的短波无线电通信技术，与老式的长波通信设备相比，更不易被测向。此外，德国拥有一种被称为“恩尼格玛”（Enigma）的机械装置，不仅可以编码，而且可以加密电文，从而使英国的密码人员无法破译。

人们有充分的理由质疑邓尼茨的大西洋潜艇战计划是否明智。他的战略是基于吨位的，也就是所谓的“吨位战”（Tonnageschlact），要求击沉盟国商船的速度超过其建造新船的速度。但这种方式只有在旷日持久的消耗战中才有意义，而消耗战正是希特勒非常明智地试图避免的，尽管他并未成功。此外，邓尼茨声称，如果他在战前的建议被采纳，如果德国在战争初期就拥有 300 艘远洋潜艇，他本可以打败英国。这种被普遍接受的说法回避了几个方面的问题。首先，希望避免与英国冲突的希特勒怎么会将如此多的资源投入一项肯定会激起英国敌意的战略？其次，如果希特勒同意如此大规模地重新配置物资和人力，用以建造更多的潜艇，势必会减少飞机和坦克的数量，那么地面和空中的战争进程会有什么不同？再次，如果希特勒真的启动了如此野心勃勃的潜艇建造计划，英美两国的防务政策又会发生怎样的变化？已知的事实是，面对巨大的损失，邓尼茨仍执意继续派潜艇出海，这导致到战争结束时，德国累计损失了近 70% 的潜艇。

可以肯定地说，邓尼茨关于其无线电通信链路安全性的假设也是错误的。事实证明，指挥大西洋行动所需的“巨大的无线通信负担”超过了预期；盟国开发了先进的测向设备，包括小到足以在护航舰艇上使用的装置；英国人也成功地读取了“恩尼格玛”的加密信息。[47]

在北大西洋确定盟国护航运输队的位置也比邓尼茨预想的要困难得多。这在一定程度上还只是由于护航运输队根据从德国密码信息中获得的情报而改变了航路。邓尼茨没有充分认识到盟军反潜飞机巡逻的危险，或是使用德国陆基飞机搜索护航运输队的相应收益。盟军远程巡逻机装备有深水炸弹，并在战争中期开始装备雷达和探照灯，这给德国潜艇带来了严重的威胁，迫使邓尼茨将潜艇巡逻线部署在离英国港口更远的位置。德国潜艇的部署位置越偏西，搜索护航运输队的弧线就越长。德军需要根据密码破译和测向技术获取的情报，调整潜艇在巡逻线上的位置，这就产生了大量的无线电通信，为英军提供了“源源不断的标准化和可预知信息——密码破译的必要素材”。巡逻线越长，投入的潜艇就越多，这又给组织起真正的“艇群攻击”拖了后腿。[48]

事实证明，如此密集的无线电通信在战役和战术层面也很容易受到测向侦察。德国人并不知道，法国、英国和美国的科学家们甚至在战前就一直在研制能够确定短波信号方位的高频测向仪（HF/DF）。战争初期，盟军使用这种新技术引导护航运输队避开集结的德国潜艇。1942 年底和 1943 年初，大西洋之战最为激烈时，小型化的 HF/DF 已部署在护航舰艇上。训练有素的盟军舰员使用高频测向装置能够确定德国潜艇无线电发射的方位，并根据短波发信产生的天地波差异，确定其与护航运输队的大致距离。由此，无线电测向不仅成为一种战役资产，也成为一种战术手段——可以派遣护航舰艇或飞机沿所测方位去解决处于水面的潜艇或迫其潜入水下，在这之后，潜艇缓慢的速度和有限的观察范围将其危险性大大降低。对潜艇战有深入研究的德国海军史学家于尔根·罗韦尔（Jürgen Rohwer）认为，盟军的舰载高频无线电测向仪而不是密码破译，才是扭转大西洋战局的关键因素。他写道：“分析一下 1942 年 6 月至 1943 年 5 月之间的护航运输队大战，包括那些德国人认为成功的，以及那些不大成功或是失败的战例，一个值得注意的情况是，行动的结果总是取决于是否有效地使用了高频测向。”[49]

盟军密码破译的战略和战役影响也对确保盟军在大西洋的胜利

发挥了关键作用。第二次世界大战期间破解德国密码——“超密”（Ultra Secret）行动——的历史广为人知。德国海军的密码是最难正常破译的密码之一，但到1941年，英国逐渐悟透了其主要内容。密码破译的确切作用已无从考证，“超密”行动最为权威的官方记叙者欣斯利对大西洋之战有如下描述：“这场斗争持续时间之长、协调统筹之好，表明破解（德国）通信内容的能力肯定是盟军一项至关重要的资产。”密码破译使盟军得以调整航运线路，增援受到威胁的运输船队，扰乱德国潜艇的巡逻行动，击沉在海上为作战潜艇补充燃料和补给的运油潜艇等重要资产，并对德国潜艇指挥体系的运作有相当深入的了解。[50]

回首往事，很明显，德国在战术、战役和战略层面对无线电通信的依赖最终导致了他们在大西洋的失败。高度集中的指挥架构之所以未能获得成功，倒不是因为剥夺了下级指挥官的行动自由，而是因为通信网络本身——由于密码的不安全——对敌人是洞开的。

如果指挥控制系统不那么集中化，就像美军在太平洋潜艇战中那样，德国海军的表现会更好吗？假使德国采用这样的体系，让潜艇在保持无线电静默的情况下各自为战，其作战效率必将大打折扣。但与此同时，如果无线电静默使英国无法再从德国潜艇部队司令部所要求的数据传输中获取丰硕的情报——艇长姓名、潜艇位置、燃油余量、鱼雷数量、航向航速、当时任务，以及邓尼茨的计划、意图乃至心理状态，盟军作战的效果也会受到影响。至于是净损失还是净收益，没有明确的答案。

应当指出的是，德国海军高层，甚至潜艇部队内部，也不是所有人都支持邓尼茨的艇群攻击战术。海军战前的一份研究报告曾很有预见性地指出："无线通信将导致突然性的丧失，并有助于敌方探测到潜艇。"邓尼茨战前在大西洋的几次演习暴露出其作战概念的许多缺点，并助长了反对者的怀疑。此外，战争爆发后，德国很快就取得了一些最辉煌的成功，当时其海军的密码还没有被破译，他们也还没有开始艇群或曰狼群作战。1941年底以前，大多数德国潜艇都是单独行动，这与他们在第一次世界大战期间，以及美国潜艇在太平洋上所采用的方式一致。直到1943年第一季度，编入护航运输队而被德国潜艇击沉的盟国船只才占到多数。战争的前28个月，共有900个盟国运输船队穿过大西洋，但邓尼茨的潜艇仅有19次获得了击沉6艘以上的重大战果。历史学家克莱·布莱尔（Clay Blair）认为："尽管偶尔会取得成功，但艇群或曰'狼群'战术总体上是失败的。"虽然无法证实，但邓尼茨高度集中的指挥控制系统很可能削弱了其潜艇部队的战斗力。[51]

※　※　※

当英联邦国家、美国和德国在大西洋上进行着一场多少有些非常规的争斗时，英国海军在地中海打了一场传统得多的海战。地中海的局促狭窄与太平洋的广袤无垠恰成对照，包括伊比利亚半岛、意大利半岛、希腊半岛和安纳托利亚半岛（Anatolian Peninsula）在内的陆地围于四周，大大小小的岛屿散布其间。岸基空中力量对海军力量构成持续的威胁，无论是水面的还是水下的。

1940—1942年战争关键时期，在地中海作战的主要是英国海军和法西斯意大利皇家海军（RMI）。德国海军的轻型舰艇、潜艇以及德国空军的飞机也有所参与。1943 年，当美国海军兵力大量抵达时，北非战场的关键阶段已经接近尾声。

意大利海军由领袖（Il Duce）——独裁者贝尼托·墨索里尼（Benito Mussolini）一手掌握，虽然不大可能由其全面管理，这正是法西斯意大利的现实写照。意大利人有不少精良的舰船，各级军官既有能力又有思想，水兵也算骁勇。[52] 但现代意大利海军仅有的主要作战行动是 1866 年惨败于奥地利海军的利萨岛战斗，直到 1918 年 6 月路易吉·里佐（Luigi Rizzo）海军少校指挥鱼雷快艇击沉奥匈帝国的“圣伊什特万”号（*Szent Istvan*）战列舰，才多少得以复仇和抵偿。

1940 年 6 月，当墨索里尼将国家拖入战争时，海军毫无准备。意大利的海军规划建立在两个主要的错误观念上：一是 1942 年之前战争不会爆发；二是海军的主要对手是法国。因此，意大利寻求的是与法国的海军均势，而不是与英国的。出于这个原因，再加上工业基础不足和资源匮乏，意大利没有建造航空母舰。其他一些重大缺陷包括缺乏有效的雷达和声纳系统，舰船装甲轻薄（以换取高航速），没有明晰的战略和作战理论（是针对敌主力的舰队对决，还是针对敌航运的袭船破交；是进攻，还是防御），训练不足且条令失当（特别是夜战方面），造船工业建造新舰造和修复战损的能力都很有限，没有海军航空力量，舰船缺少燃油，与意大利皇家空军（RAI）的协调能力差。

指挥架构是意大利海军更大的弱点。罗马的海军司令部居于海军的最高层，是一个试图指挥且不时还想控制陆上和海上作战行动的岸基机构。战争期间在海军司令部任职的马尔坎托尼奥·布拉加丁（Marc’Antonio Bragadin）指出：“海军司令部……就像所有人造的东西一样，免不了有缺陷。其中最主要的，或许是企图把指挥职能集中到超出实际需要的程度。另一个严重缺陷是，陆上以及海上部队指挥官总能感觉到海军司令部在其背后的无形存在，即使可以或应该主动采取行动，他们有时也宁愿等待甚至要求司令部下达命令。”[53] 20世纪30年代末，几位海军高官对海军司令部的微观管理倾向提出批评。海军参谋长阿图罗·里卡尔迪（Arturo Riccardi）海军上将的枕边就放着纳尔逊勋爵的传记。1941年3月在马塔潘角（Cape Matapan）指挥意大利战列舰队的安杰洛·亚基诺（Angelo Iachino）倾心于他从英国和美国海军观察到的指挥方式，即把责任交给“现场的人”。但布拉加丁也承认，海军司令部为了避免微观管理，有时“不作为更甚于乱作为”。[54]

伦敦的海军部并没有以类似的方式控制在地中海或其他水域的英国海军部队。第二次世界大战前夕，海军部曾明确表示拥有“改变”舰队部署的权力，但同时也承认，这种“控制”必须“尽快结束”。然而，1940年6月下旬意大利参战后不久，英国在东地中海的地位岌岌可危，当首相温斯顿·丘吉尔（Winston Churchill）要求海军部务必让统领驻地中海部队的海军上将安德鲁·布朗·坎宁安爵士继续采取守势时，人们产生了一种误解。坎宁安在其回忆录中写道：“当时，我们怎么也不会想到要采取守势。”他对来自首相和其他人的类似信息对前方指挥官产生的负面影响持批评态度，认为这不是“鼓励”，而“纯粹是一种干扰”。坎宁安的结论是：“此外，他们的作为意味着其在指挥和领导方面缺了些什么，他们无疑是在制造伤害。如果这样的信息确有必要，如果了解所有风险和机会的现场指挥官没有准备尽一切可能攻击敌人，那么收信者就不该待在那个岗位上。”[55]

坎宁安体现了纳尔逊的风格。只要有可能，他就积极、稳妥地进攻。他所寻求的对作战行动的任何控制，都要在海上、在战斗舰队的旗舰上实施。无论是亚历山大的司令部，还是伦敦的海军部，没有任何人会像罗马的意大利海军司令部不时会做的那样，试图从岸上对地中海正在进行的军事行动施以任何趋于具体化的控制。1941年3月，在佐泽卡尼索斯群岛（Dodecanese Islands，十二群岛）最东端卡斯特洛里佐岛（Kastelorizo）实施的一次突击队登陆行动因指挥官“崩溃”出现严重失误，已经回到亚历山大的坎宁安没有干预。他后来写信给海军部称：“我应该介入，把事情理顺。”1942年3月苏尔特湾（Sirte）战斗期间，菲利普·维安（Philip Vian）指挥英国海军部队护送一支运输船队驶往马耳他，遭到了更强大的意大利空中和水面部队的袭击，坎宁安在亚历山大的作战室里注视着战斗，但十分克制地没有干预。他在回忆录中写道：“我从来没有如此强烈地痛心疾首，虽然肩负重任，却只能在其他人与强大得多的敌军作战时，作壁上观。”直到最糟糕的攻击结束后，为“卸下维安的部分责任”，坎宁安才建议考虑解散运输船队，让各船自行前往马耳他，战斗舰艇则撤回亚历山大。而已经“料到”坎宁安会如此这般的维安正是这么做的。[56]

20世纪30年代末期执掌地中海舰队的海军上将威廉·费希尔（William W. Fisher）爵士是对坎宁安有重要影响的高级军官之一。费希尔热衷夜战，尽管其中充满了混乱和风险，并希望部属“一有机会就展示适当的主动性”。坎宁安认为，在两次世界大战之间

“保持并珍视”英国海军“战斗效能”的将领中，费希尔地位重要。坎宁安指出：“就我个人而言，我对他的感激之情远超我所能表达的，在他主管地中海、我得以与之密切接触的两年中，我认识到他是一位杰出的领导者和一个伟大的人。”[57]

坎宁安接掌地中海指挥权后，有意识地效仿费希尔以及霍克和纳尔逊的许多做法。当两艘驱逐舰在夜间高速机动中相撞时，坎宁安拒绝施以纪律处分，以免部属的“积极性遭扼杀”。他颁发给舰队的战术指令都是普通手写方式。他希望自己属下的指挥官“在与敌人接触时，如果高级军官确信总指挥官对此接触并不了解，就抛开既有指令”。在读到一份要求追击退却敌舰的行动止于200英寻等深线的指令草案时，坎宁安以霍克式的做派在空白处写下：“管他什么200英寻等深线！凡是敌舰能去的地方，我们都能跟进。”他在写给一名部属的信中指出：“集中指导应在战前精准而详细的训练中实施，这样，每一位指挥官在有疑问时，都能确切地知道总指挥官的想法。纳尔逊在特拉法尔加战斗11天前起草的指令，是用简单指挥涵盖所有可能的恰当范例——‘在看不到或无法清楚地理解信号的情况下，只要能与敌舰靠在一起，任何舰长都犯不了什么大错’。”[58]

※　※　※

1941年初，战争对墨索里尼的意大利来说很不顺利。1940年6月，意大利沿阿尔卑斯山前线对风雨飘摇的法兰西第三共和国的进攻未能成功，处境尴尬。1940年9月进军埃及和1940年10月从阿尔巴尼亚攻入希腊的势头已经停滞。1940年11月11日至12日夜间，英国袭击了意大利的主要海军基地塔兰托（Taranto）。在这次由“卓越”号（*Illustrious*）航空母舰鱼雷轰炸机实施的夜袭中，有3艘战列舰遭重创，其中一艘再也无法使用。12月初，英国沿埃及前线、希腊沿阿尔巴尼亚前线进行了反击。墨索里尼数量占优的“罗马军团”被彻底击溃。随着新年的到来，意大利在东非的地位摇摇欲坠。2月5日，一个以直布罗陀为基地的英国中队又轰炸了热那亚。

2月13日，希特勒新任命的德国非洲军团统帅埃尔温·隆美尔（Erwin Rommel）抵达利比亚的第二天，德国和意大利海军领导人埃里克·雷德（Erich Raeder）和阿图罗·里卡尔迪在意大利上阿迪杰（Alto Adige）地区博尔扎诺（Bolzano）西北的度假胜地梅拉诺（Merano）会面，敲定轴心国（Axis）海军在地中海合作的细节。对意大利来说，这是一次关乎地中海战役未来，并最终关乎战争本身走向的重要会议。但对德国来说却未必如此，一个显而易见的事实是，雷德在回忆录中甚至都没有提及这次会面。[59]

德国正准备将非洲军团的3个师调运到利比亚，因此试图说服意大利更积极地使用其水面部队，尤其是在爱琴海（Aegean），在那里，英国的护航运输队定期将物资从亚历山大运送到希腊。意大利方面愿意考虑这样的行动，但作为回报，他们希望从德国那里得到诸多承诺，尤其是存量正日益减少的燃油。里卡尔迪不知道的是，希特勒已经决定把作战重心向东转移——在6月对苏联实施大规模突击。地中海即将成为第二战场。正在为东线进攻做准备的德国需要囤积有限的石油资源。因此，除了承诺，梅拉诺会议几乎没有什么可以实现的，里卡尔迪仍然不愿拿自己的舰队和唯一可用的战列舰在没有空中掩护的水域冒险。

2 月 18 日，希特勒决定派遣正在向巴尔干地区开进的德军入侵希腊。3 月初，对德军动向了如指掌的英国，开始以代号为“光辉”的护航运输队行动向希腊运送超过 6 万人的部队。这一兵力调动使英国不得不停止了在利比亚的进攻，并进一步加剧了已经非常紧张的英国海军地中海部队的压力。

英军到达希腊，促使德国加紧对意大利施压，要求其派舰进入爱琴海。里卡尔迪起初顶住了来自墨索里尼、意大利最高司令部和自己的舰队司令亚基诺的压力。但 3 月 18 日，德国驻意大利海军司令部联络官埃伯哈德·魏希欧德（Eberhard Weichold）海军少将通知意方，德国空军击沉了坎宁安 3 艘战列舰中的 2 艘。里卡尔迪在得到意大利及德国空军承诺支援的情况下，最终做出让步，准备开始对爱琴海实施扫荡。[60]

意大利的计划是出其不意和集中用兵。其作战舰队——“维托里奥·韦内托”号（*Vittorio Veneto*）战列舰、6 艘重巡洋舰、2 艘轻巡洋舰和 13 艘驱逐舰——将分成 3 个编队行动。亚基诺将先率舰南下驶向利比亚昔兰尼加（Cyrenaica），在整个舰队通过克里特岛（Crete）所在纬度后，转向向东，开始扫荡。亚基诺的兵力规模远超英国海军可能在爱琴海及其附近活动的部队。此后，意大利舰队将向西撤回，在纳瓦里诺湾西南会合，返回港口。扫荡行动将于 3 月 24 日开始实施。

行动尚未开始，计划就出了差错。鉴于德军从未在地中海与意大利海军合作过，计划要求德国空军第 10 军团在意大利舰队通过墨西拿海峡（Strait of Messina）时与其进行一次演习。但即使舰队比计划推迟两天，3 月 26 日才离开港口，德军仍未做好准备。此外，英国密码破译人员向坎宁安发出了意军即将出击的警报，因此，舰队还没有出发，行动的机密性已然丧失。在扫荡开始之前，意大利海军一直使用安全的地面线路进行通信，但德国空军使用的是无线电——臭名昭著的“恩尼格玛”，其信号完全被英国掌握。[61]

就像 1916 年 5 月杰利科获悉舍尔的行动后所做的那样，坎宁安也计划了自己的突然袭击。他竭尽所能，通过改变运输船队的行程避开了意军的威胁，并以一种希望不会引起意大利人注意的方式作出回应。他把部队主力尽可能长时间地留在每天都会受到侦察的亚历山大港。为不露出破绽，他到日本领事常去的球场打了一整天高尔夫，并故意招摇地背着一个大行囊，摆出一副将在那里过夜的样子。[62] 但 3 月 27 日 19 时，坎宁安的主力——“厌战”号（*Warspite*）、“巴哈姆”号（*Barham*）、“勇士”号（*Valiant*）战列舰，“可畏”号（*Formidable*）航空母舰，4 艘轻巡洋舰和 21 艘驱逐舰——出动了。

3 月 27 日上午，天气晴朗，意大利舰队向南开进。得知意军动向的英军为避免惊动对手，没有派飞机飞往克里特岛。德国空军也没有按照约定为意大利舰队提供空中掩护。12 时 20 分，意大利 3 个编队中最东侧编队的首舰“的里雅斯特”号（*Trieste*）巡洋舰发现一架英国“桑德兰”式（*Sunderland*）水上飞机，那是坎宁安派出掩护“超密”行动的。[63]

近傍晚时分，亚基诺得知自己已被发现，坎宁安可能掌握了自己的行动。尽管没有德国空军的配合，亚基诺还是决定继续推进。英国人只是看到了他的先导巡洋舰编队，而不是包括“维托里

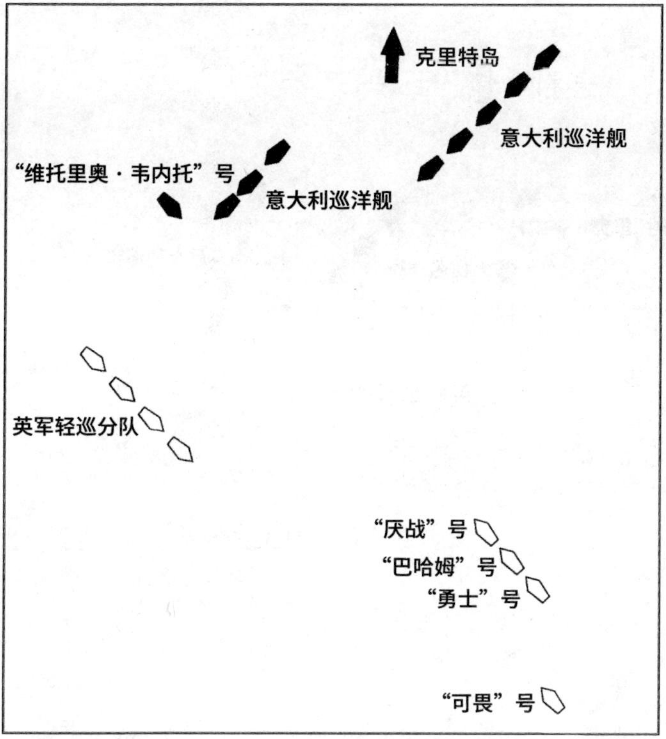

图 11　马塔潘角战斗，1941 年 3 月 28 日，7 时左右

▲　普里德姆-惠佩尔的轻巡分队在几乎冲入意大利舰队之后，调转航向试图将敌人引入坎宁安战列舰的火力范围。约 2 小时后，意舰改变航向，试图将轻巡分队引向“维托里奥·韦内托”号战列舰。

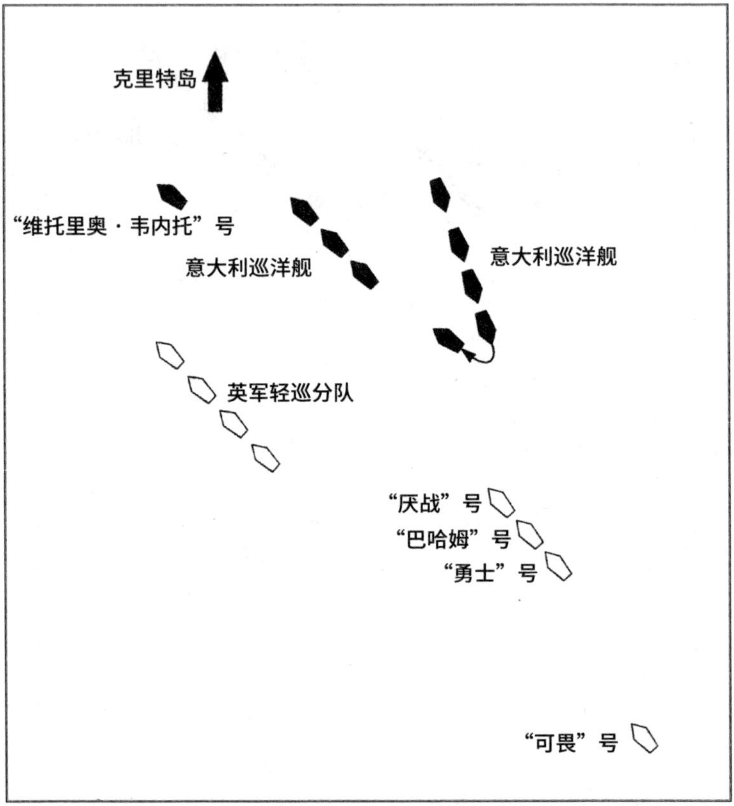

图 12　马塔潘角战斗，1941 年 3 月 28 日，11 时 30 分左右

▲　英国航母舰载机的攻击迫使亚基诺放弃了对英军轻巡分队的追击，并决定撤退。随后的空中打击先后重创了“维托里奥 · 韦内托”号战列舰和“波拉”号重巡洋舰。空袭战果促使坎宁安决心冒险夜战，最终让意大利人赔上了整个重巡洋舰分队。

奥·韦内托”号战列舰在内的舰队主力。情报还显示，坎宁安的主力仍在亚历山大港，而且亚基诺确信其中只有一艘战列舰。据亚基诺掌握，以希腊为基地的英军先遣部队只有 4 艘轻巡洋舰和一些用于支援的驱逐舰，对强大得多的意大利舰队构不成像样的威胁。仅仅因为一架“桑德兰”式水上飞机的出现就取消这次行动，既无必要，也多少有些荒唐。正如布拉加丁后来所指出的：“必须记住，这不是一个真正的战术机会。相反，这是一项主要出于政治考虑的计划的结果。”[64]

亚基诺并不知道，德国关于两艘英国战列舰沉没的情报是错误的。德国方面向意大利海军司令部做了错误的通报，但对这一错误的更正却没有传达至亚基诺，为什么会出现这样的情况仍然存有争议。[65] 不过，海军司令部确实下达了调整计划的命令，让亚基诺压缩向东的扫荡行动，将 3 个作战编队集中在加夫佐斯岛（Gavdos）以南的克里特岛西端。

3 月 28 日晨，双方舰队都处于克里特岛以南。意军分成 3 个编队，航向东南；2 个巡洋舰编队在前，战列舰殿后。英国方面，普里德姆-惠佩尔（H. D. Pridham-Whippell）海军中将的“轻巡分队”（VALF）——4 艘轻型巡洋舰，旗舰为“奥赖恩”号——航向与意大利巡洋舰编队几乎平行，正按计划前往与坎宁安的会合点。

6 时 33 分，一架意大利水上飞机发现了英军轻巡分队。普里德姆-惠佩尔注意到飞机的类型，正确地判断出意大利水面部队就在这一水域。很快，“可畏”号航母舰载机在轻巡分队大致东北方向发现了 4 艘巡洋舰，但普里德姆-惠佩尔无法确定是己方的还是意方的。[66] 这 4 艘舰是意大利的，而且正在接近轻巡分队。亚基诺已经下令路易吉·圣索内蒂（Luigi Sansonetti）海军中将的第 3 巡洋舰分队——“的里雅斯特”号、“特伦托”号（*Trento*）和“博尔扎诺”号（*Bolzano*）重巡洋舰，以及若干驱逐舰——与英军交战。意军另外两个编队抵近支援。

当瞭望哨发现意大利重巡洋舰时，普里德姆-惠佩尔意识到了自己的错误。由于英国轻巡洋舰的 6 英寸火炮射程不及意军的 8 英寸火炮，轻巡分队明智地选择了避开，意军则紧追不放。英舰先是向南疾驰，然后转向向东，企图将意舰引向位于东南方向大约 70 英里处的坎宁安主力。在远程炮战中双方均无一命中。9 时许，由于无法与更灵活的英军轻巡洋舰拉近距离，沮丧的意大利人终止了追击，掉转航向西返。

就像“北奔”时希佩尔追赶比提一样，普里德姆-惠佩尔也跟了上去。与此同时，亚基诺正设法将轻巡分队困在意大利重巡洋舰和“维托里奥·韦内托”号战列舰之间。10 时 58 分，英军瞭望哨看到意大利战列舰出现在水天线上。普里德姆-惠佩尔立即转向向南，驱逐舰为掩护巡洋舰施放了烟幕。意军战列舰炮火有几次逼近英舰，但都没有命中。亚基诺试图利用自己的优势，但 11 时 15 分，英军航母舰载机攻击了意大利舰队，虽没有命中，却迫使意军为躲避空投鱼雷而停止了追击。一方面是对英国航母舰载机的出现感到恐惧，一方面是对意大利和德国空军未能提供掩护感到不安，亚基诺认为继续追击已毫无意义，遂下令舰队撤回。[67]

不过，战斗尚未结束。坎宁安知道自己的战列舰赶不上速度更快的意舰，但英军还有航母。12 时 30 分，坎宁安命令“无畏”号实施当日第二波空袭。几个小时过去了，仍没有发现退却意舰的确切位置。不过，近 15 时 30 分时，一架侦察机发现了意大利舰队。巧的是，从克里特岛起飞的英国“布伦海姆”式岸基轰炸机也发现了目标，于是与航母舰载机同时——尽管算不上是协同——发起了攻击。岸基轰炸机都没有命中，但航母的鱼雷轰炸机报告 3 次命中“维托里奥·韦内托”号战列舰。实际上，只有一枚鱼雷击中了该舰尾部，致其减速。尽管如此，“维托里奥·韦内托”号的速度仍然快过英军的战列舰。[68]

意军最后一艘可用战列舰现在也战损了，亚基诺请求空中力量掩护其部队撤退。意大利海军司令部将这一请求转至德国空军第 10 军团，但德方认为天色已晚，无法实施海上作战。尽管如此，亚基诺认为自己受到的威胁并不算大，夜暗应能为舰队提供防空掩护，而且坎宁安的水面部队主力 3 月 28 日上午之前仍在亚历山大没有出发，甚至连海军司令部关于 70 海里以东出现英军舰队的报告也没有引起亚基诺的警觉。两次空袭表明附近有英国航母，但亚基诺坚信附近最大的英军水面部队是轻巡分队的轻巡洋舰。[69]

18 时，亚基诺从舰上密码破译员处得知，英军又发动了一次空袭，遂下令收紧编队队形以充分发挥防空火力。18 时 23 分英机飞临，但一直在意大利舰队上空盘旋，直至夜幕降临。19 时 20 分，空袭终于开始。混乱之中，仅一枚鱼雷命中目标，致意军“波拉”号（*Pola*）重巡洋舰瘫痪。亚基诺仍然坚信附近只有英国的轻型兵力，遂派第 1 巡洋舰分队前去掩护“波拉”号，并实施拖带。其余部队则向西北方向撤退。

“无畏”号舰载机“可能命中”的报告给坎宁安带来了希望，他仍然可以继续交战。[70] 但他明白，天亮以后自己也将遭到对方的空袭。他要么冒险夜战，要么中断追击撤回亚历山大。坎宁安选择了前者，因为他很清楚英军在夜战中握有两方面的明显优势。首先，英舰有雷达而意舰没有。其次，英国地中海舰队有 10 余年的夜战训练积累而意大利舰队没有。坎宁安还有第三个优势，尽管连他自己都不清楚：坎宁安知道包括"维托里奥·韦内托"号战列舰在内的意大利舰队主力的存在，但亚基诺却不知道有 3 艘英国无畏型战列舰正在逼近。

21 时 11 分，轻巡分队舰载雷达在西南方向发现一个静止目标，也就是"波拉"号。普里德姆-惠佩尔继续追击意军主力，坎宁安则率战列舰向雷达报告位置逼近。22 时 10 分，"勇士"号报告在舰首偏左 6 英里处有一较大雷达接触。在英舰抵近过程中，雷达显示还有另外两艘大型舰船，可能是巡洋舰。坎宁安用相对安全的短距离无线通信指挥战列舰组成纵队，22 时 28 分，"灰狗"号（*Greyhound*）驱逐舰按例行程序用探照灯照亮了其中一个目标。"厌战"号战列舰的 15 英寸火炮开始射击，揭开了夜战的序幕。坎宁安后来写道："可以看到敌舰是两艘与我航向相反的'扎拉'级（Zara）巡洋舰；敌舰显然是被吓到了，炮塔忽前忽后地转动着。'厌战'号 15 英寸火炮首轮侧向射击的 6 发炮弹中有 5 发击中了后面那艘巡洋舰，造成了致命性的毁伤。此后，两艘巡洋舰都被反复击中，燃起大火，完全丧失了战斗力。"[71]

开火十分钟后，坎宁安觉得可以用驱逐舰来终结这两艘几近瘫痪的巡洋舰了。他明智地决定将战列舰向北撤出，以便让清这片水域，避免在混乱中错识目标。但按照普里德姆-惠佩尔将的理解，坎宁安让"停止交战"的舰只向北航行的信息也适用于轻巡分队，遂中断了对意军主力的追击。

马塔潘角战斗就这么结束了。意大利人遭受了他们在单次战斗中的最大损失：3 艘重巡洋舰和 2 艘驱逐舰沉没，“维托里奥·韦内托”号战列舰受重创，约 3000 名官兵丧生。英军仅损失了几架鱼雷轰炸机。坎宁安在现场督导了对数百名意大利官兵的救援，次日上午被德国空军飞机逼离时，又发电向意大利海军通报了幸存者的位置。在救援行动中，英军的一份报告称：“当问及俘虏为什么没有向我军开炮时，对方回答，他们认为如果开炮就会遭到我军还击。”[72]

马塔潘角战斗不是一次能与特拉法尔加战斗或尼罗河战斗相提并论的伟大的海战胜利。意大利舰队并未完全瘫痪，英国对爱琴海的控制也没有因此得到巩固，更不用说地中海了。但马塔潘角战斗取得了一边倒的胜利，从意大利海军战斗序列中清除了 3 艘威力强大的重巡洋舰。在短期内，此胜在很大程度上化解了意大利干扰爱琴海英国护航运输队的可能性。倘若在马塔潘角失败，英国后来撤离希腊和克里特岛的行动无疑会更加困难。坎宁安的成功多少也为英国政府在政治上和士气上赢得了一些急需的资本，可以用来冲抵即将到来的敦刻尔克式的巴尔干半岛大溃败。

过分强调马塔潘角战斗的重要性固然是错误的，但将坎宁安的胜利归因于英国人的处惊不变和运气使然也有失公允。大致审视一下这场战斗可以看出，双方舰队是在夜暗中若明若昧地乱打乱撞。但这就是海战的本质，夜战是最令人困惑的海上作战样式之一。正是出于这样的原因，英军才经常训练在夜暗中作战，坎宁安才会在 1941 年 3 月 28 日晚坚持自己的选择。

英国海军的胜利部分归功于指挥、控制和通信优势。海军部放手让坎宁安自行掌控部队的行动。密码破译让其获得了原本是意大利人企图达成的突然性。英舰拥有有效的雷达和能够正确判读回波信号的操纵人员。部队训练有素，夜战条令适用。但英军确实也有所失误：普里当-威佩尔未能追上受伤的“维托里奥·韦内托”号战列舰，并误读了坎宁安向“停止交战”部队发出的信号。

相比之下，轴心国军队则犯下了数不清的人为性和疏忽性错误。德国对“恩尼格玛”的过度依赖削弱了整个行动，也让意大利舰队丧失了突然性。德国和意大利空军在战斗中都未能发挥任何有效作用，而英国“可畏”号航母的寥寥数架舰载机就困扰了意军一整天，并引发了最终导致 3 艘重巡洋舰沉没的进程。但意军欠缺的并不仅仅是空中协同或自己的航空母舰。在两次世界大战之间，意大利没能开发出雷达以及夜战条令和战术。结果，意舰只能任由英军鱼雷轰炸机摆布，直到夜幕降临，又被英舰——装备雷达，官兵都接受过夜战训练——所掌控。

因此，在 20 世纪的英国海军将领中，安德鲁·布朗·坎宁安才是最有资格继承袭纳尔逊衣钵的人。正如坎宁安的文稿编辑迈克尔·辛普森（Michael Simpson）所总结的：“坎宁安展现了纳尔逊的许多特点，信奉纳尔逊的许多原则。向舰长们灌输一种简单易懂的作战原则，以及将这些原则付诸实践的相应技能，再加上个人判断的自由度，这是坎宁安与纳尔逊的共同理念……与纳尔逊一样，他也勇于冒险，但前提是目标支持冒险的正当性……他是纳尔逊的继承者……他掌握了纳尔逊的秘诀。”[73]

※　※　※

海军指挥控制技术在第二次世界大战期间趋于成熟。无线通信成为塑造海军战略、战役和战术形态至关重要的工具。但无线电并不是解决海上指挥官长期面对的新老问题的灵丹妙药。更何况，不管这个工具如何有效，都有可能而且常常会反过来伤及使用者。可靠的无线电通信能使海军在整个战区范围内相当有把握地实施作战行动，这在腓力二世、路易十四或拿破仑一世企图入侵不列颠群岛时根本无法实现。没有无线电，邓尼茨不可能在北大西洋发动潜艇战役，美军也不可能在 1944 年 6 月将大量战争资源集结于马里亚纳群岛（Marianas）海域。但依赖无线电也会带来危险，这在第一次世界大战期间和马塔潘角战斗之前都有充分的表现。盟军在欧洲和太平洋战场上成功的密码破译对确保击败轴心国帮助巨大。事实上，两次世界大战的进程表明，自 1914 年以来，密码破译已成常态而非偶然。历史记录表明，任何武装力量在军事行动中都不应对其通信密码的安全存有奢望。

即使在密码被认为是安全的情况下，第二次世界大战期间大多数海军的指挥官也对无线电通信的危险了然于心。舰队在行动中通常保持无线电静默，这既是为了挫败密码破译，也是为了防止通信流量分析。大型舰队在战争中经常像其风帆时代的前辈那样——使用视觉信号进行通信。日本和美国海军在太平洋战场上的表现证明，精心制定和被充分理解的作战条令对海军各个层级的有效运作不可或缺。

日本海军避免过度使用无线电通信使得美军密码破译行动在太

平洋战争中的成效有限。基于密码破译，美国高级指挥机构一般都能掌握日本的战略目标和为这些目标分配的资源。因此，尼米兹能在 1942 年 5 月和 6 月成功地击退日军对珊瑚海和中途岛的进攻。但由于日军在行动开始后更多地依靠条令和主动精神而不是无线电通信，致使美国的密码破译无法保证战役和战术层面的成功。1942 年春，尽管美军在珊瑚海挫败了对手，但日军却取得了战术上的成功，用小型航母“祥凤”号（*Shoho*）换取了大得多的美国航母“列克星敦”号（*Lexington*）。在中途岛战斗中，尼米兹部署了 3 艘航母准备伏击逼近的敌人，但由于日军在行动中保持了严格的无线电静默，美军的胜利实在是得益于一系列（对美国人来说）的侥幸，而非密码破译之功。太平洋战争的历史充满了这样的事例：日军在密码遭破译的情况下，仍能达成对美军的突然性。莱特湾战斗就是其中之一。

在战术层面，对一些指挥官来说，20 世纪 30 年代舰对舰通信手段——无线电话的出现——似乎成了指挥控制问题的解决之道。但第二次世界大战期间，阿利·伯克和美国水面舰艇部队成员发现了日本人早已明白，而且达德利·诺克斯 1913 年就曾警告过的事情——无线电不能取代领导能力、训练以及作战条令。

注　释

1. 见 L. S. Howeth, *History of Communications-Electronics in the United States Navy* (Washington: Bureau of Ships and Office of Naval History, 1963)。

2. Dudley W. Knox, "Trained Initiative and Unity of Action: The True Bases of Military Efficiency," U.S. Naval Institute *Proceedings* 39 (Mar. 1913): 42, 43, 59–60.

3. Dudley W. Knox, "The Great Lesson from Nelson for Today," ibid. 40 (Mar.–Apr. 1914): 306.

4. Dudley W. Knox, "Old Principles and Modern Applications," ibid. 40 (July–Aug. 1914): 1021.

5. Dudley W. Knox, "The Rôle of Doctrine in Naval Warfare," ibid. 41 (Mar.–Apr. 1915): 327, 333.

6. Harold J. Stark, ed., *Extracts from Books Read in Connection with War College Reading Courses* (Newport, R.I.: Naval War College, 1923).

7. William F. Halsey Papers, Speeches and Writings, 1933–1957, Container #45, 3, 4, 6–7, Library of Congress, Manuscript Division.

8. U.S. Navy, *War Instructions* (Washington: Government Printing Office, 1924), foreword.

9. Ibid., 11, 9, 84, 102. 见 Trent Hone, "The Evolution of Fleet Tactical Doctrine in the U.S. Navy, 1922–1941," *Journal of Military History* 67 (Oct.

2003): 1107–1148。

10. U.S. Navy, *War Instructions* (1924), 25.

11. Ibid., 12, 98.

12. 见 Willis Joe Cato II, "Undersea Samurai: Imperial Japanese Navy Submarine Doctrine and Operations of the Second World War" (M.A. thesis, East Carolina University, 2003)。

13. U.S. Navy, *War Instructions* (Washington: Government Printing Office, 1934), 93.

14. Ibid., 21, 17.

15. CINCLANT Serial #053, 21 Jan. 1941, in Julius Augustus Furer, *Administration of the Navy Department in World War II* (Washington: Naval History Division, 1959), 943–944, 着重号系本书作者所加。

16. Ernest J. King and Walter Muir Whitehill, *Fleet Admiral King: A Naval Record* (New York: Norton, 1952), 81, 87.

17. 引自 Eberhard Rechtin, *The Technology of Command* (Washington: National Academy Press, 1983), 11。

18. Thomas B. Buell, *Master of Sea Power: A Biography of Fleet Admiral Ernest J. King* (Boston: Little, Brown, 1980), 131, 196, 194–198; E. B. Potter, Nimitz (Annapolis: Naval Institute Press, 1976), 65–66. Stephan D. Regan, *In Bitter Tempest: The Biography of Admiral Frank Jack Fletcher* (Ames: Iowa State University Press, 1994), 102–104; John B. Lundstrom, *The First Team: Pacific Naval Air Combat from Pearl Harbor to Midway* (Annapolis: Naval Institute Press, 1984), 158–159.

19. E. B. Potter, *Bull Halsey* (Annapolis: Naval Institute Press, 1985), 41, 43. Potter, *Nimitz*, 37.

20. Potter, *Nimitz*, 37–39, 43.

21. Ibid.

22. U.S. Navy, *Sound Military Decision* (Newport, R.I., 1942).

23. Ken Jones, *Destroyer Squadron 23: Combat Exploits of Arleigh Burke's Gallant Force* (Philadelphia, 1959), 125; 叙述记录自Commodore Arleigh Burke, 31 July 1945, no. 411, 6, 13; no. 411–1, 16, Washington, Naval Historical Center, Operational Archives, World War II Interviews. E. B. Potter, *Admiral Arleigh Burke* (New York: Random House, 1990), 73。

24. Burke Narratives, no. 411–1, 16. 见Nelson's 1803 and 1805 tactical memoranda in Corbett, *Fighting Instructions*, 313–316, 316–320。

25. Jones, *Destroyer Squadron 23*, 267.

26. Burke Narratives, 31 July 1945, no. 411; no. 411–1, 16.

27. Ibid., no. 411–1, 13.

28. Burke interview, 27 May 1986.

29. Burke Narratives, 31 July 1945, no. 411–1, 16, 11, 17, 18.

30. Commander in Chief, U.S. Pacific Fleet, *Current Tactical Orders and Doctrine, U.S. Pacific Fleet: PAC-10* (June 1943), IV, 3–4.

31. Ibid., Section 213.

32. 哈尔西领受的作战命令，引用于Potter, *Halsey*, 279; 以及Samuel Eliot Morison, *History of United States Naval Operations in World War II,* 15 vols. (Boston: Little, Brown, 1950–1962), 12:58。

33. 美国海军第3舰队和第5舰队所辖舰船是同一批，只是司令部不同而已。斯普鲁恩斯率部作为第5舰队在马里亚纳群岛作战期间，哈尔西的第3舰队指挥班子处于休整状态并为下一次行动制订计划。

34. Potter, *Halsey*, 277–278.

35. Ibid., 290.

36. William F. Halsey and J. Bryan III, *Admiral Halsey's Story* (New York: McGraw-Hill, 1947), 216–217.

37. Potter, *Nimitz*, 335.

38. Potter, *Burke*, 206. Carl Solberg, *Decision and Dissent: With Halsey at Leyte Gulf* (Annapolis: Naval Institute Press, 1995), 123–126.

39. Potter, Nimitz, 336–337.

40. Ibid., 337.

41. Thomas J. Cutler, *The Battle of Leyte Gulf, 23–26 October 1944* (New York: Harper Collins, 1994), 221–222. "Taffys" 指特混部队之下级编组。

42. Potter, *Nimitz*, 340.

43. Potter, *Halsey*, 303.

44. Ibid., 303–304.

45. Peter Padfield, *Dönitz, the Last Führer: Portrait of a Nazi War Leader* (New York: Harper and Row, 1984), 86–91.

46. F. H. Hinsley, *British Intelligence in the Second World War*, abridged ed. (Cambridge: Cambridge University Press, 1993), 308.

47. Ibid.

48. Padfield, *Dönitz*, 159. Clay Blair, *Hitler's U-boat War: The Hunters, 1939–1942* (New York: Random House, 1996), 425.

49. Jürgen Rohwer, *The Critical Convoy Battles of March 1943: The Battle for HX.229/SC122* (Annapolis: Naval Institute Press, 1977), 198.

50. Hinsley, *British Intelligence*, 307, 309.

51. Padfield, *Dönitz*, 165, 171–180. Karl Dönitz, *Memoirs: Ten Years and Twenty Days* (Annapolis: Naval Institute Press, 1990), 341. Blair, *Hitler's U-boat War*, 425, 426.

52. Donolo, "History of Italian Naval Doctrine," 该文载于 Tritten and Donolo, *Doctrine Reader*, 112–115。

53. Marc' Antonio Bragadin and Giuseppe Fioravanzo, *The Italian Navy in World War II*, trans. Gale Hoffman (Annapolis: Naval Institute Press, 1957), 12.

54. Andrew Browne Cunningham, *A Sailor's Odyssey: The Autobiography of Admiral of the Fleet Viscount Cunningham of Hyndhope* (London: Hutchinson, 1951), 190. James J. Sadkovich, *The Italian Navy in World War II* (Westport, Conn.: Greenwood, 1994), 10, 10n. Bragadin and Fioravanzo, *Italian Navy*, 12.

55. 坎宁安语，引用于 S. W. C. Pack, *Cunningham the Commander* (London: B. T. Batsford, 1974), 277. Cunningham, *Sailor's Odyssey*, 231–232。

56. *The Cunningham Papers: Selections from the Private and Official Correspondence of Admiral of the Fleet Viscount Cunningham*

of Hyndhope, ed. Michael Simpson, vol. 1: *The Mediterranean Fleet, 1939–1942* (Brookfield, Vt.: Ashgate/Navy Records Society, 1999), 299, 464; Philip Vian, *Action This Day: A War Memoir* (London: Frederick Muller, 1960), 86–92. Cunningham, *Sailor's Odyssey*, 452, 453.

57. Cunningham, *Sailor's Odyssey*, 161, 178.

58. Pack, *Cunningham the Commander*, 5. Oliver Warner, *Admiral of the Fleet: Cunningham of Hyndhope, The Battle for the Mediterranean* (Athens: Ohio University Press, 1967), 110, 111.

59. Erich Raeder, *My Life*, trans. Henry W. Drexel (Annapolis: Naval Institute Press, 1960).

60. Sadkovich, *Italian Navy*, 125.

61. Bragadin and Fioravanzo, *Italian Navy*, 84. F. W. Winterbotham, *The Ultra Secret* (New York: Harper and Row, 1974), 66; Sadkovich, *Italian Navy*, 126–127. 20世纪50年代，也就是"超密"公开20年之前，布拉加丁在其著述中猜测，某种形式的"信号情报"向坎宁安警示了意大利方面的行动，因为英国亚历山大舰队在"桑德兰"式水上飞机发现意大利舰队但尚未发回报告之前就离港了。见Bragadin and Fioravanzo, *Italian Navy*, 99。

62. Cunningham, *Sailor's Odyssey*, 326.

63. Sadkovich, *Italian Navy*, 127.

64. Bragadin and Fioravanzo, *Italian Navy*, 86.

65. Sadkovich, *Italian Navy*, 127.

66. *Cunningham Papers*, 325.

67. Bragadin and Fioravanzo, *Italian Navy*, 88, 89.

68. Bragadin and Fioravanzo, *Italian Navy*, 319, 91; Sadkovich, *Italian Navy*, 129.

69. Bragadin and Fioravanzo, *Italian Navy*, 90–91.

70. *Cunningham Papers*, 320.

71. Ibid., 321.

72. Pack, *Cunningham the Commander*, 149.

73. *Cunningham Papers*, 472–473.

第九章

冷战及冷战后时代

The Cold War and Beyond

冷战期间，没有大国海军为控制海洋而诉诸武力。苏美两国舰队在全球海域的水面、水下和空中相互纠缠40余载，但他们为之准备的冲突终未发生。有关政策、战略、舰船设计、技术、基本作战原则、战术和指挥控制的诸多难题在很大程度上仍未得到解决。美国海军尚能在朝鲜半岛、印度支那（Indochina）和波斯湾的“有限”战争中多少得到一些自我检验。而苏联海军则不然，对其能力水平的争论与猜测还将一直持续下去。

19世纪后半叶和20世纪后半叶的海战之间存有某些可比性。这是两段相对平和的时期，仅有为数不多的战争与冲突，且未见能与特拉法尔加战斗、日德兰战斗以及莱特湾战斗相提并论，技术都取得了长足的进步。虽有一些海军针对岸上目标大量使用空中力量的战例，但可资分析家们汲取教训、认识新型武器系统间相互作用的海上战例却屈指可数。尽管单一新系统的性能可在平时加以测试，但这些系统之间的战时互动性如何则更多地依赖推测。

指挥控制领域的情况过去一直如此，现在更为突出。包括天基通信系统在内的新技术，为海军指挥官们提供了纳尔逊时代做梦都想象不到的能力。这些系统虽能得到日复一日的测试，却从未经受过全面海上冲突的终极检验。因此，尽管有某些明显的路径可循，但对战后发展的评价大多还是推测性的。

※ ※ ※

1945 年 9 月 2 日，日本帝国政府代表在美国“密苏里”号（*Missouri*）战列舰甲板上签署投降书，标志着第二次世界大战在太平洋战场的终结。在海上，而不是岸上签署投降书，彰显了太平洋战争的属性。经过 4 年浴血奋战，美国海军跨越广袤大洋，从珍珠港挺进东京湾（Tokyo Bay）。在这场史上最大规模的海上战争中，美国海军彻底摧毁了其主要对手日本的舰队。正如战略评论家斯蒂芬·波索尼（Stefan T. Possony）所言，美国的，当然也是盟国的成就，是“对海权的一种正名”。[1]

事实证明，那些在两次世界大战之间预言海军行将消亡的人，无论从哪一方面看，几乎都是错误的。在经历了大西洋之战的初期挫败之后，水面部队最终控制住了潜艇的威胁，保持了新旧大陆之间海上交通线的畅通。在太平洋战场，空中力量不但没有取代海上力量，反而使其运用得到提升和拓展。[2]

对美国海军而言，这场战争的结局还有更深一层含义。一个半多世纪以来，美国海军一直生存在更具规模、更有经验、更富传统的英国海军的阴影之下。美国海军军官、海权哲人艾尔弗雷德·塞耶·马汉赖以阐述其理论原则的基础，乃是英国海军的历史。在马汉的著作问世几十年之后，美国海军还缺少一场与一流对手的战斗来完成对自身的检验。美国还缺少一场属于自己的特拉法尔加之胜。但是，经过第二次世界大战洗礼的美国海军，不仅超越了英国海军，也超越了世界其他国家海上力量的总和。珊瑚海、中途岛、菲律宾海和莱特湾战斗堪称美国海军的成人礼。1775 年，初生之时以羸弱之躯挑战英国海上霸权的美国海军，到 1945 年时，已成长为规模宏大、身经百战、信心十足的海上力量，足以取英国的长期地位而代之了。

美国的胜利也证明了海军分散指挥控制方式的正确性。在过去的三个世纪里，有许多海军军官采用分散指挥方式——弗农、安森、霍克、叙弗朗以及纳尔逊，这些名字立刻浮现在脑海中。但自从英荷战争结束后，没有一个海军正式接受这种理念。美国海军是领风气之先者，这体现在 1913 年由达德利·诺克斯引发的一场辩论之后，先是 1920 和 20 世纪 30 年代的战争指南，然后是 1941 年欧内斯特·金关于“部属的主动性”的备忘录，再后是 1944 年的战争指南，以及他们对战争中领导能力和人的因素的关注。

然而，美国海军的空前胜利本身就为未来的问题埋下了伏笔。海军已经实现了马汉的目标，但在下一次战争结束时，还会有什么马汉式的目标可以追求吗？在没有明确界定任务的情况下，面对战后那些自认为终于为空中力量找到了原子武器这一灵丹妙药的人，以及那些寻求将美国武装力量的管理和职能集中化的人，海军将如何应对其挑战？

在冷战中的不同节点上，有若干因素迫使美国海军背离——即使不是完全摒弃——其传统，包括“部属的主动性”，转向更为集中的指挥控制体系。更加强调“联合”（与其他军种的合作）、通信技术的发展、原子武器的出现，以及与极端集中化且似乎更“科学”的苏联军事模式的竞争，所有这些影响，都使美国海军与非集中化渐行渐远。

1945 年后，有两个重要因素促使美军走向了更大程度的联合。

直接原因是各军种在第二次世界大战之前和期间显然未能进行有效的合作。从 1941 年 12 月 7 日日本进攻前几个星期夏威夷的混乱局面到莱特湾的几近溃败，统一的支持者们找到了数不清的实例来证明他们要求改革美国军队的正当性。第二个原因是 20 世纪 40 年代美国社会普遍存在的一种观念（60 多年后仍有许多美国人信奉这种观念），即规模较大、较为集中的组织比规模较小、较为分散的组织更有效率。在第二次世界大战后最初的几十年中，美国不可逆转地走向了“大政府”“大企业”和“大工会”。这一趋势助长了一种信念，即武装力量的统一——创建一个单一的“大”军队，再加上能确保一名指挥官负责一个战区的层级架构的建立，将使效能从平时的武器采办到战时的作战行动得到全面提升。

这种对联合的推进已经不断地给世界主要海军带来问题。不管这一概念就其本质而言是多么的睿智，其都忽略了一个基本的历史事实：海军本身就发端于联合作战——陆军向海洋的延伸。海军后来逐渐形成了自己某些特殊的方法和传统，是因为最早指挥海军舰船的军官们发现，在岸上行之有效的东西在海上却未必行得通。地面炮兵的火炮和炮架不适合上舰。步兵装备的长矛太过笨重，不适合在甲板间施展。长途行军时穿着的靴子也不适合攀爬索具。

20 世纪的统一派为实现联合而进行的工作经常遭遇败绩，有时还会导致“战斗力”的明显下降。在人力方面，集中控制军事行动的企图导致了美国在印度支那的灾难。在经费方面，冷战时期最为劳民伤财的事情包括将联合原则运用于采办程序，如 20 世纪 60 年代开发的海空军通用实验型战术战斗机（TFX），以及 20 世纪七八十年代开发的联合战术信息分发系统（JTIDS）。一名分析人士指出：“实验型战术战斗机一案直截了当地提醒我们，武器采购的共性是有限的，在认识联合指挥控制的问题时，这是很值得记取的一堂实物教学课。”[3]

然而，作为一种指导性的哲学概念，统一自有其道理。现代战争的演变终结了海军在公海独立作战的时代。各国都必须设法使其各军兵种协调行动。在美国，统一成了法律，海军尽管不情不愿，却也别无选择。两党的政府部门都致力于统一与联合。陆军以及1947年后独立出来的空军控制了大部分新成立的联合指挥和参谋机构。海军军官们最初抵制这些变化，并在20世纪40年代末达到了“造反”的地步，但最终逐渐靠拢了——即使没有完全融入——这一进程。海军发现自己不得不调整战略、战役、战术、指挥、通信甚至采办方式，以适应新的“联合”真经，这经常被海军人员解读为被迫以陆军或空军的方式行事。[4]

美国陆军和空军在第二次世界大战期间的指挥控制传统和经验是集中，而不是分散。[5]陆军、空军和海军分别采用各自的方法是可以理解的，事实证明，将任何单一的方法应用于全部3个军种都有问题。陆军和空军有充分的理由采用比海军更为严格的计划程序、作战概念和指挥架构。陆军和空军的计划和作战原则侧重于局域性目标。陆军必须渡过的河流不会移动；空军需要轰炸的城市也不会改变位置。地面部队运动时，其前进轴向相对受限。因此，针对由相对静止的部队保卫的固定目标，陆军和空军可以制订出相当详细的作战计划。海军的战时计划涉及与规模不确定的移动目标作战，这些目标可能从任何方向出现或发起攻击。所以海军的计划需要更加灵活，并且让下级指挥官享有更大的自主权。

各军种为支持本军种作战行动而发展的指挥控制系统反映了这些差异。例如，1950 年朝鲜半岛战争爆发时，美国海军和空军飞机的无线电互不兼容，这种情况或可被视为无能或愚蠢。但两个军种为其飞机配置的都是适合各自需要的无线电设备。按计划派往目标的空军飞机相互之间以及与地面部队几乎无需通信，因此只有 4 个甚高频（VHF）频道。而需要与地面控制人员和友机通信的海军和海军陆战队飞机则有 10 个频道。

在冷战的大部分时间里，联合与更加集中化的控制常常被证明与美国海军更为灵活的指挥系统不相适应。这种紧张关系有时会表现得非常突出，其中尤以印度支那战争最为明显，而且可能永远不会得到彻底解决。

※ ※ ※

1945 年 8 月，美国在日本长崎投下第二颗原子弹后，哈里·杜鲁门（Harry S. Truman）总统意识到，核武器不仅仅是一种威力更大的超级炸弹那么简单。自那时起，任何拟议的核武器使用都需要某种程度的总统授权。[6] 这一要求促使，在很大程度上也是迫使，美国发展一种足够集中的指挥控制架构，以最大程度地防止未经批准擅用核武器；同时也要有相应的灵活性，以确保在必要情况下能够投入使用。“部属的主动性”与热核战争的理念互不相容。但随着核弹头变得愈加紧凑，越来越多的平台——战略轰炸机、航母舰载攻击机、弹道导弹潜艇和陆军原子炮——成为潜在的运载系统，执行控制网络遍及整个军事指挥链。

杜鲁门对核武器“近乎个人”的控制没能持续太久。由于核武器数量的不断增加，在苏联也拥有了自己的核弹之后，对可能发生的原子攻击做出快速反应的需要迫使文官当局将控制权部分交还给了军方。随着核军备竞赛的加剧，战略理论家和规划者们认为，对国家实施“斩首”的潜在可能性，不仅会在战时造成严重的后果，在平时也会危及稳定。历届美国政府都在核武器的指挥控制架构中寻求更大的冗余度和分散化。总体而言，美国总统们都发现自己被迫对核武器的投放做出“预先授权”——要么是授权给系统本身，以预定的、近乎自动的方式对攻击做出反应；要么是授权给在严格限定的标准下负责具体执行的不同类型的下级指挥官。然而，具有讽刺意味的是，随着对核武器的指挥控制变得不那么集中化了，为此建立的结构体系却成了常规——非核——军事行动日益集中化的工具。[7]

起初，这种严控核力量的决定对海军几乎没有直接的影响，因为空军以其远程轰炸机实际上垄断了全部运载系统。接替欧内斯特·金担任海军作战部长的切斯特·尼米兹于1947年签发了美国海军第二次世界大战后首个战争指南——USF 1，该文件使用了一种新的不同的语调，这反映出联合和统一指挥的概念已经开始渗透到美国军官的语言之中。不过，新指南的内容保留了分散化和主动性的精髓。第212段指出：“指挥官控制和协调其计划的执行……（但是）必须通过指派任务的方式让下级指挥官分担责任和获得授权，再通过这些任务来共同完成计划……下级指挥官有充分的权力修改计划中自己所承担的部分，并为实现整个部队的目标自行采取必要的新行动。”指挥官应与部属沟通，以确保实现：“负有责任的

（下级）指挥官应充分理解他们拟参与的作战行动细节背后的基本原因……当这些基本原因被充分理解后，指挥官就能在需要背离上级计划时更有把握地采取明智的行动。"[8]

但是，尽管有支持分散化和主动性的口头表态，随着核弹头的日趋小型化和海基运载平台的不断入列，海军部队也不可避免地走向了更加集中化的指挥网络。20 世纪 50 年代初，海军开始在其前沿部署航空母舰上运行核攻击机；20 世纪 50 年代末到 20 世纪 60 年代初，弹道导弹核潜艇（SSBN）的发展进一步提升了海军的核能力；20 世纪 80 年代，"战斧"（Tomahawk）巡航导弹在战列舰、巡洋舰、驱逐舰和攻击型潜艇上的实战部署，使美国海军拥有了几乎覆盖整个军种的核打击能力。出于显而易见的原因，更加集中才是大势所趋。

意外爆发核战争的可能性是推动海军走向更加集中化的一个相关因素。鉴于冷战局势之紧张，政策制定者们意识到，任何火花——像两架战斗机碰撞这样简单的事情——都可能引爆一场热核大战。为将此种事件的可能性降至最低，在苏联或其他潜在敌国附近活动的美国军队（通常都是海军部队）被置于国家指挥当局更为严格的管控之下。这些部队的指挥官及其部属的主动性都受制于具有很强约束力的交战规则。这些规则，再加上越来越无法回避的通信系统，既降低了意外开战的可能，同时也削弱了海军指挥官发挥主动性的能力。无论一个军官如何有勇有谋，这样的代价都太高了。

※　※　※

冷战时期，通信技术的进步既使指挥控制进一步走向集中化成为可能，也在一定程度上起到了推动作用。冷战双方的竞争和通信卫星的发展催生了更为高效和复杂的系统。海军通信技术更加强大和灵活，并使用了更宽的电磁频谱。极低频（ELF）传输使国家指挥当局得以向潜入水下的弹道导弹核潜艇单向发送包含核发射命令的“紧急行动文电”，而极高频（EHF）传输则可实现水面平台与卫星和卫星与卫星之间的互联。新系统不仅可以传输语音或编码信号，还可传输从太空、空中或水面平台收集的数据。著名海军分析家诺曼·弗里德曼（Norman Friedman）认为：“1945 年以来，海军技术最引人注目的发展是传感器和指挥控制设备逐渐取代了武器的地位。”[9]

这些系统对海军军官具有多重的吸引力。通信能力的提升似乎为海军指挥官长期面对和新近遇到的问题提供了解决方案。正如两位杰出的海军分析家在 20 世纪 80 年代中期所述：“‘战斗之雾’自古以来就是遂行战争的重大危害，但现在呼之欲出的电子奇迹或会大大减少这一障碍。”[10]语音链和数据链为指挥官们提供了将现代舰队分散部署的各个组成部分紧密联系在一起的手段。第二次世界大战以后，平台和武器更大的覆盖范围和更快的运行速度，以及核攻击的威胁，使得战术层面的集中变得不堪设想。分置平台和集中火力成为当时的铁律。由航空母舰、水面舰艇和潜艇组成，经常与陆基飞机协同行动并与天基卫星通信的作战舰队，其活动范围散布在数千平方英里的海洋上。高能的可靠的通信“链路”现在成了舰队指挥控制的核心要素。

平台和武器速度的加快，使早期预警和快速反应变得愈加重要。解决的办法之一，是依靠计算机驱动的自动化系统探测并回应威胁。在某种程度上，这种依赖是作战原则的终极形式，不仅是一种自动做出的，而且是一种自动完成的反应。20 世纪 60 年代，美国海军开始部署"海军战术数据系统"(NTDS)，该系统使用计算机跟踪舰船传感器探测到的威胁。收集到的数据可以在舰船之间共享，并直接馈入发射控制子系统。后续系统，如 20 世纪 70 年代末期和 20 世纪 80 年代的"高级作战指导系统"(ACDS)以及"宙斯盾"(Aegis)系统，功能更强，自动化程度更高。其他各种项目也在持续进行，以期使用计算机管理和分发数据，并与经过改进的人工智能相连，使其做出比预置程序更好的反应。其中一个项目包括为航母战斗群开发的作战管理系统，该系统的功能几乎相当于一个辅助参谋班子。[11]

尽管有这些进步，但即使是和平时期的演习也足以向大多数海军指挥官指出，新技术并不足以解决指挥控制领域存在的问题。几乎所有系统，例如海军战术数据系统，在某种程度上都依赖于人工介入。重复和差错依然存在。1988 年 7 月，装备有海军大肆吹嘘的宙斯盾系统的"文森斯"号(*Vincennes*)导弹巡洋舰错将一架伊朗民航客机击落，究其原因，并不是系统本身而是管理人员的失误。电子传感器还很容易被"欺骗"。1991 年 1 月 16 日，在联军对巴格达的首波打击中，美国海军飞机释放了能发出攻击飞机电子和雷达特征信号的无人机。这些无人机的抵近诱使伊拉克军队启动了自己的雷达和导弹系统。随后，装备高速反辐射导弹的联军攻击机锁定并摧毁了这些使用主动对空搜索雷达的导弹阵地。[12]

基于通信的系统也容易受到核攻击或常规手段产生的电磁干扰，海湾战争期间，联军使用干扰飞机——如美国海军的 EA-6B“徘徊者”式（Prowlcr）——取得了巨大的成功。辐射问题自采用无线通信以来一直困扰着各国海军。现代舰船的主动式传感器通过以太空间发送大量数据和语音通信，很容易被探测，其信息很容易被截获和破译。冷战期间，海军部队通常在不同程度的发射控制下行动。无法使用平台内置的感知和通信能力的指挥官们发现，如果不想冒险将舰只集中于目视范围之内，就要依靠条令和主动作为。

因此，先进通信系统确实削弱了，但从未完全摧毁过海军依赖“部属的主动性”这一传统。这些系统的采用使更高指挥层级得以对主动行动的范畴施以严格管控，在许多情况下，还可以对正在进行的行动施以微观管理。在过去的几十年中，随着通信能力的不断提升，插手干预的倾向也越来越强。1986 年 5 月，《基督教科学箴言报》（*Christian Science Monitor*）一份关于卫星通信广泛运用的报道指出，“总统和一名在中东巡逻的海军陆战队员之间的直接对话”已经成为可能。[13] 这位记者很可能会问：总统为什么需要，或者想要，与这位巡逻者直接沟通？

※　※　※

美国海军军官和民间分析人士对苏联军事发展的密切关注贯穿于整个冷战。虽然苏联海军实力的增长显而易见，但苏联国家军事政策和海军思想的根本基础却不尽然。西方对苏联海军政策的性质、海军的角色和任务、如此兵力结构的原因陷入了无休止的争论。其海军在整个军队中的从属地位是否反映了俄罗斯大陆主义思想的狭隘，或者，只是反映了苏联的文官控制和联合已经达到了许多西方人所渴望的程度？在某些西方人看来，苏联方式不过是一个乏善可陈的共产主义国家的劣质产品。但在另外一些人看来，苏联模式并不比西方的更好或更差，而是一种完美契合这个迥然不同的国家所需的另辟蹊径。还有一些西方分析人士认为，苏联的做法是对历史研究加科学方法——一种不可小觑的危险组合——的杰出运用。

西方分析人士对苏联指挥控制方式的看法也有分歧。关于苏联海军指挥架构的性质——高度集中化并严重依赖通信——几乎没有争议。但这是对苏联现状的反映，还是对历史经验和科学原理综合运用的结果？苏联在理论上也认识到需要以多样化的指挥控制方式来应对不同情况。米兰·维戈（Milan Vego）在其苏联海军战术研究中写道："苏联海军的兵力控制有两个方面，即战斗或战役准备阶段的控制和作战阶段的控制。兵力控制可通过集中、分散或两者结合的方式达成。"但维戈指出，在实践中"苏军认为，集中是组织兵力控制的关键因素。所有为同一目标而战的下级部队和资产都应由单一的控制机构控制，只有这样才能有效地组织起合作。集中化的兵力控制既可保证兵力使用的经济性，又可保证将主要行动集中于正确的时间和地点。"[14]

西方一些知名军事思想家则认为苏联体制中有许多值得称道之处。美国顶尖海军分析家之一诺曼·波尔马（Norman Polmar）写道："苏联 C3 结构的特点——集中化、规模化、生存力强和安全性好——使建立高效的战时系统成为可能。"杰出的指挥控制学者罗杰·博蒙特（Roger Beaumont）指出，西方对苏联制度的根本性质有误解。与西方军队不同，苏联人出色地运用了心理学和一般科学研究的成果。苏联的指挥控制架构建立在广泛的基础之上，即"艺术、公共信息、宣传，以及所有形式的感化和劝导手段，包括运用各种心理学技巧"。博蒙特写道："因此，到了众所周知的关键时刻，就对对手的影响而言，无论是在数量上还是在质量上，它都将会展现出，它本身就是一种武器。"[15]

其他分析人士则不屑一顾。维戈的结论是："苏联的兵力控制方式导致了其海军和航空兵力运用能力的严重不足。尽管苏联看似强调分散指挥控制方式的价值，但集中化实际上主导了兵力控制的各个层级……下级战术指挥官几乎没有主动权。"维戈补充："苏联的战役-战术规模以及战术规模部队的指挥控制系统可能是其战时弱点的最主要根源。"诺曼·弗里德曼同样指出，"基于集中控制需要而设计的……苏联海军"不够灵活。[16]

※　※　※

当然，美国和苏联海军从未在直接作战中测试过各自的指挥控制方法。1989—1991 年间，随着苏联政治、经济和社会的崩溃，冷战戛然而止。事实证明，国家主导的集中化是 19 世纪工业革命的遗物，是一种无法应对 20 世纪末快节奏技术革命的治理形式。苏联的指挥控制方式在常规（非核）冲突中是否能表现得更好确实值得怀疑。[17]

尽管冷战时期美国海军的作战概念、战术和条令从未得到过“经典”海战的检验，但在那几十年艰难的和平与晦涩的战争中，海军几乎处于持续的战时状态，在苏联帝国的边缘活动，面临着断断续续的代理人战争。不过，这些冲突仅仅是因为有美国海军–陆战队部队的舰艇、飞机和人员的参与才成其为“海军”的。虽然朝鲜民主主义人民共和国和越南社会主义共和国（当时被西方称为“北越”）都拥有海军部队，但其可供部署的海上力量都无力挑战美国的制海权。彼时，美国海军经历的唯一“海军”冲突，是1987—1988年间针对伊朗的“油轮战”。

尽管如此，在朝鲜半岛（1950—1953年）、印度支那（1964—1975年）和海湾（1990—1991年）战争中，美国海军发挥了重要作用，即便是辅助性的，主要以其航空母舰支持陆上的地面和空中作战。在这些冲突中，海军经常发现其分散化的指挥控制方式受到挑战和破坏：首先是其他军种主导的统一指挥架构；其次是文官当局强制执行限制性的交战规则，并通过使用——或更准确地说是滥用——旨在控制核武器的国家指挥架构对战场军事行动施以微观管理。

朝鲜战争是美国在新的统一指挥体制下涉足的首场冲突。由于苏联拥有原子武器，以及担心战争会扩大到亚洲以外，杜鲁门政府明智地限制了战争的范围。尽管军方与国家政治领导层之间的紧张关系不断加剧，特别是在陷入僵持和消耗的战争后期，但美国海军在指挥控制领域面临的最大挑战仍是各军种间战役、战术、装备和作战条令等概念的不同。

如果说朝鲜战争是对统一或曰联合的第一次考验，那么美国军队未能通过这次考验。特别是在空战领域，海军–陆战队团队与空军的做法大相径庭。1950 年 7 月，美国在远东建立了一个联合作战中心来管理这场战争。[18] 但是，各军种间的合作并没有立即实现。空军的规划结构追求的是小詹姆斯 · 菲尔德（James A . Field Jr.）恰如其分地称之为“宏观灵活性”的东西：长于在战区内转移作战重点，但针对目标的协调或沟通则非常糟糕。换言之，空军聚焦的是空战的战略和战役维度，较少关注空中与地面部队之间的直接战术对接，也就是通常所说的近距空中支援。

为确保在空中战役中实现这种快速转变，美国空军的指挥控制架构严重依赖通信。相反，美国海军和陆战队航空兵则专注并长于近距空中支援。海军并不倚重庞大的通信网络，而是“依靠作战条令并辅之以简令，以及将控制权下放给现场人员”。在由空军主导的西欧——拥有丰富的地面电话和电报线路——冲突中行之有效的方法，并不适用于在朝鲜半岛这种缺乏通信网络的战区进行的联合作战。由于地面通信线路为数寥寥，岸上和海军的航母之间也没有通信连接，“空军的唠叨”经常令无线网络不堪重负。菲尔德给出了“一个极端的例子……1950 年 11 月第 77 特混部队收到的堪称所有无线报文的鼻祖，共包含有 8000 个加密码组来阐明一天的空战计划，而这需要超过 30 人才能处理完成”。[19]

朝鲜战争并没有解决美军的统一指挥和联合指挥控制问题。一项关于联合空战的研究得出的结论是：“朝鲜战争标志着对联合作战实施有效的指挥控制的倒退。”[20] 双方言辞激烈地相互指责，但正如菲尔德所言：“从某种意义上说，在这件事上，两个军种都是对的，也都是错的。”空军和海军对指挥控制的看法存有较大差异，而且往往南辕北辙，但这些观点根植于各自军种的经验之中，无可厚非。问题不应该是哪个军种的方法正确，而是假设的存在一个解决既定问题的单一最佳方法是否明智。

美国在印度支那的经历只是加剧了朝鲜战争的遗留问题。更为糟糕的是，为确保对核武器的控制而建立的全球军事通信网络，使华盛顿的文官当局得以对最具体的战术细节实施前所未有的控制。

与朝鲜的情况一样，指挥控制的主要矛盾涉及空中作战。根据前述的同一项联合空战研究，“美军卷入越南的最初几年，战术性空战行动的指挥控制不尽人意，如果美军遇到的是一个强有力的对手，就会导致灾难性的后果”[21]。空军与海军在空中力量的使用上再次发生争执。但与朝鲜的情况不同的是，在印度支那，有效的指挥控制的最大威胁来自文官对战役和战术的干预。

对越南空战的微观管理始于 1964 年 8 月 7 日美国国会通过《东京湾[①]决议》（Tonkin Gulf Resolution）之前。1964 年 6 月，国防部长罗伯特·麦克纳马拉（Robert S. McNamara）开始质询单架飞机的武备、导弹挂载数量，以及在老挝执行具体任务的弹药消耗。1964 年 8 月 5 日，当林登·约翰逊（Lyndon B. Johnson）总统向美国和包括北越在内的世界各国宣布“在今晚我对你们讲话的同时下令”对东京湾攻击行动实施报复性打击时，“提康德罗加”号（*Ticonderoga*）和“星座”号（*Constellation*）航母舰载机实际上距目标还分别有 2 个和 4 个小时的航程。美国海军的航空母舰已经全

① 即北部湾。——译者注

面参与了在老挝的空中行动，无法遵从不是出于军事需要，而是迎合美国电视观众收看习惯的急就章式作战命令。早在 1965 年 2 月，托马斯·穆勒（Thomas Moorer）海军上将就曾哀叹，军队失去了“基于对目标、敌方防御和环境条件的了解来选择武器、飞机和打击时机的灵活性”。但麦克纳马拉并不在意军事效率的任何损失。在他看来，“我们的首要目标当然是传达我们的政治决心”。[22]

随着战争的推进，文官的控制反而加强了。历史学家马克·克洛德费尔特（Mark Clodfelter）指出：“尽管空军领导人请求加大轰炸力度，但约翰逊及其主要文职顾问们严格控制了目标的选择程序。”[23] 在每周二的午餐会上，总统及其主要文职顾问——麦克纳马拉、迪安·腊斯克（Dean Rusk）、威廉·邦迪（William Bundy）和新闻秘书比尔·莫耶斯（Bill Moyers）——选择该周的目标和限制区域。数月之后，约翰逊才屈尊邀请参谋长联席会议主席参与其中。午餐小组将目标打包分配，其中包括具体的出动架次和期望的毁伤程度。

事实证明，这种蛮不讲理的集中既无效，又蠢到令人难以置信。为耗完指定的出动架次，已被摧毁的目标会被再次轰炸；而命令包中出动架次用完的目标，即使未被破坏也不会被再次轰炸。华盛顿发布了极其严格的交战规则，并建立了许多缓冲区和禁止区、限制区。在这些区域，军方无法实施或无法有效实施行动。[24] 美国空军眼睁睁地看着共产党部队建起地对空导弹阵地，因为美国政府不愿冒险杀伤可能在这些地点工作的苏联或中国顾问而将之宣布为禁区。美军飞行员只有在这些导弹已经启动并准备将其击落的情况下才可以——在某些情况下是奉命——实施打击。

美国军方对印度支那情况的反应绝非铁板一块。进一步联合的势头有增无减。但这场战争也引发了美军思维的复兴，并在20世纪70年代末和20世纪80年代初开始结出果实。各军种都重新思考了自己的战争艺术之路。例如，陆军发展了“空地一体战”（Airland Battle）理论；海军是“海上战略”（Maritime Strategy）；海军陆战队是“机动作战”（Maneuver Warfare）；空军则基于技术发展，尤其是精确制导弹药的运用重新定义了“空中战役”（Air Campaign）概念。伴随着这一在很大程度上是由越南战争期间文官干预的痛苦经历所推动的军事理论繁荣，分散化概念得到新的认识。海军开始反思其“部属的主动性”传统。陆军则把目光投向了海外，并在德国的“任务式战术”（Auftragtaktiks）概念中发现了同样的原则。[25]

※ ※ ※

尽管美国政治和军事领导人一再表示绝不会再打一场所谓“越南式”的战争，1987年，当新冲突在波斯湾爆发时，事实证明，即使是强硬的罗纳德·里根（Ronald W. Reagan）总统的政府也抑制不住想要严控军事反应的欲望。1987—1988年，在极其严格的交战规则之下，美国与伊朗打了一场众所周知的“美伊油轮战争”（American-Iranian Tanker War），所有作战行动，有时甚至是具体战术，都要由华盛顿指挥。

1980年，萨达姆·侯赛因（Saddam Hussein）统治下的伊拉克侵入邻国伊朗，后者在以阿亚图拉·鲁霍拉·霍梅尼（Ayatollah

Ruhollah Khomeini）崛起为标志的革命中被削弱。伊拉克取得初期胜利后，双方陷入了一场长期的消耗战。这场消耗战与第一次世界大战的相似之处多于第二次世界大战。伊拉克和伊朗都企图将对手与外界的支持隔绝。伊拉克袭击了波斯湾沿岸的伊朗港口。但伊朗没有可以打击的类似目标，因为伊拉克的大部分石油是通过管道运输的。于是，伊朗便在波斯湾袭击支持伊拉克的阿拉伯国家的油轮，特别是科威特（Kuwait）的。1987 年，美国对科威特的求助作出回应，将科威特油轮的注册国改为美国，并向该地区增派海军部队。

基于通信的集中控制奠定了油轮战的基调。担心冲突可能升级的里根政府选择在海湾及其进出航道显示而不是实际使用美国海军部队的力量，借以慑止伊朗的攻击。美国政府禁止对伊朗领土实施直接打击，甚至禁止在波斯湾伊朗一侧遂行军事行动。美国海军没有动用海军航空兵力对付为数不多的具有布雷能力的伊朗舰船，而是进行了一场代价高昂、困难重重、有时甚至毫无效果的反水雷行动。当威慑政策无果，伊朗继续布雷并攻击航运时，里根政府的回应方式完全是越战风格的——有节制、一报还一报。

直到 1988 年 4 月 14 日，美国海军“塞缪尔·罗伯茨”号（*Samuel B. Roberts*）护卫舰触到伊朗布设的水雷，美国政府才考虑采取“适当”的行动。现场指挥官、中东联合特混部队（JTFME）司令安东尼·莱斯（Anthony Less）海军少将主张对这一直接攻击美国军舰的行为做出更强力的回应，并得到参谋长联席会议主席威廉·克罗（William Crowe）海军上将的全力支持。美国政府批准了代号为“螳螂”（Operation Praying Mantis）的报复行动，但限定了范围，仅允许打击海湾内的伊朗军队。特混部队的舰只和飞机将“拔除”两座油气分离平台，此外，在克罗的坚持下，作为对“罗伯茨”号所受损害的补偿，还可攻击一艘伊朗海军舰只。如果莱斯的部队找不到伊朗海军舰艇，可以摧毁第三个油气分离平台。[26]

莱斯及其参谋班子精心挑选了目标。波斯湾中部和南部的“萨珊”（Sassan）和“西里”（Sirri）平台由伊朗军队控制，并被用于协调对航运的攻击。两座平台都装备了 ZSU 系列 23 毫米自动火炮，并配备有火箭筒和小型武器。“西里”同时也是一个在产平台，每天产出约 18 万桶原油。至于海军目标，注意力集中在“萨巴兰”号（*Sabalan*）上，该舰是伊朗 4 艘英国建造的 1350 吨“沃斯珀”MK5 级护卫舰（Vosper Mark 5）级也称“沙姆”级（Saam）护卫舰之一。1987—1988 年间，“萨巴兰”号因在攻击油轮和其他商船时向船员住舱集火射击而闻名海湾。

1988 年 4 月 18 日，美国海军进行了自 1944 年 10 月苏里高海峡战斗以来的首次水面作战。“螳螂”行动并未按预定计划展开。美军摧毁了前两座油气分离平台，但伊朗海军没有做出反应。4 月 18 日一早，当水面行动大队（SAG）中的 B 大队和 C 大队攻击平台时，D 大队驶入霍尔木兹海峡寻猎“萨巴兰”号。但该舰一直躲在阿巴斯港（Bandar Abbas），借停靠在两艘民用油轮之间为躲避美国海面或空中发射的“鱼叉”（Harpoon）反舰导弹寻求掩护。“企业”号航母海面战斗空中巡逻大队（SUCAP）的攻击机无法获得清晰的“萨巴兰”号目标确认，一旦实施攻击就会有误击邻近船只的风险。

伊朗没有按照中东特混部队的预期（也可以说是希望）迅速

做出反应有许多原因。伊朗的指挥架构远不如美国的清晰，涉及常规军事力量——海军和空军，以及伊斯兰革命卫队（Islamic Revolutionary Guards）。协调一致的反应需要来自德黑兰（Tehran）的集中指挥，但 1988 年 4 月 18 日上午，伊朗政府的注意力并不在此。就在莱斯启动“螳螂”行动 3 小时前，伊拉克对法奥半岛（Faw Peninsula）发起了“斋月祝福”（Blessed Ramadan）攻势。对伊朗而言，当天上午在波斯湾发生的海上事件只能算是旁枝末节了。

近午时分，德黑兰才开始做出反应。约 11 时，一艘伊朗小型舰艇快速驶入海湾南部，打击石油设施和商业船只。11 时 46 分，伊朗快艇用火箭弹袭击了悬挂美国国旗的“威利·泰德”号（*Willie Tide*）补给船。几分钟后，其他伊朗舰艇袭击了悬挂巴拿马国旗的“斯坎湾”号（*Scan Bay*），船上有 15 名美国人；此外其还袭击了悬挂英国国旗的“约克海运”号（*York Marine*）油轮。D 大队的“杰克·威廉斯”号（*Jack Williams*）护卫舰引导在空中待战的 A–6E“入侵者”式（Intruder）攻击机进入阵位。在莱斯指挥下，两架 A–6E 向打头的瑞典造“博格哈马尔”（Boghammer）滑行艇投掷了“石眼”（Rockeye）集束炸弹。幸存舰艇迅速撤离，在阿布穆萨岛（Abu Musa Island）坐滩。

11 时 30 分，伊朗的法国造“战士 II”级（Combattante II）快速攻击艇“沸油”号（*Joshan*）从布什尔（Bushire）驶出。该艇装备一门 76 毫米舰炮和一枚美制“鱼叉”反舰导弹，离港后驶向东南，开始逼近 C 大队。“沸油”号的出击，以及伊朗小艇的活动，令莱斯陷入两难困境。情报报告显示，较大的伊朗护卫舰正准备离开阿巴斯港。[27] 按照里根政府批准的行动计划，美军只能打击一艘伊朗舰船。区区 275 吨的“沸油”号并不是选定目标，将其击沉可能会让更大的“萨巴兰”号平安躲过这一天。但“沸油”号携带着一枚可用的导弹，事实上，正如美国人所知，这是整个伊朗海军武器库中唯一可用的一枚“鱼叉”导弹。4 月 18 日这天，这艘小型快艇对海湾地区美国海军部队即使不是唯一的，也肯定是最严重的威胁。

假使莱斯享有自主行动权，他的决定就很简单。情报部门提供的信息使其可随时了解针对中东特混部队的伊朗军事资产往来情况。莱斯的部队拥有压倒性优势，完全能够摧毁当天在海上或港内的“沸油”号、“萨巴兰”号、“萨汉德”号（*Sahand*）以及任何其他伊朗舰船。但华盛顿施加的限制没有给莱斯留下多少自主行动的空间。急于击沉一艘较大护卫舰的莱斯选择不去攻击正在逼近的“沸油”号，这一决定毫无必要地将美国海军人员推向了险境。莱斯下令“企业”号放飞海战打击大队的飞机，准备在“萨巴兰”号和“萨汉德”号最终出动时发起攻击，并指示 C 大队指挥官驱离逼近的“沸油”号。

随着“沸油”号不断接近 C 大队，美军 4 次发出驱离警告，但伊朗人置若罔闻。在紧张的几分钟后，当该艇接近至 13 海里以内时，莱斯授权 C 大队可以交战。“温赖特”号（*Wainwright*）导弹巡洋舰舰长钱德勒（J. F. Chandler）海军上校警告“沸油”号：“立即停机弃船，我将击沉你船。”

“沸油”号指挥官无视对方让其投降的要求，并将唯一的“鱼叉”导弹射向“温赖特”号。当这枚美制反舰导弹快速逼近时，莱斯面临着他在波斯湾部署以来的“最紧张时刻”。[28] 不过，导弹从“温赖特”号的右舷掠过，没有造成任何伤害，可能是由于故障，也可能是由于发射距离太近，在到达预定的制导雷达激活点之前就飞过了目标。

C 大队将满腔怒火倾泻向了这艘伊朗小艇。几分钟后，“温赖特”号和“辛普森”号（*Simpson*）驱逐舰以舰对舰模式向其发射了 5 枚“标准 –1”型导弹（SM–1 Standard）导弹。“巴格利”号（*Bagley*）护卫舰紧接着又发射了一枚“鱼叉”导弹。“标准”导弹全部命中，“鱼叉”导弹则掠过了熊熊燃烧的“沸油”号。随后，美舰用火炮将其击沉。

在轻松地回击了伊朗小型舰艇、摧毁或重创了针对 C 大队的伊朗常规海空兵力之后，中东特混部队现在准备应对伊朗当天的第三轮反应。不出所料，14 时 59 分，一艘护卫舰终于驶出阿巴斯港，驶向 D 大队。由于伊朗人已经在攻击“温赖特”号时表现出敌意，莱斯现在拥有更大的行动自由，准备在伊朗护卫舰出动时发起攻击。“企业”号的海战打击大队就在相距不远的霍尔木兹海峡附近与“约瑟夫 · 施特劳斯”（Joseph Strauss）号协同作战。大队指挥官在拉腊克岛（Larak Island）附近观察到一艘他认为是“沙姆”级的护卫舰，有可能是“萨巴兰”号，正在以 25 节的速度向西南航行。该舰实际上是“萨巴兰”号的同型舰“萨汉德”号。

3 架美军飞机——两架 A–6E 攻击机和一架 F–14A“雄猫”式（Tomcat）战斗机——逼近并包围了伊舰。A–6E 装备有前视红外传感器，F–14A 则装备有机载电视系统。美军确信这艘船是一艘伊朗军舰，但根据交战规则，需要在攻击前进行视觉识别。为符合这一要求，其中一架 A–6E 必须进行一次低空接近。当美机接近时，伊舰还以防空火炮和热寻的防空导弹。A–6E 释放照明弹干扰导弹，并努力避开炮火。视觉识别完成之后，美军发起攻击。A–6E 发射了两枚“鱼叉”、4 枚“水蝇”（Skipper）空对舰导弹以及若干激光制导炸弹；“约瑟夫·施特劳斯”号也发射了 1 枚“鱼叉”导弹。两枚“鱼叉”、3 枚“水蝇”、一枚“白眼星”（Walleye）激光制导炸弹和若干枚 1000 磅炸弹击中“萨汉德”号，致其甲板燃起大火，瘫痪在水中。“约瑟夫·施特劳斯”号的舰员们都可以感到“萨汉德”号弹药库起火爆炸时产生的冲击波。傍晚时分，该舰在波斯湾海面消失了。

就在 D 大队和支援飞机击毁“萨汉德”号时，“萨巴兰”号也冒险冲出了阿巴斯港。海战打击大队的 A–6E 飞机在空袭“博格哈马尔”滑行艇后已经加满燃油，仍在空中待战。莱斯指示机群进入拉腊克岛以南的拦截阵位。为获取所需的视觉识别，一架 A–6E 不得不再次冒险低空飞过伊朗护卫舰，伊舰以炮火和 3 枚防空导弹回应，但都没有命中。打头的 A–6E 投下一枚 500 磅 Mk–82 激光制导炸弹，击中“萨巴兰”号，将其尾部炸毁。当第二波次准备进入时，已经完成击沉一艘护卫舰——“萨汉德”号——指标的莱斯请求位于美国佛罗里达州坦帕（Tampa, Florida）的中央司令部允许其击沉“萨巴兰”号。请示一路上报到指挥链的最顶端华盛顿，被国防部长弗兰克·卡卢奇（Frank Carlucci）和参联会主席克罗否决。美军部队眼睁睁地看着伊朗拖船将舰尾损毁的“萨巴兰”号拖回阿巴斯港。[29]

对美国海军而言，“螳螂”行动取得了显著的成功。清晨的报复性打击将伊朗人拖入了他们一直试图避免的直接海军对抗。水面和空中作战使伊朗损失了大约一半可用的海军兵力。“螳螂”行动还展示了美国新的水面战打击能力。不过，在指挥控制方面没有多少可资借鉴的新经验。美军通信运行良好，尽管伊朗延迟反应和缺乏干扰或电子对抗措施无法对该系统构成像样的检验。

在“螳螂”行动及整个油轮战中，全球通信系统再次为政治领导人们提供了对作战行动甚至战术对抗实施微观管理的手段。先进的通信能力使得莱斯的工作一直处于来自坦帕和华盛顿的上级监督之下。他们施加的限制使得伊朗人可以用仅存的“鱼叉”导弹攻击“温赖特”号，并迫使美国海军飞行员在使用武器之前必须冒险面对伊朗的防空导弹以获取视觉识别。熟悉莱斯能力和性格的人都不会怀疑，如果 1988 年 4 月 18 日那天他可以自主行动，那么无论是 C 大队舰艇发射的反舰导弹还是空中待战的攻击机，早就在“沸油”号进入对“温赖特”号实施导弹攻击的距离之前将其摧毁了。事实上，一架美国攻击机的飞行员不得不通过整个指挥链，以获得消灭一艘带着明显敌意进入海湾的舰只的许可，这不由得令人回想起越南战争中一些最糟糕的例子。如果面对的是一个更强大的对手，“螳螂”就很难成为这样一场（对美国人来说）几乎不流血的行动。

※　※　※

尽管在与伊朗旷日持久、代价高昂的战争中，伊拉克得到了海湾阿拉伯国家的直接支持和美国的间接支持，但 1988 年以后，伊拉克与邻国以及美国的关系开始恶化。1990 年 8 月，萨达姆·侯赛因侵占了科威特。接下来是长达 5 个月的“沙漠盾牌”行动（Operation Desert Shield），在此期间，美国组建了一个国际联盟来孤立伊拉克，并在阿拉伯半岛集结了强大的军事力量。1991 年 1 月 17 日，在萨达姆拒绝从科威特撤军后，联军启动了“沙漠风暴”行动（Operation Desert Storm），开始了不仅针对科威特境内也针对伊拉克的大规模空中战役。2 月 24 日，以美国为首的联合国联军展开地面战役，在 100 小时内解放了科威特，并给伊拉克军队以沉重的打击。

虽然“沙漠风暴”是美国军队的又一次成功行动，但对美国海军来说却是一次令人沮丧的经历，主要原因是对指挥相关问题的分歧。自朝鲜战争以来就一直困扰着海军的联合条令和联合行动方面的许多问题，仍未得到解决。

在战略层面，海湾战争是自 1950 年以来美国军方和海军第一次能在没有太多文官干预的情况下遂行的战争行动。乔治·布什（George Bush）总统有意识地避免干预军事领导人的计划和行动。布什只满足于制定政策、确定方向、分配资源，然后基本上是让下级按照他们自己认为合适的方式付诸实施。第二次世界大战中的服役经历无疑是其对三军将领充满信任和信心的根源。但更重要的也许是伊拉克在国际上遭到孤立的程度。“升级”的前景——无论是诉诸核武器还是常规战争本身，都很有限。甚至连苏联都不支持伊拉克的独裁者。

在战役和战术层面，驻阿拉伯半岛的非阿拉伯联军司令小诺曼·施瓦茨科普夫（H. Norman Schwarzkopf Jr.）陆军上将同样也不干涉所属空、陆、海军部队指挥官的具体计划和行动。施瓦茨科普夫只给出总体指示，但通常允许部属在不受过多干扰的情况下执行各自的计划。

即使没有文官或军方的微观管理，海湾战争期间，美国海军也一直在与高度集中化的战役和战术指挥系统斗争，主要是在联合空中战役方面。在朝鲜战争 40 年后，海军仍然缺乏必要的技术能力，用于接收联合部队空中组成部队指挥机构编制的数量巨大的空中作战计划文件。每日计划指示通过电子方式分发至岸上部队，但必须空运到海军的航空母舰上。与半个世纪前的情况一样，出于完全合理的原因，海军和空军仍在以迥然不同的方式工作。正如派给联合部队海军组成部队指挥班子的空军联络官布赖恩・韦奇斯（Brian E. Wages）上校所总结的那样："军种间作战、程序和装备理念的根本差异，给空军与海军的互操作性造成了负面的影响。"[30]

空中战役反映了空军强势主导的集中式计划与控制。尽管如此，这场战役还是成功了，而且效果很好，摧毁了伊拉克的基础设施，确保了萨达姆的最终失败。但是，是否可以将这次成功归因于集中化的计划流程？针对一个弱势的、静止的和毫无新意的防御体系，联军使用了压倒性的力量。用同样的方法对付一个更强大的对手，比如苏联，能奏效吗？空军参谋长梅里尔・麦克皮克（Merrill McPeak）上将承认："我们真不知道指挥架构是否足够坚固，是否足够耐久，是否真能胜任真正艰难的战斗条件。"韦奇斯也指出："海湾战争的军事行动是在极为有利的情况下进行的：首先，有充足的时间来准备一场全面的空战；而且，有几乎无限的资源来付诸实施。指望还能抓得这样一手好牌是不切实际的。"[31]

分析人士和历史学家继续从海湾战争和随后的战争中汲取经验教训，毫无疑问，辩论还将一直持续下去。有关海军指挥控制的经验教训若明若昧。在战略和战役层面，海湾战争彰显了分散化和自主性的优势；但在空中战役的作战计划和战术执行层面，集中化仍居统治地位。

“全球反恐战争”可能会进一步强化集中化倾向，因为基地组织（al-Qaeda）、塔利班（Taliban）乃至萨达姆·侯赛因的伊拉克武装部队等对手尚不具备破坏美国通信网络的技术能力。虽然地面部队的小型作战单元和个别飞机会遇到现场指挥官不得不自主采取行动的情况，但海军部队不会。海基空中和导弹攻击将受到严密的控制，海军舰队指挥官会发现自己很难享有充分的自主权。

※ ※ ※

人类的集中欲，也就是控制欲，不断地在指挥官身上表现出来。新的通信和计算机技术使美军把指挥控制的概念提升到一个新的水平，即 C4I：指挥、控制、通信、计算机和情报。毫无疑问，21 世纪初西方国家技术日益精密的指挥控制系统在对付技术落后国家时，会增强战斗力。1991 年海湾战争之后，美国卷入的各种冲突——1999 年对塞尔维亚、2002 年对阿富汗、2003 年对伊拉克——表明，美国军队仍然握有一手好牌。

“哥白尼”（Copernicus）是美国海军最新开发的基于计算机的有效 C4I 系统之一。通过整合必要的系统和允许更快、更大的信息流，以及根据发送内容和接收对象来分配优先级和管理信息流，在理想情况下，“哥白尼”系统将允许所有指挥层级共享视频、语音和数据。而且，在理想情况下，该系统还可与其他军种的系统实现完全的互操作，如美国空军的“地平线”（Horizon）系统、美国陆军的“数字战场”（Digitized Battlefield）系统和三军联合“全球指挥控制系统”（Global Command & Control System）。

美国退役海军中将杰里·塔特尔（Jerry O. Tuttle）或许是“哥白尼”系统最重要的代言人。1998 年 1 月，塔特尔在美国海军研究生院（Naval Postgraduate School）的一次会议上说：“曾经，战场空间由人们能够感知、探测和识别目标的距离以及武器的射程所决定。我们现代武器库中的长矛——其精度与射程无关——将战场空间扩展到全球范围。我国勇士的视野已经必然地从下一道战壕扩展到广阔的世界。必须要有一个从服役到退役的连续教育，包括部署期间的互动教育。这将为‘自定进度’（self-paced）的含义创造一个全新的维度。”[32]

尽管这些系统有着明显的吸引力和非常现实的优势，但一些评论人士还是指出了潜在的缺点。美国陆军中校史蒂文·福克斯（Steven J. Fox）在一篇题为“联合数字化的意外结果”（Unintended Consequences of Joint Digitization）的文章中质疑，这样的系统会破坏指挥层级，模糊战争不同层次之间的区别，弱化地区指挥机构的优先权，增加“部队的脆弱性”。他警告说，“军队可能会进入一个电子微观管理的新时代”。[33]

因此，“分散化”和“主动性”这两个术语仍然是美国海军，更广泛地说，是美国军队之大势。1991 年海湾战争之后不久颁发的《美国武装部队联合作战》（*Joint Warfare of the U.S. Armed Forces*）

强调了一个灵活的指挥架构的重要性。这部被称为《联合出版物 1 号》(*Joint Pub 1*)的手册指出:“一个得到明确理解的目的(指挥官的意图)使下级能在追求指挥官的目标和优先次序时发挥主动性和灵活性。”《联合出版物 1 号》恰如其分地引用了一个海军的例子——时任美国第 2 舰队司令亨利·马斯廷(Henry C. Mustin III)海军中将 1986 年的作战命令——来说明这一点:“这个概念的核心很简单:集中计划与分散实施……全面战争中分散作战的基本要求是,根据普遍理解的作战原则预先计划好反应内容。纳尔逊勋爵赢得特拉法尔加战斗并不是因为有一个伟大的计划……而是因为下级指挥官在实施行动之前就充分了解这个计划以及他们在其中所扮演的角色。”[34]

美国海军出版物同样表达了对分散化的制度性承诺,其程度堪与第二次世界大战之前和期间美国海军的做法相媲美。在一系列出版物中,存在时间很短的海军条令司令部(NDC)使用历史实例来阐明“主动性”和“分散化”的重要性。《海战》(*Naval Warfare*)是条令司令部系列条令手册中的第 1 部,其中提到:“决定性的行动需要步调一致……另一方面,快速行动需要很大程度的分散,给那些最接近问题的人以解决问题的自由。为协调好这些看似矛盾的需求,必须运用我们对主要工作的理解和那个被称之为‘指挥官意图’的工具。”[35]

海军条令司令部系列出版物第 6 部——《海军指挥控制》(*Naval Command and Control*)对分散化提供了更详细的讨论和更明确的呼吁。在列出指挥控制的两种基本途径,即集中和分散之后,强调指出“细节控制在迅速变化的形势下通常不能很好地发挥作用……因此，在不确定性和时间限制都很突出的情况下，不是首选的控制方法。”这部第 6 号海军出版物强调了更加分散化的优势：“步调一致无法通过从上级强加的一致性来实现，而是源于部队各单元间的自发合作。通过分散决策权力，我们力求加快行动节奏，提高部队应对局势迅速变化的能力。此外，由于任务控制依赖于对任务要求的完整理解，因此任务控制比细节控制更不易受到干扰”[36]

准备进入 21 世纪的美国海军再次回归基础，再度重视将作战条令与分散指挥控制相结合。过去半个世纪的教训表明，这些概念未来还将受到文官当局、“联合”要求以及新生技术的挑战和削弱。历史记录充分证明，对既有通信网络的使用有时将导致滥用。然而，海军“部属的主动性”原则的复兴，以及联合部队和其他军种作战条令中相应原则的存在，既是制度健全的迹象，也让人们有理由充满希望。

注　释

1. Stefan T. Possony, “The Vindication of Sea Power,” U.S. Naval Institute *Proceedings* 71 (Sept. 1945): 1033–1043.

2. 见 William H. Hessler, “The Carrier Task Force in World War II,” U.S. Naval Institute *Proceedings* 71 (Nov. 1945): 1271–1281。

3. Martin Van Creveld, *Fighting Power: German and U.S. Army*

Performance, 1939–1995 (Westport, Conn.: Greenwood, 1982). 耗资六亿美元的联合战术信息分发系统最终成了鸡肋。见 "JTIDS—Diary of a $600 Million Pentagon Fiasco," *Washington Post*, 11 May 1986, D1. C. Kenneth Allard, *Command, Control, and the Common Defense* (New Haven: Yale University Press, 1990), 130–133。

4. 见 Jeffrey G. Barlow, *Revolt of the Admirals: The Fight for Naval Aviation, 1945–1950* (Washington, DC: Naval Historical Center, 1994); Michael A. Palmer, *Origins of the Maritime Strategy: The Development of American Naval Strategy, 1945–1955* (Annapolis, Maryland: Naval Institute Press, 1991)。

5. Van Creveld, *Fighting Power*.

6. Paul Bracken, *The Command and Control of Nuclear Forces* (New Haven: Yale University Press, 1983), 180–181.

7. Ibid., 180, ch. 6.

8. U.S. Navy, *Principles and Applications of Naval Warfare: United States Fleets, USF 1* (Washington: Office of the Chief of Naval Operations, 1947), 第 212 段和第 365 段。

9. John C. Kim and Eugen I. Muehldorf, *Naval Shipboard Communications Systems* (Englewood Cliffs, N.J.: Prentice Hall, 1995), 1–2, 31–33. Norman Friedman, "C^3 at Sea," U.S. Naval Institute *Proceedings* 103 (May 1977): 126.

10. Roger W. Barnett and William M. Carpenter, *Strategic Forecast: U.S. Navy in the Year 2000; Phase II: Policy, Strategy and Technology in Global Competition* (Arlington, Va.: SRI International, 1985), 95.

11. Norman Friedman, *The Naval Institute Guide to World Naval Weapons Systems* (Annapolis: Naval Institute Press, 1989), 30–33. Michael Tucker, "DARPA's SCP: Toward the Automation of War?" *Journal of Defense and Diplomacy* 4 (Feb. 1986): 14–17.

12. Norman Friedman, "The Vincennes Incident," U.S. Naval Institute *Proceedings* 115 (May 1989): 72–79; William M. Fogarty, *Investigation Report: Formal Investigation into the Circumstances Surrounding the Downing of Iran Air Flight 655 on 3 July 1988* (Washington: Department of Defense, 1988). *Aviation Week and Space Technology*, 22 July 1991, 60–61.

13. *Christian Science Monitor*, 28 May 1986, 1.

14. Milan Vego, *Soviet Naval Tactics* (Annapolis: Naval Institute Press, 1992), 52, 63, 70–71.

15. Norman Polmar, "Soviet C^3: An Overview," *Signal* 39 (Dec. 1984): 33. Roger Beaumont, "The Soviet Command Structure: The Three Headed Serpent," ibid., 41.

16. Vego, *Soviet Naval Tactics*, 353, 354. Norman Friedman, "Soviet Naval Command and Control," *Signal* 39 (Dec. 1984): 55; 另见 Charles Dick, "Soviet C^3 Philosophy: The Challenge of Contemporary Warfare," ibid。

17. 对苏联与西方海上力量之间常规战争的虚构性描述，见 Michael A. Palmer, *The War That Never Was* (New York:I-Books,2003)。

18. James A. Winnefeld and Dana J. Johnson, *Joint Air Operations: Pursuit of Unity in Command and Control, 1942–1991* (Annapolis:

Naval Institute Press, 1993), 43.

19. James A. Field Jr., *History of United States Naval Operations, Korea* (Washington: Government Printing Office, 1962), 387.

20. Winnefeld and Johnson, *Joint Air Operations*, 50.

21. Ibid., 63.

22. Edward J. Marolda and Oscar P. Fitzgerald, *The United States Navy and the Vietnam Conflict*, vol. 2: *From Military Assistance to Combat, 1959–1965* (Washington: Naval Historical Center, 1986), 386, 445–446, 500, 501.

23. Mark Clodfelter, *The Limits of Air Power: The American Bombing of North Vietnam* (New York: Free Press, 1989), 84.

24. John B. Nichols and Barrett Tillman, *On Yankee Station: The Naval Air War over Vietnam* (Annapolis: Naval Institute Press, 1987), 26.

25. 对此情况半调侃半认真的解读，见 Michael A. Palmer, "If Nelson Spoke German?" *Military Review* 69 (Jan. 1989): 98–99。

26. 此记载取材于 Ronald O'Rourke, "Gulf Ops," U.S. Naval Institute *Proceedings* 115 (May 1989): 44–47; Bud Langston and Don Bringle, "Operation Praying Mantis: The Air View," ibid., 54–65; J. B. Perkins III, "Operation Praying Mantis: The Surface View," ibid., 66–70; John H. Admire, "A Report on the Gulf," *Marine Corps Gazette* 72 (Dec. 1988): 56–61; William M. Rakow, "Marines in the Gulf—1988," ibid.,62–68;Hans S. Pawlisch, "Operation Praying Mantis," *VFW Magazine* (Jan. 1989): 34–37; Michael A. Palmer, *On Course to Desert Storm* (Washington: Naval Historical Center, 1992), appendix A,

“Operation Praying Mantis,” by Hans S. Pawlisch, 141–146; Michael A. Palmer, *Guardians of the Gulf: A History of America’s Expanding Role in the Persian Gulf, 1833–1992* (New York: Free Press, 1992), 138–144; 以及与参与者的讨论。

27. 克罗称：“我们截获了他们（伊朗人）的攻击命令。”William J. Crowe Jr. with David Chanoff, *The Line of Fire: From Washington to the Gulf, the Politics and Battles of the New Military* (New York: Simon and Schuster, 1993), 202.

28. 安东尼·莱斯采访录 “Mideast Perspective,” *Wings of Gold* 15 (Spring 1990): 50–52。

29. Crowe, *Line of Fire*, 202.

30. Colonel Brian E. Wages, USAF, “End of Tour Report as Air Force Liaison Officer to Commander, US Naval Force, Central Command (COMUSNAVCENT/ AFLO),” 5 Mar. 1991, 报告副本为作者所有。

31. Winnefeld and Johnson, *Joint Air Operations*, 139. Wages, “End of Tour Report.”

32. 会议记录及塔特尔言论可从如下网址查阅：*web.nps.navy.mil/Future Warrior*。

33. Steven J. Fox, “Unintended Consequences of Joint Digitization,” in *Sun Tzu Art of War in Information Warfare*, ed. Robert E. Neilson (Washington: National Defense University, 1997), *www.ndu.edu/inss/siws/cont.html*。

34. U.S. Joint Chiefs of Staff, *Joint Warfare of the U.S. Armed*

Forces (Washington: National Defense University Press, 1991), 36.

35. U.S. Navy, *Naval Doctrine Publication 1: Naval Warfare* (Norfolk, Va.: Naval Doctrine Command, 1994), 38.

36. U.S. Navy, *Naval Doctrine Publication 6: Naval Command and Control* (Norfolk, Va.: Naval Doctrine Command, 1995), 26, 27.

结　语
知识的关键悖论

16 世纪以来海军指挥控制的历史彰显了若干事实。首先，大多数指挥官的天性一直而且永远是控制，是集中。然而，在所属部队指挥人员训练有素并受过良好理论教育的情况下，高级军官如能下放指挥职能，使部属在条件允许时享有自主行动的空间，就能激发出更强大的战斗力。其次，分散指挥并不总是恰当的，并不能确保胜利。最后，通信技术的进步，无论其性质如何，都无法消除“战争迷雾”带来的不确定性。

“战争迷雾”与其说是一个概念的定义，不如说是一种文字的描述。对于一个指挥官来说，可以认为是不确定性的同义词——“信息与环境的不完全对应”。[1] 在环境尤其是时间因素的压力下，指挥官将不得不根据不完整的信息做出大量决定。

被视为不确定性的“战争迷雾”，是一个符合现代科学思想——如海森堡原理（Heisenberg’s principle）——的概念。就像科学家不能精确测定亚原子粒子的位置、速度和运动方向一样，指挥官不可能知道所有敌军单元的位置、状态、实力和意图。作为有限生物，人类面临着雅各布·布罗诺夫斯基（Jacob Bronowski）所说的“知识的关键悖论”。“年复一年，我们设计出更精密的仪器来观察自然。当我们看到这些观察结果时，我们尴尬地发现它们仍然是模糊的，我们觉得它们和以前一样是不确定的。我们似乎是在追逐一个目标，而每当我们接近时，它就会从我们身边逃向无限远处。”[2]

这在海战史上无疑是真实的。正如纳尔逊时代的大多数指挥官都认为数字号旗系统是解决指挥控制问题的灵丹妙药一样，后代海军军官认为无线电、远程通信或者数字技术是其所临困境的解决之道。但在技术已经取得重大进步的情况下，他们还是发现自己处境“尴尬”。

何以至此呢？因为，同样一种技术，一方面似乎在为指挥难题提供解决方案，另一方面却在改变指挥官所临局势的性质，而且往往使之变得更糟。在风帆时代，瞭望哨发现敌舰队后，还能鸣笛通知舰员用餐的情形并不罕见，因为接敌开战可能需要几个小时，特拉法尔加战斗便是一例。虽然纳尔逊的通信手段很原始，但其面临的决策压力也相对缓和。[3]相比之下，1943 年 3 月在西南太平洋库拉湾，阿利·伯克不过犹豫了 90 秒钟，就险些失去自己的驱逐舰。尽管伯克拥有的通信手段远比风帆时代先进，但为海军配备无线电通信装备的技术同时也极大地改变了海战的节奏，因此伯克的境况并不比纳尔逊的更好。与纳尔逊一样，伯克也认为“在战斗中没有时间下达命令”，因而选择依靠个性化条令和部属的主动性。[4]

正如布罗诺夫斯基所要表述的，科学技术的进步与其说能解决现实问题，不如说能让我们去探索，去扩展我们的知识视野。开发出更强望远镜的天文学家固然可以更精确地测定已知恒星的位置，但与此同时，却又发现更多不为人知的恒星。运用当今技术的指挥官固然会获得更多的数据，但与此同时，战争与日俱增的复杂性也使同样多——即使不是更多——的信息超出其掌握。

简而言之，不确定性不是可测定量的未知信息，而是人类生存条件的一部分，是我们的思想每天与之斗争的生活现实。幸运的是，我们思维过程的运作方式使我们能在没有完整信息的情况下做出明智的决定。我们的一生都在不确定性的迷雾中度过。正如迈克尔·加扎尼加（Michael S. Gazzaniga）所证明的那样，“相信是我们人类最擅长的事情”。尽管我们殚精竭虑，人类建立的通常不是分析结构，而是信仰结构。[5] 不确定性也是战争的先决条件。没有不确定性，就不会有冲突。马丁·范克里维尔德（Martin Van Creveld）曾经写道：

> 在任何推演中，战争的结果都可以通过计算得出，由于战斗既不能作为一种测试，也不能作为一种乐趣来体验，因而毫无意义。在这种情况下，武装冲突就可以由计算机取而代之；的确……低强度冲突逐渐取代战争并将后者推入复杂环境的原因之一，正是因为较简单的环境正开始为计算机所主导。[6]

在21世纪初，科学界认识到决策是基于选定的既有信息所做出的。如果人类的思维方式如同一架纯粹的分析计算机器，那么电脑早就把我们赶出了这个世界。机器获得的信息越多，运行的速度就越慢；但人脑获得的信息越多，运行的速度就越快。人类思维的学习能力和聚焦能力使其始终领先于计算机，并使人成为战争的核心要素，使计算机科学家一直致力于人工智能的研究。

控制资深部属的最佳方式就是不要试图去控制他们，这种观点有悖直觉。在过去几个世纪里，海军比陆军更多地采用了分散式的方法。直到19世纪后期，在战略和战役层面，海军统帅机构还别无选择，只能依靠在遥远水域作战的下级自主行动。但是，当新的控制技术出现时，海军军官们就像他们的陆军兄弟一样，渴望采用更为集中的指挥方式。只有为数不多的指挥官愿意将自己的职业命运托付给部属，纳尔逊就是其中的典范。将分散化确立为官方原则的海军则更为罕见。[7]

在当代海军的某些圈子中存有一种明显的倾向，认为通信和信息技术是解决指挥问题的途径，是驱散“战争迷雾”的手段。对下级单元实施微观管理的能力往往被看作是一种“力量增强器”。[8]所以才会有那么多海军军官指望靠“哥白尼”这样的系统来实现这一希望。但人们在18世纪末期对信号旗，在两次世界大战之间对无线电，也曾抱有同样的期盼。

纳尔逊懂得，“战争迷雾”并不是一片“不确定性”的云团，只要掌握适当的沟通手段就能予以驱散，而是战争的内在因素：指挥官们妄想驱散“战争迷雾”，就如同在现实世界中用刀剑驱赶真雾一样徒劳。但如果指挥官有能力在上级提供的战术框架内自主决策，这一因素就会像雾一样掩蔽保护其部队。

纳尔逊的指挥哲学与20世纪末期出现的一门科学——混沌理论——的基本假设有很多共同之处。普及了这一理论的詹姆斯·格莱克（James Gleick）在其书中写道，混沌预测的模式是不精确的，但仍在一定的范围内，处在他所称的“一种有序的无序”之中。[9] 同样地，在战斗中寻求混乱的纳尔逊，也努力将其控制在灌输给部属的个性化战术准则之中。他在1801年写道：“在某些情况下，我们有时必须达成一种有规律的混乱。这种表面的混乱，肯定是当时情况下所能获取的最合乎规律的方法。”[10]

但历史也表明，分散并不总是能在任何时间适合所有海军。叙弗朗分散指挥的尝试之所以失败，主要是因为缺乏能让这一体系发挥作用的经验丰富、充满信心的部属。此外，在一个被灾难性核升级威胁笼罩的现代世界，约束性的交战规则和微观管理很有可能是合理的。分散不能保证成功。采用分散指挥控制的日本在第二次世界大战中战败了。尼米兹则在莱特湾体会到，即使是一个由哈尔西那样高水平的指挥官组成的分散指挥体系，也可能犯下严重的错误。

然而，过去几个世纪分散派的胜利表明，在战斗中有幸领导富于才干、训练有素、理论教化充分的男女部属的指挥官们，不应指望最新的通信技术能确保胜利，而应该尽可能地依靠部属的才能、判断力和主动性。无论技术如何进步，战争仍需由人来打，找到最能发挥其才能的方法永远是实现胜利的关键。

注 释

1. Steinbruner, *Cybernetic Theory*, 16.

2. Jacob Bronowski, *The Ascent of Man* (Boston: Little, Brown, 1973), 356.

3. 在特拉法尔加，舰队投入战斗是在最初发现敌人六个小时之后。

4. Michael A. Palmer, "Burke and Nelson: Decentralized Style of Command," U.S. Naval Institute *Proceedings* 117 (July 1991): 58–59.

5. Michael S. Gazzaniga, *The Social Brain: Discovering the Networks of the Mind* (New York: Basic Books, 1985), 3.

6. Martin Van Creveld, *The Transformation of War* (New York: Free Press, 1991), 171, 173.

7. 日本海军允许各级指挥官采用分散式作战。例如，在中途岛战斗中，山本五十六（Yamamoto）没有插手南云忠一（Nagumo）指挥的航母打击部队。英国海军在马尔维纳斯群岛战争中也采用了分散式作战。见 Sandy Woodward and Patrick Robinson, *One Hundred Days: The Memoirs of the Falklands Battle Group Com-mander* (Annapolis: Naval Institute Press, 1992), 98–99, 150–151, 300–301, 316–317。

8. Roger A. Beaumont, "The Paradoxes of C^3," in James H. Buck and Lawrence J. Korb, eds., *Military Leadership* (Beverly Hills: Sage, 1981), 115–138.

9. James Gleick, *Chaos: Making a New Science* (New York: Penguin Books, 1987), 15.

10. 纳尔逊 1801 年 3 月 29 日致特鲁布里奇信，收录于 John Knox Laughton, ed., *The Naval Miscellany* (London: Navy Records Society, 1902), 1:424–425。